海外中国研究丛书
刘东 主编

[法] 魏丕信 著
徐建青 译

十八世纪中国的官僚制度与荒政

BUREAUCRATIE ET FAMINE EN CHINE AU XVIIIe SIECLE

江苏人民出版社

图书在版编目(CIP)数据

十八世纪中国的官僚制度与荒政/[法]魏丕信著;徐建青译.—南京:江苏人民出版社,2002.10(2021.4重印)
(海外中国研究丛书/刘东主编)
书名原文:Bureaucratie et famine en Chine au XVIIIe siècle
ISBN 978-7-214-03326-0

Ⅰ.十… Ⅱ.①魏… ②徐… Ⅲ.①官制研究－中国－十八世纪 ②自然灾害－救灾－研究－中国－十八世纪 Ⅳ.D691

中国版本图书馆 CIP 数据核字(2006)第 100652 号

Bureaucratie et famine en Chine au XVIIIe siècle
Copyright © 1980 by Pierre-Etienne Will
Chinese translation copyright © 2002 by JSPPH
Published by arrangement with the Éditions de l'École des Hautes
　Études en Sciences Sociales
All rights reserved
江苏省版权局著作权合同登记图字:10-2006-226
Ouvrage publié avec le concours du Ministère des Affaires Etrangères de La République Française
本书出版承法国外交部部分赞助

书　　　名	十八世纪中国的官僚制度与荒政
著　　　者	[法]魏丕信
译　　　者	徐建青
责 任 编 辑	王保顶　洪　扬
特 约 编 辑	孟　璐
装 帧 设 计	陈　婕
责 任 监 制	王　娟
出 版 发 行	江苏人民出版社
地　　　址	南京市湖南路 1 号 A 楼,邮编:210009
网　　　址	http://www.jspph.com
照　　　排	江苏凤凰制版有限公司
印　　　刷	江苏凤凰通达印刷有限公司
开　　　本	652 毫米×960 毫米　1/16
印　　　张	23.5　插页 4
字　　　数	307 千字
版　　　次	2006 年 10 月第 1 版
印　　　次	2021 年 4 月第 5 次印刷
标 准 书 号	ISBN 978-7-214-03326-0
定　　　价	65.00 元

(江苏人民出版社图书凡印装错误可向承印厂调换)

序"海外中国研究丛书"

中国曾经遗忘过世界,但世界却并未因此而遗忘中国。令人嗟讶的是,20世纪60年代以后,就在中国越来越闭锁的同时,世界各国的中国研究却得到了越来越富于成果的发展。而到了中国门户重开的今天,这种发展就把国内学界逼到了如此的窘境:我们不仅必须放眼海外去认识世界,还必须放眼海外来重新认识中国;不仅必须向国内读者迻译海外的西学,还必须向他们系统地介绍海外的中学。

这个系列不可避免地会加深我们150年以来一直怀有的危机感和失落感,因为单是它的学术水准也足以提醒我们,中国文明在现时代所面对的绝不再是某个粗蛮不文的、很快就将被自己同化的、马背上的战胜者,而是一个高度发展了的、必将对自己的根本价值取向大大触动的文明。可正因为这样,借别人的眼光去获得自知之明,又正是摆在我们面前的紧迫历史使命,因为只要不跳出自家的文化圈子去透过强烈的反差反观自身,中华文明就找不到进入其现代形态的入口。

当然,既是本着这样的目的,我们就不能只从各家学说中筛选那些我们可以或者乐于接受的东西,否则我们的"筛子"本身就可能使读者失去选择、挑剔和批判的广阔天地。我们的译介毕竟还只是初步的尝试,而我们所努力去做的,毕竟也只是和读者一起去反复思索这些奉献给大家的东西。

刘　东

1980年法文版评论

这是一部杰作,肯定会在中国问题研究领域产生重要影响。……作者的观点敏锐,视野广阔,书中所引用的史料新奇有趣,对于理解前现代中国国家的运作提供了重要帮助。

——史景迁(Jonathan Spence)
New York Review of Books

中国史研究领域有许多理由欢迎本书的出版。这本相当精彩的学术著作对于我们理解18世纪中国国家和社会之间的相互作用作出了重要贡献。……这是最早关于传统国家在防备和救济饥荒方面的作用的后传统(post-traditional)的分析,它提出了一些关于国家的这种努力对中国社会历史的影响的重要问题。……它提供了一个如何利用制度史来提出,乃至回答一些重要的社会经济问题的范式。

——李明珠(Lillian M. Li)
Journal of Asian Studies

目　　录

前言 /1
中文版序 /1
导论 /1

第一部分　有关中国饥荒的记录

一　对自然灾害的初步考察 /20
二　流民问题 /38
三　社会动荡 /50
四　饥荒与地主制 /63

第二部分　国家干预

五　官僚组织问题 /78
六　勘灾 /96
七　赈济 /125
八　供给：1743—1744 年的实例 /146
九　价格调控 /175
十　加强与恢复生产 /226

第三部分　要点与结论

十一　引论 /268

十二　国家经济措施的演变 /275

十三　赈灾的地理分布 /301

十四　要点和结语 /310

附录 A　粮食发放的地区分布(A.1—A.10),直隶,
　　　　1743—1744 /318

附录 B　背景资料 /326

参考书目 /327

表格索引 /339

地图索引 /340

前　　言

　　《十八世纪世纪中国的官僚制度与荒政》这本书的研究大部分是在1970年代做的。1973年，在东京的东洋文库中，我发现了方观承的《赈纪》这部书，由此开始了我对于国家与荒政问题的研究。《赈纪》是一部不寻常的、难得的官方文书汇编，其中翔实地记录了1743—1744年直隶饥荒期间官方的活动，现在的这本书即以此为主要素材。仔细阅读这部文集，使我了解到，18世纪中叶，中国政府在自然灾害期间为维持人民生产和生活所发挥的巨大作用。深入研究《赈纪》，包括其中那些清晰的描述，特别是那些精确的数据，毫无疑问地证明了，至少在某些情况下，对于"皇恩"的称颂，以及对于赈灾成效——即"全活无数"——的称颂，并不仅仅是炫耀式的空话：这是符合现实的。而且，这种现实所体现出来的，是以一整套严密的规章制度为基础，经有关官僚机构付诸实践的相当复杂、技术性相当强的运作。我要强调的是，通读《赈纪》中的文章，人们不难了解，这些规章制度，以及以这些规章制度为基础的实际活动，并非仅仅是纸上谈兵。

　　这一活动极富启示性，特别是在对传统中国国家解决现实问题的能力持怀疑态度占支配地位的时期——实际上，这种怀疑态度是指向所有官僚制度国家的，不论是传统的，还是现代的。1980年本书法文版的出版，对于改变一些欧洲和美国的中国史学家对中华帝国最后几个世纪国家及其官僚政府的管理才能和实际运作的评价肯定具有重要影响。

然而,本书还不是仅就1743—1744年直隶赈灾活动的专题报告。我所感兴趣的是,把这一特定事件放到更广阔的历史环境中,来了解它可能具有、或是不具有什么样的典型性。这意味着要做几件事:首先,必须了解1743—1744年侵袭了直隶和山东部分地区的这场旱灾与中国历史上——古代的,以及现代的——其他自然灾害相比,具体有些什么不同:它的持续时间有多长,灾害程度有多严重,它袭击的地区范围有多宽,受灾人口比例有多大,以及救灾物资的输入有多少,有什么可利用的输入方式,等等。

其次,有必要把这次在乾隆皇帝的监督指导下,由方观承及其上司直隶总督高斌直接指挥的救灾活动置于整个中国救荒史中来考察。这包含着:首先要考察清代国家所承继的以往历代(主要是明代)的救灾方式、技术措施及章程制度,以及这些内容在清朝最初几个皇帝统治时期是如何被改进而使之更加适时和完善的;为了做到这些,就必须对自宋朝以来即存在的,在整个19世纪都在不断出版的有关救灾的文献资料进行比较研究,其中既包括官方的规章制度和成例(例如,像《会典》和《文献通考》这类汇集中的内容),也包括那些专题性的文论和手册。这还不够,还要进一步把1743—1744年的直隶救灾活动置于帝国国家行为如政府管理效率、政治目的,以及物质资料条件的发展史中来考察。正如我们将在本书中看到的,在所有这些方面,18世纪中叶的几十年都显示出是一个高峰:灾害勘查与赈灾物资分配的章程和法规比以往任何时候都更加完善和标准化、制度化,在歉年、物价高昂之时,或是饥荒之年,资助贫困人口在一定程度上成为地方政府的一件例行公事,至少从理论上说,它所遵循的是一套近乎自动化的程序。所以,雍正和乾隆皇帝统治时期的政府管理效率肯定相当高,而这在很大程度上是这些帝王的政治目的、亦即他们所具有的一种坚定意念的结果——严格监控官员,使官僚政府尽可能高效地为大众服务,并由此而加强清朝的统治。在这方面,救济灾民是驱动地方官府、使之行动起来的最好机会。最后,众所周知,18世纪的中央政府积累了相当数量的财政储备,包括银钱和粮食,这使它有可能通过大规模的赋税蠲免,通过从市场上购买大量粮食,通过大量的无偿赈济、免息借贷,来推行它的"慈恩"政策。

最后,我认为,还要将1743—1744年的事件,以及整个救荒活动,放到社会这个大环境中来考察,这也是很重要的。当政府介入救助自然(或人为)灾害和饥荒的受害者时,它并非在一个真空中活动。它必须调整自己的行动,使之不仅适应于事件的严重程度以及它自身财力和人力的可能性,而且适应于社会本身应对灾害的方式。在这里有许多因素在起作用,这些因素依照时间、地点的不同而不同,例如:通常的生活标准(即在正常年景下,一个地区是富裕、还是贫困),社会各阶层的身份地位,土地所有权(以及社会总财富)的分配,地主和佃户之间的相互关系(一般情况下的关系,以及粮食短缺时候的关系),经济的商业化程度,民间(私人)慈善事业的状况,以及地方精英与他们能够接近政府权势与获得利用政府资源的权力之间的政治联系。所有这些变量,还有其他更多的变量,决定着粮食短缺或饥荒发生时对社会经济状况的影响程度,也决定着期待国家在其中减轻粮食短缺和饥荒所造成的后果的社会经济条件。

上述各方面说明,为什么在我看来以下做法是必要的(实际上,也是更令人感兴趣的):即在更广阔的背景下研究1743—1744年的救荒活动,不仅放到政府干预救荒的制度史中来研究,而且放到中华帝国晚期的社会、经济和政治史中来研究,而在做这一切的时候,还应该时刻把握住,在不同地区之间,以及不同历史时期所存在的巨大差别。

基于上述考虑,本书不仅以方观承的《赈纪》及其他相关资料为基础,对1743—1744年的救荒活动进行了详细的专题研究,而且尽量利用各种文献资料,进一步考察了中华帝国晚期的整个救荒史及其社会经济环境。我想,正是由于这种多方面、多视角相结合的研究,才使这本书至今仍有意义、有价值,仍具有启示性,尽管自本书1990年英文版(目前的中文版在翻译过程中也参考了英文版)出版后至今没有加以补充。在英文版中,对原法文版进行了一些改正,并利用了一些新的资料。尤其是其中重要一节,即关于地方仓储一节(在第9章中),在最新研究的基础上基本上改写了,这项新的研究是与我的同行王国斌、李中清,以及其他人共同合作的关于仓储的研究,这一研究的结果即1991年出版的《养民》(*Nourish the People*)一书。

当然,在过去的10年里,已经编辑出版了一些以中华帝国晚期(特别是19—20世纪)的饥荒为主题的档案文献;还出现了许多以各种语言(多数是中文和日文)发表的关于帝国晚期社会经济史——换句话说,是关于救荒政策制定和应用的社会经济条件——的新的研究成果。然而,尽管可以对本书中的许多细节进行新的补充,我认为,其中的主要论断仍是适用的,没有由于近年来新研究的出现而过时。

不过,就其中的一个方面来说,即19世纪由国家主持的救荒活动的命运来说,可能需要对本书中的一些观点加以限定。诚如书中所说,《赈纪》以及其他18世纪的文献中所描述的那种大规模的官方赈灾活动到嘉庆朝以后无疑是越来越难以实行了,其原因既有经济方面的,也有组织方面的。救灾活动越来越依赖地方慈善事业以及商业力量;当19世纪中叶的国内战争及外国入侵造成国家财政日益紧张,并使相当多的地方政府陷入混乱之后,情况就更是这样。与此同时,在许多地区,人口压力和环境的恶化更加重了自然灾害的影响。总之,国家干预的能力显著削弱,与一个世纪前相比,社会经济环境越来越不利,对于中央政府来说,有效地协调和控制任何大规模的活动(如本书所述的这次活动)变得越来越困难,甚至是不可能的:事实上,自从大约1820年以后,就没有什么这类事例了。

然而,尽管救荒日益成为地方性事务,其中大量的是私人或商业行为,但是,官方的活动、鼓励和监控仍起着相当重要的作用——象征性的,甚至是物质上的。由政府管理的地方仓储制度在1850年以后或许并非如我们曾认为的那样,已经完全废弃了。19世纪后期以来的大量的官箴书和公牍提示我们,国家粮食储备(尽管与18世纪的贮额相比已大为缩减)的管理仍然是地方官员的一个重要任务和政绩考核项目。那些在雍正朝和乾隆朝制定的关于勘灾和查赈的程序仍然有效:这意味着,那些积极主动的地方官们在粮食短缺时可以随时求助于这些程序,并请求上级官员的帮助。更概括地说,百姓对政府的期盼依旧。在百姓眼里,地方官员是皇帝的代表,仍然是灾荒时候自然要向其寻求帮助的人。尽管这些人直接支配的资源,或是可以期待的来自省级和中央政府的帮助在多数时候是非常有限的,但直到皇朝末期,帝国的法规仍然是,由府州县地方官来正式审批、监督,如果可能的话来协调那些试图代替财政匮乏的国家的地方慈善家和商人的活动(在这方面,无疑类似于明代晚期的情况);而以皇帝名义赐赠的荣誉头衔对于驱动富人和士绅的行为仍是一个强有力的激励。

但是,这些问题仍有待于进一步的系统研究。我认为,还需要阅读大量地方志、由省级和州县地方官编辑的公牍、私人文集以及地方档案,进行更多的地方史的研究,在此基础上,对当18世纪的各种有利条件消失之后,那些由雍正和乾隆皇帝所创造的国家救荒制度所发生的变化及其运作进行更恰当的评价,同时更好地理解国家行为与民间(私人)行为之间的关系。18世纪所创造的那些制度和程序当然已不再起有同以往一样的作用,但它们并没有被忘记,它们仍可利用。实际上,直到今天,在保护国民免受或减少自然灾害侵袭的活动中,它们仍代表着一种有效的政府行为模式——一种值得认真研究的模式。

不论如何评价我在这方面的成果,可以肯定的是,把我这本关于中华帝国晚期荒政的书交给中国读者来评判,对我来说是一件重要的事。我有幸能把本书交给我的同行徐建青来翻译,她以一名学者的态度,一名清代经济史学者的经验,在翻译过程中不辞烦劳,核对了其中许多资料,并纠正了原书中的一些失误,在此我表示衷心感谢。

  我还要感谢法国驻中国大使馆的前文化参赞戴鹤白先生(Roger Darrobers),以及我的老朋友李伯重教授,正是他们的倾力帮助才使本书的翻译出版最终得以实现。

魏丕信

2002 年 8 月 12 日

于法兰西学院

中文版序

——魏丕信,《十八世纪中国的官僚制度与荒政》与国际中国社会经济史研究的新方向

《十八世纪中国的官僚制度与荒政》是20世纪后期国际中国史坛上最重要的成果之一,作者魏丕信先生是闻名中外的中国社会经济史学家。在本书中文版即将刊出之际,特将本书作者、本书主要观点,以及本书所体现的国际中国史学新动向作一简单介绍,以帮助广大读者更好地领悟本书的特点。

一

法国汉学具有悠久的历史,在国际学界中久享盛誉。20世纪中叶,西方"史学革命"兴起于法国,法国的中国经济史研究"近水楼台先得月",在此革命中也得风气之先。优良的汉学传统,史学理论与方法的革命,两者风云际会,相互结合,于是产生了一代新的中国社会经济史名家。魏丕信(Pierre-Etienne Will)先生就是这一代学者中的杰出代表。

魏丕信先生(以下简称魏氏)生于1944年,早年攻读欧洲古典文学(拉丁、希腊、法国)和中文,1975年获巴黎大学博士学位,1969年入法国国家高等社会科学研究院任教至今,1991年当选法兰西学院院士[①]。自1814年以来,先后有8位汉学家当选为该院院士,魏氏以47岁的年纪当选院士,是法国学术界对他卓越成就的充分肯定。[②]迄今为止,他已有专著2部及论文50余篇发表刊出,这些成果在国际学界享有盛誉。

他的主要研究领域有人口史、灾害史、水利史、荒政史,以及明清国家与经济的关系、明清官僚制度等六个方面。下面一一加以简介。

(一)人口史

魏氏的中国社会经济史研究开始于人口史研究。他与另一著名法国汉学家贾永吉(Michel Cartier)先生合作,从大量地方志中搜集了丰富的数据资料(当时这方面的数据资料还未被系统地整理利用过),在此基础上完成了《中国人口统计与机构:帝国时代(公元前2—公元1750年间)人口统计分析的贡献》。③ 在此项研究中,魏氏与贾氏指出有关数据资料存在两个主要问题:(1)各地人口数字,无论在质或量方面,都有相当大的差别,所反映的内容也不一;(2)各时期的人口资料,性质也颇不相同。因此,很难用16世纪末经实际人口调查的准"定额"人口数、清初基本上属于财政"丁"的数字,以及1740—1850年间据《民数谷数奏折》而得的上报人口数,来和明初真实的(即使不完全)人口调查所得数字作比较。此外还有一个特殊的问题,即缺乏可靠的和可比的人口数字,来准确地估价17世纪危机对中国不同地区的影响。为了更清楚地了解17世纪的危机,魏氏随即转向灾害史研究。

(二)灾害史

既然使用现有数字难以重现历史上的人口变化情况,魏氏转向研究那些影响人口变化的主要因素。他通过对史料进行系统的分析,找出那些被称为"人口增长制动器"的因素,诸如干旱、大水、久雨、蝗螟、严霜等自然灾害,以及饥荒、瘟疫、战争和其他军事行动。他挑选湖北省作为研究对象,把地方志里的祥异、水利、蠲缓等志中所说的有关情况,按年表列,以获得人口变化的"负面形象"。④

由于地方志中人口数字质量不一,时间亦无规律,所以有很多脱节之处。由这些数字所得出的粗糙轮廓,尚须加以证实和补充。魏氏选择了湖北的江汉平原和江浙的太湖流域两地,对其气候、水利、环境、经济以及政治诸方面的变化,进行了综合性研究。⑤这项研究的中心是17世纪的危机。为了全面地分析各种因素,他在对太湖流域的研究中,将一个既定地区内的各种因素与事件的灾难性结合起来,作了概念的界定,把水利基础设施(即江南平原的堤塘系统)的历史作为主要题目。

(三)水利史

这是魏氏的第三个研究领域。他在其第一篇水利史研究论文——《中国水利建设的一个循环:16—19世纪的湖北省》中,提出了湖北江汉平原及其周围有一个"水利循环"。他仔细研究了地方志和其他材料中的水利基础设施、洪水与干旱,以此为基础,提出存在一种双重的模式:一方面,通过移民、开垦易涝地、建设堤垸等,水利得以扩大;另一方面,由于人口对环境的压力、政府控制的削弱、基础设施的维修不力、私人侵占与非法开垦,以及不顾公利的堤垸建设的盛行,水利又出现衰退,从而加剧了水患危险,扩大了水灾影响,最后则因内战导致政治混乱。大体相同的模式出现过两次:一次在明代,另一次在清代,因而可以说是一种"循环"。他在另一论文《政府干预水利基础设施管理的范例:帝国晚期的湖北省》中,更加详密地研究这一主题,并且把政府与水利环境的关系,区别为三个阶段,即:(1)政府是建设者的阶段;(2)政府是仲裁者的阶段;(3)政府失去控制力的阶段。

长江中游有一个"水利循环"的概念,自魏氏提出后,已被不少中外学者采纳。魏氏已把这种分析推广到江南水利史研究中,并且努力更深入地探讨控制力与离心力之间的互相作用、维修机制的衰退、政府干预的程度与方法,等等。⑥

(四)荒政史

水利史研究中的一个重要问题,是明清政府如何用有限的人力与资金资源,去克服巨大的困难,以推行并经营大型水利工程。魏氏认为对比明代与清代的情况,极有启发性。他指出:与明代相比,清代政府虽然在人力与资金方面并非明显优越,但在效率与组织方面却比明代强得多。同样地,用很少的财力去完成大规模工程所需的官僚技术与组织,也成为魏氏荒政研究的中心。

魏氏荒政研究的代表作,就是本书,以及他与王国斌(R. Bin Wong)合著的《养民:中国的国营民仓制度,1650—1850年》。⑦在后一书中,魏氏与王氏对清代官仓和半私有的民仓(即常平仓、义仓和社仓)制度,作了透彻而全新的研究。他指出,在清代前期(特别是18世纪),政府保证了仓储制度在不同地区、不同部门之间,以及仓储制度与其他制度(如漕粮、捐纳等)之间的高度协调。当时的主要困难,在于如何保持充实的仓储以对付紧急赈济,以及保证新旧粮食有规律的更换。更换主要是通过青黄不接时的借贷来进行的。很明显,在没有广泛市场网的边远省份,一年一度的仓粮支出更加重要。在这些省份,政府维持了较大数量的人均储粮,而在长江流域中心省份则否。魏氏广泛利用北京与台北所藏的明清档案,获得丰富的政策争论与机构管理方面的新资料,以及大量的粮储数字。他在书中着重研究了粮储的技术、出纳管理中的困难、防止管理不力与腐败的控制机制、各种计算方法,以及《民数谷数奏折》中揭露出来的实质性问题。

(五)国家与经济的关系

确定国家对经济干预的程度与方法,也是魏氏长期研究计划的重点之一。只须粗粗一看,即可发现水利管理和荒政管理都显出一种高度的国家干预。然而明清国家干预经济的手段颇为有限。魏氏在《帝国晚期的国家机器与基础经济设施》一文中指出,国家对经济的直接干预程度不高,但官僚机构在经济活动的管理中实行了委托与转契方法,其理想是力求以最小的投入,得到最大的成效(因为国家决非采取放任自流政策)。换言之,要找到一种方法,一方面能够实施雄心勃勃的工程;另一方面同时又维持一个不说是"小型"也是"轻型"的国家。明清国家偶尔也把可得到的人力、财力用于那些与他所提出的

"务实性"有关的领域,力图保证经济与生产的规律性与可预见性,并且让人民生活过得好一些。魏氏指出:清代国家是一个"务实性"的国家,而非韦伯所说的福利国家。

这些"务实"政策的一个领域是改进农业。魏氏在《18世纪中国官方改进农业的努力》一文中,提出了若干证据,说明18世纪的皇帝与官员们深感人地比例恶化问题的严重,力图用开垦荒地、推广优良技术与作物来增加产量。在此文中,还提出了许多重要问题,如经济发展中政府与私人积极性及其各自作用、中国不同地区的前近代经济发展的性质,等等。除了这篇文章所谈内容外,魏氏还在研究某些干练的官吏所用的教育与动员的技巧。⑧

(六) 官僚制度

一个相对规模不大的官僚机构,能够治理一个庞大的帝国,当然需要很高的技巧和有效的方法。这些技巧与方法,也是魏氏的研究重点之一。但是在这个研究领域中,有不少难题待处理。明清国家的结构性弱点很明显,例如:(1) 坚持低水平的财政征收,而不企图按人口与生产发展的比例增加赋入;(2) 通过文化考试招收官员,而不致力于保证其行政才干;(3) 维持人数非常少的品官,不给他们经济上的独立性(如不给他们世袭的俸禄);(4) 把大部分实际行政事务交给不能有效控制的吏役去办,等等。

这些选择中,有些是由于前近代的物质技术条件所决定的;有些则否。本来明清国家也还有其他途径可选择,但经精心考虑之后,仍作出这样的选择。为什么明清(特别是清代)国家不选择其他途径?为什么要把许多工作交给非官方团体去完成?其政治与经济后果如何?这样一种不完善的制度何以能长期延续?它为什么不能适应现代的世界秩序?魏氏在《正式的与实际的官僚机构:清代行政的窘况》和《从务实的年代到制度的危机》等论文中,讨论了上述问题。他认为,明清政府体制中的矛盾与弱点,使这种体制具有不稳定性。由于大量地向非官僚团体与代理机构实行委托与转契,以及只有靠各种法外榨取(如附加税、手续费以及各种勒索)才能运转,国家对其官僚机构和对社会的控制,也不可避免地走向削弱。魏氏的着眼点,主要集中于:(1) 研究约束各种出轨行为的技术(如在官僚中倡导职业道德与伦理价值、建立相互制约的制度、各种制裁手段等);(2) 研究上述倾向以及控制与反控制的努力的历史。后一课题要求对官方腐败以及自康熙后期以后腐败的形式与范围的变化方式作出深刻的分析。

除了以上六个方面外,魏氏目前正在进行两项研究:(1) 通过关中水利系统(特别是郑白渠)对地方社会进行研究;(2) 通过官箴书对明清官僚机构的实际运作情况与机制进行研究。⑨他在这两方面的研究都颇富于新意。例如,在后一方面的研究中,他指出:在明代后期和清代,各种官箴书和从政指南迅速增加,这与国家机器的扩展以及行政工作的专业化的倾向有密切关系。他分析了"治国精英"的出现及其作用,指出组成这个精英群体的是那些活跃的行政人员,不仅包括官员,而且也包括幕友以及其他对行政有兴趣的人。这些人都非常看重自己对人民的责任,重视治理工作中的困难,并深刻地意识到作为一个有共同的急务与理想的群体的重要性。

二

《十八世纪中国的官僚制度与荒政》是魏氏的代表作之一,1980 年在法国出版,引起国际学界的重视,被称为"一部杰作","对于我们理解 18 世纪中国国家和社会之间的相互作用作出了重要贡献"⑩。本书随后又被译为英文,于 1990 年在美国出版。

在此书中,魏氏对 1743—1744 年河北(特别是河间、天津两府)旱灾期间,政府所进行的大规模而且颇有效率的赈灾活动进行了详密的研究,并以此为核心展开了更为广泛的研究。他着重使用大量的赈灾手册、行政法规汇编、地方志、文集等资料,把有关事件放在一定的历史过程中加以观察,从而写成了这部从晚明至19世纪中期的荒政史。

本书研究的最初出发点是中国的人口问题。在17—19世纪中期,中国人口经历了巨大的变动。造成这种变动的原因,既有自然原因,也有人为原因,或者说这是二者相互结合、相互影响的后果。在二者之间,自然因素可能起了更加重要的作用。⑪魏氏指出:中国大陆的特征是在气候、水资源方面具有高度的不确定性。季风无规律,主要江河水流量变化无常,河流上游水土流失导致下游河道淤积与洪水泛滥,等等,都是不确定因素。这些不确定因素表现为自然灾害的频繁发生,导致了农业生产的不确定性。如果不采取措施,那么,重大自然灾害就会引起"生存危机"(subsistence crisis),从而对社会经济造成重大冲击。

然而,任何一个有组织的社会都不会被动地屈服于自然灾害及其带来的农业歉收。每个社会都有自己的预防措施的"武器库",以应付不可避免的紧急情况,并在灾后恢复生产力。救灾活动可以有各种不同形式,同时救灾活动的有效性也取决于多种因素。这些因素包括总的经济状况;人口、资源、可以取得的剩余产品及其储备,以及这些因素之间的平衡;国家的财政状况;政府的效率和组织程度,以及政府对乡村的实际控制程度;乡村中各阶级之间的关系;发生灾荒时有产者对大众需求的满足能力;等等。这些因素及其作用,都是救灾研究中的重要问题。在本书中,魏氏对以上因素都予以了充分的注意,并且把主要力量集中于对官僚政府的各种抗灾措施进行研究。

在明清中国,人们在对付自然环境的变化和抵抗生存危机的威胁方面作出了巨大的努力,使用并发展起多种措施。这些措施被汇集成为各种著作,其数量之多,描述之详细,在世界上是无与伦比的。为什么会有这种情况出现呢?这与明清中国国家的特点有着密切关系。

魏氏指出:与近代以前的欧洲相比,明清中国有一个显著特点,即拥有一个中央集权的国家,以及一个成熟和稳定的官僚制度。这一点,正是中国具有比欧洲更强的抗灾能力的关键之所在。中国国家组织的救灾活动,不仅十分周密详尽,而且已经制度化。这就是上述救灾著作大量存在的主要原因。本书研究主要就集中于明清中国的国家与饥荒的关系。除了这个主要论题之外,本书还深入研究了饥馑的社会影响、官僚机构内的交流与控制、资源(例如赋税剩余、漕粮、民间仓储系统等)的动员、政府对商人的控制与利用、灾后重建生产基础设施的努力、对流民的控制等问题。

明清(特别是清代)国家是如何从事各种大型的救灾活动的呢?魏氏在研究这些题目时,注意到了以下现象:一方面,无论从政府能够配置于此方面的人员来看,还是从国家所控制的资源来看,明清官僚机器都显得很虚弱;另一方面,在人力和资源的组织与动员方面,明清国家却具有一种相当明显的才干,因此确实取得了相当的成就。这两方面的反差,颇令人感到惊讶。特别是在1720年前后到19世纪初的一个世纪中,赈灾活动组织得非常之好,政府与官僚都能投入大量的精力与财力去赈灾,并收到了显著的成效。在这个时期,国家以赈灾为己任,在赈灾活动中占有主要地位,而私人及各种社会团体的赈灾活动则处于从属的地位。由于这些成就是在巨大的技术局限和困难的情况下取得的,所以就更为引人注目。因此,魏氏得出了以下结论:在当时困难的条件下,明清(特别是清代)的官僚机构,确实仍能够非常有效地发挥作用,使人民能幸免于灾荒和匮缺所导致的最恶劣的影响。简言之,与大多数史家的看法相反,这一切远非只是"有名无实"。

这些成就(即使并非所有的举措都取得成就,但至少都是大规模的努力)是在特殊的条件下获得的。换言之,当时的赈灾和其他类似的行动,都近乎所谓的"运动"。由此而出现的问题是:是否应当只把这种成功视为危机时期政府活动和效率的突发?换言之,在危机时期,国家干预到达了高峰,并且在时空方面都很集中，所以此时政府活动效率甚高；而在一般情况下的行政管理，则是日常化的、繁琐的，往往效率很低。二者恰好形成鲜明对比。魏氏通过赈灾研究指出，在任何一种官僚机构（无论是"传统的"还是"近代的"）中，都必定会有大量的日常性工作和低效率，明清中国也不例外。但是明清国家在救灾方面的成功很难说只是一种特例，即在危机时期政府活动具有更高的效率。很清楚，在明清时期（特别是清代），救灾运动的组织绝非一时之举。救灾工作的成功，是以国家机器处于高度的有备状态为前提的。例如，救灾的关键是维持大量的粮食储备，但这是一件复杂而费力的工作。为了有效地维持这些储备，还必须制定和执行大量非常复杂的规章和手续，而这些规章和手续又是普通地方行政的一部分。换言之，它们不仅对专家和紧急情况有意义，而且每个地方官员都应当掌握之，以便在必要时执行之。因此，魏氏把对这种情况的研究称为"应用官僚制度"研究，并强调在研究中，必须随时记住政府职能与履行职能的社会过程之间的关系。

魏氏在本书中也没有忽视地方精英（特别是士绅）在救灾活动中所起的重要作用。他指出：救灾是中国官僚制度的头等任务之一。在大多数情况下，国家机构与那些与之共同形成一个权力结构的社会群体是不可能截然分隔的，二者紧密联系在一起，而国家只是处于这个权力结构的顶点。在国家正式任命的官僚的权力层之下（即县以下的地方权力结构中），包括有功名的士绅，不具有功名的富民，里长、保甲长、乡约，以及地方政府组织中的下层雇员、胥役，等等。但是，只有拥有功名的士绅能与那些出身于自己阶层的官员平起平坐，而在必要时，还承担着与"权力"抗衡的作用。

国家与地方精英之间存在权力斗争，特别是在经济利益方面。为了保护自身的利益，控制地方权力的地方精英（以士绅为代表）在不同情况下扮演着不同角色。他们在国家权力与人民大众之间，或者是作为中转器，或者是作为庇护所。而国家也出于自身的利益，要抑制土地兼并，并保护小土地所有者。这种情况对于饥荒问题具有决定性的影响。正是出于国家和地方精英双方的利益，所以需要采取适当措施以预防经济危机和社会动荡，这成为使整个权力体系具有凝聚力的最有力的因素。但是利益的分歧总是存在着。首先，通过发放救济，并进一步通过建立借贷制度来抵抗灾荒，显然是控制主要生产者（农民）的手段之一。国家希望通过这种手段，使小土地所有者能够保持其独立性，避免其由于高利贷或典押财产而依附于有产者。而地主出于自己的利益，则力图束缚住佃户，必要时通过使其负债并保留其偿付能力来达到目的。因此，在国家—地主—农民之间，形成了一种非常复杂的关系。魏氏主要关注的是官僚制度的实际运行问题，因此，他认为在清代鼎盛时期，这种官僚制度在防灾救灾方面显然起着决定性的作用。尽管地方社会上最富裕的、最有影响的那部分群体具有必要的财力和手段，同时也有愿望，来致力于救灾活动，但他们的工作决不可能达到像 18 世纪的政府所达到的那种程度。18 世纪的官僚机构能够集聚和利用大量的资源，并能够进行粮食和资金的跨地区调运，因而才有可能独力承担起大规模、长时期的救灾活动。直到 18 世纪末 19 世纪初，国家的能力才显露出衰落的迹象。由此可见，明清国家在社会经济生活中所能够起的作用非常重大，远非近代以前的欧洲国家所能及。

明清国家的能力、日常运作情况，以及国家与地方精英之间的关系，对于正确认识明清乃至以后中国的政治、社会、经济都非常重要。魏氏在此方面作出了重大的贡献，使得我们对于明清国家有了更加完备和更加深入的认识。因此之故，史景迁指出，本书"对于理解前现代中国国家的运作提供了重要帮助"；而李明珠则认为，本书的精彩分析"对于我们理解 18 世纪中国国家和社会之间的相互作用作出了重要贡献。……这是最早关于传统国家在防备和救济饥荒方面的作用的后传统（post-traditional）的分析，它提出了一些关于国家的这种努力对中国社会历史的影响的重要问题。……它提供了一个如何利用制度史来提出乃至回答一些重要的社会经济问题的范式。"⑫

在国际学界中,国家与社会经济之间的关系是一个极为重大、同时也极为困难的问题。而中国的国家与社会经济的关系,则因情况更为复杂和过去的研究十分薄弱,因而难度更大。魏氏在此方面作出了出色的贡献,乃是他多年辛勤探索的结果。从前一节对魏氏研究经历即可看到,魏氏以往研究的各个方面都与本书有关,因此,本书是魏氏多年研究的产物。

三

本书的学术意义,还不止于上面谈到的方面。从更广阔的视角来看,本书所体现的史观,可以说是西方学界20世纪后期出现的对明清中国社会经济新看法的代表。

西方学界对明清中国社会经济状况的看法,在过去的几百年中发生了几次大的变化。大体而言,在16世纪到18世纪中期,西方对于当时中国所持的看法是颇为积极的。伏尔泰、魁奈、亚当·斯密等,对中国的评价都很高。⑬这种积极的看法在18世纪末开始转变,到1793年英国特使马嘎尔尼(George Macartney)访问中国后,即把中国称为"一艘摇摇晃晃的、老旧的头等战舰"。此后更发生了根本性的变化。自黑格尔以来,西方学界的主流一直把中国看成是一个停滞的"木乃伊式的国家",而明清(特别是清代)则是最能体现这种停滞的时期。第二次世界大战后,费正清提出了新的"冲击—回应"理论,即中国社会并非停滞,而是有变化的。但这种变化是在外力的影响下发生的。倘若没有外力介入,中国仍然不会发生重大变化。因此,这种理论的核心,仍然是明清(特别是清代)中国社会经济的自身停滞。这种理论后来又发展为"传统平衡"、"高度平衡机括"等理论。

到了20世纪中期,中外学者对上述主流观点提出质疑和挑战,提出了一些新的看法。其中最重要的就是国内的"资本主义萌芽"论和西方的"近代中国"论。这两种观点颇为相近,都强调中国的社会经济在明清时期不仅有明显变化,而且这种变化与近代早期西方出现的变化相当相似,倘若按照其自身的轨迹发展下去,将会像西方国家那样走上资本主义的发展道路。但是中国终究未发展出西方式的资本主义,因此,这些看法不仅无法证实,而且在理论上也无法自圆其说。同时,由于这些看法的出发点仍然是西方的经验,因此限制了对明清中国实际情况的深入认识。[14]

到了最近十几年,西方学界对中国的看法又发生了巨大变化。20世纪80年代,政治学家肯尼迪(Paul Kennedy)曾估计说:乾隆十五年(1750)时,中国的工业产值是法国的8.2倍,英国的17.3倍。在1830年的时候,中国的工业产值是法国的5.7倍,英国的3倍。一直到第二次鸦片战争,英国的工业产值才刚刚赶上中国,而法国的工业产值只是中国的40%。[15] 20世纪末,经济学家麦迪森(Angus Maddison)运用实际购买力的计算方法,对过去两千年中世界主要经济体的GDP(国内生产总值)作了计算,得出的结论非常令人吃惊。根据他的计算,1700年时,整个欧洲的GDP和中国的GDP差不多相等。在1700—1820年的一个多世纪中,中国经济的年均增长速度4倍于欧洲。[16] 所以在鸦片战争前,中国不仅经济规模在世界六大经济区中最大,而且增长速度也是第一。世界史学家弗兰克(Andre Gunder Frank)也认为,19世纪初期中国经济不仅规模巨大,而且在当时的世界经济中处于中心地位。[17] 上述这些看法,姑且不论是否经得起仔细推敲,但都表明了一点:清代中国经济出现了迅速增长;这个增长所依靠的不是外力,所遵循的也不是近代早期西方的经济成长模式。

这些新看法的不断出现,促使我们从一个更新的视角来看待明清中国社会经济的发展情况。但是这些看法也存在着一些重大的问题需要解决。其中最重要者之一，是如何看待明清国家及其在社会经济生活中所起的作用。明清中国是中央集权的统一帝国，国家对于社会经济活动具有强大的影响力。当时中国的社会经济变化都是在这一特定环境中发生的，因此，我们在研究这些变化时，不能回避国家及其所起作用的问题。

过去学界对明清（特别是清代）国家在社会经济中所起的作用，基本上持一种否定的态度，或者认为明清强有力的中央集权专制国家阻碍了中国社会经济的进步，或者认为腐败、虚弱、低效率和缺乏进取心使得明清国家无法解决遇到的重大问题，无法有效地执行大规模的计划，因而也无法如德国、俄国和日本等国家那样积极地面对外来挑战，带领全国人民走向近代化。这些看法无疑有其正确的方面，因为明清（特别是清代）国家确实没有把中国带入近代化。但是这种看法同样也无疑有很大的缺陷，因为如果明清国家确实是如上所述那样，那么16—18世纪中国经济的出色表现就无法解释了。

很明显，以往关于明清国家的看法，基本上是以近代西方国家为标准而得出的。王国斌指出，人们通常认为明清中国的官僚制度，缺乏在西方背景下所要求（理想的要求）的专业水准及统治行为。这些对中国实况的批评，含蓄地把中国等同于"传统"或"近代之前"，而把欧洲与"近代"画上等号。但是这些差异仅仅是"中国"与"欧洲"的不同，而不是"传统"与"近代"的差异。事实上，如果深入比较国家完成特殊任务的具体能力，我们就会发现明清中国国家的表现有时会超越近代早期的欧洲国家。例如，欧洲的国家缺乏能力来对农业人口征税，因为精英对土地拥有权利，使得政府无法确立自己的新权利；欧洲的政府也无法进行人口清查。最后，在19世纪以前，没有一个欧洲国家能够想出——遑论形成——一种社会舆论与文化实践。而在中国，从公元前3世纪起，就一直通过有组织的文官机构对人民课税；人口登记及清查制度始于两千年前，到18世纪政府所作的人口纪录，其范围已遍及整个帝国。然而在此时的欧洲,却是由教会来记录人口统计资料。欧洲的高度制度化的宗教握有决定信仰正统性的权力,这在中国却属于国家权力的范畴。因此,如果使用同样的标准来看,中国的国家从事某些活动要比欧洲国家来得早。这产生了一种与一般想法相反的可能性,即明清中国的某些实际经验早于近代欧洲。[18]因此,如果摆脱了以往国家研究中的那种西方中心论,那么我们就应当承认,明清国家并非如过去所想像的那样。它到底应当是什么样,则只有通过深入的研究才能了解。

然而,以往对明清国家的研究,不仅数量很少,而且大多集中于政治制度(特别是官制),以及高层(朝廷和督抚一级)官僚机构的活动。后者包括着许多重大的缺陷。例如,近代以前中国政治制度的一个重要特点就是名实不符,亦即在许多情况下,真正起作用的往往不是正规机构(如清代的内阁),而是非正式机构(如乾隆以前的军机处);同时正式的制度与实际的运作,也往往相互脱节。其次,高层与基层官僚机构的活动,在各方面也有很大不同。因此,倘若只是着眼于规章制度和高层机构,是无法真正了解明清国家的实际运作情况的。

魏氏通过在本书和其他有关论著中所作的深入分析,发现了明清(特别是清代)国家的许多重要特点。他指出:与近代以前的欧洲国家相比,明清中国国家把人民(特别是农民)的物质福利作为国家要解决的头等重大的问题。与过去相比,明清时期(特别是在18世纪)国家对农民物质福利的注意重点,已从生产性活动转到了消费。为了社会秩序的安定,国家制定了系统的政策以稳定若干重要民生物资(特别是粮食)的供给,并以常规的和非常规的手段干预食物供给状况。清朝创建了一个复杂的粮食供给系统。在这个系统中,朝廷向各地地方官员收集粮价、气候和降雨的资料,以预测何时何地可能发生严重缺粮以及研究如何作出反应,而中心是建立与维持一个储粮数百万吨的仓储系统。这些粮仓主要建立在县城和小市镇,代表着国家对普通人民物质福利的承诺。这些做法在欧洲是完全无法想像的,更遑论能够做到了。[19]

　　明清国家遵循的基本国策是扩大与稳定生产及分配,以创造稳固的财政收入来源和安定的社会秩序,从而维护和扩大其统治的能力。这一点并不足为奇,值得重视的是它为达到此种目标而进行的选择,而这些选择大不同于那些在欧洲传统中想像出来的具体目标与策略。因此,上述那些保障人民起码生存权利的物质利益手段,早在它们成为近代福利国家的要素之前很久,在中国就已存在,而且占有重要地位。正因如此,魏氏认为清代国家虽然不是韦伯所说的福利国家,但也是一个"务实性"的国家。同时,19 世纪之前的救灾制度表明,中国国家有能力建立一个巨大的和复杂的结构,以在广大的范围内影响人民的生活。在很长的一段时间内,这个结构运作相当有效,从而大大减轻了自然灾害对普通人民的打击。这说明当时的国家,不仅有愿望,而且也有能力执行大规模的计划,以改善普通人民的生活,从而表明中国国家比起当时的欧洲国家来,具有更高的效率和更强烈的使命感。魏氏得出的这些结论,对于正确认识近代以前中国国家的特点而言,是非常重要的。

　　最后,我还想说几句:

　　20 世纪后期,国际史学正在经历着一场深刻的变革,因此对以往流行的各种成说、理论及研究方法都展开了全面的检讨,以重新认识历史(特别是非西方社会的历史)。在中国史研究领域中,这个工作也日益深入。到了 1991 年,费维凯(Albert Feurwerker)在美国亚洲学会的主席演讲中,发出了在中国研究中,应"对研究对象进行重新的估量、描述和分析"的号召。[20] 到了 20 世纪最后 10 年,国际学界在重新认识明清(特别是清代)中国的方面取得了重大成就,逐渐形成了一股以"加利福尼亚学派"(California School)为代表的新潮流。然而,早在 20 年前,本书就已在重新认识明清中国国家的方面作出了重大的贡献。正是由于魏氏所揭示的明清国家的那些特点,中国社会经济才能在 16、17 和 18 这三个世纪中有长足的发展。因此,本书为以后国际学界重新认识明清中国社会经济真实情况的努力提供了重要的依据。对于今天正在兴起的对明清中国的新认识而言,本书实际上乃是一个开端。就此而言,本书在国际中国史研究的发展历程中已经留下了永久的痕迹。

李伯重

2002 年 6 月

注 释

① 法兰西学院是法国最高学术机构,由 50 位文理各学科的学术精英组成。严格地说,法兰西学院没有院士(academicians),只有教授(professors),因此正确的说法应为法兰西学院教授。但是我国通常把法兰西学院的教授译为院士,此处姑且从众。

② 法兰西学院共有院士 50 人,其中数学、物理与自然历史类 20 人左右,哲学与社会科学类 10 人左右,历史与人文科学类 20 人左右,该学院成立汉学讲座学科始于 1814 年,魏氏之前总计有 7 位汉学家担任过该学院院士。魏氏之前任为谢和耐(Jacques Gernet)先生。

③ 系与贾氏合作完成。

④ "负面形象"是借用摄影术语。

⑤ 主要成果为《政治危机、管理危机、水利危机和人口危机:17 世纪长江中游盆地的衰落》、《1500—1850 年间长江中下游灾荒与经济变化的发生及反映》等。

⑥ 除了上面提到的有关论文外,魏氏在水利史研究方面的论著还有《帝国晚期的水利管理》、《中国的技术与组织:帝国时代灌溉与治水的范例》等论文。

⑦ 后一书原名为 *Nourish the People*:*The State Civilian Granary System in China*,*1650—1850*(University of Michigan Center for Chinese Studies, 1991),系与王国斌合著。在此方面,魏氏的研究成果还有《清代国家粮食储藏:管理与控制诸问题》等论文。

⑧ 如陈宏谋在 1740 年代陕西所为。

⑨ 有关成果已部分发表,如前一方面的《清流对浊流:帝制晚期陕西省的郑白渠灌系统》等论文,以及后一方面的《明清时期的官箴书与中国行政文化》等论文。

⑩ 例如史景迁、李明珠等学者,分别在 *New York Review of Books*,*Journal of Asian Studies* 上发表评论,认为"这是一部杰作,肯定会在中国问题研究领域产生重要影响"(史景迁),"中国史研究领域有许多理由欢迎本书的出版"(李明珠)。

⑪ 参阅李伯重:《气候变化与中国历史上人口的几次大起大落》,刊于《人口研究》,1999 年第 1 期。

⑫ 第 6 页注⑩中所引史景迁、李明珠评论中的话。

⑬ 其中亚当·斯密虽然指出了中国存在的问题,但是仍然把中国称为世界最富之国。

⑭ 参阅拙文《"资本主义萌芽"情结》(刊于《读书》杂志,1996 年第 8 期)、《资本主义萌芽与现代中国史学》(刊于《历史研究》,2000 年第 2 期)、《英国模式、江南道路与资本主义萌芽》(刊于《历史研究》,2001 年第 1 期)。

⑮ 保罗·肯尼迪:《大国的兴衰》,中译本,中国经济出版社,1989 年,第 186 页。

⑯ Angus Maddison:*Chinese Economic Performance in the Long Run*, Development Centre of the Organization for Economic Co-Operation and Development(Paris), 1998, p. 25, p. 40.

⑰ Andre Gunder Frank:*ReOrient:Global Economy in the Asian Age*, University of California Press(Berkley, Los Angeles, Oxford), 1998, p. 9.

⑱ 王国斌:《转变的中国:历史变迁与欧洲经验的局限》,中译本,江苏人民出版社,1998 年,第 253—254 页。

⑲ *Nourish the People*:*The State Civilian Granary System in China*, 1650—1850, pp. 507—526.

⑳ Albert Feurwerker:"Presidential Address:Questions about China's Early Modern Economic History that I Wish I Could Answer", in *Journal of Asian Studies* (Ann Arbor), vol. 5, no. 4.

导　论

本书的研究产生于对人口问题的思考。

中国人口数量在 1800 年前后约为 3 亿。50 年之后,其人口数已经超过了 4 亿。文献中可利用的人口总数都是一些近似数,分省的数字也同样不准确。但是,即使将统计误差估计为大到±10％,这些数字仍是相当庞大的。不管怎样,这些数字所体现的人口规模在中国是空前的。18 世纪末 19 世纪初,某些中国观察家已开始注意到马尔萨斯理论中所说的那些人口现象,即人口过剩、报酬递减,以及贫困化。因此,人们总是倾向于把这一人口规模称为"现代型的(modern)"。

在 1800 年之前的 4 个到 4 个半世纪,即元朝灭亡不久,中国的人口数大约为 6 000 万。这一数字同样是近似数[①],但即使设想其中有较大的低估因素,这一规模也是可以接受的。我把这一人口规模称为"传统型的(traditional)"。在此前 1 500 年,汉代的人口数字几乎与此相同(北方的数字较高一些)。而在 7、8 世纪的唐代,其人口数字也与此相仿。那么,问题是:中国的人口数量是怎样,确切地说,是在什么时候,通过什么机制,经历了这一历史性的突变的。

问题在于,我们所掌握的具有严格意义上的人口统计性质的数据——即这些数字——几乎无助于回答这些问题。直到 15 世纪初,明朝的人口普查数字仍是可接受的,然而随着时间的推移,这些数字看来与现实已经相去甚远。到了关键性的 17

世纪——一个充满了经济危机(实际上是世界性的经济危机)、内战和王朝更替的世纪——历史学家们所面对的只能是当时脱离实际的赋税"人口"。这种赋税"人口"极少波动,充其量只是财政收入的指示器,当然完全无法提供人口结构和人口变动的信息。1750年前后再次进行的人口普查的数字不是没有价值的(尽管存在某些问题),但是我们能够把它们与什么联系起来呢?追溯到15世纪的"基线"在时间上是过于遥远了,自那时以来已发生了太多的事件;人们至多可以"推断"某些事情。这正是我们目前所做的这类研究可以做到的。

虽然无可否认一个事实,即关于前现代中国人口的专门的定量研究仍只是不完整的、非连续的[②],只是依据一些(总是可能发现的)零散档案的研究,因此在很大程度上是推测性的和"模拟的",但我们还是可以设想不同的办法,通过迂回途径来探讨人口现象,更确切地说,是探讨人口"变化"。如果我们不能以严格的人口学概念来描述这种变化,如死亡率、出生率、生育率、年龄金字塔、增长率或下降率等,那么,或许可以通过某些事件的起因、结果,甚至仅仅是一些迹象,来了解和追踪它。举例来说,我曾在另外的研究中调查位于长江中游的湖北省由各种灾害(如旱灾、水灾、瘟疫、战争等)所引起的那些"人口抑制"现象,并按年序排列来进行分析,其目的之一,是希望通过这种途径来探索著名的17世纪所具有的那些特殊性。从我们掌握的所有情况看,这个世纪在中国近代人口史上的重要意义非同一般。[③]

自然灾害或人为原因对人口所造成的影响(在一定限度上,二者的区别是很明显的,在这里我不打算涉及)有许多种表现形式,但通过从"生存"视角的考察,还是可以抓住其基本性质。当人们想要考察人口规模及其演变过程时,这显然应是考虑的主要变量之一。每一次生存危机,不管是怎样发生的,都会引发人口机制的一系列显著变动,从而改变人口结构,并导致人口增长的减速或停顿,例如:死亡率上升就是一个直接的

(受外部条件制约的饥饿而导致的死亡)或间接(对疾病抵抗力的下降)的结果;由经济危机而引起的结婚数量下降;由于受孕量减少、暂时不育,以及必然会发生的自然流产和早产的非正常比例所导致的对生育率的影响;人口迁移增加从而增添了死亡人数。以异常的频繁性和严重程度所发生的饥荒肯定是人口变化的一个决定性因素,而我们已经知道,饥荒曾发生在中国各地,贯穿于整个中国历史,直到近年。研究法国旧王朝的史学家们有比较可靠的统计资料,使他们可以详细研究饥荒对人口的影响。尽管中国史学家缺乏(委婉地说)这类统计资料,但中国史的研究者绝不能无视这种生存危机现象,而至少应该就每一事件的持续时间及确切的地理范围进行分析判断。

显然,任何一个有组织的社会都不会被动地屈服于自然灾害及其带来的农业歉收。每个社会都有自己的预防措施的"武器库",以应付不可避免的紧急情况,并在必要时采取各种步骤来恢复生产力:"先事"、"临事"及"事后"是中国史籍中在谈到这个问题时经常出现的措施归类法。④ 在中国,这类著作数量特别多,而且描述特别详细,这无疑是因为,这个社会已经在长期过程中作出广泛努力,发展和应用了多种措施,来对付自然环境的变化和抵抗生存危机的威胁。

这一事实得以形成的最重要的原因完全是地理方面的。众所周知,中国大陆的特征是,在气候、水资源,以及由此决定的农业生产方面具有高度的不确定性。季风的无规律性,主要河流水流量的突然变动,这些河流上游盆地的侵蚀,以及随之而来的淤积与洪水,靠近干燥不毛的沙漠地区(中国北部),所有这些都是造成其不确定性的因素。相比之下,欧洲温和、良好的气候无疑是相当有利的。

中国社会经济的另一个显著(并相关联的?)特点当然是它的成熟老练、中央集权,以及官僚制度的稳定,这一点更能够解释那些周详且制度化的抗灾程序的存在。本书的大部分研究将集中在这一方面。尽管我没有系统地分析"生存危机"本身——"生存危机"包括了广泛含义,不仅是饥荒,还有疾病和瘟疫、人口迁徙流离、社会动乱,等等——但它并未被忽略,特别是就本书所研究的这一特定事件来说。我希望,在官僚制度与饥荒的关系、国家控制与资源分配的关系方面,我的研究会尽可能地做到、至少对于本书所限定的时期来说是有成果的。

在这里,有一点很重要,从一开始就要提出来。如果说在这本书中,一直把"政府"(administrative)和国家(public)抵抗灾荒的作用放在引人注目的地位,那么还应注意到,每当这时,也总是会强调那些地方精英,特别是乡绅所具有的同等作用。备荒和救灾的确是中国官僚制度的头等任务之一,这是中国传统的家长式权力统治的一部分,它体现了儒家的教义:"养"民才能更好地"教"民。然而,在多数情况下,国家行政组织(the State administration)以及与之共同形成一个权力结构的那些社会群体是不可能截然分隔的,它们紧密地联系在一起,而国家只是处于这个权力结构的顶点。在国家正式任命的官僚的权力层次以下,即县以下的地方权力结构中,士绅(指那些拥有功名的人及其家庭)靠着与其身份相联系的一定的优越条件,以及他们被认为所拥有的道德威望(实际上是没来由地赋予他们的)而处于最突出的地位。当然还有许多其他社会群体,其中包括不具有正式功名从而不属于士绅等级的有产者及"富户",以及地方秩序和赋税来源的组织者,即里长、保甲长、乡约等。此外还有政府组织中的下层雇员、胥役,甚至还包括地方的"下流社会"。但是,只有士绅能与那些出身于他们自己阶层的官员平起平坐,而在必要时,还担负着与"权力"抗衡的作用。

的确,各群体相处的规则并不总是融洽的合作。⑤实际上,人们时常谈到国家与地方精英和有产者之间的权力斗争,前者追求自身的目标,而后者——乡村控制必须依靠他们——也同样追求自身的目标。虽然从观念上说二者的最终目标通常是一致的,但一旦涉及经济利益时就不同了。这就是为什么在不同情况下,地方精英们扮演着不同的角色。他们在国家权力与人民大众之间,或者是作为中转器,或者是作为庇护所。在这方面,士绅所拥有的保护其大土地所有制的半垄断权、或者至少是统治性地位的机会⑥肯定起着决定性作用,因为政府首先是同他们这个最有声望的社会群体争夺农业生产的剩余,以及对农民的控制权。有产者的利益显然一方面是尽可能多地从土地上获取收入,另一方面是尽最大力量抵制赋税压力,因为赋税首先是,并且主要是来自于土地所有者,其中大有产者是最突出的部分。大有产者希望通过这种方式,可以将大部分农业剩余留给自己,这也正是为什么国家总是出于相反的利益而要抑制土地兼并,并保护小土地所有者。小土地所有者是赋税的直接征收对象,而且是最容易控制和压迫的阶层。

以上这些考虑并没有脱离饥荒问题。正是出于官僚阶级和地方权力控制者(以大土地所有者和士绅为首)双方的利益,所以需要采取适当措施以预防经济危机和社会动荡,这肯定是使整个权力体系具有凝聚力的最有力的因素。但是观念和利益的分歧总是存在的。首先,通过发放救济,并进一步通过建立借贷制度来抵抗灾荒,显然是控制主要生产者(农民)的手段之一。国家希望通过这种手段,使小土地所有者能够保持其独立性,避免其由于高利贷或典押财产而依附于有产者。地主出于自己的利益,则力图束缚住佃户,必要时通过使其负债并保留其偿付能力来达到目的。为保护受灾佃农的利益而进行的直接的国家干预肯定会导致有产者的不满,因为这干涉了严格的私有关系,同时还鼓励了佃农的抗租行为。正如我们将要看到的,这种状况在17世纪初期并不罕见。

这就是为什么大土地所有者和士绅常常喜欢标榜一种至少在本地由他们自己管理的"荒政"的原因之一。他们确实有一些有利的论据:不仅是由于"社区情感"——据认为这可以使富人和穷人之间形成一股合力——而且特别是由于他们对本地区及其人口的了解,他们的威望,以及他们在乡村的公认的领导作用。官僚政府由于缺乏永久性的直接控制手段,有时甚至是缺乏现实权力,常常不得不屈从于这些观点。

但是由谁来付出?在纳税者(小纳税者,尤其是那些纳税大户)看来,自然应由收税者即国家向灾区返还部分钱粮。而且,正如我们已经知道的,这种义务是与帝国的家长式权力统治联系在一起的。然而,国家权力也必须采取一些措施来鼓励富人的"善举",使"善举"得到合法承认。于是我们看到的是,在多数时候,国家和有产者把球推来推去。一方面,国家无情地要求富人采取慈善行为和慷慨施舍,谴责他们的利己主义(尽管还没到"命令"他们付出钱谷的地步),同时对那些自愿捐助者赐予功名和荣誉;而另一方面,地方精英们吵吵嚷嚷地要求补贴和减免赋税,否则他们就心照不宣地拒绝卷入救灾活动,并以其储粮大肆投机,而把整个事情留给政府去做。

其结果可以有各种不同的形式。从历史上看,它与多种因素相联系,例如:总的经济状况;人口、资源,以及剩余产品储备的可能性之间的总的平衡;国家财政状况;官僚政府的效率和组织程度,及其在乡村行使职责时对它的实际控制程度;乡村中各阶级之间的关系;发生灾荒时有产者对大众需求的满足能力;还有其他一些,在本书的研究中都将进行讨论。因此,尽管可以对官僚政府的各种抗灾措施专门进行研究——这正是本书的主题——尽管人们会倾向于认为这些措施在某些时期起到了支配作用,然而必须记住,它们绝没有占据整个舞台。

无论如何,我还要再提醒一句。在对"应用官僚制度"进行研究时,例如本书,有必要随时把握政府职能与履行职能的社会过程之间的关系,实际上多数文献资料也是这样指点我们的。但是,一定不要忘记,几乎所有这些文献资料都产生于官僚——过去的、现时的,或潜在的——之手。这就是为什么在文献记载里,社会现实绝不表现为其原始状态,而是表现为一种中间形式,这种中间形式体现了那些习惯于从国家角度思考问题的人们的观念,甚至当他们表达对国家制度的这样那样的反对意见时也是如此。在我们目前所涉及的领域里,也如其他许多方面一样,没有哪个"反对派"愿意使自己的言论听起来像是在反对一个以文人官僚为象征和典范的社会。

所以,对于中国经济社会史来说,可以利用的多数文献资料确实都带有官僚观点的特征(且不论还有偏见)。但无论如何,当研究生存危机,以及任何其他问题时,还是有可能从中得到不同的观点的。这些观点存在于从纯官方文献(如政府典章)到通常所称的"私人"文书(即由那些有经验的人所写的大量的非正式性的或"亲历"的文章,这些人是其所述事件的目击者,有时是执行者)之中。

事实上,这些文献和记述都是适应于一定等级组织的需要的。我们可以看看《救荒备览》的作者劳潼所说的话,该书作于1794年。劳潼在该书序中对由皇帝授意编纂的《钦定康济录》和他为《救荒备览》所编选的较少具有正式色彩的文章作了区分。他说,前者"乃为朝廷及有位者言之",而后者"乃兼及士庶之微",更可以触发人们救助乡里的善心,也更适用于像该序中所提到的政府组织衰微时的情况——该序中描述了广东的地方精英们对于官府不断派捐赈灾多少有些漠然的情形。

确切地说,政府总的典章提示了一个极为理性化的、同时又是乐观积极的救灾图景,因为儒家专制主义学说在对待保护人民福利和生产力方面是很慷慨大度的。但就中国政府典章制度的特性来看,它们在某种程度上也是日常行政实践的产物。这些规章通过"例"的积累而形成,也就是说,政策是针对特定的事件或问题,在处理事件或问题的官员的建议下制定的,随后成为一般性的应用准则。例如,《大清会典事例》中的文论很好地显示了行政实践和准则的形成过程,尽管正式的最高决策的制定及其编纂形成于中央政府。⑦由各部定期发布的典章汇集也体现出同样的特点,尽管这些规章在年代顺序上缺少系统性。例如,1851年的《户部则例》简要地列出了当时正在实行的有关国家仓储和赈济这类事情的规定,其中只有关于赋税蠲免的几章是按照时间顺序排列的。人们还会注意到,这些为内部使用的规章汇集中很注重那些惩罚性的规定,例如,《户部则例》中多数篇章的末尾都列出了对于失职官员的惩罚规定。⑧

在政府典章之外,人们还会找到无数的文章、记述、轶事、碑刻,甚至是诗歌,这些都散见于各种类书、文集、传记、行政手册等等之中。彻底地(或者尽可能彻底地)搜集这些资料,或许是充分掌握各地不同情况的一个很好途径,但是大量的文字梳理工作暂时阻止了我这样去做。特别是,当通读了《清诗铎》的有关部分后(有关我们这里所感兴趣的事情,如灾害、救助灾民、粮食储备等),我的某种对于"诗歌"资料的潜在兴趣变得更为明确了。我也充分利用了《皇朝经世文编》(1826)中有关荒政部分的奏疏、建议、书信,等等,尽管如该书题目所指明的,这只是一部选编。

然而,作为我的研究基础的是一类具有特定内容的文编,有时称之为"救荒",而更经常是称做"荒政"。这是官僚(不一定是"官员")著述中的一个特殊范畴,通常出现于中国传统文献书目中的"政书"一类中,更准确地说,是出现于称做"邦计"的子目中。但即使是这类文编,其文章仍然是多种多样的,在以下提到的例子中包括了从书本到书本的编辑,乃至"实地"报告。

多数编著的目录是按照有关指令的主题编排的,或者是按照所引述事例的年代顺序编排的。这些编著在内容上没有什么特殊区别(因为实际上,其内容都或多或少地存在着相互照抄照搬的情况),都描绘了中国抗灾政策的一种综合情景,在时间或空间上没有固定的参照点。多数文论都是追溯到宋代(10—13世纪):董煟(12世纪后期至13世纪初期)的《救荒活民书》常常被奉为基本经典,而且一般来说,我所叙述的许多"官僚"方式也正是在宋代确定的,尽管执行起来并不总是成功的。⑨这类资料对于研究某一特定情况下的活动没有什么直接意义。然而从总体上说还是不能忽视它们,因为那些面对现实形势的官员们正是从这些书中寻找思想和措辞的,他们也正是从这些书中找到了处理问题的基本方法的"储备库",从而能够启发他们构想出应对各种情形的适当的策略方法,并据以作为当前的规则。⑩

当官员们需要参考经验性的和制度方面的规章时,那些编列了各种建议的手册形式的书对他们具有更大的实践指导意义。这类规章汇编基本上是在18世纪编辑的。⑪所以,像《荒政琐言》(1752)和《荒政摘要》(1833)中的建议与当时实际活动的报告基本上是一致的。尽管它们都参考了明代的辑本,但可以认为,其内容基本上是对17世纪,尤其是18世纪积累起来的经验和章程的概述。特别是《荒政摘要》,被认为是一本可在紧急情况下使用的简明指南。

许多有关荒政的著述都是将引经据典和实际经验结合起来谈问题的,《荒政琐言》即是其中一例。这些著述的作者仍使用传统的标题编排方法,而且继续援引过去的权威性语言,但他们同样吸收了自己的亲身经验,这些经验常常是"专家"的经历体验。正如我们所知道的,"专家"这个词并没有制度方面的意义。因为在中国正式的官僚机构中,没有专业化的职员,政府只是由那些负有"全权"的官员组成的,或者换句话说,是由"通才"组成的。然而在实际上,政府官员队伍中包含了许多人,这些人或是由于才干,或是纯属偶然而成为"技术专家",他们被认为具有经验和能力,因而一再被派往那些期望他们能解决问题的岗位。这种情况明显发生在诸如财政部门、军事后勤部门以及水利工程中,但人们也看到,一些文职人员(civil servants)将其全部职业生涯投入于灾害预防技术。特定的技术常常是同特定地区联系在一起的,我们在以下方观承的事例中将会看到(他的书正是我们目前研究的出发点),他的整个职业生涯几乎是在一个省度过的。其他关于荒政的著述也反映了类似情况,基本上是局限于某一个地方或某一个省的。

这些著述之一是一本重要且被广泛引用的书《荒政辑要》

(1805),其中大部分内容来自于其作者汪志伊(1743—1818)的亲身实践,1804年江苏省发大水时,汪正担任江苏巡抚。⑫同样,王凤生的《荒政备览》(1824)是直接产生于1823年发生在浙江和江苏的据说是"前所未有"的洪灾。⑬在同类书中,人们还可以提出另一部《荒政辑要》,该书作于1768年,其作者姚碧的职业生涯大半是在浙江度过的⑭;还有前边提到的《荒政琐言》,同样描述了浙江的情形,以及北方直隶的情形。这两部书具有特殊意义,因为它们的作者不是正式官僚,而是被称为"幕友"这一阶层的成员。这些"幕友"毕生服务于各级地方官,实际上是地方上最难得的专家和技师。⑮《荒政琐言》的作者万维翰还著有一本值得一读的《幕学举要》(1770年作序),书中反映了他在1742—1746年间在为直隶通州地方官服务期间所获得的经验,其中有一节谈到荒政,既简要又令人感兴趣。

通过一些特定事件的记录或报告,我们可以看到更为具体明确的记述。这些记录或报告的目的是为了给后人留下一些有关官僚政府办事功效的实际教训以及启示性的事例。这类著述的作者包括各级官员,从负责经办那些费用巨大的地区性工程的高级官员到不得不以有限资金办事的地方官员。这类著述的形式是各种各样的:一些是按照主题编排的,另一些是记事形式的,还有一些是行政文书的辑录。这些著述使我得以摆脱一般化的了解和抽象的规章制度,从而对在各种具体条件下荒政是如何运作的有了更加清晰的印象。为此,我必须花费一些时间,来说明一下那些本书中将要经常引用的著述,尽管我所列出的肯定并不完全。

第一部是关于锺化民(1537—1597)的救荒活动的,他的著述在后来的辑本中常常被引用。他于1594年以"河南道监察御使督理荒政"的头衔被派往河南省,实际上,他看来是被赋予了全权,去恢复一个被灾难性饥荒所摧毁的省份的秩序。我们没有找到他为地方官僚所写的那篇建议文章,题目(像许多其他同类文章一样)是《救荒事宜》。但是《荒政丛书》第五卷中有他的一篇《救荒图说》,这是锺化民写给朝廷的,其中以第三者的身份报告了他执行使命的情况。《荒政丛书》的编纂者俞森还提到了两篇以锺化民的著述为基础所写的文章,题为《赈豫纪略》和《赈荒事实》。这些文章尽管具有不可否认的偶像化特点,在数字上有所夸大,而且记述过于简略,但是它们还是传达了一个生动鲜明的印象,即在发生严重灾害的情况下,同时又处于非常不得力的官僚政府的环境下,一个积极热诚的官员所能做到的程度。⑯

郁方董的《济荒记略》一书较少受到重视,但重要的是这是一部不同类型的书。实际上,这本书与这里所提到的其他辑本只是略有区别。其作者不是一个官员,而是一个文人,居住在家乡江苏嘉定县。1849 年那次所谓"百年不遇"的洪水(这次洪水影响了整个长江中下游地区)给当地带来了严重饥荒,在饥荒中所采取的抗灾措施是由像他自己那样的人们,即那些地方精英们来做的,他在书中详细叙述了这些措施。政府并不是完全消极的:在《济荒记略》的引言以及《嘉定县志》中所显示的政府提供的资金数和救济的灾民数都是不可忽视的。⑰然而,没有其他可参照的数据资料来检验这些数字的准确性,而且我们所知道的是,其中大部分资金是在地方官的要求下由私人"捐"的;此外,郁方董的书传达了一个总的印象,即政府部门在救灾方面的努力明显不足。由于政府听凭灾民自谋生路,人们变得难以控制,颠沛流离。在这种情况下,地方精英们和"本县文人"(local literati)(书序说作者是其中一个杰出人物)为了自我保护,不得不承担起政府官员的职责,而且尽可能出色地履行这种职责。这种状况在太平天国起义之前的一些年里必定是相当典型的,以下(本书第二部分)我们将会看到,这种状况兆示着"官僚"形式的荒政的衰落。然而,地方精英和富人们的救灾程序(书中详细叙述了这些程序)实际上同政府章程中所规定的那些程序相当类似;而且由于二者出自同一传统,所以很难区分它们。例如,根据该书序中所述,郁方董显然在很大程度上是从他父亲郁淳的榜样中受到启示,后者其实是一个官僚。郁淳在几个方面都很突出,其中包括救灾,他曾在安徽省的几个县里担任过(低级)官员。[18]郁方董的书生动地证明了饥荒的社会影响,包括对城市环境的影响(而这种记录是相当少见的),在这方面该书也是有价值的。

行政文书编辑在中国官僚的编史中是一种相当流行的格式。这类书不仅数量非常丰富,而且记载颇为详细。这里将提到三个例子。首先是《赈纪》,这本书把我们带回到距上述事例两个半世纪前的安徽凤阳府。它记述的是在 1617 年的饥荒期间,霍丘县地方官的救灾活动,那场饥荒是 10 年不利气候的结果。这本书包括了该县地方官王世荫写给他的顶头上司的报告,叙述相当详细并具有技术性,后面附有上级官员赞誉性的评语。书中有着丰富的数据资料,详细到了最小的情节,在这方面,它是我所见到的最翔实的著述之一。书中所显示的地方政府是有效率的,这种情况在那个时期(17 世纪早期)可能并不像有时所认为的那样是一个例外,虽然我们不知道这本书中所提出的抗灾程序在那个时期是否可以被认为具有代表性。

第二个集子是《郧襄赈济事宜》。该书涉及的是 1691—1692 年间湖北西北部所遭遇的困难局面,作者俞森(《荒政丛书》的编辑者)当时是那里的道员。书中的 10 篇文章是作者为自己的行动寻求更多支持而写的,其中包括给百姓的告示和给上级的报告。在这里,除了大量的关于一种特殊类型的生存危机的发展详情外,我们还看到了对于一个官员所处困境的生动描述。由于与帝国决策中心相距遥远,而且信息必须通过层层传递才能到达,所以尽管形势相当严峻,但在这种形势还没有悲惨到足以引起清廷的直接注意之前,俞森不得不独自与之抗争。此时的政府还远不像它在 50 年以后那样稳固和有效率。我们将会看到,俞森所面临的问题是由其邻省陕西引起的。在陕西,饥荒驱使失去一切的贫民大量流徙到湖北,导致郧(阳)襄(阳)地区的食物短缺。俞森没有给出这些事件的确切时间,我们可以通过另一本书来了解。这本书提到了这些事件,确定陕西省的饥荒是发生在1691年。书中还暗示,当局最终还是采取了俞森曾热切建议的那些措施。⑲

然而,在方观承的《赈纪》中所提到的那些事件发生之时,情况则完全不同了。方观承(1698—1768)的事业使他成为那些专业性相当强的"技术型"高官中的典范。此外,他的专业经验还带有更多、更显著的地方性特点,因为他的事业基本上是在直隶(今河北省)开展的。⑳方观承曾致力于农业发展和预防灾害的所有工作。据说他在担任了一年浙江巡抚(1748—1749)后回到直隶时,为直隶带回了土豆样品,同时还带回了一批技术专家来教授北方人如何种植土豆。这以后,据称他又引入了番薯,使之成为天津地区的主要粮食作物。㉑他还于1765年向皇帝呈上了著名的棉花种植图说《棉花图》。但是,他的最重要的专长是治水(这在河北平原是至关重要的)和仓储。1743年,他担任清河道道员,这个职务的任务之一就是勘察辖区内的水利工程;这时,即在他职官生涯的初期,他已经被认为是治理永定河的专家,这条河是河北省最具威胁性的河流。在他担任直隶总督的长时期里,水患问题终于得到了根本控制。他将有关文章编辑成书,于1768年出版,题为《直隶河渠水利书》。他还主持了界临山东一带地区及子牙河沿岸沼泽地区的排水工程,并成功地将这些土地改造成为麦田。㉒方观承最著名的成就是在整个直隶省内创建了星罗棋布的"义仓"网,这是应皇帝1746年的指示而做的。这一非凡之举有几个方面很不寻常。我们之所以知道这些,是因为就此事而刊印的几本集子:1753年呈奏给皇帝的《义仓奏议》和《畿辅义仓图》,以及为州县地方官所写的《义仓规条》。㉓

但是,使方观承在"养民"方面享有声望的最重要的事件可能要算1743—1744年间他在直隶旱灾中的救灾活动了。当时他正担任道员,朝廷委派他同天津道道员陶正中一起,全力以赴进行救灾。他在10年以后(书序作于1754年)编辑的一部书中收录了当时主要的官方文书:皇帝谕旨、与直隶省决策部门㉔的通信、对地方官员的指示、对灾民和地方精英的告示,以及一些支持性按语和统计数字。下面列出了书中八卷的标题,因为清代多数关于荒政著述的题目都是这样的:

一、上谕
二、核赈
三、散赈
四、展赈
五、安抚流移
六、借粜蠲缓
七、蠲恤谕禁
八、杂记:统计数据和派往灾区的官员名单

这部书无疑是对一次特定的救灾行动的最长、最详细的记载。它涉及了在这种情况下,政府干预的几乎所有可能的形式,它的描述性的(而不是规范化的)特点使我们仿佛"身临其境"——一个被描述得相当详细的现场——从而更清楚地了解那些做法的范围和步骤。此外,其中的统计数据,如灾民数、分配的救灾物资数、政府提供的资金数等,都是第一手资料,可以相互验证以形成一个比较一致的救灾图景。所有这些都足以证明,在对荒政的经验性研究中,可以利用《赈纪》作为基本素材,或者说是作为一种指导线索。㉕

使我们可以依靠这本书来进行研究的另一个理由,是它的一致性。如前所述,在这一时期里,官方的救荒理论和规章制度达到了前所未有的系统化程度。由于《赈纪》所述的事情发生在直隶,即活动和信息都最接近京城的地区,我们有理由设想,这次救灾中的举动代表了当时所能采取的最好措施。因此,这是一个特别有利的研究起点。当然,这不会妨碍我们随后(或同时)对于此前或此后所发生的事情,以及对于远离中央政府的那些省份进行研究,以使我们能够探知在没有得益于同样有效率的措施和同样一致性政策的条件下,官僚政府及其官员们能够做到什么程度,尽管我们不能指望得到同样质量的原始资料。

因此,1743年的直隶将成为我们的立足点。由此出发,借助于以上所讨论过的那些资料,以及一些其他资料,我们的研究将在时间与空间的广泛范围内进行。这并不是说,读者可以期望从中得出一幅前现代中国荒政的最明晰、最详尽的全景图,因为那是一个巨大的工程,需要更充分的资料,而这不是一本书的篇幅所能做到的。但是我认为,本书所提供的信息已超出了一篇专题论文的研究:它至少提供了一些要素,来构建一幅广阔的历史画卷。

注 释

① 出于各种理由,我对明朝初年(1393)第一次人口普查数字质量的看法不如何炳棣(Ho, Ping-ti)(1959,第1章)那样乐观。
② 不过,以前不为学者们所知的一些地方登记簿已被有序地连接起来,且已产生了令人振奋的结果:我在这里要特别指出的是加利福尼亚理工学院的李中清(James Lee)教授自1985年以来所进行的关于辽宁省部分村庄旗人人口的研究。实际上,总的人口普查资料也可以提供某些时期的连续性数据,但能够从这些连续性的数据中所获得的一切已经都得到了。
③ 见魏丕信(P.-E. Will)(1980, 1985a)。
④ "先事"、"临事"、"事后"是《钦定康济录》三个主要部分的标题。这是一部在皇帝授意下,由官方编纂的关于对付饥荒的措施的大部头书籍,刊印于1739年。
⑤ 关于这个问题的总的论述,见瞿同祖(Ch'ü, T'ung-tsu)(1962)书中"士绅与地方政府"一章。
⑥ 见张仲礼(Chang, Chung-li)(1962),《中国绅士的收入》,第5章。但据张仲礼的研究,这一概括更适合于明代,而不是清代。
⑦ 关于这一过程的详情可参见墨子刻(Metzger, Thomas A.)(1973),特别是第211—214,217—222页。

⑧ 关于前现代中国官僚制度的"纪律"方面的规定,参见墨子刻(1973),第4章。

⑨ 见王德毅的研究。但是,大部分有关饥荒的资料是从明代开始的,而且是从一部书到另一部书一再重复的。弗克兰(Franke, Wolfgang)(1968)只提到了四部关于饥荒的书,实际上此类书还有许多。

⑩ 例如,可见方观承的《赈纪》序,其中包括了一系列书目,1743年办理直隶赈灾事务的官员们即参考了这些书。

⑪ 粗略地浏览一下《大清会典事例》,卷269—288,"蠲恤",我们可以看到,这些规定和事例是在雍正朝(1723—1735),特别是在乾隆朝(1736—1795)的最初一些年里开始积累并逐渐形成制度的。以下将会谈到这一形成过程的可能的社会经济原因。

⑫ 关于这本书,可参阅森正夫(1969b,第103页);以及森正夫(1969a,第30页)。据称,在这本书的最重要部分,汪志伊利用了大约是1750年的一部著作,这部著作在当时被认为是具有权威性的。这本书名为《灾赈事宜》,其作者彭家屏同汪志伊一样,曾经是江苏省的高级官员,该书是他在这个地区的实际经验的总结。见《清史》,卷339/4371—4372中彭家屏的传略。《钱谷备要》(1793,卷8/10a—17a)收入了彭家屏的另一篇文章,名为《勘灾事宜十六条》(1755)。

⑬ 王凤生(1776—1834)当时在浙江省任通判,他曾在该省服务19年。参阅瓦特(Watt, John R.)(1972,第257页)书中王凤生传略的注释。王凤生在书中引用了《荒政辑要》(很可能就是汪志伊所编纂的那本书),以及浙江省关于荒政的规章中的内容,同时根据他自己在1823年灾害中的所做、所见、所闻对所引内容进行了一些联系实际的评说。以下我还将不时涉及浙江省的这些规章,它们基本上是"国家"规章的翻版,尽管某些内容是适应当地社会经济条件的。有些省份看来没有这种规章。在《钱谷备要》的最后三卷中引述了相当多的这种规章,涉及了江苏、安徽、湖南,以及浙江省,所有这些规章都是在乾隆朝制定的。

⑭ 我没有见到这部书,但前注中所引森正夫的两篇文章中分析了这部书的内容。

⑮ 参阅瞿同祖(1962)书中关于"幕友"一章。

⑯ 在16世纪的最后一些年里,像锺化民这样积极热忱而又坦率直言的人肯定极少,因为那是一个官员们情绪低落的时期。《明史》(卷227/5971—

5972)关于锺化民的传略中说到了这些情况。除了这里提到的文章,我没有对 1594 年(实际是 1592—1594 年)河南省的灾荒进行过研究。更详细的情况,可参阅叶水云(音译)(Yim, Shui-yuen)(1978)。

⑰ 见《嘉定县志》,卷 5/13b—14a。

⑱ 他的传记可参见《嘉定县志》,卷 16/63a—b。

⑲ 见《荒政考》,21b。

⑳ 方观承的简历可参见恒慕义(Hummel, Arthur W.)(1943,第 233—235 页)。还可参见《清史》,卷 325/4273—4276。

㉑ 见天野元之助(1956,第 254 页)。

㉒ 见何炳棣(1959,第 180 页)。

㉓ 村松祐次(1969,第 82 页及以后)叙述并分析了这些文章。再版的《中国方志丛书》(台北,1969)中收录了义仓图。

㉔ 即总督和布政司。《赈纪》中的多数奏疏是以方观承与陶正中的报告为基础,按照这些官员的相应职责由其中之一签发的。

㉕ 人们还可以提出方观承的另一著述,即《赈纪十五条》,该文尽管没有写明确切日期,实际上叙述的是同一件事。它采取了简练的形式,但补充了一些细节,其中重述了《赈纪》中的部分资料。

第一部分
有关中国饥荒的记录

一 对自然灾害的初步考察

如前所述,在目前这一研究中,我并不打算分析不同类型生存危机的发生、发展过程及其相互关系。但是,如果不提供一个中国官员在救灾中所面临的大致状况,而直接叙述救灾措施,则很难说清楚问题。因此,我将首先简单描述一下自然灾害情况及其对人类所造成的最直接后果。其社会效果将在以后的章节中详细讨论。

自 然 灾 害

或许需要建立一个专门的类型学,来精确阐明破坏气候/水文条件的各种因素(当然也包括"人类"因素,如战争与社会动乱对水利基础设施的破坏,及其与随之产生的农业对于降雨量波动的日益减弱的反应能力之间的关系)。①但这样做将使我们离题太远。因此,这里我只对经常威胁中国农民的两个主要灾害做一个一般性对比,这两个主要灾害是:降水量过少;以及相反,降水量过多。虽然干旱和洪水都会造成一季或多季的粮食短缺,但明确区分它们各自所导致的不同危机是必要的,因为不同的危机要求政府或替代政府的民间(私人)作出不同反应。

简单地说,洪水(这里指的是严重的洪灾,不是局部决堤)的显著特点是其爆发的突然性与破坏性,而干旱则是逐渐形成的,只是有限地毁坏生产基础设施。不同的特性决定了它们对人类造成的后果不同,也导致了政府行为的范围和程度的不同。主要河流的水量增长可以在几天之内泛滥成灾,一旦堤坝被淹没或被冲决,洪水在几个小时之内就会吞没大范围的地区,庄稼被毁,房屋倒塌,牲畜溺毙,农田被冲刷;大水退去之后,土地仍会被淤积物、泥沙、碎石覆盖着。人们会发现,他们没有食物,没有住所,那些遭受了洪灾洗劫的人们不得不迅速逃离家园。在这些情况下,政府部门必须采取措施,以使生存问题不会很快出现危险倾向,灾区及其周边地区也不至于沦为完全的无政府状态。因此,政府必须迅速行动起来,一旦大水退去,立即进行粮食救济,同时进行大规模的重建工作(房屋、堤坝,等等)。②

相比之下,干旱是一种渐进性的灾害。随着缺雨天数的延长,灾害进程经历了几个明显阶段,在每个阶段,都可以为下一阶段做必要的准备工作。一场严重的旱灾可以持续几个月、一年,乃至更长时间,特别是在中国北方。虽然在某种程度上,其后果与水灾是一样的,都表现为食物短缺、人口流离、耕畜与种子储备减少,但危机点的到来要缓慢得多。因此,政府部门有更多的时间来研究问题,查明灾害的范围和程度,安排向缺粮地区调运粮食,简言之,就是使事情有组织化。时间对于只能依靠传统方式——没有长途通讯设施,没有快速运输工具——运作的官僚政府来说是基本因素,它解释了为什么那些关于最精到、最有效的操作程序的报告通常都是涉及旱荒的。就大量现象来看,至少以下一点是正确的:即影响范围有限的地方性水灾至少为细致调查灾情,并按照符合官方规章的程序进行救济提供了可能性。例如,王凤生将"小范围"的地方性水灾与1823年的区域性大洪水进行对照,后者产生的问题是他在浙江任职的19年中从未遇到过的。在后一种情况下,谚语所说的"水荒一线,旱荒一片",已不再适用了。③

方观承所描述的1743—1744年的直隶干旱,明确显示了中

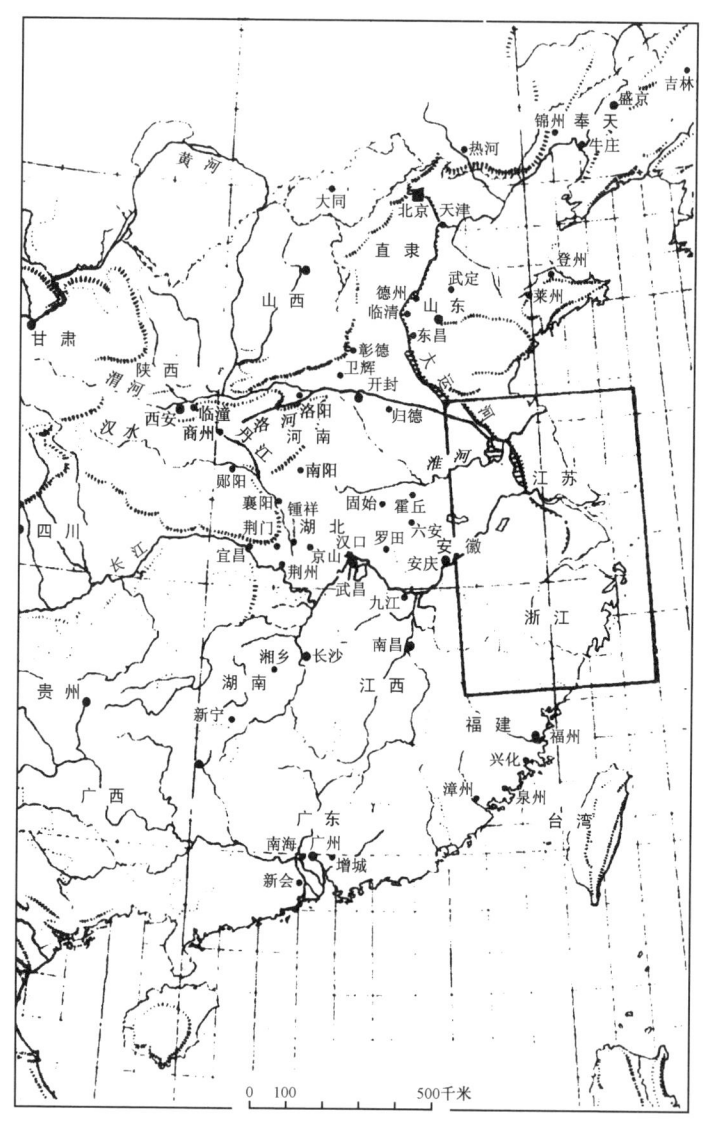

地图 1　本书所研究的主要地区及主要地名[*]

[*] 图中的大圆点为省会所在地。

第一部分 有关中国饥荒的记录 23

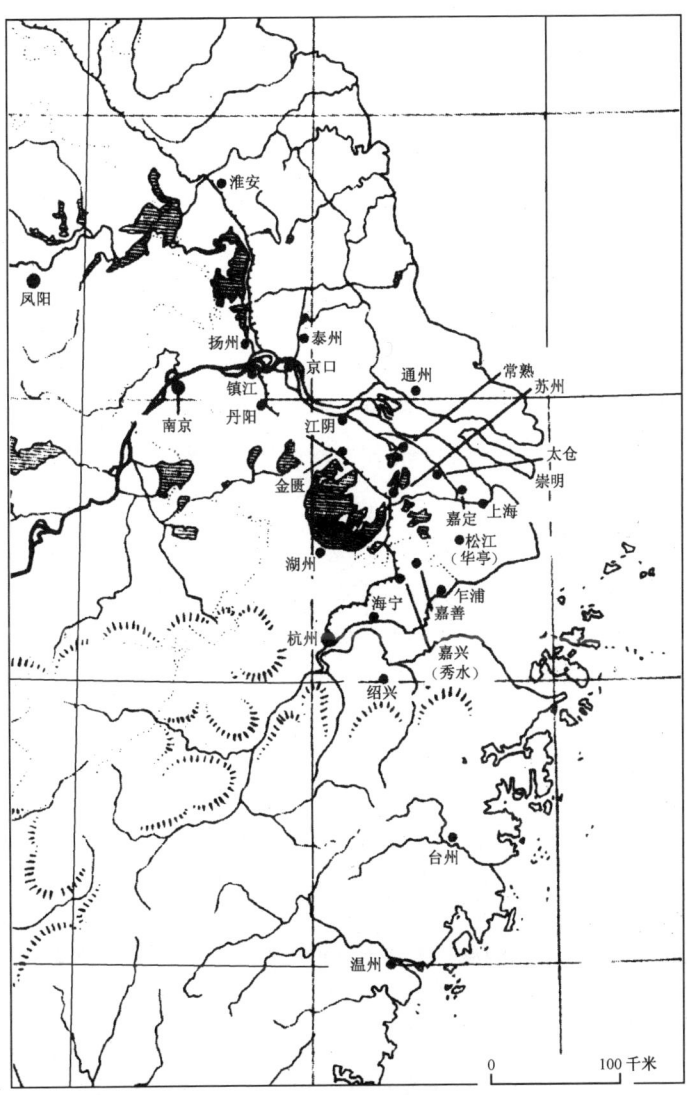

地图 1 中的框图详图

国北方旱灾的典型进程。④最早提到粮食严重短缺的是1743年六月份的报告。⑤在27个州县中,人们所期盼的春末夏初的正常降雨没有到来,以致冬季作物(大麦,特别是冬小麦)颗粒无收。⑥由于炎热少雨,土壤很快旱干,这种形势也危及了秋季作物的播种。⑦在"东作"(即春季耕种)已经进行的地方,整个夏季的持续干旱毁坏了所有春季播种的作物。到了七月(西历8—9月),地方政府认为已经"成灾",这意味着他们已经放弃了能够建立冬季储备的所有希望,因而认为有理由要求中央政府进行紧急粮食救助,直到1744年春季。

在这之前,人们还期盼着秋初能够降雨,以便种植一些能在冬季到来之前成熟的晚熟作物。⑧但这种希望到七月初即破灭了,因为除了少数只可"疗饥"的豆类,什么都没能播种下去,要不然就是已经播种却没有"出芽"。地方储备已几乎用完,越来越多的饥民走上出门乞讨之路。八月末九月初的几场阵雨为人们带来一点希望,因为可以播种冬小麦了。这一年,尽管粮价持续上涨,饥饿的人群大量拥入京城,这一地区仍维持下来,度过了冬季和春季,而这完全是由于粮食的不断输入与分配。下面将进一步详细讨论这些活动。

问题本来可以解决了。但到了1744年春季,雨水仍未降临,危机进入了新的一轮。⑨到了四月份,结果已经很清楚了,冬季前播种的庄稼已经绝收。现在,要度过饥荒直到新的收成到来(如果没有外部援助,这看来难以做到),将需要更长时间。实际上,直到五月下旬才下了雨,而1744年秋季的收成,这也是两年中的第一次收成,充其量也不过是个平年。⑩

一般来说——我是指在缺少大规模、长期的外部援助的情况下——像这样的持续干旱必然会导致严重灾难,因为干旱所造成的后果在不断地积累着。由于一季接一季的庄稼颗粒无收或几乎无收,不仅粮食储备被用尽(实际上,看来从未有过足够一季以上的储备,这是个根本问题),而且连种子也被吃掉了,耕畜由于无法继续饲养而被宰杀,农具、房屋,以及土地被卖掉或典押出去，越来越多的灾民外出逃荒。许多人死在路上，而那些留下来的人则身体日益虚弱，以致无力工作，这两部分人都成为瘟疫传播的肥沃基础。总之，整个生产潜力——人力和物质——都已耗竭，以致当气候终于转为正常的时候，它已远远低于灾前的水平。

尽管凡是提到这次直隶旱灾的资料都说它是"大旱"，尽管经历了整整五个季节的粮食短缺（1743年夏至1744年夏），但这次旱灾肯定不应列入那些在文献中留下不朽记录的大灾之中。以较为近期的文献中经常提到的1920—1921年旱灾为例，二者持续的时间差不多相同，但后者的影响范围要大得多：仅在直隶就有97个州县遭到破坏，而1743年官方认定的"被灾"区域是27个州县（16个"最重"，11个"次重"）。[11]此外，1920—1921年的饥荒性灾害涉及了好几个省，而1743—1744年则不是这种情况。谈到自然灾害与饥荒，人们一般会以时间乘以空间来表示，因为待补偿物资的短缺是灾害的地区范围和持续时间二者的函数，也因为获得救济的代价和困难程度的增长与其距离的延长是成正比的。从这一观点来看，中国北方前现代史上最严重的旱灾无疑应属1876—1879年的那次。[12]

按照官方标准被认定为达到了"成灾"阶段的直隶27个州县的名称和地理位置见地图2和地图3（后者应与伯格里的1920—1921年旱灾地图2对照来看）。我们看到，16个受灾"最重"的州县都集中在该省东南部，大约覆盖了河间和天津两府。11个"次重"州县多数分布在"最重"区的西边；它们与"最重"区接界，这是确定其需要救济的等级的因素之一。[13]但是，除了这27个政府认为必须实行紧急救济的州县之外，另有16个州县由于这样那样的原因（如水、雹、霜、虫、旱），年景也并不好，虽然它们没有落到官方认为的成为灾区的地步，即损失5分以上。另外还有16个州县，已经可以确认为受灾地区，但其经济整体状况还没有落到需要采取救济措施的地步。[14]这样看来，在1743年，该省的大部分地区情况很糟；这种状况显然是地区性的。

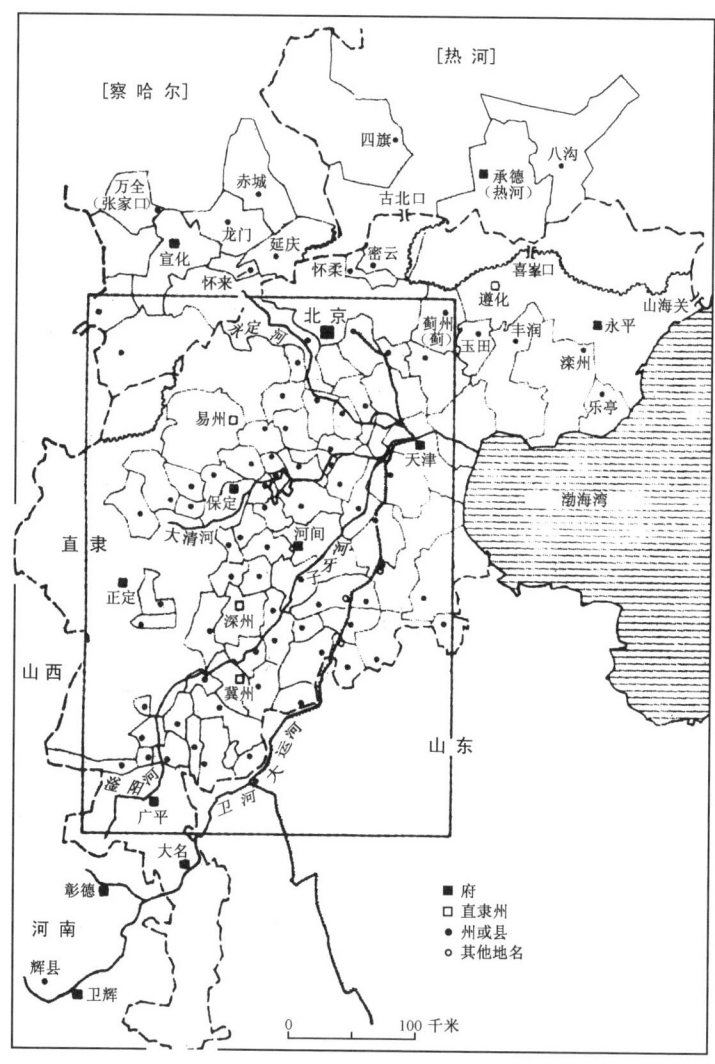

地图 2　书中所引直隶地名图[*]

[*] 图中的界线为民国时的界线,与 18 世纪大体一致。只是直隶北部民国时分别为热河省和察哈尔省的一部分。

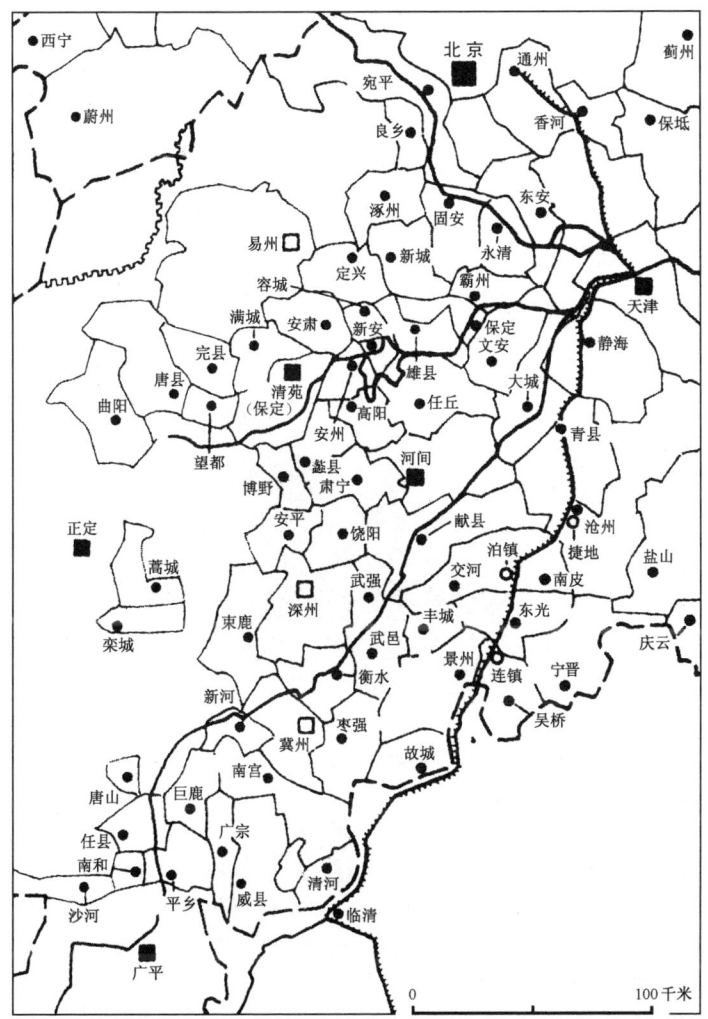

地图 2 中的框图详图

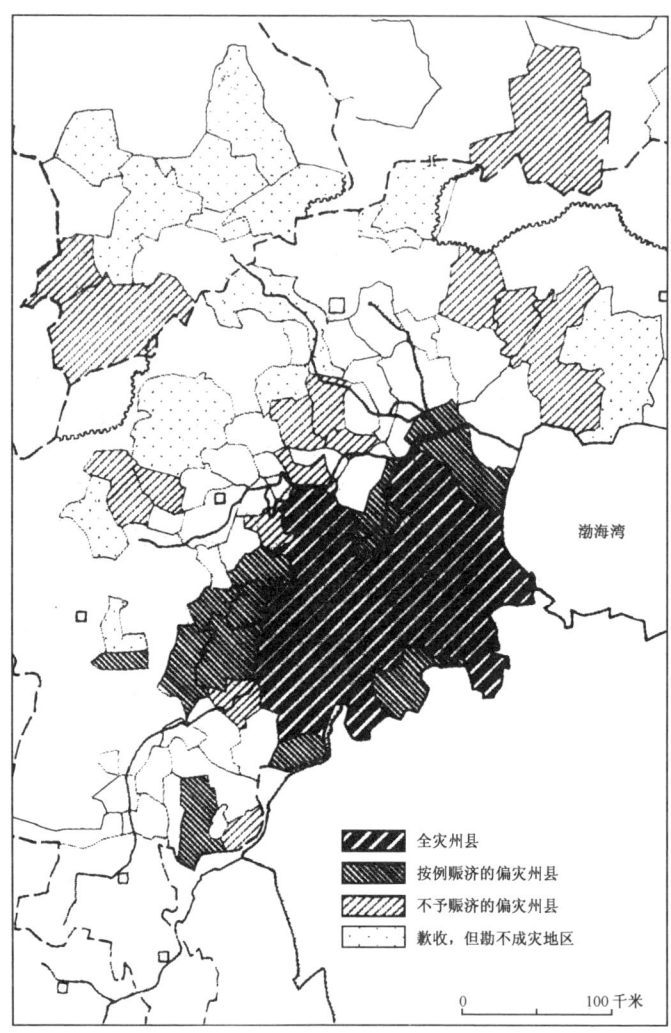

地图3 直隶旱灾区域,1743—1744

《赈纪》中指出,在直隶的 16 个府中,只有 3 个府在六月份有较充足的降雨(这对中国北方的农业周期来说是关键性的),即永平、宣化,以及大名府。灾情在进一步发展,到了 1744 年夏季,又有几个州县——霸州、雄县、文安、永清、东安、香河、保定、安乡——加入了 1743 年受灾地区的行列。最后的情况显示,尽管 1743—1744 年的旱灾不像 1876—1879 年及 1920—1921 年的旱灾那样,成为跨地区现象,但不管怎样,其范围已超出了省的界限。《赈纪》中提到了山东省的困难情况,其穷民流徙,北至京城以至更远。山东北部看来有 12 个州县是遭了灾的。[15]

前边说过,自然灾害与饥荒之间不一定有直接关联。一个社会应付紧急情况的经济能力和组织能力也是相关的因素。正是由于政府的行为,1743—1744 年的直隶干旱才没有发展为全面性灾难。后面的章节将进一步说明这一点。

对人类的影响

即使政府采取了措施,使危机状态避免了原先预估的灾难性程度,但也还是对受灾人口造成了影响,而当这些措施日渐不足,或不再存在时,形势仍会变得非常严峻。死亡率过高的首要原因当然是粮食歉收与经济崩溃对人体所造成的结果:营养不良,极度的饥饿状态,更易受疾病与恶劣的气候的侵害。

这是一个过程。可以从外观上确定的危机的转折点是当粮食储备已经耗尽,受灾人口(或部分人口)开始寻找食物的代用品——如野菜、糠秕、树皮、草根等——的时候。1743 年直隶饥荒发生之初,据记载,"其极贫民口多以草实水萍充饥,情状危惨"[16]。这些应急代用品的成分极为不同,其实是值得专门研究的。这些替代品中最低劣的是矿物质。这些矿物质没有任何营养价值,但可以使人产生饱胀的感觉,而且通常会加速那些服食者的死亡。这些矿物质包括某些泥土和石头,许多文章中都提到了它们的利用情况,西方在现代早期也有一些记录。

以下是 18 世纪初一个官员对山西灾荒的记载：

> 比闻乏食穷民，所在剥树皮、掘草根以为粮。又其甚者，黄河以北，有土一种，名曰交泥，其味颇甘，入口能化，饥不择食，用以充肠。然五谷之资，可以养人，未闻有食草树土块而能生者。继闻孩提幼子，贪食甘土，止图果腹，不数日，僵而死耳。⑰

这里所说的"交泥"可能就是其他地方提到的"观音土"⑱，或药典里的某种"石面"。

其他一些替代食物则比土石更具有食用价值，特别是当配给的口粮不足而用它们补充的时候。如细糠（一种稻谷磨后的副产品），与平时用来喂猪的粗糠一样，细糠在正常情况下是用来喂牲口的，饥荒时则与各种树皮、谷物、树叶、草根等一道，成为人类的食物⑲；虽然其中一些代用品富含热量、维生素，以及微量元素，但其烹饪和食用仍需相当慎重。

实际上，为了谨慎、安全地利用野生植物，看来已产生了一门真正的关于饥荒食品的科学。这种知识有着深厚的历史根源，其在民间传播之广泛令人倍感兴趣。⑳一些"救荒本草"书籍是这种学问的典范：其中第一本以《救荒本草》命名的书是 1406 年由明朝第一个皇帝的一个儿子编辑的。书中给出了 414 种植物的图例和注解，说明了这些植物的可食用部分，提出了如何制作的建议。这本书曾一再再版，其内容也收入了徐光启（1562—1633）的著名的《农政全书》中。有趣的是，这本书于 1946 年被译为英文出版，当时中国正经历着地方性的粮食短缺。㉑

当然，回到采集经济以防备歉收的可能性是受到条件限制的，特别是在人口稠密的平原和三角洲地区。从现实性来说，这种活动实际上只能限于中国中部和南部那些山区，在那里，茂密的植被与稀疏的人口之间存在着良好的平衡。㉒就我们当前的研究目的来说,重要的是发现在既定的人口中,有多少人最终陷入这种极端境地,这一数量是在哪些阶段达到的。《赈纪》表明,在1743年,严重饥荒首先影响的是处于社会边缘的最贫困人口,这些人没有财产,在他们中已经普遍产生营养不良。这些人主要依赖树皮、麸糠和野菜维生,在灾荒的最初几个月里,正是这些人时时处于即将饿死的危险之中。对于这些人来说,勘查灾情并安排必要的救济程序所需要的时间显得过于长久。然而,这些人的数量不会超过人口的1%—2%,这一比例无疑远低于20世纪的一次情况相当的灾荒中同类人口的比例。㉓但是,随着时间的推移,家庭储备减少,粮价上涨,不同阶层的农民——从最贫困者到正式规定中所认为的"次贫"——可能会一个接着一个相继落入这类人口范畴,如果灾情持续更长时间,甚至会危及富裕家庭。

官员们必须找到解决问题的措施,以免使自己陷入困境。由于饥民的数量在不断增加,最初的"贫困等级"分类很快就不再适用了。问题在于,除了粮食储备趋于减少这一正常过程之外,还有某些社会力量在起作用。这些社会力量加速了农民的贫困化过程,使由于气候变故所造成的困难局势变得更糟。我们在后面将会看到,在生存危机的情况下,有产者怎样趁机扩张其土地占有量,从而扩大了现存的不平等状况。而在这里,应该提到一种在这种情况下经常起作用的机制,即抵押借贷,正是这一机制对危机的某些后果产生直接作用。

在农闲季节将某些农具、衣物等送入当铺,需用时再赎出,这对穷苦农民来说已成为定期的、差不多每年如此的规律性做法㉔,灾荒时期当然更是这样,这使得当铺经营红火一时。当对当铺的需求增大时,当铺经营者就可以压低质当物的价格,并提高利息率——对他们来说,这是非常有利的机会。这种机会只有在严重并长期持续的灾害导致人口结构性的、且不可逆的穷困潦倒和财力耗竭时才会受到威胁。实际上,只是在19世纪后期的战争中,情况才严重到使该职业濒临危境。㉕相比之下,目前所研究的时期(从雍正年间到19世纪前期)正是典当业的盛期,存在着大量当铺。具有讽刺意味的是,在灾荒时期,我们看到,政府与地方官员们建议限制一些他们自己也投入巨额资金的当铺的活动。㉖

就像土地和房屋抵押一样,尽管质押农具、推车、衣物等等的确能够暂时缓解粮食紧缺和粮价高昂所造成的困难,但这种延缓是在特别苛刻的"危机时的条件"下得到的,并冒着可能永久丧失这些财产的高度风险。在一些情况下,这种延缓的获得是以显著降低在严酷气候条件下的存活能力为代价的。就像那些拆毁房屋以出卖瓦木的农户一样,那些质押了冬衣而又无力赎回的人们沦为寒冬的牺牲品;一些作者明确谴责当铺对农户的这种重利盘剥。㉗

冻饿交加对于死亡率的上升必然起了突出作用。尤其是,北方寒冬之时也正值饥荒肆虐的阶段——即上一季收成早已消耗殆尽,下一季收成为时尚远——这时的粮价达到了一年的峰值。在这种时刻,人体热量由于寒冷而日益过量消耗(因为随着粮价上升,燃料价格也在上涨),由于营养不足而产生的各种传染病和疫疾以近于冬眠的状态毁坏着人的肌体。

如果说在饥荒时期(不管是什么季节),人总是会处于这种高度病态状况,那么由于春天气候较为温暖,以及夏季的炎热,这些疾病很可能会爆发为流行的时疫。当时的多数作者都强调这种气候与疾病的联系,这也从一些统计结论里得到了证实。㉘我们还不十分清楚总是与饥荒相联系的各种流行病的确切性质。尽管主要的可能是伤寒和痢疾,但多数可能是由一连串的疾病(不是单一的、确定的疾病)引发的。㉙

各地特别是城市里建立的收容中心和难民营(收容乞丐和逃离灾区的流民)里的混乱、肮脏及拥挤状况必然助长像伤寒这类疾病的传播。㉚此外,饥民迁移本身也是多数细菌和病毒传播的主要因素之一。《济荒记略》的作者郁方董描述了那些衣衫褴褛、饥饿不堪的人们,冒着严寒,外出逃荒;一旦生病,则栖身在屋檐下,等待救助。㉛有的有幸遇到了善心人,但多数弃世于路边或旷野。

尸体被堆置在沟渠里的景象已成为作者们描述饥荒的习惯用语;但它不仅仅是习惯用语。人们可以发现确凿无疑的证据,证明高得惊人的死亡率,至少是与某些毁灭性饥荒相联系的,例如明朝末年的一些饥荒(这一时期的死亡率与前现代中国流行病的三个主要高峰期之一正好吻合)㉜,或是1876—1879年北方的饥荒。在这些时期,人们由于疾病流行和食物缺乏而大量死亡,但是,我们不可能测量(哪怕是粗略估计)两种因素各自对死亡率曲线的作用。在少数情况下,一定的死亡率可以导致更高的死亡率,就像前边所描述的散布在荒郊野外的尸体,其腐烂会进一步导致疾病的传播。㉝这些可能确实是个别事例,但实际上关于荒政的书籍手册中通常都要求地方官员和地方精英们掩埋尸体,至少要覆盖起来以清洁空气。如前所述,这种"饿殍遍野"的情形与所有生存危机的另一主要后果密切相连,即受灾人口的迁移,这是下面我们将讨论的问题。

注　释

① 在20世纪的一些研究中,特别在基于历代史籍所编辑的"灾害表"或类似的编年史资料中,也可以发现将"天灾"与"人祸"相提并论的传统提法。但是这种提法过于简单,因为它不能说明不同因果之间的众多相互作用关系。关于这一点,可参见我的论文(1984)第一部分。

② 一次洪水持续几个星期以上的情况极少,除非地方水文状况长期发生变化。1738年的一个上谕强调了干旱与洪水的区别,要求当发生水灾时应迅速采取拯救措施(见《大清会典事例》,卷270)。还可见1761年对河南省黄河泛滥的一个谕旨:"朕思被水情形,与被旱不同。盖旱形可以预知,地方官先事详查户口,造册汇报,尚可需时。至于水灾猝至,室庐一空,灾民嗷嗷,岂能遼待。"(《大清会典事例》,卷271)

③《荒政备览》,卷1/11a—11b。

④ 关于引起中国北方旱灾的气候原因,可参见伯格里(Bergère, Marie-Claire)(1973,第1382页及以后)。在目前所讨论的这个事件中,由于可获

得的数据资料有限,不允许我们像伯格里那样,就降雨量不足、农作物损失,与受灾人口百分比之间的相互关系进行研究。特别是没有关于降雨量不足的准确数据。

⑤ 这里指的是中国的农历月份,而将中国的朝代年份转换为公历年代(即乾隆八年为 1743 年,乾隆九年为 1744 年。以下凡是农历月份均以汉字来表示,公历月份以阿拉伯数字表示;朝代年份以阿拉伯数字表示——译者注)。1743—1744 年各月日连续表的中西历对照见附录 B。

⑥ 冬小麦(以及大麦)——即"二麦"——在秋季(西历 10 月末)播种,四五月份(西历 5 月末至 6 月)收获。5 月份(西历)的雨水是在"二麦"生长周期的末期来临的,对其生长和灌浆是不可缺少的。

⑦ 在许多地方志的"灾异录"中都以相似的措辞提到这次的炎热干旱状况。如《大城县志》(卷 10):"乾隆八年,炎风如炙,人多喝死,二麦尽枯,秋禾未种。"中国北方的秋作物为谷子和高粱。谷子的播种期一般在三月到五月,依不同情况而定,其收获期在五月至八月(见《天工开物》,第 17 页)。这些谷物只有在 8 月(西历)下雨的情况下才能成熟。在清代,冬—夏作物(各种麦类)、夏—秋作物(谷子、高粱)、豆类(如大豆),有时是玉米乃至某些经济作物(棉花)的种植实行轮作制,各地依土壤状况、灌溉条件、市场销路等不同而有很大区别。不过,居支配地位的模式看来是两年三熟制(如:一茬谷子,一茬冬小麦,一茬豆类,然后是冬季休耕期)。还有的是在深根作物如高粱、玉米与浅根作物如麦子、谷子、大豆之间的轮作。见天野元之助(1956,特别是第 253 页)。

⑧ 可在六七月(夏末至秋初)种植的快熟作物通常统称为"杂粮"。不同作者、不同地方对杂粮品种的说法有很大区别,但通常都包括某些豆类如大豆、绿豆、高粱,最重要的是荞麦。荞麦直到秋季中旬还可种植,两个月就可成熟,赶在早霜之前(参见《天工开物》,第 13 页)。也可见《皇朝经世文编》(卷 43/5a)中晏斯盛(1721 年进士,死于 1752 年,食物问题的专家)的文章。

⑨ 魏廷珍的一篇文章描述了这一发展过程。魏原是一位高官,当时已退休回故乡景州(该州处于受灾最重的地区内)。他写道,1744 年春,"地如龟坼",在相对平静地度过了冬天之后,人们陷入了新的失望之中(《景州志》,卷 6/14a—15b)。

⑩ 或许有一些例外:据《武强县志》(卷 10/8b)记载,1744 年"秋,大熟"。

⑪ 同一书中有时也称为"全灾"和"偏灾"。二者是根据空间意义来划分的："全灾"是指一个县里收成损失 5 分以上的村庄占到 80%；占 60%—70% 的则为"偏灾"(如《赈纪》,卷 3/13b)。《赈纪》没有说明 1743—1744 年直隶受灾土地的比例,我所能找到的仅有的数字是河间县的,该县是这次遭受旱灾的最大的县之一。据《河间县志》(卷 1/53a—53b,卷 2/42b)记载,1743 年受灾土地 1 615 515 亩,占官方土地册 1 636 375 亩的几乎 99%。

⑫ 关于 1920—1921 年饥荒的地理范围,见伯格里(1973)。关于 1876—1879 年饥荒的详细叙述,见何炳棣(1959,第 231—233 页)；戈登(Gordon, C. A.)(1884,第 384—391 页)；何汉威:《华北的大旱灾》。

⑬ 见《赈纪》,卷 3/3b。

⑭ 见《赈纪》,卷 2/38a 及以后。

⑮ 受灾州县位于武定、东昌及德州府(见《赈纪》,卷 5/1b,9b。还可见《大清会典事例》,卷 271)。

⑯《赈纪》,卷 3/13b。

⑰ 见胡煦的文章,收入《皇朝经世文编》,卷 44/3a。

⑱ 关于"观音土"一词,有记载说起源于湖北省罗田县 1578 年的一次饥荒:"观音山崩出白土如米粉,民争取之,活人甚众。至秋熟其粉不见,遂相传为观音粉。"(《湖北通志》,卷 75,灾异,1578 年条目)其他一些资料只是说,把它与神的名字相联系是"以其能救苦也,故神其名焉",如 1865 年的《利川县志》关于 1778 年大旱的记载中就是这样说的。有的甚至对其功效表示怀疑:"土性善坠,食之每患下重之疾。"(《京山县志》,卷 1,祥异,1856 年条目)

⑲《天工开物》,第 110 页。

⑳ 非谷物与"天然"食物加工技术早在公元 2 世纪即由高原地区的道教发展起来(特别是在四川西部和汉水上游地区)。除了在宗教和炼金术方面的应用(禁食谷物,通过服用某种植物与矿物的提炼物达到长生不死的目的),这些技术保证了那些在困难时刻到山中的"道教避难区(refuge dioceses)"——其中一些避难区曾在偏远地区存在了几个世纪——中寻求庇护的人们的存活。见克里斯托弗(Kristofer M. Schipper)在东亚生态历史学讨论会上提交的论文,会议是 1976 年在巴黎为法国远东学院建立 75 周年而召开的。

㉑ 里德(Read, Bernard E.)的书(1946)确认了 358 种食用植物,分析了其营

养价值和化学成分。里德(第8页)承认野生植物作为热量和化学养分来源之一的可能性。他指出,主要问题是对于各种混合成分的"可接受程度",其中一些可能是不可食用的(insurmountable aversion),更不用说还可能产生抵消所有有益成分的副作用。《救荒本草》中研究的野生植物都产于河南开封附近,作者编辑这本书时该地区正是他的封地。也可参见李约瑟和鲁桂珍(Needham, Joseph and Lu Gwei-djen)的文章,*Esculentist Movement*,第225—248页。

㉒ 1764年的一个奏疏叙述了陕西省的情况,该省巡抚指出了南部汉中地区(从生态学角度讲属于长江中游地区)的特殊条件,包括层峦叠嶂的丘陵山区、茂密的森林、稀疏而贫困的居民、有利于稻作的充沛的水资源,以及(山区里生长的)可作为充饥食物的蕨粉和橡子。见台北故宫博物院:《宫中档乾隆朝奏折》,乾隆二十九年七月十二日,明德奏。

㉓ 1%—2%这一数字出自《赈纪》卷4/1a—2a。根据古德门特(Godement, François)(1978,第30页,及第1章)的研究,在1930年前后,直到当人口的三分之一沦为依靠代用食物维生时才使用了"饥荒"一词。

㉔ 见第10章注(59)所引的文章。

㉕ 关于清末及民国时这种"定期"抵押借贷(作为非法高利贷的对立物)的风险,见罗炳绵(1977,特别是第11—15页)。

㉖ 见安部健夫(1971);张仲礼(1962,第170页及以后);罗炳绵(1977,第23页);邓海伦(Dunstan, Helen)(1975,第15—16页)。

㉗ 见《济荒记略》,7a—7b。关于气候寒冷、缺少棉衣的情况,还可参见《赈纪》,卷7/10a—10b。

㉘ 邓海伦(1975,第15—16页)。也可见戈登(1884)关于1876—1879年中国北方饥荒的研究。

㉙ 已有不少关于中国流行病学历史的著作出版。也可参见邓海伦(1975)关于明末流行病的研究,我从其中吸取了大量资料。

㉚ 大量文章都谈到这些收容中心存在着流行病的危险,因为这种地方的卫生状况肯定非常恶劣。例如,《赈纪》中一个奏疏谈到1743年冬天,北京有"成千累百"的难民拥挤在匆促搭建的席棚内,官员忧虑来年春天会气味"熏蒸"、疫疾流行(《赈纪》,卷5/34b)。即使是临时的饥民集中点,如施粥放赈的地方,其拥挤不堪也总被认为是疾病的传染源(见《荒政丛书》,卷5/7a,锺化民;或《荒政辑要》,卷7/4a;《荒政丛书》,卷2/8a,林希元)。

㉛《济荒记略》,12a。

㉜ 其他两个主要的流行病高峰期发生于1588—1599年及1820—1822年,见邓海伦(1975,第2页)。明代后期的情况,诗人叶绍袁(1589—1648)的亲身经历可为证明,他目击了苏州1641—1642年的饥荒与流行病的场面(见《启祯记闻录》,卷2/9a及以后)。

㉝ 1876—1879年的情况见戈登(1884,第385—387页);1930年陕西省的情况见何炳棣(1959,第233页)。

二 流民问题

从许多方面来看,中国在发生生存危机时的许多现象与其他国家在同样情况下出现的现象是相似的。然而,只要面临饥饿,或仅仅是担心会遭受饥饿,人们即随时准备外逃,这可能是中国在危机状况下最独特的场面。

在考虑人口迁移问题时,首先应区分两种模式(或类型):即持久地影响着移居模式的人口运动与我们这里所考察的与危机相关的人口移动,后者通常是暂时性的。但这种区分并不是绝对的,因为有时,一种生存危机会暂时加速正常情况下速度很慢、只有经过中长期才能显露出来的人口"结构性"迁移运动。这种长时期的人口迁移运动通常会导致人们从人口稠密地区向那些新开垦地区或经历了天灾人祸后正在重建的地区转移,其中一些迁移运动深刻地改变了中国的移居模式。人口迁移的动机或是来自于移出地区(如中国北方当游牧人口增加造成巨大压力的一些时期),或是来自于移入地区。后者的一个很好例证即长江中游(湖北、湖南)的冲积平原地区,明清战乱后水利工程的重建,成为17世纪后期到18世纪前期人口向这里迁移的强大吸引力,移入的人口有时来自相当遥远的地区。这一时期另一个具有强烈吸引力的地区是四川。可以推测,每当人口输出地区经历严重的生存危机时,就会形成移民潮,并继续遵循同样的移动路线。

然而,总的来说,到18世纪中期,中国国内人口的分布已具有一定稳定性,至少在平原及三角洲地区是这样。那种长期的、不可逆的人口迁移趋势把人们引向边缘地区——如长江流域一些省份的边界山区,或西南边疆地区(云南、贵州),当时这些地方在继续接收新的人口。如果说中心地带之间的人口迁移在很大程度上已具有暂时性,那么,其运动轨迹常常表现为受另一种既存的、具有季节性的结构性迁移类型所决定。

其实,认为中国农民被所谓地方性生产与消费平衡的"自然"经济制度束缚于土地的看法是错误的。在目前所研究的时期里——即17世纪的战乱危机之后——农奴制的奴役形式除少数残余外已不再存在;自耕农或长期租佃制的小农场已占绝大多数;到处都存在商业化与货币化的农民经济,尽管程度不尽相同。在这种情况下,农民并不总是把单一粮食作物种植视为保障其生存的最有效方式。还有许多其他机会,农民们可以选择对家庭最有利的结合方式,包括种植价值较高的经济作物,从事手工业生产,以及外出佣工挣钱。①后两个方面,特别是最后一个方面,引得部分劳动力定期离开其通常的活动中心,因为那些人口过多以致仅靠小块土地无法维生的农民家庭发现,让家庭里一个或更多壮劳力外出,在农忙季节到大农场帮工,或在任何季节到城市手工业或"服务业"中寻找工作,对家庭是有利的。②

为了以这种方式增加家庭总收入,一些农民不得不远离家乡。虽然他们最主要的谋生出路是地方劳动市场,但还有证据表明,也存在着省内的或跨省的劳动市场。③同样明显的是,这些市场所吸引的远方工人只是那些缺少土地的农业劳动力,这些人的谋生手段仅仅是他们随身携带的工具。④从《赈纪》中可见,1743年,一些地方官由于没有阻止农民离乡外出而受到谴责,因为他们认为这种成群外出是很正常的,特别是在直隶。⑤顺应着农业的季节性安排,是他们可以到京城及一般城市里寻找工作的一个有利条件。我们从书中得知,河间县和献县的许多贫苦农民在秋收结束并种植完冬作物后,即定期地关门闭户,举家外出;一些人到京城佣工,另一些在省内飘游流荡,随处打工;但当春天小麦返青时,所有人就都返回了家乡。⑥

我们这里所说的是农村人口正常的、主要是季节性的迁移。通读《赈纪》,人们会有一个鲜明印象,即初期的危机仅仅是加速了这种类型的迁移,虽然在数量上要更大些。正是在这一点上,人口流动对于政府控制饥荒的努力存在着潜在的威胁。我们将回到这个问题,即官员们为什么着魔似的执意要在这种情况下维持人口的稳定。

很容易解释此时这种流动人口数量的增加。"正常的"季节性人口流动主要是人口中最贫困的部分,即没有或不租佃任何土地的农业劳动者、只有极少剩余产品以致在收获过后的农闲季节无法维生的小土地所有者和佃农,总之,是那些处于生存边缘的人们。一季歉收足以在一个季节里使这些人的数量增加 10 倍,并使流动人口数量同样增加 10 倍。起初,外出人口会像常规的季节性流动那样,遵循着与以往相同的路线,怀着同样的目的——觅食,但这一目的能否实现,要取决于他们能否较早、较迅速地采取行动,而这很可能会使劳动市场很快陷入困境。

当时的地方官经常提到人们在感觉到饥荒的最初信号时,即由于恐慌而迅速逃离的情况,这实际上是危机性迁移的最突出场面之一。⑦前边所说的直隶农民是在为下一季做好安排后才从容地离开家园的,与此不同,为了逃荒而外出者并不会等到看清灾情将如何发展,或至少看看是否会发生饥荒,而后再采取行动;仅仅是想像到冬天的困境就足以驱使他们早在官府确定是否"成灾"之前即慌忙离去。例如,1743 年,人们早在六月即"纷纷外出",而当时正是农忙季节。⑧这种转移往往从最贫困者开始,但如果灾害时间持续过长,所有阶层的人口都会相继追随其后,甚至是最富裕阶层,这些人最终也会由于单独留在被遗弃的村庄里而不再有安全感。⑨

农业年度的不同阶段看来也规定着迁移模式。在夏季和秋季,除了城市,其他地方仍有机会找到工作,这时外出的人肯定多数是壮劳力。对于当局来说,只要不过分超出常规的季节性模式,那么,这种模式是可以接受的,因为这种迁移还不构成"难民"。相比之下,在冬春季节,关于避免合户外出的告诫变得尤其频繁和紧迫,此时饥饿的人们大都起程外出,去寻求私人施舍或官方救济;而在受灾地区,由于饥荒的影响,成群结队的流民在乡间无目标地四处游荡。我们所听说的关于妇女和老人在严寒中漂泊,关于乞讨,关于被遗弃的儿童,关于沟渠里的尸体,以及其他类似的可怕情景,正是发生在这个时期。虽然官员们援引这些情景是为了强化其告诫,但它们并非只是惯用词语,而显然标志着流民的性质上的变化。在这一阶段,人们不会再把危机性流动当做是常规的季节性流动的加速或强化表现,它只有一个目的——出逃。

这些人口运动在地域范围上常常是局限于受灾地区,特别是当灾区范围太大时,致使许多居民无法逃出将其与外部世界隔离的"饥饿关卡"。⑩ 但它们也会将灾民引向远离其起点的地方,从而使灾荒的影响大大超出一个省的界限。"千里就食,餬口四方"——这是18世纪初一位作者所描述的中国北方农民在严重饥荒下被迫逃离乡土的情景。⑪ 在他写奏疏的这年春天,由于河南巡抚下令禁止渡过黄河,来自山西的难民群在黄河北岸已膨胀到危急的程度;但是当一户难民全家自杀而激起群情骚动后,禁令终于被取消了。⑫ 这以后,难民们遍布淮河流域,到达江苏、河南,以及湖广。该作者搜集了许多证据,证明当时南方道路上的混乱状态,传达了一幅最触目惊心、最无秩序的"危机性"流动的景象。

然而,在这种混乱中,通常有某种起支配作用的方向。人们在传言的驱动下,沿着主要路线,流向那些他们猜想会有农业剩余并可能找到工作的地区。其结果是,避难地区的劳动市场与收容设施不久即趋于饱和,但即使如此也不能阻止难民潮。有两个事例可以说明这一点。在一个事例中,难民的路线可能是由上述所说的缓慢的、结构性的省际人口迁移运动之一所决定的;在另一个事例中(即1743年的直隶),难民潮按照一年一度季节性迁移的方向移动。

第一个事例可见前述俞森的文章。1691—1692年间,陕西南部和河南西南部经历了一个极为艰难的冬天和春天。据称仅西安附近的临潼县就有70%的人口由于荒歉和救济不足而离去。⑬对于俞森来说(当时他正任职于襄阳府和郧阳府),这种形势意味着每天有数百名难民到达这里。这一流动势头早在1691年夏天即已开始,到秋天形成了潮流,冬春时(即农闲季节)达到了顶点。当俞森向上级告急时(十二月,即冬末),在他的辖区里不打算再迁移的即有约40 000人——其中政府只安置并登记了10 000人——此外还有"无数"人口在继续南下途中路过郧、襄。人们为什么会沿着这一路线转移?汉水流域的上游地区是连接河南、陕西南部与长江中游地区(湖北、湖南、江西)之间的一个自然通道。襄阳尤其是交通要道。与其他地方不同,俞森要求他所管辖的两府尽一切努力为到达该地的流民提供救济和食宿。这一消息迅速传播开来,因此而造成的流入人口剧增只是使问题更加恶化。⑭俞森只能从以下考虑中得到宽慰:即许多人会继续沿着汉水向湖广地区更富裕的一些府州转移。

同样,在《赈纪》所讲述的事例中,我们听说某些地区由于提供食宿接待而具有吸引力。其中也提到了拥挤着难民的道路,提到了长距离转移:报告中经常提到,来自于该省南部、甚至是山东的流民⑮到达北京及长城以北,乃至跨过山海关到达奉天南部。东北地区曾是清初以来的移民区;1688年以前朝廷一直鼓励向这一地区移民,1740年以前也是得到默许的,这以后尽管受到严厉限制,但移民仍在继续,而且一旦北方遭灾就会放松限制。⑯

在这里,长城以北的蒙古边缘山区对移民的吸引力对我们来说更具有直接意义。⑰就像著名的柳条边(栽植着柳树的土堤)——其作用是为了保护满族旗人及蒙族各盟⑱的牧场和猎场——以南的奉天一样,蒙古边缘山区当时被认为是中国本土与汉人的"外部"禁区之间的缓冲地带。决定在这一地区发展农业是在1669年。那以后,在这一地区建立了皇族(内务府)和旗人的庄园,同时鼓励开垦北部和东部的科尔沁和土默特地区,以帮助最贫困的蒙古旗人。这就是各种资料中为什么经常提到山东、直隶,以及山西的移民潮的原因。其中许多人是季节性迁移,他们来这里做工,或是租佃新庄园以及蒙古贵族抵押给汉族商人的土地,成为佃户。⑲按照规定,应在长城各关卡进行"身份验证",但看来其效果不如山海关和奉天沿海各口,除了把守较严的古北口和喜峰口外,整个来说是虚张声势的,因为长城的许多地方都已完全塌毁了。⑳

这样,带有混合特点的结构性迁移运动(部分季节性,部分永久性)决定了1743年逃荒农民的流动方向——实际上每当灾害侵袭直隶或山东时都是如此。㉑两条主要的北—南交通干道以北京为交汇集中点,这一年七月份,有20%—30%的流民留了下来,其他的则继续北行。被描述为"络绎于道"的人流在这两条路线上行进:东路经由沧州、天津、武清、通州,西路经由新城、涿州、良乡。㉒但是,还有许多其他路线也可以到达北京。1743年夏天,地方政府意识到,只在最重要的路线上设立查验点是无效的,因为流民群可以从各处找到奔赴京城的通道。特别是在冬天,封冻的河面上随处都可通行无阻。㉓

帝国首府对饥民所具有的吸引力并不令人惊奇。在中国,也像其他地方一样,粮食储备(不管是属于国家,还是属于民间团体)主要是建在城市里。由于城市是政府官员和粮食储备的所在地,所以也是设立救济机构的主要地方,而且常常是仅有的地方。因此在各个州县,觅食的饥民自然会集中到筑有城墙的县城中来。㉔省府的情况会好一些,最好的是帝国的首都,这里贮存着成千上万吨粮食,是专为皇宫、政府机构和护卫首都的军队准备的。而且,如此接近中央政权,当地政府也不会听凭饥民冻饿致死或表达其不满。北京不同于其他多数行政性城镇，而与少数几个地区性都市相同，它是一个真正的城市，有着完善的城市管理部门，以及为其居民服务的一整套"社会福利"机构。那里为老人、病人、孤儿及其他穷人设有不同的济贫机构。其中最重要的是，在城市的五"城"至少各设有一个"饭厂"，每年冬天都会开厂救济贫民。虽然饭厂是为当地居民而设的，但实际上在开厂时是无可选择的（以避免造成混乱局面），只能接受其他地方来的人们，因为要区分当地人和外来人口确实很困难。

这种外来人口越来越多地拥入京城。早在1704年，山东及附近河间府的流民就使得京城不得不把救济处所增加到"数十个"。㉕同样，1723年，直隶、山东、河南的饥民流入北京，1724—1725年间，据说计划外的接受救济的人口达10 000人。㉖而在1743—1744年间，北京肯定遭受了类似经历：资料记载，到1743年底，城内难民常达4 000余人，需用的分发物资是常年的5倍，需要添盖临时席棚予以栖身。㉗到1744年春天，流民数量很可能达到10 000人，因为一位督办官员奏称，五城俱各有2 000余人。㉘

北京收容机构中超量的流民常常被认为是受发放口粮、路费及其他资费的诱惑而来的，而政府这样做的目的却是为了动员饥民尽快回乡。㉙1743年，有无数谴责指向那些仅为到北京获取资送路费而轻易外出的游民，指责一些人怀揣路费，离开城里，随后回乡以其他名义要求赈恤。㉚这些人不一定是灾民：想方设法领取政府的补贴被认为是增加收入的可能方式之一；即使数量很少，到了农闲季节迟早会有用处。对于真正的灾民，在领取了每月的赈济后再上路是很有诱惑力的。㉛当然，政府由此失去了银钱，但也只能为那些"愚民""轻去乡里"，冒着寒冬和路途的冻馁之苦感到惋惜，因为他们很可能不久就会变成"真正的"赤贫流民。㉜

官员们的确有各种理由担心大量人口的无控制的转移。

除了威胁社会秩序和治安之外,放弃耕作的农民在"生产战线"留下了危险的间隙(gaps),随之而来的是恶性循环。俞森在报告他所收集的陕西临潼县(其人口已经成群外出)的资料时特别解释了这种结果。由于约70%的人口外出逃荒,所以田地荒芜,田间已经无人耕作;俞森警告说,由于劳动力枯竭,耕种者少,即使旱灾结束,仍是收成无望,在这种情况下,人们就更不愿回乡了。

这正是1743年皇帝和直隶的官员们所担心的后果,即使在这个事例中,流民比例不像临潼事例中那么大,也必须在秋末之前维持劳动力的稳定,《赈纪》中的每一页都强调了这一点。正如我们在前边所看到的,夏收歉收后,六月份人们即开始成群外出。然而此时还有一些补偿歉收的希望,即种植晚熟作物和冬小麦;但这要视降雨情况而定,并且一旦降雨必须马上进行。所以,关键是要使农民继续固守在土地上。然后,惟一重要的就是,他们是否拥有,以及何时才能拥有耕种资料——籽种、农具、耕畜。

因此,担心饥民的盲目流窜,以及防备随之产生的所有后果,成为政府在危机时刻首先考虑的事情之一,本书所要叙述的荒政的各个方面也都是与这种关注相联系的:鼓励农民留在家里(通过赈恤或借贷籽种、口粮);如果必要的话,强制他们留下(通过封锁道路);如果已经离开则遣送他们回原籍;甚至给他们发放农具(如果他们已经失去了自己的农具)。

注　释

① 马若孟(Ramon Myers)对中国农民在各种可能安排之间进行选择的技能作了许多研究,最重要的是他(关于20世纪的中国北方)的《中国农民经济》(*Chinese Peasant Economy*,1970)一书。关于早在明代即已开始、清初以后日益发展的雇佣劳动的重要地位,以及随之而来的日益增多的农村人口迁移情况,见居蜜(Wiens, Mi Chu)(1973,第57—58页);天野元之助(1957,第86页及以后);片冈芝子(1959,第82—84页);魏金玉(1983,第

322—341页)。农业雇佣劳动的发展还必须与"经营地主"或"佃富农"的显著发展(特别是在18世纪)联系起来,这些人所投资与经营的大农场主要是为市场而生产的。见景甦和罗仑(Jing Su and Luo Lun)(1978),及马若孟(1976)。还可见李文治(1963,第100—107页)。

② 见居蜜(1973,第61页),特别是片冈芝子(1959)。两人的研究都表明,在农忙季节从事季节性雇佣劳动是中国北方的特点。也可见魏金玉(1983,第333页)。

③ 关于地方劳动市场,见片冈芝子(1959),及魏金玉(1983,第331—333页)。在河南、山东(可能还有直隶),人们发现存在着"劳动市场"("人市"、"工市",或"工夫市"),农忙时寻求工作的人每天清早携带自己的工具聚集在那里。关于19世纪后期山东劳动市场的详细情况,见景甦和罗仑(1978,第175—178页)。在南方,这种劳动市场叫做"墟"(见魏金玉,1983,第333页)。在直隶以北及东北部边界地区(热河及奉天),当土地开垦后,许多直隶农民季节性迁移或永久性定居在那里,证明了更远地方对劳动力的需求,我很快将谈到这个问题。汪志伊证明了劳动力的另一个流向。1787年他看见成群的工人从陕西和直隶流入山西省北部的大同。这些显然是季节性劳动力。汪志伊称这些人的数量与当地人一样多。由于该地区遭受旱灾使他们失去工作,他们转而聚众生事,极大地惊动了地方当权者(《皇朝经世文编》,卷41/41b)。

④ 可参见《济荒记略》,10b。其中提到,一旦这些劳动者的锄头进了当铺,他们就失去了维持生计的手段。

⑤《赈纪》,卷5/15a,18a。

⑥《赈纪》,卷5/20b—21a。

⑦ 对于传言的迅速反应还可以表现为相反方式。《赈纪》中的一篇文告(卷5/4a—4b,1743年七月十五日)表明,10天前的一场降雨,以及即将(八月)举行普赈的通告,促使人们急速返回乡里。这会给地方官员造成严重问题,因为许多人在离去前已卖掉了房屋器具,徒手空归,急需安置。(在这篇文告中,方观承督促地方政府不要拘泥于户口核毕之例而坐视不救。)这里也要提到存在相反的可能性,即官员们希望减少救助的月份,鼓励人们流向其他府州,尽管我所看到的仅有一例,来自于明代后期的一个纯文学作品:见《拍案惊奇》,第33卷。

⑧《赈纪》,卷5/20a。"纷纷"表示多而混乱。在该卷另一处用了"仓皇"一词,

意为惊慌失措,用来特指那些 1743 年秋收无望后外出者;在同一篇文告中,总督高斌提到:"北土民风往往轻去其乡,及其复归故土,农时已失。"

⑨《赈纪》,卷 5/1a。这里提到了灾荒初期富民即因无人相守而离村外出的情况。

⑩ 就个别事例,可见戈登(1884,第 385 页,关于 1876—1879 年的饥荒)。饥民在短距离内游荡的现象,只是受地方关注的问题,而且可能被认为是所有生存危机的不可避免的副作用,这种现象在文献记载中并不多见。但这并不一定意味着它所涉及的人口少于长距离迁徙的人口,后者超越了灾区的范围,并因此受到官府的注意。

⑪ 胡煦(1712 年进士,死于 1736 年):《上隆太宰买米备赈书》,《皇朝经世文编》,卷 44/3a—3b。其中所叙述的事件很可能发生于雍正初年与 1726 年之间,这时隆克多正担任太宰,即吏部尚书。这一事件发生在 1723 年的可能性较大,这一年北方各省均报告冬小麦歉收(《清朝文献通考》,卷 35)。

⑫ 魏裔介(1616—1686)的诗歌《投河叹》(《清诗铎》,卷 17/552)叙述了 1654 年一个家庭由于无法过河而自杀的事件——这次是直隶的滹沱河。

⑬《郧襄赈济事宜》,8b。关于 1691 年的饥荒,还可以引证李中孚(即李颙,1627—1705,陕西退隐文人)给巡抚布哈的信,见《切问斋文钞》,卷 19/25b—32b(《皇朝经世文编》,卷 43/6b—8a 中摘编了部分内容)。作者写道:"方今西安(临潼县隶属西安府)之民以十为论,饥饿瘟疫死者十二三,逃亡及卖入满洲者十六七,计今留者,十不得三耳。"作者又说:"方今西安民流诸关东诸省(即华北平原及湖北省)者不下百万,窜诸西北府、三边及川蜀者,亦不下百余万,卖入本省外省富商满洲者,亦不下十余万。"尽管这些数字有所夸大,但文章确实表明通往湖北的路线(俞森提出问题的地方)可能是几条移民路线之一,所有这些路线都是符合"逻辑的",特别是通向河南、四川、甘肃的路线。

⑭ 俞森反复提到难民与其家乡亲友之间的联系:那些已经找到食宿的人通知其已返家的亲友,后者立即动身而来。这种在相距遥远的地区之间交流的便易,以及俞森提到的陕西早期移民(一些难民得以留住在其处),可能证明了当时陕西渭河流域与湖北之间存在人口的正常迁移。1691 年灾民踏上其亲友早年走过的路是很自然的。俞森曾试图利用这些信息渠道来说服灾区居民留在家里。《赈纪》中也有这种情况,虽然要求地方官安抚到达其辖区的流民,但也劝告他们,不要张扬这件事("市恩干誉"),以免流民希

图留养,转而聚集生事。

⑮ 特别是山东北部的武定、东昌、德州几府(《赈纪》,卷 5/1b,9b)。例如,东昌距北京约 400 公里。

⑯ 我这里的资料来自天海谦三郎(1966,第 728 页及以后,附录)。

⑰ 特别是承德府和宣化府,这两个地区大约相当于民国时的热河与察哈尔二省南部。原则上这两个地区是直隶(今河北)的一部分,但要到达那里,人们必须越过"边境",不仅是地理意义上的(即长城),而且是行政和经济意义上的。

⑱ 这些盟被依次再分为"旗",不应将其与清军中的满、蒙、汉三部分八旗军相混淆。柳条边起于山海关,继续向北延伸到今天的吉林,将奉天与内蒙古隔开;它的一条支线向东、然后向南延伸,直到鸭绿江口,阻隔着奉天北部(今吉林和黑龙江省)与朝鲜。

⑲ 例如,见天野元之助(1956,第 236 页),其中引用了一篇关于雍正朝的季节性移民文章。天海谦三郎(1966,第 734、739 页)提到 1712 年山东一次 100 000 多人的移民"高峰"(又见《清朝文献通考》,卷 2/4868)。1751 年,当一位土默特贵族决定提前收回抵押给汉人的土地时,当时的直隶巡抚方观承表示强烈反对,质问应如何处理这"数万"贫民,这些人本是来开垦土地的,而现在即将被遣散(《清史》,卷 325/4275;又见卷 303/4125,《刘纶传》,刘曾应方观承的要求而被派往事件发生地查勘)。

⑳ 见天海谦三郎(1966,第 740 页),其中引了 1691 年的一个谕旨,康熙皇帝驳回了关于整修长城并建立更好的防卫设施的请求,因为这样做花费过高。

㉑ 正如我们将要看到的,热河及长城以北山区的接纳条件与剩余产品输出是当时的显著特征。当然,这种剩余在发展中的边疆地区是正常的,但在目前这种多山与半干燥地区,这种剩余的可能性则是由于采取了适当的庄稼轮作制与土地休耕制。见天野元之助(1956,第 237 页)。相反,到清代末期,以及民国初期,大量移民导致土壤完全退化[见克莱西(Cressey, George B.),1955,第 307—309 页]。当时,南北移民的最大群体来自河北和山东,他们流向奉天,那里显然存在着最大的发展可能性。关于这点,有一些有趣的现象值得注意,尽管铁路和汽船(自山东)发挥了显著作用,"旧式"的步行季节性迁移并没有停止。据天海谦三郎回忆(1966,第 811—812 页),1900 年前后,当时他正进行野外工作,春天他常常遇到成群结队

的季节工人,拖着妇女、儿童、老人、被褥、壶罐等,沿着铁路步行数百里,到奉天寻找工作。

㉒《赈纪》,卷5/9b,33a。

㉓ 方观承记道:"昨京师两次人来,皆云途中并未见有北去流民。又云京中流民,却不为少,竟未知由何路潜往。"(《赈纪十五条》,《皇朝经世文编》,卷41/12b)

㉔ 有时饥民会流徙到其他市镇中,有的是低于县级单位的更大、更富裕的市镇。很多资料都提到城市中心地的吸引力,尽管在谈论时都相当抽象并带有官方语气,听任我们去想像拥挤着沦为乞丐的难民的城镇是什么样子。郁方董的事例是少数例外之一,他生动地描绘了1849年嘉定县上洋镇的极为悲惨、拥挤不堪的情景:"去岁至今,乞者沿街,每一发手,人如堵墙,必罄其所有而止。"(《济荒记略》,5b—6b)

㉕《大清会典事例》,卷288,抚流亡。

㉖《大清会典事例》,卷288;《赈纪》,卷5/44b。

㉗《赈纪》,卷5/34a—36b,44b—45a。

㉘《赈纪》,卷5/48a。

㉙ 例如,《荒政摘要》(24a)中说:"向有留养流民资送回籍之例,是以一遇灾欠,人多四出。"

㉚《赈纪》,卷5/18a,20a。

㉛《赈纪》,卷5/18b,30a,32a。后面将会考察路资制度。在多数情况下,路资数量比灾区赈济粮的配给量要高,也比雇工的日工资要高。

㉜《赈纪》,卷5/18a。

三 社 会 动 荡

生存危机问题如果得不到迅速处理,就会很快转变为普遍动荡。在中国,这个过程既不奇怪,也不难解释。部分人口无控制的流窜是一个明显的原因。遭受灾荒远离家乡的农民显然不会满足于寻找一些不现实的工作机会,或耐心地等待施舍。当陷入极度困境而又不愿"束手待毙"时,他们就会力图自己寻求出路,去获取所需要的东西。在中国所有的饥荒时期,在流民经过的道路和乡村,换句话讲,在比真正的灾区更广大的区域里,没有人是安全的。

1691年,俞森在一个告示中以圆滑的辞令向那些拥入襄阳的难民声明道:

> 本道又闻府城之外一二十里地方,天色昏黑,孤客独行,多遭闷棍,虽未必确系饥民所为,但从前无此等事,今忽有之,又焉得不疑及汝等。①

俞森还提醒他的上级官员,这些饥民约有40 000人之众,如不格外用心安抚,他们将"小之劫夺,大之啸聚"。②对心怀不满者聚众闹事的担忧是官僚文献中经常讨论的题目。俞森曾制订了整套计划以遣散他所被迫收容的流民。

实际上,政府建立的赈恤机构常常是表达反抗情绪最合理的地方,因为为生存而挣扎的外来者自然会集中在那儿。《荒

《荒政琐言》的作者告诉我们，他是多么担心那些来到粥厂的无法控制的流动人群，这些人"日则就食,夜则匪窃"。他建议尽可能建立更多的粥厂，同时他也承认，设厂的目的是："阳以恤其劳,而阴以散其势。"③

每当灾荒来临的时候,政府总会担心绝望的游荡群体会将当地民众也煽动起来④;这个问题非常难办,因为很难区分这些人里哪些是真正从家乡逃荒出来的灾民,哪些是《荒政琐言》的作者所谓的以"乞丐"和"游惰"为职业的游民,他断言流动人口中有一半是后者。

确实,政府总是不得不认真对待不稳定人口问题。这些人没有合法范围内(或不明显超越这个范围)的固定约束或正常工作来维持生存。这部分人的数量在18世纪人口扩张时期显然在不断增加,而且更严重的是,在1800—1850年经济衰退时期仍在继续增加。那些被统归入"无赖"或"奸民"⑤一类的人不一定是职业性的危险的社会对抗力量——如教武术者、传邪教者、杀人凶手、走私者,等等——后者对地方官员构成了强烈威胁,而前者中多数是靠抢劫和乞讨为生的无家可归的农民。在中国北方,即使是在清前期,一定存在着相当数量的农业劳动力,这些人有的在农闲季节不得不四处流动,有的因为失去劳动手段而完全找不到工作。18世纪抢掠农田庄稼事件的增多看来与这些人数量的增加不无关系。⑥这些人中大部分也就是那些在饥荒时期被描述为成群结队、"流移转徙"的人,他们时时准备充作灾民,而一旦失去了接受救济的可能即再回去抢掠。⑦鲁仕骥在一篇文章(时间不详)中谈到这些流荡者(他称这些人为"民之蠹")时说："平日既无恒产,惟酗酒赌博之事。趋而日下,遂至流为盗贼,为乞丐。三五成群,百十为党,虽在丰年,此辈大为地方之害。不幸而遇饥馑,抢夺劫掠,将无所不至矣。"⑧"党"这个词显然暗示着秘密团体。自然,相互监督的保甲制度在很大程度上是为了把这部分人与稳定的社会人口分离开来。

还有大运河上船民的情况,也值得注意。在清代,运送漕粮的漕船上的船工是季节性雇用的,18世纪时每条船配备约30—40个水手;然而到雍正初,可征募到的船工只有那些无地的贫民及其他处于社会底层的人,这些人的野蛮行径在运河沿岸各省臭名远扬。当这些人面临失业时,不管是由于"技术性"原因(船队陷入冰河中无法行驶),或是由于政治原因(由于例外减免赋税而削减船员雇用人数),他们都会转为有组织、有武装的盗匪活动。有几篇文章明确发出警告,这些人在饥荒地区进行的盗匪活动已经在蔓延。⑨

在灾荒期间所采取的各种防范措施——如安置栅栏以保护财产,组织护卫巡逻,监视那些可能成为罪犯隐匿处的建筑物,检查所有通过运河闸的船只⑩——首先是作为粮食短缺时对付内部紧张局势的一种保护措施。饥荒对每个人的影响显然并不一样:有的人有能力贮存好几年的后备粮食,而有的人则生存在脆弱的边缘,如果不借贷就不可能维持到下一季收获,饥荒对这些人的作用完全不同。这就是为什么在一定地区、一定时间里,在人们对待生存危机的反应中,财产分配是一个关键因素。分配越不平等,企图进行再分配就越困难,不论是通过民间机制,还是通过政府干预。以下在谈到土地集中问题时会更详细地讨论这一基本问题。因为在对付灾荒的过程中,与相应于人口的可利用的粮食总量,或是官僚政府运作的技术能力等因素一样,土地分配也是一个重要因素。

这里要强调的是,生存危机的作用不仅以财产分配结构的不平等为基础,而且(实际上是最重要的)还会导致其日趋迅速地分化,从而加剧这种不平等。对于那些有能力囤积粮食的人来说,这是一个机会,可以利用价格上涨之机投机贩卖来牟取额外利润。随着饥荒给富人和穷人所带来的相反结果,收入差别越发扩大,一部分人通过高利贷获取了收入——任何有粮食或货币可供出借的人都可以这样做——另一部分人则债务缠身。同样,由于越来越多被典押的土地无力回赎或被卖断,进而加剧了土地所有权的不平等。作为最后的维生手段,小农们典押了他们所拥有的一切物品——农具、耕畜、房屋、土地(如果确实仍归他们所有)。但是,如果灾害持续下去,他们很可能会丧失这一切。当然,这种在自然灾害时乘人之危来谋取利益的手段由来已久,但它可能从未像清代那样普遍。特别应注意到,对于当时大量投入于典当业的商人资本来说,每逢在危机时有人"指田为当",放高利贷是一种既便利又廉价的获取土地的途径。但是,还应该区分两种不同方式:一种是单纯高利借贷下的"押"地,在这种方式下,如果借贷者不能如期归还本息,土地就会落入债权人之手;另一种是"典",这看来是一种更常采用的借贷方式。这种方式实际上相当于一种附带回购条件的出售,因为它常常是免息的,有时甚至有可能事后找补"价格"(即同一典押物的第二次借贷)。在后一种方式下,当交易契约签订后,债务人即将土地转给债权人"居住耕种"。人们从一些这类契约中可以看到[11],回购的选择期差别极大,从 12 个月到 3 年(最通常的期限)、10 年,乃至 60 年不等;有的甚至根本没有写明期满日期。然而,最短期限(12 个月或更短)常常附带着最苛刻的条件,其支付的利息等于或超过 3% 的"法定"月利率[12];可以想见,对于债务人来说,这种方式的风险性同高利抵押是一样的。这种出典的方式在经济总危机时变得更为普遍。据李文治的研究,通过"经济强制"占有土地是清代的发展特点,改变了明代贵族、缙绅、地主单纯通过暴力手段掠夺土地的方式。[13]

　　小私有者还会由于在危急时候以不合理的低价出卖财产而破产或被削弱。政府的许多"禁令"证明了这种情况,这些禁令企图阻止这一不可避免的过程。[14]在极端情况下(这个界限看来到来得很快),交易涉及人类本身。将成人和儿童出卖为奴仆、为妾、为童养媳,等等,这类做法一再受到谴责,直到 20 世纪以后仍有这种情况存在。[15]这种现象可以看做只是家庭财产转让的一种极端方式,是贫民为了存活下去而常常被迫采用的一种方式。⑯然而,应该区分两种情况:一种是"正常"年景里的交易,常常是通过契约形式,规定了期限,带有暂时性;另一种是危机时期的交易,这时灾荒中的幸存人口处于危难时刻,经济上的窘迫导致其破产和家庭离散。在后一种情况下,"转让"只需在路边以少数现金即可成交,在一些场合下,还会发生敲诈勒索。⑰除此之外,就只有绝路一条了,例如自杀、杀婴、遗弃儿童,所有这些都是十分令人悲痛的,但又被认为是不可避免的。⑱到了这样的阶段,富人越富,穷人越穷,这一过程进展迅速,残忍无情,它加剧了现存的社会不平等,使之很可能达到即将爆发的程度(在某类"社会"文学中充分反映了这一过程⑲)。

正如我们以下将要看到的,政府救灾的规章不仅通过划分"极贫"、"次贫"等等以区分饥荒的不同影响程度,而且企图抑制那些能够利用危机牟利的人。通过各种努力来消除敌对情绪显然是符合官僚政权的利益的,因为这种敌对情绪随时会发展成为有组织的暴乱。那些煽动者们以分享,甚至是平均财富的口号来号召人们动用武力,从而很容易挑起政治动乱——多数推翻王朝的大规模的农民起义就是这样发动起来的——而地方政府多半缺乏恢复秩序的手段。实际上,这也就是那些无法防止暴乱的官员们为什么总是选择离间煽动者与"愚民"的关系的镇压方式来恢复政府控制的原因。求助于军队意味着省级权力机构的干预,这只有当帝国的代表们认为已经失控到威胁其官位的程度时才会考虑这样做。⑳

然而,当饥民蓄意攻击官府衙门和储备设施时,看来暴乱已发展到了最后阶段。饥民们最初的攻击目标是富民:那些待价而沽的囤积者们,那些既不肯在地租方面让步且又兼放高利贷的地主们,那些拒绝出售商品或漫天要价的商人们。一位作者生动地描述了1804年夏季江苏省常熟、昭文两县在洪灾期间形势是怎样恶化的:起初,当饥民在城镇中看到"饼饵"时,他们"立刻"上前争夺抢吃。随着情况恶化,个别人的抢劫事件让位于有组织的行动。"强者"受"贪欲"驱使,聚集数百流民将乡村中的富户粮仓抢劫一空。一些有势力的家庭靠着雇用"拳勇"昼夜荷枪护卫才得以幸免。过路的船只也同样遭到袭击和劫夺。[21]不久，形势变得更加严峻了，灾民们"几于揭竿而起"。一天，当一位道员从府治返回，两名地方官到城外迎接他时，饥民们用自己的船阻住了官员们的船只，要求官府开仓放粮，要求官员们看看他们被毁坏的财物。官员们被激怒的人群投入泥滩，不得不乘坐一条小船悄悄离去。而这时，暴民们则在道员的船上争食摆好了的筵席！作者认为，这次事件只会加剧紧张局势，助长饥民们的暴力行为。[22]

这类事例很多。1743年，直隶布政使在一项关于处分灾区骚乱煽动者的建议中，明确区分了三类令人担忧的聚众生事的行为：首先并且最重要的是，白日或夜间入室"抢夺"，有时会打伤甚至杀害事主；第二类是"强借"，即以暴力手段强迫富户以"行善"的名义交出部分米粮；最后是"仅到门求借"，不一定有强行的举动，可以认为是一种"威吓性的乞讨"。[23]

我们还要注意到，在上述建议中，在量刑等级方面，除了一般性地区分领头者与协从者，区分趁危机时惑众生事的"凶顽"的扰害行为与迫于饥饿而逼迫富户的强取行为外，作者还作了更加明细的区分规定。对前者应依法严惩，而对于后者中的领头者，只要他们以往没有"劣迹"，可以免受重罚，最重者戴枷示众40天并重打40大板——这是一种"地方性的"、相对较轻的惩罚。之所以采取这种比较宽容的政策，除了由于可采用的镇压手段较少之外，显然还意味着要尽量避免过于严酷而不加区别的镇压，因为那会导致饥民加入对抗社会的中坚分子行列，而后者对于社会秩序是一种经常性的威胁。1743年这种政策并不是仅有的，我们甚至还可以从法定的"例"中找到，至少在19世纪，吴荣光曾作出这样的法规注释：

  被灾地方，饥民爬抢。如有纠伙持械，按捺事主，搜劫多赃者，照强盗例科断。其实因灾荒饥饿，见有粮食，伙众

爬抢,希冀苟延旦夕,并无攫取别赃者,该督抚酌量情形,请旨定夺。㉔

此外,文献资料中还有许许多多事例,其中谈到"打米",还谈到饥民闹事难以控制。㉕这些资料所记述的事件多半发生在城市,这或许是因为多数写到这些事件的官员或文人学士都居住在城市。但同样可以肯定的是,在那些粮食供给已相当商品化,从而比其他地方更易感受到粮价上涨的影响的地区——这些地区也是最城市化的地区(如长江三角洲)——最直接受到威胁的"富户"也正是那些控制着商业城镇的人,因为大部分可获得的粮食正是囤积在这些城镇里。公众的愤恨目标很快就集中于那些城居大地主、粮食批发商、零售商和贩运商身上。

不过,更容易爆发社会动乱的地方是贫困偏远的乡村。一般来说,在中心城市,存在着相当规模的权力机构,因而有能力恢复秩序。但在乡村,除了富人尚可采取某些自我防卫措施外,没有任何力量能够阻止在灾区制造混乱的饥民群。由于我们目前正在讨论的时期还不是可称为乡绅"军事化"的时期(除了少数几个值得注意的例外)㉖,所以不管殷实富户如何不情愿,对于他们来说,拿出部分钱粮分给最贫苦的人,以平息那些要求"均产"者的激怒,这种做法常常是有利的。例如,郁方董特别强调了乡村中富户的突出地位,指出在动乱中他们经常处于失去所有财物的危险之中。他引述了一个事例:一位地方要人以同意低价出售贮粮为条件来向他的邻居寻求保护。㉗当时一个总的倾向是,一些殷实富户以其贮粮为代价而作出公众姿态,希冀使他们自己在地方社区中起码得到一个"仁"的名望或声誉。上述事例只是这种总倾向中的一个极端形式。这些人在丰年参与建立并维持社会储备(即所说的"社仓")也是出于同样的目的。问题在于,这种暗含着契约意义的和谐功能——以提供社会保障来换取善行的名义——在经济动荡或社会对抗的一定阶段就会被破坏;在郁方董所处的时期,这一阶段已

经来临，而且不只是刚刚来临，这可以解释为什么上述事例（发生在 1849 年的嘉定县）看来似乎是一个例外。㉓

由于地方政府不愿意独力对付灾荒及其社会后果，所以它也会对那些拥有财产的殷实富户施加压力，以提供政府的保护为交换条件，迫使其拿出部分贮存钱粮。但是直接的强制手段常常难以奏效。我们可以看看《清稗类钞》中记载的一件事，这件事也发生在 1849 年：

> 道光己酉，江忠烈公忠源令秀水。维时米价腾贵，饥民抢掠。江甫履任，即有控抢二十余案，弋犯不下百余名。访有某甲者，平日最为地方害，以站笼暴烈日中，毙之。余悉置之图圄，不问。旋至赈局，邀众绅，谒城隍庙。袖中出示神文，问诸君肯自署名否，众唯唯。因爇香，鸣钟鼓，同跪神前，朗声诵誓文一遍。制两匾书捐数，即赉花红鼓吹，以乐善好施四字褒之。否则大书为富不仁某某额于门首，责令地保巡视，毋使藏匿，惟不许敲诈虐待，违则反坐。一时欢声雷动。于多捐者，给予禁抢告示一纸。犯者，照某甲一律处死。数日之间，捐银十余万两。盖均欲得此告示作护符耳。㉔

人们可以想见，虽说官府声明不许敲诈，毕竟没有人愿意在门前被刻上"不仁"的记号，因为这很可能会招致公众的报复。

有趣的是，在两个世纪之前，同样是在社会处于极为紧张的状态下，安徽也采取了类似措施。王世荫——在 1617 年的饥荒时期任霍丘县令——同样将解决问题的办法诉诸于乡村富户们的不安全感。就像 1849 年秀水县令的做法一样，他以提供保护为许诺以使那些家境富裕的人尽力捐献粮食：谁要是答应按照规定的价格向官府出售一部分贮粮，那么在官府需要之前，允许其将这部分粮食保存在他们自己家里；作为回报，他们将得到一个"官封"，向人们说明他们家里保存着国家的粮食，

凡抢劫者将被处死。这种象征性的官方保护——王世荫看来是相信其效力的——同样也延伸至捐赠者的私人财产。㉚

但是,这样做真的有效吗?从上述几个事例来看,似乎没有理由怀疑它。然而,席卷乡村的骚乱可能会达到完全失去控制的程度,其结果是任何威吓或严厉的镇压手段都不再具有震慑效果。问题的困难在于,就目前可确定的情况看,在生存危机及其对公共秩序的影响之间,没有明确可测(从理论上说)的关联度。相反,担忧恐惧与依赖托付这两种情绪的交织混杂,将正式官僚、其在地方的代理人、地方名流,以及平民百姓联结在一起,在乡村里形成了各种复杂关系。这些复杂关系的破坏,看来涉及多种相互纠缠的因素;而这些因素是在几个不同层面上起作用的。如果从相反的角度(即从维护秩序的角度)来看问题,对于饥民暴动(不管是受当地"倡导作乱"者还是受外地骚乱者的煽动)可能的反应也同样取决于一系列条件,其中一些是纯地方性的,另一些则更多地带有普遍性。例如,单纯从军事观点来看,事发地区或相邻地区可调用的军队数量的增加(各地情况差别极大)是起决定性作用的,但是也要考虑到这些军队的可靠性和战斗性,以及间接方面的、在某一特定时刻帝国军事制度的总的状况。此外,就个别事件来说,一个官员对付闹事者及其潜在同盟者方面所体现的权威程度显然是一种个人行为和品格问题;但是,像江忠源那样的一些权势人物有可能使人们听从他们的意见,或能够毫无顾忌地说出自己的意见,也是由于某一特定时期官僚的道德规范和"士气"的作用——他们对于僚属的权威性,他们在物质和精神上的激励,以及他们处理当时社会经济问题的能力。从这一点来说,在1849年,能够具有像秀水县令那样影响的地方官可能相当少。

再有,关键的一点当然还在于,在一方面是煽动造反,而另一方面是官员和有产者急切呼吁秩序的情况下,人们会作出怎样的反应。在这里,基本的变量——暂不涉及饥荒的纯经济方面——是地方的社会结构、财产的分配、与外部地区经济交往的程度、富人与穷人之间的依赖与对抗关系,以及在某些情况下地方社会在乡绅或非法组织领导下的军事化程度。进一步说,所有这些变量都是由地方具体状况和中国社会更深层的、总的趋势所共同形成的。

利用所有这些要素,以及其他一些要素,来建立"模型"以说明饥荒与社会动乱之间的相互关系,这样做无疑是有可能的。但这样一种雄心勃勃的计划已经超出了本书研究的范围。不过在我看来,上述结构性要素之一是值得特别注意的,因为它具有多种影响——这就是我所说的财产分配,或者换言之,即土地所有权的集中程度。

注 释

① 《郧襄赈济事宜》,2a。
② 《郧襄赈济事宜》,5a。
③ 见《荒政琐言》,2a,28a。
④ 这种情况可参阅汪志伊关于1787年大同局势的文章。尽管那次事件的制造者不是游荡农民,而是在他们常去的工作地遭受灾荒的季节性工人。由于既缺少基本的生活必需品,又没有回家路费,于是他们组成团伙,抢劫富民,他们的行为也影响了当地居民,以致每天有几十处地方报警。当地政府不得不考虑动用军队以驱逐这些外来工人(《皇朝经世文编》,卷41/41b)。
⑤ 在这种轻蔑称呼的背后,人们感觉得到这些人给法律和秩序的维护者所带来的恐惧,后者总是把前者缺少正常工作机会的原因归咎于懒惰,因而把他们的失业视为一种寄生状态:"游手好闲之人,如米中蠹虫。"[魏禧(1624—1681),《皇朝经世文编》,卷41/5b]
⑥ 见片冈芝子(1959,第84—85页)。
⑦ 见《大清会典事例》(卷288,抚流亡)中1753年谕旨;《赈纪》卷5/34a。
⑧ 《皇朝经世文编》,卷41/2b。
⑨ 见《荒政琐言》,29b;《皇朝经世文编》,卷44/3b—4a。后一篇是方苞(1668—1749)写给工部尚书徐元梦(1655—1741)的信。方苞的简历见恒慕义(1943,第235—237页),徐元梦的简历见恒慕义(1943,第659页)。

作者当时正在调查被冰冻阻止在回程途中的 7 700 条漕船对当地社会秩序造成的恶劣后果。那年(具体时间没有写明,但徐元梦担任工部尚书是在 1718—1723 年)山东遭受严重饥荒,而船工们"暂时停泊……又承东土凶饥盗贼之后",方苞担心"设有猾桀者,乘此瑕衅,恐不独沿途居民之害也"。关于大运河上船工的征募及其骚乱行为,见星斌夫(1971a,第 177 页及以后、第 205 页及以后;1971b,第 307—310 页)。秘密宗教"罗教"(运河船工的"反抗团体"就是以"罗教"为组织的)是白莲教的一部分[可参见魏斐德(Wakeman, Frederic, Jr.),1977,第 208—210 页]。

⑩ 见《荒政琐言》,29a。

⑪ 例如,可参见东洋文库明代史研究室编:《中国土地契约文书集(金—清)》(1975),第 60—108 页。

⑫ 见东洋文库明代史研究室编:《中国土地契约文书集(金—清)》(1975),第 147,161 页。

⑬ 见李文治(1963,第 86、97—98 页)。

⑭ 见《赈纪》,卷 7/8a—8b。方观承讲述了他所见到的贫民出卖房屋的情景,他们甚至拆毁房屋,只是为了卖掉屋瓦房梁。他们以极低的价格卖出,而当他们需要重新修复时,往往"价增数倍"。类似的例子可见魏廷珍的《景州志》(卷 6/14a—15b),他谈到了贫民住在只有四面围墙没有屋顶的地方。

⑮ 明清时期,收买奴仆按规定是违法的,但通过假借收养的方式收买奴仆实际上是存在的。这种现象在明末看来最为流行,特别是在南方(居蜜,1973)。据《清代吏治丛谈》(卷 2/151)记载,康熙朝末期,一个军官在河南省的一次饥荒时趁机买了约 30 名妇女。

⑯ 关于这一点,可参见陈张富美和马若孟(Chen, Fu-mei Chang, and Ramon H. Myers.)(1976),其中第 25—27 页附有两张卖身契约。

⑰ 例如《赈纪》(卷 7/1a—2b)中的记载。我们看到,官员们禁止那些无力饲养牲畜的贫民出卖耕牛,指责那些"刁民"趁机筹集资本,廉价购买,"百十成群"驱赶到灾区以外出卖牟利。对于《荒政琐言》的作者来说,则采取了严惩"恶徒"的办法,这些人企图把妇女儿童转卖给福建、广东的商人,从中赚钱牟利。在 1594 年河南救灾过程中,锺化民声称,遵照他的命令,政府买回了 4 363 名妇女,还无代价地使约 1 万人返回家庭(见《荒政丛书》,卷 5/6b)。《清诗铎》(卷 17/564—574)中也有一节,题为"鬻儿女"。

⑱ 例如《荒政辑要》(卷 7/3b)中所引的明代的一篇文章;《清诗铎》的"灾荒"卷中的许多诗也提到这种情况,如《路旁儿》(1833 年,卷 14/465)。

⑲ 《清诗铎》中搜集的这类诗文相当丰富。这些令人伤痛的文字描述了人们(特别是乡村人口)的悲惨境遇,社会关系的野蛮性,以及暴利获得者的非人性。这些文字使人联想起现代文学中所描述的"旧社会",以及"五四"运动以后的进步文学。有趣的是,在帝国时代,这类素材主要是通过文人们的诗文来传达的(白话小说中多数是城市里政府官员、文人、商人以及店主的奇遇或冒险经历)。在我看来,没有理由怀疑《清诗铎》中一些描述的真实性。特别引人注意的是,其中有很多是用这些不幸者的口气表达的:或是作者在路旁遇到的老人,或是一群在路上游荡的贫民。这不是纯粹的文学虚构,正如我们所深知的,在这个时代的资料中极少听得到农民的声音。与萧公权(Hsiao, Kung-chuan)(1960)不同,我不大怀疑文学作品中作者依据在生活中的经验对于贫苦大众痛苦生活的描述。

⑳ 《清稗类钞》(第 26 类/22)讲述的一件事是许多事例之一:在 1768 年的旱灾期间,江阴县骚乱的农民开始哄闹县衙门,一位学使(负责教育的官员)成功地安抚并解散了人群。但这与领兵赶来的该省巡抚发生了冲突,后者准备"痛剿"闹事者。皇帝获悉当地正值饥荒时期,为缓和民众情绪,遂下令只惩罚一两个带头闹事者,其余的人不予追究。

㉑ 起初,遭受洪灾的灾民们只是拿取船上的竹竿、草把、木板,以及其他可以用来支撑他们圩田堤岸的东西;到后来,他们也开始抢夺船上的钱粮。

㉒ 见孙原湘:《天真阁集》,卷 43/1a—1b。作者接下来告诉我们,官府最终采取了行动:调查了受灾情况,发放了救济粮。不过,在 1814 年和 1823 年类似的洪灾中,救灾看来完全是由乡绅来操作的,见该书卷 46/1a—2b。

㉓ 见《赈纪》,卷 7/12a—12b。

㉔ 见吴荣光:《吾学录初编》,卷 22/12b。吴荣光(1773—1843)简历见恒慕义(1943,第 872—873 页)。

㉕ 可参见萧公权(1960,第 444—447 页)中的一些事例。

㉖ 1850 年以后,为了抵御太平天国的进攻,以及为了对付秘密团体活动的复燃,这种情况发生了变化。关于这个问题,可参阅孔飞力(Kuhn, Philip A.)的经典著作(1970)。17 世纪中叶的王朝更替时期是一个例外,当时某些地区,特别是中部地区的地方带头人物征募当地人,武装对抗农民起义,以后又对抗满人入主中原。再一个例外是发生在湖北西北部、四川东部,

以及陕西南部,地方武装组织起来对抗崇信光明盛世的白莲教起义(1796—1804)。另一个值得注意的现象是,持续发生在整个18、19世纪的家族间和民族间的械斗传统(虽说对抗关系与上述不同),这使得武装冲突成为东南部(福建、广东东部、台湾)一些地区的地方性问题。

㉗ 见《济荒记略》,8b—9a。

㉘ 前述1743年直隶的情况正好相反,富人们认为穷人离开村庄对他们自己的安全是一种威胁,因为他们感到不再有所依恃。

㉙ 《清稗类钞》(第26类/46),江忠源(1812—1854)后来在抵抗太平天国的战斗中在组织湖南民兵方面表现突出。江忠源简历见恒慕义(1943,第136—137页)。

㉚ 王世荫:《赈纪》,8a—8b,10a—10b。

四　饥荒与地主制

当以需求水平来划分灾民受灾程度时,我们会看到,农民与其所耕种的土地的关系恐怕是一个重要因素:某些地区的规章承认,在其他情况相同的条件下,佃农在经济上是处于不利地位的。

这个问题所涉及的,还不仅仅是"自由"农场(支付土地税)与租佃农场(支付地租)的比较利益问题。这里所涉及的是一整套社会关系,这些关系不仅决定了自然灾害影响社会的方式,而且决定了社会应对问题的方式。这些关系首先是由贫富之间(简单地说)的总的不平等所形成的。这种不平等是所有对立冲突的根源,它通过土地所有权的集中使富人得以垄断性地拥有最主要的、以货币形式来说是最昂贵的生产手段。但是,在危机时期,地主和佃农之间的固有的对立关系还会进一步加剧这种由不平等所必然产生的紧张状态。

这种主佃关系自明朝中叶到民国时期经历了深刻的变化,同样发生变化的还有在全国范围内的土地所有权的空间分布模式。人们还没有清晰地理解这些变化,许多问题仍然有待回答。关于这些变化的讨论十分热烈,因为它们触及了关于中国历史分期的一些基本问题。

但不管怎样,我们已经可以辨识出两个主要趋势,我将在以下详细考察这些趋势。从性质上说,人们可以看到,大约自16世纪中叶开始,主佃关系逐渐发生了变化。这种变化在各地虽不一致,但却是确定无疑的,表现为人身隶属关系与等级关系的日益松解,契约关系与经济关系的日益增强。这一趋势在那些土地所有权高度集中的地区尤为显著。

第二是租佃制实行范围的普遍扩大趋势,虽然伴随着某些反复。①然而,这种普遍扩大趋势并没有改变经济技术最发达的省份(大致分布在长江下游和东南沿海)与北部、西北部省份之间所存在的悬殊差别。在我们所考察的整个时期中,在前一地区,人们可以观察到最广泛的租佃制实行范围与最高的地权集中程度;而在后一地区,看来占统治地位的是小生产组织,即自耕农或半自耕农(后者以租入土地作为补充),或至少比其他地区拥有更多的自有土地。这起码是明末以来的多数作者,包括那些在20世纪以实地调查为基础的作者所提出的一个普遍现象。②综观各主要地区,这一普遍现象无疑是存在的,在个别事例中尤其证明了这一点:人们可以发现,在长江三角洲地区,租佃制实行范围和地权的集中比率最高③,而在西北贫困省份(山西和陕西),租佃制实行程度最低。

但是,除了这些普遍性趋势,当人们开始深入探究时,就会发现很多地区的情况尚不那么确定。虽然自宋朝(10—13世纪)以来,在长江下游和东南沿海省份,大地产的发展是一个明显的、比较稳定的现象,然而在我们所特别关注的三个北方大省——直隶、河南、山东——显示出来的却是一种更易变动的、不明确的状况。

根据片冈芝子的研究(她的研究是少数专门涉及该地区的研究之一),虽然在明代小土地所有者占绝大多数,但在17、18世纪,地权的集中程度显著提高,在这个过程中,雇佣劳动者和佃农部分地代替了小自耕农的传统地位。④考虑到17世纪中叶中国各地实际发生的(尽管程度不同)地权集中趋势的暂时逆转,人们或许应将这一过程区分为两个阶段。⑤在一些地方,人们可以从资料记载中区分出两类特征明显的佃农:一类拥有较多的生产资料(耕畜和生产工具),可以耕种相当大面积的土地,多者达 200—300 亩,实际是先前的自耕农,这些人在明末为逃避赋税和劳役压力而寻求大土地所有者的保护;另一类是小佃户,除了劳动力以外没有什么是属于自己的。这种区分是有实在意义的。因为这两类不同佃农的实际状况提供了一个鲜明的对照:它们显示出比较"现代的"土地占有形式和显然是古代的土地占有形式之间的差别。前者的身份相对自由,他们与地主的关系是纯契约性的,他们有足够的耕地,使其在收成分配之后可以留有相当多的剩余产品。相比之下,后者在工具、耕畜、种子,以及庄稼收获前的口粮等方面完全依赖于地主,所有这些都是在高利贷条件下提供的。此外,他们还要承担一些强制性劳役的义务。我们可以看到,这是一种多重的剥削方式,它使佃户没有任何剩余,使其成为农奴,只是没有人身隶属关系的法律契约罢了。

虽然存在普遍性的地权集中趋势,但在北方的不同地区之间显然存在着重要差别。我们看到,至少在清前期,在那些遭受明末战乱破坏最严重的地区(河南、山西、陕西),小自耕农曾经历了一个发展时期。相反,在同一时期里,山东或许是租佃关系占有优势,同时土地平均占有规模最小的一个北方省份。1703 年的一个上谕指出,该省的"小民"向"有身家"者租借土地耕种,赖以维生,在丰年他们仅能勉强糊口,而在灾年他们惟一的选择就是逃亡,或死于困境。[6]1707 年的另一个上谕同样提到了散居各地的山东人,他们是由于经济上的困境(包括无力缴纳地租)而被排挤出来的。[7]41 年以后,即 1748 年,乾隆皇帝声称,他查访了他的祖父曾经记述过的状况(显然是指 1703 年的上谕),同时与租佃问题相联系,再次提到了灾民的大规模迁移问题,"南走江淮,北出口外",这是对前边所讨论过的长距离迁移现象的一个清楚印证。[8]山东佃户的悲惨状况在 1710 年的一篇文章中进一步被证实,该文章显示了一种制度关系,即地主出借耕牛和籽种,并索取利息[9],到 18 世纪前期,这看来已几乎成为规则了。但是,与农村总人口相比,他们的数量有多少呢?

较新的研究数据(关于清朝后期的,大约在1900年)提示,实际上,在山东的多数地区,大部分农户是自耕农,还有少数大地主。⑩

在18世纪,直隶的租佃制实行程度很可能比较低,而且更为突出和更具代表性的,可能是那些拥有自己的生产资料并耕种大块土地的佃农。这里,我们不知道方观承的论断是否应被认为具有真实意义,他断言在1743年遭受灾害的各府州中,"占业自耕者少,为人佃种者多"⑪。很显然,其实《赈纪》决不是专门谈论租佃问题;实际上,这个问题只是在提出该论断的那篇文章中,以及在另一处谈到耕种旗地的农民的一个特殊事例中有所涉及。⑫

上述对于租佃制实行范围与地权集中程度二者所作的区分正可以应用在这里。如果出租土地的平均规模较小的话,则较大的租佃制实行范围(如关于山东和直隶的那些陈述所提示的情况)可以与较低的地权集中比例并存。在这种情况下,地主不一定"大",也不一定"富"。这些文章看来正暗含着这层意思。例如在《赈纪》中,方观承认为,除了帮助那些实际为其种田的人(壮丁),很难指望地主做得更多:佃户的妻子和子女会包括在政府的救济名单中,而那些完全担负起其佃户家庭救济责任的地主则足以被提出进行特别褒奖。同样,我们发现,1748年乾隆皇帝观察到:(山东的)"有身家者不能赡养佃户。"总之,就地主与佃户之间在经济上的平均差距(以及这种状况所包含的所有社会后果)来说,在这些事例中(或许一般说来是在整个中国北方),与那些地权高度集中的省份,即那些土地生产率最高、官僚和商人的资本积聚最多的省份相比,前者不像后者的差距那样大。

正如我所认为的,如果说方观承在《赈纪》中在"劝谕"与皇帝关于山东的上谕看来是夸大了租佃制流行程度以及富户的影响,那是因为,这些文章和话语对于乡村各阶级之间关系的重点关注,有其一定用意,或许可称之为出于斗争目的。受着对付危机的需要的驱使，文章作者自然会勾画出一种势态，其中"富户"（在乡村，这基本上指的是地主）——与地方政府一道——被认为是支撑社会秩序和经管粮食再分配的关键因素。因此，有必要唤起他们的责任感。

这就是这类官方和半官方措辞的目的，在我们所考察的整个时期中，可以发现它们一再被重申。其目标是把社会各阶级之间的关系描绘为调和与合作关系，并把这种关系定位为一种社会规范与自然秩序，而把利己主义、暴力，以及囤积居奇等谴责为非正常的越轨行为。诸如"有无相资"，"富民者，贫民之母也"，诸如把资助贫苦同乡当做地方显要们的自然倾向，把提倡"公"和"善"作为一种伴随着社会声望的义务，都是经常使用的辞令。这就提出了一个问题，即这种论调及其所代表的意识形态在多大程度上与现实相关联，因而能被持久地依靠和利用。

有时，经济条件的制约是与理想观念相对立的。在讨论中国北方的情况时我们已经看到，拥有土地的阶级在危机时候并不总是有充足的经济力量和粮食储备来履行这种社会责任，或者至少是承担起部分责任，使之达到政府可以将自己的作用仅限于远程监督的程度。然而，与其说是经济状况的限制（这看来极少能制约地方显要们的参与活动），不如说是各阶级之间的一些实质关系决定了政府对其愿望——即，使持续倡导的"贫富相助"、"宾主之情"的观念与社会实践相一致——的可寄希望的程度。正如我在前边所指出的，这些实质关系很难被锁定，很难一概而论，因为从明代到现代早期，各阶级之间的关系已经发生了深刻变化，因为这一过程的发展速度和地理分布存在着极大差别，还因为对于这一时期阶级关系性质的解释仍是一个有争议的问题。这种变化过程的起点和终点在长江下游各省可以非常明晰地判断出来。在那里，我们看到形成截然对照的两端：在起点一端，是大块的"领地"，由义务和身份接近于农奴的农民耕种，这些领地是宋元时期存留下来的，在17世纪的发展过程中最终消失了；在这一时期的另一端，是零碎的、不在田主(城居地主)的土地所有权,在这种制度下,有时甚至收租也包给专门的代理人(租栈),而且出租的土地可以被转卖或抵押,通常并不告知地主本人。⑬

这种变化的社会经济影响尚不明了。在帝国时代的最后4个世纪里,佃农的一般状况是否得到了改善?一些作者(尽管不能称他们为一个学派)宣称,在帝国时代后期,最"高级"的租佃形式(在中国稻作地区最为流行)不一定意味着佃农处于最不利的状况。⑭日益发展的大土地所有者的(城居)不在制,定额租,听任佃户决定生产投资和享受它的利益,永佃制(或可继承租佃制)的推广,多重地权制的发展⑮,所有这些因素都使佃户有机会增加边际收益,这种收益甚至可能是以地主的损失为代价的;这也使佃户有机会为了自己的目的到市场上进行交易。基于这种考虑,人们会倾向于接受一种直接来自于传统意识观念的、拒绝承认阶级关系长期恶化的可能性的观点。所以,关于中华帝国晚期农村社会的一项最有影响的研究中的一段话提出,地主与佃户间发生不可调和的矛盾的情况是不常出现的:"首先,我们必须打消一种误解,即佃户必定并一致反对地主。在正常环境中的许多情况下,佃户对待其主人的态度是温顺服从的,或者甚至是热情友善的。"⑯

不用说,这种所谓"误解"主要是中国马克思主义历史学家的观点。这些作者认为地主和佃户之间的冲突是中国"封建"社会阶级斗争的基本方面,他们通常对二者关系的这种发展(其他国家学者称之为"改善")给予否定的解释。例如,郑昌淦在他的关于从明末到清中期的"封建地租关系"的长篇文章中得出结论:佃户在生产投入方面逐渐处于有利地位,但日益沉重的租负和各种义务,以及他们无力控制的市场力量的影响,剥夺了他们已经取得的剩余产品;越来越高的地租押金抵消了永佃制带来的保障;双重所有权的出现(至少)对于"田面"的占有者来说意味着双重费用,他们现在要向两个主人支付地租;定额租的好处(即使生产率提高,地租仍不变)被一系列契约性和非契约性的额外勒索苛取所抵消;等等。郑昌淦说,所有这些加重了这一时期对整个佃农阶级的剥削,因此,佃户抗租——有时甚至是集体的武力对抗——越来越普遍是不足为奇的。⑰

那么,到底是"平静的服从"还是阶级斗争呢?无疑,无论什么时候,各种千差万别的状况足以为各种不同观点提供解释依据。就我个人来说,我更倾向于一种"中间方式",特别是一些以日本学者为代表的研究,这些研究可以称之为温和的马克思主义精神。⑱这些研究虽然充分认识到了这一时期佃户地位的改善,但是仍坚持认为乡村各阶级之间关系的"对抗"性质在日益增强。实际上,这两个方面的同时发展一点也不矛盾;相反,它们是相互推进的。最古老的依附形式(其极端形式是领地农奴制,乃至奴隶制)在王朝更替的动乱过程中趋于衰落,与之并行的是经济商业化的日益增长,以及土地资本的所有者向城市移居。随着主佃关系日渐转变为纯粹的经济关系,最终达到仅仅支付定额租的程度,当自然灾害来临时,地主就完全不愿为佃户做任何事情,除非是共同地(作为一个社会群体的成员)、并在政府的压力下采取行动。基于同一事实,这时,佃户从那些曾阻碍他们企图摆脱严格契约条件的伦理规范的和社会的约束下解放出来。现在,地主对土地财产的亲自管理和监督越来越少,佃户有充分的自由来支配所使用的土地⑲,而且想方设法逃避纳租。一旦庄稼歉收,就会经常发生暴力性的集体抗租。这导致"大户"们(这个词常常是用来指代地主)同样也抱成团,联合起来,有组织地恳请地方政府的帮助,以对付那些拖欠地租的佃户。⑳地方政府在传统上是避免卷入主佃关系的,其同意介入只是出于对公共秩序和税收的关心:毕竟,保证完纳地租对国家有着直接利益,因为赋税正是由地主缴纳的。主佃关系的恶化迫使地方政府不得不出面来进行挽救——特别是在18世纪——各级地方政府发布的许多新规定就是出于这一目的,这些新规定证明了这种恶化趋势。㉑地主与官僚政府成

员之间的紧密的社会联系当然也是一个因素,但这首先是有助于那些最富有的士绅的。㉒

总之,当地主的利益开始遭到威胁时,他们就越来越顽强地捍卫自己的利益,即使不以法规方式,也是在事实上这样去做的。契约措辞与实际执行之间的差异在生存危机时期的确具有特别重要的作用。一旦地主对于曾被法律束缚于土地(甚至是隶属于所有者本人)的佃户的惯例"约束"(customary "obligations")废止了,为了保护地主对于地租的权力,保护他们驱赶那些欠租佃户的权力,契约就成了最重要的东西。例如,在18世纪后期到19世纪初,江苏镇江邹氏的多数土地租佃契约中都特别写明,"不拘丰歉",或"不论旱干水涝",佃户必须全数缴纳地租,否则地主将另择新佃。㉓但是,这项条款并没有妨碍邹氏同意一些佃户推迟交租或免交欠租(有时数量相当大),而不执行驱赶佃户的条款,其原因或是由于收成不好,或由于佃户家中有人去世,或者甚至是出于"宾主之情"。㉔这样,在契约的保护性条文(这些条文仅是为了保护地主的利益)与事实上存在的"永佃"(对佃户来说这当然是具有决定意义的好处)之间存在着明显矛盾。一些契约证明,有的佃户已经拖欠了25年以上的地租,而其中一张1827年的契约中提到,该欠债者的祖先从1738年就开始租种邹氏的土地了。㉕

我们还可以看到另外一些矛盾——例如,在法规条文(为了保护地主)与各方力量的实际平衡之间的矛盾。所有这些矛盾都表明了同一事实:即在这一社会经济迅速变化的时期,由于一方面是佃户抗租,而另一方面是地主的需索,有产阶级和佃户之间的均衡关系经常受到威胁,因而均衡只能是暂时的,而在经济危机之时,则存在着完全崩溃的危险。在这样一种关系之下——回到我们的主题——人们不可能期望佃户的"权利"中还能包括灾荒救济。

在这方面,所谓"宾主之情"只不过是与前边提到的意识观念的说教有关的一种陈规旧俗。不过,在此前两三个世纪,在长江下游省份,大土地所有者是当时乡村中不容置辩的、有支配力的主人。把地主与佃户联结在一起的"相资相养"的关系在当时确实起着现实作用。在灾害期间,地主向其佃户提供救济和借贷——即"田主赈佃户"——被认为是对佃户履行按期纳租、如期归还季节性借贷(这对佃户生存具有关键意义)义务的相应义务,这有助于维持一种严密的、在某种意义上是自我调节的剥削制度。

在 16 世纪的最后几十年到 17 世纪的前数十年里,这种均衡关系开始被打破了。在连年空前的自然灾害袭击下,佃户无力履行其义务,他们拒绝缴纳地租和偿还借贷,越来越倾向于摆脱这种"社会契约"。这种状况由于政府行为而进一步复杂化了。政府无情地强迫地主完纳赋税,而同时又劝戒他们同意佃户缓交田租。㉖

1638 年发生在苏州地区的事件表明了国家是怎样以苛求赋税而激起事端。那一年,由于旱灾和蝗灾而导致庄稼歉收。虽然巡抚一再向皇帝禀报,但皇帝不但不减免赋税,反而还下令增赋。到了收租时候,在地主拒绝减租的情况下,佃户们联合发起了抗租运动。结果,那些乡居地主眼睁睁地看着他们的居所以及粮食财物被抢劫一空。㉗

长江三角洲地区的这些黑暗岁月只会加速"旧制度"的崩溃。这一过程在 16 世纪已经开始,而在以后的几十年中,这一过程还会使那些怀旧的乡绅们继续悲痛下去。在我们所研究的整个时期中,这一过程所造成的阶级关系后果变得越来越显著:频繁发生的有组织的佃户抗租、抢劫、示威,一有歉收迹象就随时会爆发的暴乱,与所有这些相对的是有产阶级的冷漠无情、日益增强的暴行,以及自私的投机活动。明末以来的许多文章都是这样谈论问题的。㉘虽然清初安定秩序的恢复以及经济的扩张标志着一个稳固的社会阶段的来临,但"抗租"在整个 18 世纪始终是一个主要问题。自 1770 年起,有产者与人民大众之间在经济上和精神上的鸿沟再次成为一些明智的官僚频频提出的问题。[29]

在这种情况下,很容易理解由政府实行的、经过精心谋划的、拥有强大经济力量的"荒政"的重要性(这将是本书叙述的主要内容)。18世纪政府典章制度中所提出的控制饥荒的各种措施基本上没有什么新的东西。实际上,多数方法早在宋代就已产生,许多程序——勘查灾情及灾民、定期的粮食赈济、粥厂,等等——已经由地方权贵与地主配合着官方实行了数个世纪,尽管规模较小。[30] 在17世纪总危机结束后,一个新的发展是,即使在地权高度集中的省份,在荒歉年景里,政府也不再依靠有产阶级来组织和负担救灾食物的再分配。在传统上小自耕农是官方救济的主要受益者,现在大量佃农也加入了这个行列。由于上述种种原因,佃农不仅同样甚至是更严重地遭受着自然灾害的影响,而且也已成为一个社会群体,特别是在抗租的情况下。在这些情况下,官僚政府已不能再把自己的作用仅限于劝戒、监督,以及收取一定的赋税钱粮。虽然官僚政府力图取得乡绅——尽管这个阶级已被削夺了许多"封建"权利,但在乡村中仍有着的巨大权势和影响——最大限度的合作,但如果必要的话,它必须准备着全部接管救灾行动。[31]

但是,为了做到这些,还需要采取具体措施。我们将会看到,与对政府的这些新要求相联系的是:在中国君主政治历史上罕见的组织与监督能力,以及更加突出的对物质资料的控制能力。这些手段和措施的综合利用,证明了18世纪由国家管理的荒政是比较成功的——所谓"比较"是说,它是在当时的特定技术和人口统计条件下,以此为标准来判断的。

注 释

① 必须对我这里所说的租佃制实行范围(不论是在一个特定地区里出租土地的百分比,还是耕种不属于自己的土地的农民的比例——这两个数字是相似的,但不一定完全等同)与地权的集中程度(以被出租土地面积与地主数量的比率来表示,比值高意味着存在着大土地所有权,尽管在我们目前所

考察的时期里还很不稳固)加以明确区分。这种区分的一些含义在以下将会更为明晰。

② 关于清代北方与南方的比较,可参见天野元之助(1957,第71页及以后),作者认为在中国北方,土地出租的比例通常低于50%,而在稻作地区所有常见的数字都远高于这个比例。还可见今堀诚二(1967,第58页),他相信尽管独立耕作是中国北方农村社会的基本模式,但几乎所有自耕农也耕种一块租来的土地。关于1930年前后的整体情况,见卜凯(Buck, John Lossing)(1937,第192—199页);珀金斯(Perkins, Dwight H.)(1969,第87—91页)。

③ 顾炎武(1613—1682)在他著名的关于《苏松二府田赋之重》的文章末尾写道:"吴中之民,有田者什一,为人佃作者什九",他提出,只有当江南地主降低了极不义的高地租时,才应准许他们减免赋税的要求(《日知录》,卷10/241)。顾炎武是中国17世纪危机时期出现的著名知识分子和社会批评家,见恒慕义(1943,第421—425页)。

④ 片冈芝子(1959,特别是第78—81页)。明初小土地所有者的广泛存在,在很大程度上是由于元朝的统治,以及后来使明朝得以掌权的造反所导致的人口减少。见顾炎武对于(明朝第一个皇帝倡导)"开垦荒地"的议论(《日知录》,卷10/234)。

⑤ 这一逆转可以在不同程度上归因于明后期的造反(依照不同立场观点,有的称之为"流寇",有的称之为"农民战争");各地反抗地主的抗租运动和起义;满族的入侵;明朝皇室贵族所积累的大量地产的部分分配给农民;以及最后,正在上升中的清朝政权为限制缙绅地主依靠暴力占夺土地和逃避赋税所采取的各项措施。关于这一现象的总的情况,可参见李文治(1963,第77—85页)。

⑥ 引文见片冈芝子(1959,第81页)。

⑦ 引文见李文治(1963,第88页)。该文中还引述了其他相同内容的资料。还可见景甦和罗仑(1978,第89—90页)。

⑧ 《大清会典事例》,卷288,蠲恤,劝谕;也可见李文治(1963)。1703年和1748年的上谕还可见萧公权(1960,第393—394页),以及景甦和罗仑(1978,第89—91页)。

⑨ 引文见片冈芝子(1959,第81页)。

⑩ 见景甦和罗仑(1978),尤其是威尔金森(Wilkinson)对该书的序言,第8

页,以及第 9 页的表。
⑪《赈纪》,卷 7/5a,劝谕业主恤佃示。
⑫《赈纪》,卷 7/6a—6b。清初为解决新统治阶级和军队的生计,在北京周围约 250 公里的范围内圈占了大片土地,由此产生了一种特殊的租佃关系。不过,这些旗地多数位于自北京到天津一线的北部,这一地区在 1743 年的灾荒中基本没有受灾。
⑬ 大土地所有者常愿意住在城里,那里更接近权力中心和商业中心,而更远离了他们日益零散的地产。可参见今堀诚二(1967,第 59—60 页)。
⑭ 关于这种观点,可参阅罗友枝(Rawski, Evelyn Sakakida)(1972)。关于明末以后佃户社会地位的逐渐提高和生产技术的进步,以及佃户从中受益的情况,见居蜜(1973,第 45 页及以后,以及第 3 部分)。
⑮ 一般来说,是双重地权:地主控制着"田底权",而佃户拥有不可剥夺的"田面权",同时拥有生产资料,因而可以自由(或多或少)出卖或转租"田面权";由此发展起一种"新的"中间阶层的所有者。
⑯ 萧公权(1960,第 427 页)。
⑰ 郑昌淦(1964),特别见第 164—168,170—171,185—196 页。
⑱ 这些作者中,我要提出来的有今堀诚二和森正夫。
⑲ 根据片冈芝子(1959)的研究,在中国北方,并不总是这种情况,在那里,许多地主看来是监督佃户劳动的。
⑳ 例如,可参见天野元之助(1957,第 79 页及以后)。
㉑ 见李文治(1963,第 106—107 页)。
㉒ 关于这一点可见张仲礼(1962,第 5 章),其中强调了中小地主(这些人不属于乡绅)与佃户之间发生的问题。
㉓ 见东洋文库明代史研究室(1975)。特别是第 282、284、290、291、296、303—305 号契约。人们发现一些契约中确实有在灾害情况下减租的规定,这种规定在明代可能比较常见,但在清代看来已经很少了。今堀诚二(1967,第 65 页)引了一个契约,其中声明:"如遇水旱年岁,请田主临田按验均分。"在分成租的情况下(地租通常大约是净收成的 50%),遭遇灾害时地租当然是自动减少了。分租契约常常是与到田进行实际监督的"管理型"地主联系在一起的,主要是存在于中国北方。在北方,这些契约的规定实际是过去时代的再现。关于这些契约的特殊性质,见郑昌淦(1964,第 172—173 页)。

㉔ 见东洋文库明代史研究室(1975)。其中第 292—295、299—303 号契约(其中一些涉及的佃户也就是注㉓所引契约中的佃户)。在这些契约中,地主同意佃户"情恳欠租分年带完",有时还明确定下缴纳欠租的时间,佃户答应地主的条件,并保证以后更好地干活。

㉕ 见东洋文库明代史研究室(1975),第 295(1827)、300 号契约。

㉖ 长江下游大土地所有者的代言人的话,非常清楚地描述了这一全过程,见森正夫(1968,1969b)。

㉗ 见《启祯记闻录》,卷 2/3b。

㉘ 可参见森正夫(1968,第 185 页)。

㉙ 对于这种现象的最好的描述之一是铃木中正(1952)"导论"一章中所引述的洪亮吉(1746—1809)的话,洪亮吉被称为中国的马尔萨斯。

㉚ 例如,关于明末的情况可见森正夫(1969b,第 87 页及以后),其中叙述了 1630 年浙江嘉兴的一个地方精英所采取的措施。

㉛ 这种发展可能也受到其他因素的刺激作用。例如,在清代的最初几十年中,特别是在长江下游地区,清廷有意识地通过削夺士绅的赋税特权,并禁止他们公开参加政治活动(就像他们在明末常做的那样)等措施,力图抑制他们的领导地位和通过非正式组织干预地方事务的倾向。国家意欲破坏"士绅的本地人作用",以保证政府能够直接控制民众,其越来越多地卷入救灾可能正是这种意愿的间接结果。[关于这些方面的发展,可参见魏斐德(1985,第 1050—1053 页)]。一位作者最近指出,清初国家在该地区(江南)达成一种交易条件,按照这种条件,城居士绅(这些人在三角洲地区拥有多数灌溉土地)接受以维护堤防和河道为目的的新的"均等化"募集制度,而"作为交换,国家保证维持他们佃户的基本生存,保证他们收取所期望的地租"[濮德培(Perdue, Peter C.),1987,第 182 页]。换句话说,国家更多地介入荒政(即也救济佃户)是以地主更多参与水利设施维护为偿还条件的。

第二部分
国家干预

五　官僚组织问题

在我们开始研究荒政问题本身之前,有必要先了解一下那些具体管理这些事务的人员,以及在官僚等级机构下他们工作的组织方式。因此,以下将首先探讨官僚组织内部的信息交流问题——讯息与决策是如何传递的?——然后简单描述一下负责救灾活动的人员。

官僚组织内部的信息传递

在这里,系统地评论明清时期政府的信息搜集和决策制定过程可能是不适当的。但是,时机选择,即适时问题则是一个应该探讨的问题。显然,当百姓遭受自然灾害后,必须迅速进行救济和援助。灾情拖延的时间越长,恢复正常秩序所需要付出的努力就越大,而成功的机会可能会越少。如果当局不立即采取行动(如果可能的话,采取预防性对策),那么,不要很久,就会产生我们在第一部分所描述的那些经济和社会后果,甚至达到无法控制的程度。

然而,机构复杂、层级重叠的官僚组织的运作往往机械死板,拖延迟缓——即使概念上不是这样,事实上也是如此。正规的模式是,通过层层等级机构的链条来传达信息和指令,制度的集中化程度越高,留给下层组织的机动余地越小。但是,如果我们观察中国明代和清代的行政组织,特别是如果将后者与前者加以比较,我们会注意到存在两个不同的但具有互补性的趋势:一个趋向于更加集中化(从中央政府决策制定垄断化的意义上来说),而另一个则趋向于官僚组织内部信息传递的更加快速,至少在最高决策层是这样。在 18 世纪最初的一些年里,这种变化特别显著,它既是一种外省与中央的新的联系方式——即所谓的"奏折"①——产生的原因,也是其结果。这种公文传递方式的革新在于,它由呈递者直接送达皇帝本人,并将皇帝的答复以"朱批"或"廷寄"(根据皇帝口述记录的文书)的形式,由同一渠道返回呈递者。通过这种方式,除了路途所需时间,以及皇帝及其辅佐官员对事件作出反应的时间之外,可以不加拖延地控制住已发生的重要事件。如果奏折是由京城的官员递交的,则可以几乎不花费路途时间;在省级官员递交的情况下,邮件通过快马驿递,可以以极快的速度送达京城。据记载,最快的速度差不多达到一昼夜 800 里(400 公里),而规定的速度是大约 300 里。②

但是,这个既节省时间、纸张,又减少争论的办事过程,并不是向每个人敞开的,而且除了在特殊情况下,也不可能总是采用这种方式。例行的行政事务不能采用这种方式,地方官员也不能采用这种方式。资料显示,在这一方面,荒政是处于边缘状态的。当某一严重事件发生之前,救灾计划被认为是日常行政事务的一部分,官员们仅需要遵循既定的章程办事即可;当灾害还局限在一定的地理范围之内时,问题主要由地方官员掌握,他们必须通过正常渠道向省级政府报告情况,然后由后者决定是否需要利用紧急程序以使京城的朝廷尽快批准自己的解决方案。在缺少现代通讯工具的条件下③,这意味着考虑和拟订报告要一级一级地进行(从县官到府的官员,再到省布政使、巡抚和/或总督),利用普通的快递(步行)方式,等等,在这方面,违反规定的做法立刻会遭申斥。④

这样,传递消息和上级决定所需要的时间就与几个变量有密切关系,其中包括当时所实施的规章制度、所涉及的行政机构的级别、在这些当局看来灾害的紧迫性与严重性,以及受灾地区与省级政府和首都之间的距离。这些因素是以不同的方式组合在一起的,以下三个事例清楚地表明了这一情况。

第一个事例是1594年发生在河南的饥荒。我们所知道的这次事件的过程,基本上是通过"勘查特使"锺化民的功绩流传下来的。在这个事例中,由于救灾迟误使得受灾人口陷入困境,而这种迟误看来要归咎于例行的办事程序。1594年的旱灾显然格外严重且影响范围很广,而河南距离京城并不遥远。然而,当户部接到一位官员送来的"饥民图",开始考虑对策时,灾荒已经充分蔓延了。当锺化民作为钦差到达河南时,局势已经变得更糟。派遣一个被赋予全权的高级官员是避免灾区与京城之间的信息联系拖延迟误的一种方式,特别是在那个时期,当时还没有像"奏折"这种正式程序。但是,即使是在一个省的层次上,通过一级一级的上报过程也是相当慢的:

> 往时赈饥,郡邑申详,司道转呈,文移往来,或经千里,迟疑顾虑,延搁时日,及其得情,灾民且沟瘠矣。

所幸的是,锺化民具有充分权力要求地方官,在救荒工作中可以越级上报。[5]

在俞森所叙述的1691—1692年困难局势的事例中,情况则有所不同。首先,是作者的地位不同:作为1691年湖北省荆南道的道员,他正好处于中级官员的位置上。他在处理地方问题时,不管遭遇的情形多么急迫,也必须通过各个层级渠道,受此制度所限制。这使他感到相当为难和苦恼,以致他认为需要对灾民表示歉意。正如他所解释的,不得到巡抚和总督批准,他无权发放地方仓储。[6]他知道,这些官员不会愿意自行做主答应这种请求,因为如果户部推翻了这种请求,他们将承担经济责任。他们必须首先向京城报告情况,就像俞森"哀恳"他们做的那样;而在这个时期,"奏折"还未成为一种正式通信渠道,他们的报告作为普通"题本",将不是直接送达皇帝(只有皇帝有权强制执行一项特殊决定),而是送到有关部门。这样,报告将经过一系列官僚衙门,在这些地方,要进行登记、抄写、摘要,以及审查确定它的递送格式和方式。⑦之后,将由户部进行讨论,如果认为是适当的,再通过内阁呈送皇帝。皇帝回复的谕旨仍将遵循同样复杂的路线才能到达湖北的省府武昌⑧,然后,总督再从武昌将谕旨传达到襄阳。

所有这些对于俞森来说都增添了不可接受的迟误,特别是在启动这一程序之前,他已经等待了较长时间。他向总督解释,自己之所以行动较慢,乃是因为起初(从夏季到秋初),形势看来还没有严重到足以引起上级官员注意的地步。到了九月份,当他意识到难民正在不断大量拥入后,即命令各县进行调查,这使事情有所拖延。而后他到省府去进行三年一次的地方官员的"大计",又进一步拖延了时间。直到十二月,他才感到已有足够确凿的证据可以向武昌打报告⑨——此后连续递送了几份报告,因为这时形势已经日益紧迫了。实际在这一点上,在缓慢的官方通信渠道、严格的仓储规定与事件的不可预料的变化之间,俞森感到没有选择余地,他在第一份报告中言明,只能自担责任,开放官仓,向饥民"预"放正在申请中的三个月的赈济口粮。他明知这样做将冒着失去官职的风险,但仍愿"静听处分,实亦无悔"⑩。

我们可以注意到,俞森所面临的进退两难的困难局面——是置官方规定于不顾来应付紧急局面,还是拘泥于法律条文而听任危急形势继续发展——在清代前期经常被提到。例如,1703年,著名的张伯行(1652—1725)在负责山东部分州县的赈济(当时也任道员)时,据说曾毅然决定发放官仓贮粮,当受到布政使威胁,欲控告他"专擅"时,他回答说:"有旨治赈,不得为专擅,上视民如伤,仓谷重乎,人命重乎?"⑪17世纪的学者魏禧(1624—1681)则毫无顾忌地劝告地方官员,当饥荒之际,可以先分发为中央政府征收的赋税粮来赈济饥民,"然后申报",因为,尽管朝廷将缓收几个月的赋粮,但可以救活数十万人的生命。⑫ 当然,作为一名隐退山居的学者,魏禧说这种话是很容易的。与魏禧一样,李中孚(1627—1705)在给一位高级官员的信中援引了古时"贤者"的做法,他们不惜竭尽国库银两,或不惜冒"矫制"之名,来减轻人民负担。⑬ 所有这些看来都不如从雍正朝开始实行的做法,那时鼓励官员们在紧要时机可以灵活机动地对待规章制度。那些处于高位并知悉皇帝对事件的反应的官员,甚至可以在必要时立即将资金从一个省运送到另一个省。正因如此,当1788年长江流域遭遇灾难性洪水时,据记河南巡抚毕沅(1730—1797)——另一个著名的河道与饥荒问题专家——从本省藩库中拨调了40万银两立即发往湖北,据说此举使他被直接擢升为湖广总督。⑭

还是回到俞森的事例。在这个事件中,我所提到的"变量"可以归结为以下几点:一个距离省府遥远的偏僻地区,从省府本身到达中央政府即需要两个星期;问题(起初)没有严重到促使地方官员向上级报告的程度;缺乏紧急形势下可利用的通信制度;带有临时性和缺少灵活性的救灾制度。⑮ 这些因素几乎不可能使官僚政府进行迅速、有效率的干预。

50年之后,在直隶,情形就根本不同了。在救灾过程中,官员们已经有了一套系统的、经过实践检验的章程和制度(这个题目将在以下适当时候详细介绍)。从官僚组织内部通信交流来看,各方面的条件都为争取救灾时间提供了最大的可能性,正如方观承所特别强调的:"朝奏而夕报可。"⑯ 这次灾害的地点可以充分解释为什么皇帝会给予极大关注(这个帝王在他当朝的最初这些年里所表现出的"专业主义",在以往中国君主统治的历史上极为少见)。河间府和天津府在地理位置上具有重要战略意义,可以说是扼守在京城,横跨大运河。受灾的几个府(总督衙门就坐落在保定府)与中央政府之间的距离相当近。⑰ 此外,这次灾害的程度,及其地点上与京城的接近,证明了派遣一批官员去全力处理事件的做法是正确的:这些人可以无所顾虑地随时呈报他们认为是必要的报告,而总督必须尽快转递这些报告。最后——前面提到的改革开始在这儿起作用了——保定与北京之间传递的所有公文都采取"奏(折)"的形式,而皇帝的谕旨则以亲笔签名的抄件即"廷寄"的形式传送回来。

总之,由于皇帝对有效率地管理救灾活动的关注,这就扫除了所有可能的障碍,这些障碍会妨碍专为政府重要事务而设的通信(及传达决议)渠道的利用。[18]这就可以对救灾活动作出最适当的时间选择:总是随着事态的发展尽快采取行动,如有必要,甚至预先采取行动。在对形势进行充分分析之后及时决策,尽快地采买并分放赈济粮以避免等待。总之,在这次事件中,官僚政府力图妥善处理危机。

地 方 人 事

这次赈灾的成功不仅是由于通信方式的改革,而且也由于人事方面的变化。再说一遍,这里不准备详细阐述中国基层行政官员的情况[19],因而我们将把讨论限制在与荒政直接有关的两个主要问题上(实际上涉及了地方政府的所有方面),即小规模的文职机构,以及国家正式任命的官员与地方政府雇用的下层人员(通常称之为胥役)之间的分裂。

这里所说的正式官员(或文职机构)是指各级被授权承认的官员,这些人在理论上是通过科举考试录取,并受中央政府任命,领取薪俸的。在最低一级地方行政机构,即县或州[20],多数工作,以及全部责任,都责无旁贷地落在地方官(知县或知州)身上。虽然按规定,他们可以有五六个属员,但实际上并不总是这样;而且这些属员在日常行政事务中起不了太大作用。[21]然而,一个州县的人口通常都在10万人以上。[22]对于一个官员来说,这一人口规模当然是够大的了。由于"回避制度",一个官员不能在他的故乡省份任职,因而使他处于更为不利的境地。如果考虑到只有正式委任的官员,即印官本人才对各层级机构及中央政府负责,那么,分布于帝国领域内的官僚网实在是显得很松散的,因为在 18 世纪,总共只有约 250 个府,下辖 1 200—1 300 个州县。

因此,多数实际行政管理工作是由大量下层人员来做的,这些人几乎完全处于中央政府控制之外。这些人——书办、胥役、皂隶、差役、练勇、捕役,等等——是由地方招募的,很难加以控制。他们社会地位低微,但掌握着相当的实权。正如顾炎武早在 17 世纪中叶所精辟指出的那样:"柄国者吏胥而已。"㉓明末以及清时期地方政府中的胥役数量及影响都在实际增长,这种情况可能与佐杂骨干作用的降低、人口增长,以及某些乡村自治(rural self-government)制度(如利用里甲来分配和征收赋税)的消失有关。㉔(这一群体不包括地方官的亲信人员,只有亲信是他可以完全控制的。这些人包括其家人长随,特别是"幕府",其成员通常称为"幕友",这些人富有经验,专长于不同的地方行政事务。)

那些分布在最低一级自然的或人为的行政单位的下层代理人是对直接隶属于衙门的行政人员的补充。这些代理人包括:从一方面说,是乡、小镇、村庄的头头;从另一方面说,是征税单位的里(110 户)长和甲(10 户)长,治安单位的保(1 000 户)长、甲(100 户)长、牌(10 户)头。㉕对这些人的专门提法是"地保"或"地方"。这些人原则上负责几个村庄,这几个村庄组成一个乡。实际上,这些人是在代表着当地社会与地方官员打交道,处理地方事务,后者同样也委托他们去做大量的半官方事务。㉖

所有这些人,虽然在理论上是受地方官推荐和确认的,但实际上是通过地方社会的"推举"、共同选择、权势较量,以及无数习惯做法而得到这些位置的。在王朝的法规中,对于一定层级以下的组织结构基本上是不管的,代之而起作用的是大量的地方性因素,正如许多替代词汇所证明的那样。㉗

对于我们来说,重要的是理解"正式"官吏与这种基本上是自治的乡村行政结构之间的鸿沟。前者是受中央政权派遣并对其负责的,而后者与其说是代表意欲指挥它的官方的意志,不如说是代表地方社会的权力关系与利益。上边所说的官僚组织内部的信息交流尽管程序复杂,但相对来说是可靠的、不含糊的,与此不同,基层官僚政府与自由散漫的人口之间的沟通联系没有各种变通形式则很难达到目的,因为国家利益与最有影响的地方人士或群体的利益常常是矛盾的,有冲突的。而这些变通形式正是在非正式官员这一层级产生的,这些人既包括那些遍布乡村的下层代理人,也包括那些地方官员的随从们。

的确,很难理解,凭什么这些人应该坚定不移、忠心耿耿地服务于一个并不总是树立清廉榜样的官僚政府。由于常常执行那些被认为是一种强迫性劳务的工作(起初许多事情的确是这样)而极少(或完全没有)得到报酬,他们感到惟一的出路是向那些有产者和百姓施加压力,并索取所能得到的一切。普通百姓对他们的敌视是可以理解的,而同时官僚和乡绅也普遍以半种族主义(quasi-racist)的轻蔑态度对待他们,尽管事实上百姓和官绅双方都深陷于他们的诡计欺诈之中。人们在谈到"胥役"时都要附加一些带有针对性的贬义词,如"蠹"、"奸"、"贪"、"猾"等等,有时还包括"里长"、"乡保"、"地棍"等。⑳这肯定是传统中国政府的突出弱点之一。各级官僚政府不得不挖空心思地考虑各种办法"作为抗衡"来对付这些下层办事人员,或至少采取一切可能的防范措施来阻止他们的腐败行为。荒政只是这些事情中的一个例证。以下将会看到,各种形式的肮脏交易和诈骗都被归咎于这些地方下层人员;在一些专门文章中,经常可以听到负责赈济的官员对他们的警告。我们还将看到,在两个关键环节中特别令人担心发生欺骗行为——即清查受灾人口和发放赈济——它们决定着赈济活动的成败。

吏胥、乡地这些下层人员被认为是政府和百姓之间的联系环节,从总体上对这些人缺乏信心这一事实,向我们解释了为什么在18世纪的救灾活动中,人们认为有必要进行特别监督,并专门委派正式官员去增援当地政府。

《赈纪》正提供了这样一个事例,其中甚至列出了1743年被派去援助正式地方官员的那些人的姓名。㉙方观承及其同僚们在这一事件中所写的"议"指出,在"全灾"州县里,地方官员们无法按照规定,立即遍查所有地区而确保无一遗漏,即挨门逐户地调查;此外,他还得控制住自己的州县政府所在城镇(通常的提法是"弹压");而将事情委托给少数可利用的教职和佐杂吏员并不能解决问题。由于不愿让胥役、地保,以及其他这类声名狼藉的不可靠分子来单独处理事情,方观承建议,调用同省其他府的正式官员(厅印官)、佐杂以及教职,遣赴灾区。㉚这样,除了当地官员,每个受灾州县都可以指派一两个特派官员,配备(并负责)2—6个助手,全力以赴地投入救荒。每一个这样的"协办"在一小批胥役的伴随下,在乡村中巡回往来,勘查受灾人口,并监督赈济的执行情况。他们的路线经过精心设计,以确保不会有一个村庄遗漏给地保单独办理。从实际参加这次行动的官员名单中可见,在16个受灾"最重"的州县,有16个特派的地方官(知县)协助当地知县办事,同时,除了当地的69个佐杂,还从其他州县调来了85个佐杂以加强力量。㉛

《大清会典事例》中的"例"表明,早在1676年即已制定了严禁使勘灾单独落到低级地方官吏(教职和佐杂)之手的制度——更不必说地方下层代理人了;正式官员(厅官印官)必须承担起这个责任。㉜到1718年,官方更明确规定,一定要派具有知府或同知通判头衔的官员前往勘灾。此外,许多关于荒政的文章都建议,在这种情况下,应该利用那些正式的或"候补"的人员,就像1743年直隶所做的那样。㉝当然,问题仍然是,在大多数场合下是否是这样做的,而最重要的是,这样做是否总是有效的。这些临时成员的"出场"会产生许多摩擦:就这一点,富有经验的万维翰写道:

> 查灾散赈,往往委员协办,未受佐理之益,反多供亿之

繁。其贤智者,自逞才能,意见不合。其凡庸者,非但不能襄力,反以照应未周,故生枝节,每多掣肘。若本处各员,力可办理,亦即禀明不必委员。倘既委员,除照例给与公费外,一切应酬,不可吝惜,庶能和衷共济。㉞

不管怎样,多数文章中所谈到的例行规则(即使不是正式规定)显示,地方政府为了减少摩擦,仍给予那些有关的衙门书办和地保们很大的灵活性和回旋余地。㉟但很显然,荒政是少有的相当制度化的领域之一。政府在荒政制度方面下了很大力气,来克服基层官僚组织人员的不足,及其下层办事人员的无效率——这些因素也解释了人口和土地普查缺乏准确性的原因。我们可以进一步注意到,在这方面,有关荒政的规定试图通过向胥吏支付办事费用和服务报酬,以避免加重百姓的负担。在正常时期,这些政府办事人员除了通过各种多少有些违法的手段来取得每次执行公务的行动费用外,没有任何其他获取报酬的途径,更不要说是致富了,这种做法是被默认的。但是,《赈纪》以及清代一般的荒政书籍中都建议,不应向将要接受救济的人们索取分毫钱物。㊱被委派到灾区的协办官员及其部属应该得到饭食盘费等出差津贴,并由有关州县预支他们所需要的纸张、刷子等费用,然后以库银偿还。㊲

救灾活动中所采用的这些措施无疑是合理的,从一定时间和空间范围来说,也是可行的。这些措施不仅使参加人员的数量增加,而且有助于他们工作质量的改进。首先,这些"协办"人员是被指派来专门进行这一工作的,而当地官员及其属下则可以继续关照其辖区的日常事务。而且,最有利的是,这些协办人员受到更高级别官员的监督,忙碌不停,不敢懈怠;这些高级官员本身也是被派来全力进行救灾活动的,并受取得较好政绩的动机驱动而工作着。

有关这个题目的文献资料提到了许多杰出人物,这些官员似乎被人民的悲惨遭遇所触动,所以尽力摆脱繁杂的日常行政事务而投入救灾。其中最突出的榜样当然是锺化民,我们已经知道,正是他直接指挥了 1594 年河南的赈灾。《荒政丛书》中的有关记载对他是相当推崇的。在作者笔下,他有着杰出官员的所有传统美德:热诚、品望、节俭、以身作则,等等。当被委派为特使后,他立刻单身骑马驰离京城,而不是按照他的官阶所允许的那样,乘着轿子,带着大批陪同人员。他就这样轻车简从,渡过黄河,微服遍访全省。他只带了少数几个随从,废寝忘食,避开官衙,在粥棚与灾民吃同样的饭。他的行动的机动性(据说他在不到两个月的时间里巡历了河南所有州县,平均一天的行程达到难以想像的 500 里!)保证了他的工作效率,因为这使得地方官们提心吊胆:他们无法得知他可能在什么时候出现在什么地方,也不知道他离开时将去往何处,而他们知道他会向灾民询问官吏们的行为,并随时随地予以制裁。这就是为什么他们全都尽最大努力办事的原因。两年以后,当锺化民去世时——这时他已被任命为河南巡抚——全省人民都悲泣不已,并捐资建祠来纪念他。

这个富有启发性的故事并没有脱离我们的主题。因为在这里,我们发现了一个作为救荒特使的官员所具有的所有可资仿效的品格:正直诚实,不知疲倦,对下属的震慑力,关心百姓疾苦,等等。俞森、方观承,以及其他一些人告诉人们,他们每当想起人民的悲惨遭遇时所感到的痛苦,他们如何彻夜为百姓饥渴而焦虑。更确切地说,他们是在告示里以及在给皇帝的奏疏里诉说这一切的,其行为遵循着清朝皇帝所确立的榜样模式。[38]他们叙述了怎样毫不疲倦地巡视灾区,以及为了落实执行皇帝指示和荒政手册中的建议,他们怎样带着尽可能少的随员,深入百姓中间,直接与他们交谈;同时通过经常不断的检查(包括不时的检查——一种试图防止下级官员作弊的典型做法),约束其下属以同样的方式进行工作。其实,人们可以发现,在低级官员的报告中有着同样的措辞。例如,1744 年肃宁(27 个受灾州县之一)县令尹侃给直隶总督的报告。[39]当然,在所有这些事例中,很难区分哪些是真正的关心,哪些是希冀邀功的官员的陈词空话。

不管怎样,要想取得救灾成功,最根本的是要消除平时存在于官僚政府与农民阶级之间的鸿沟。要做到这点,就要绕过那些下层非正式官员——衙门雇员、乡地、保甲长,诸如此类——这些人歪曲了在多数村民看来是有威信的"政府"(civil service)的惟一形象。因为有效地落实救灾措施需要灾民的大力配合。他们被要求老老实实地待在家里,不准以任何捏造的借口要求赈济,不要害怕调查人员,要抵制参与暴力示威行动的诱惑。这种配合只有通过那些农民认为可以信赖的人才能做到,农民不会把他们与那些整年勒索自己的、受社会轻蔑的胥吏混同在一起:他们的官阶与行为都与胥吏们不同。

那些到乡村救灾的官员真的得到信任了吗?不管怎样,官员们自己看来相信,将权威与节俭恰当结合起来将会无往不胜,或者换句话说,他们相信,即使是处于困难的夹缝中,切实实践家长式的统治,仍是保证统治者与被统治者之间和谐关系的最好方式。

在这里,关键的一点是官员的清正廉洁和财务上的公正严明。整个胥役阶层(政府下层人员及乡地)的贪婪腐败是普遍存在、不言而喻的。然而,当特殊情况发生,有必要清除人民与国家之间的这一"财政过滤器"——这种"过滤器"问题总是被提出来,由于毫无规矩地截留挪用赋税和救济粮款,所以它对于人民与国家两方面都发生影响——时,仅仅要求地方领导层以外的人做到清廉公正是不够的。官员本身也必须暂时放弃那种普遍存在的、半制度性的做法,即私自支用公款和做两本账。

在这方面,有一些传闻轶事突出反映了有关情况。这些传闻轶事描述了对那些挪用专项赈济款的官员的罪行所进行的可怕惩罚。例如,在一则传闻中我们听说,江苏淮安府山阳县的一个教谕从自己所经管的准备发给灾民的赈济款中私吞了

400两银子,在这之后,就不时地陷于昏迷状态,有一次曾几天昏迷不醒。当他醒来之后说,那些由于他侵吞了赈济银两,得不到救济而饥饿不堪的人们到城隍那里告了状,城隍要将他投入滚开的油锅。只因其子孝顺,以自残手指的方式请求宽恕父亲,城隍才允许他暂时回来,让他"布告大众,以赈务之银,不可侵蚀",说完这番话,他就立刻死去了。这件事在南京广为流传,众所周知。㊵另一则传闻叙述了一件同样有意思的事。这件事发生在1809年,地点还是在山阳县。记载中描述,该县位于大运河边,为南北通衢,这里官员的公私花费很大,"供亿繁重",正常年景擅自取用漕赋耗羡剩余,灾年侵吞赈灾银两几乎成为他们确定的、半公开的例行做法。这当然是关系百姓命运的事。但是没有理由说明,为什么官员就应该自掏腰包来支应公事开销!这个传闻讲述的是一个毫不妥协的忠诚的候补知县李毓昌的事。李毓昌受委派巡查赈灾情况,他坚持要向皇帝通报这些侵吞事实,结果被他的上级谋害了。㊶事实上,山阳赈案并不仅仅是一个传闻。这是一个大丑闻,在当时曾经广为谈论。杀害李毓昌的凶手最终被抓了起来。嘉庆皇帝就此事发出许多上谕,坚持严处凶犯以示惩戒(其中一个凶手在李毓昌的坟前被凌迟处死,心脏被挖出来祭奠李毓昌的灵魂)。皇帝赐予李毓昌清廉的荣誉称号,并御制排律来纪念他,这首诗被刻在李毓昌故乡的一块石碑上。㊷

应该强调的是,上述记述中对于侵吞救灾银两的官员的半宗教式的惩罚并不只是那些笔记野史中带有娱乐性或教训意义的传闻所特有的;而且,在分析作为一个社会类型的官僚时,忽视他们的反应将是一个重大失误。举例来说,理性主义者汪辉祖在其著名的关于行政实践的书中引述了一位官员的话说,凡犯有这类罪行的官员,即使能侥幸逃脱上级的觉察,上天也将对他进行惩罚,并将祸及子孙。㊸在1810年甘肃省旱灾期间所进行的赈济中㊹,据说总督那彦成用下面的话警告该省官员:"如果少有沾染,是从饥民口内夺食,损人性命,将来报应必在

子孙。"㊹

　　当然,人们可以提出疑问,这些警告在现实的荒政事务中到底起到多大作用。尽管除了一些印象,难以找到其他答案,但还是有一些证据表明,雍正朝(1723—1735)所进行的改革和振兴官僚作风的运动确实起到了一定的、较为持久的功效。它的作用可能持续了约50年,而就其制度来说,持续的时间则更长。㊻因此,有理由推测,在有关荒政的文章中所见到的关于办事质量的指示和规定,并不总是停留在理想上的。同时,以下情况也不是不可能的,即如果有那么一群人,他们精明强干,他们没有陷身于墨守成规或腐败无能之中,此外,他们乐于临时分享高级官员和皇帝的部分权威,高高在上,发号施令,那么在救荒的有限时间里,这些人将确实能够克服平时包围着地方政府的那种尔虞我诈和损公肥私的风气。

注　释

① 吴秀良(Wu Silas H. L)(1970)特别突出地分析了"奏折"制及其历史地位。严格地说,奏折不是满人的发明;清朝的帝王只不过是继承了长期以来在皇帝及其心腹官员之间的一种"密"信传统,例如,可参见黄培(Huang, Pei)(1974,第120页)。但是,无疑是清代首先把这种做法制度化了,并扩大了它所适用的官僚组织范围(现在还包括中层组织,但不再下伸到低级组织)。同时,这种通信方式超越了传统的提供"情报"(从警察式的秘密信息的意义上说)的限制,开始应用于皇朝一般行政管理的许多方面。

② 见费正清和邓嗣禹(Fairbank, John K. and Teng Ssu-yü)(1961,第1—35页)。

③ 电报直到19世纪末才被引入。关于新通讯方式的出现——在这方面,电话的利用更为普遍——给国内行政机构运行所带来的"质的飞跃"的描绘,见奥克森伯格(Oksenberg, Michel)(1974,第28—29页)。在18世纪,"奏折"的更广泛的利用很可能具有同样重要的意义。

④ 当灾荒的严重性不是很快显现时(如以下将要分析的1691年的事件,这不是一次通常意义上的气候"灾害"),慢速通讯的危险在最初阶段(即在更高

级别的官僚机构开始负责事件,并认定其为"紧急情况"之前)特别大。相反,一旦决定采取救济措施,政府就特别鼓励官员们利用快速通讯方式,正如《荒政摘要》(19a)中的话所证明的:"灾赈公文,均关紧要,应于封套上,加用灾赈公文红戳,或用排军由驿站马上飞送,或专役赍投,不得发铺递致稽。"遗憾的是,我们不知道这一建议提出的日期。

⑤《荒政丛书》,卷 5/4a。

⑥ 这里的问题是,这些储备是为当地饥荒而预备的,而当时要求俞森开仓放粮的饥民几乎都是从外省逃荒到这里的流民。

⑦ 详细情况可参见费正清和邓嗣禹(1961,第 24—28 页);吴秀良(1967)。

⑧ 按规定,北京和武昌之间普通的驿马快递传送公文的速度是 14 天,平均每天约 190 里(费正清和邓嗣禹,1961,第 17 页)。

⑨ 即使在那时,要求各县调查的流民数字也还没有全部送到他手里。以后,到 18 世纪,对地方政府进行勘查有了明确的时间限制,没有勘查结果,不允许进行官方赈济。

⑩《郧襄赈济事宜》,2b 及以后,特别是 7b。

⑪《清史》,卷 266/3910—3911,张伯行。详细情况,见《正谊堂文集》,卷 4/48—51。张伯行之所以对他的行为有充分自信,是因为康熙皇帝已经巡查了灾区,并命令立刻采取有力的赈济措施。以后,张伯行作为治理河道和荒政的专家,被皇帝选为模范官员(恒慕义,1943,第 51—52 页)。

⑫《皇朝经世文编》,卷 41/6a。

⑬《切问斋文钞》,卷 19/27a。

⑭《清稗类钞》,第 18 类/33。

⑮ 不久以后,皇帝即意识到了由于制度的非灵活性而造成的迟延问题。1697 年的一个谕旨提到:"各省被灾地方,巡抚先行奏闻,俟部覆之后,始行察勘被灾分数,直隶山东近地犹可,若远省则往返奏请,为时既久,虽议蠲赈,于民无及。嗣后有被灾宜报者,即将分数一并察报,该部亦一并议覆。"(《圣祖实录》,卷 186/8a—8b。)

⑯《赈纪》,序/2a。当然,这是一种经常使用的套话,以表明朝廷不误分秒地救助灾民。

⑰ 按规定,从保定到北京之间,驿马快递的时间为 3 天,但人们可以想见,这一时间可以被毫不费力地缩短到 24 小时之内,因为这之间的距离只有大约 350 里(费正清和邓嗣禹,1961,第 17 页)。

⑱ 1744年春天,皇帝甚至派了一位"内大臣"去往灾区以获得更多的信息(见《景州志》,卷6/14a—15b,魏廷珍文)。特使的"密奏"使皇帝有可能检查已经高度发展了的信息搜集程序的效率。

⑲ 关于这个题目,见瞿同祖(1962)。关于明初以来的发展情况,见瓦特(Watt, John R.)(1972,第2部分)。

⑳ 州是略高于县的一级行政单位。对二者的区分与其说是基于地理规模,不如说是基于战略或经济上的重要性。有时一个州直隶于省,其地位在省的三层机构中等同于府。

㉑ 参见瞿同祖(1962,第8—13页)。关于明清时期这种下级吏员声誉的下降及其数量的持续减少,见瓦特(1972,特别是第15,132—134,140—141页)。这些下级吏员(或副手)一般统称为"佐杂"。

㉒ 萧公权(1960,第5页)以官方人口数字除以地方官总数,得出一个县的人口约在10万(1749)—25万(1849)之间(1749年的数字估计可能偏低)。但在18世纪某些大县的人口还要更多。

㉓ 《日知录》,卷8/187。佐伯富(1968)也说了同样的事。

㉔ 瓦特(1972),第45—46,140—145页。

㉕ 实际上,许多"人为"的征税和自我防卫单位的设置与自然聚落或聚落群是一致的。

㉖ 见佐伯富(1971)。在我看来,佐伯富关于"地保"起源的解释是有说服力的。他认为,这一职务不是18世纪新产生的,而是从清初旧的"乡约"发展而来的;这一解释可以由《赈纪》中"地保"("地方")和"乡约"两个词的可互换性得到确认。还可见黄宗智(Huang, Philip C. C.)的评论(1982,第137页及以后)。关于"乡约"一职及其在清代的演变,见萧公权(1960,第201—205页)。一个"乡"的人口和村庄数差别很大;佐伯富(1971,第362—363页)提出一个大概的平均数,一个"乡"约有5 000户,几十个村庄。一个"县"中的"乡"数同样是有差别的。但不管怎样,一个"地保"(或"乡约")的设置原则充其量也不过是一小片地区。18世纪后期的资料提到直隶的一个县,每一个、两个或三个村庄就有一个"地保"(瞿同祖,1962,第202页,注13)。还有,正如我们以下将看到的,《赈纪》在某些事例中提出了类似的密度。

㉗ 关于这些不规则的做法,见萧公权(1960)。

㉘ 见佐伯富(1971,第355页)文章中所引1733年的一个碑文。

㉙ 见《赈纪》,卷2/16a—17b,54a—54b。卷8分县列出了这些官员的名单,以及赈灾的情况统计。

㉚ "教职"是负责府学、县学和生员事务的低级官员。他们受省学政的直接领导。

㉛ 我在前边曾提到,县级单位的佐杂吏员数量很少。这里16个知县有69个助手这一数字证明直隶在这方面可能是个例外。见瞿同祖(1962,第209页,注㉚),其中引了18世纪初的一段话,作者说明,直隶的佐杂尽管有着各种不同头衔,但多数是负责治水的。

㉜ 《大清会典事例》,卷288,蠲恤,奏报之限。"厅官印官"的称呼在《赈纪》中称为"厅印官","印官"是指持有官印被赋予管辖区域的官员,而"厅官"可能是指没有管辖区的同知。

㉝ 由于在法律上有资格的候选人过多,而需要填补的职位相对较少,省级政府有可能召集到大量候补官员,一旦需要时,可以"差委"他们执行特殊任务(瓦特,1972,第3章)。例如,1743年,有大约85个我曾称之为"佐杂"(从其他县派来的)的"协办",实际上是不领取薪俸的"效力"佐杂,或仅仅是举人。换句话说,他们在没有指定职位的情况下被要求执行行政任务。建议利用外部官员的文章还有:《荒政辑要》,卷3/1b—2a;《荒政摘要》,14b—15a,17a—17b;《荒政备览》,卷1/5a—5b。

㉞ 《幕学举要》,32a—32b。但应记住,这些文字的作者是一个幕友,该书是写给其他幕友的。因此,这篇文章很可能反映了官僚组织中这一部分非正式的但有实际能力的人对那些头衔较高但常常缺乏经验的人的某种疑虑或觉察。

㉟ 例如,见《荒政摘要》,33a—33b。

㊱ 这一原则在1736年的一个上谕中取得了法律效力。见《大清会典事例》,卷271,蠲恤,赈饥;《赈纪》,卷2/9a。

㊲ 见《赈纪》,卷2/9a—9b;《荒政琐言》,11a;《荒政摘要》,24b—25a;《大清会典事例》,卷271,蠲恤,赈饥,其中1728年的议论。

㊳ 王朝君主在担心忧虑时所使用的套话是家长式统治主题的一部分,这些主题是较为"儒家"化的官僚议论的特征。为了说明这一点,这里引用王命岳(1655年进士)的一篇关于必须迅速作出决定的文章的一句开头语:"人主父母也,百姓则其子也。子有疾痛为危,则父母为之食不甘味,寝不安席。"(《皇朝经世文编》,卷44/2a)

㉟ 见《肃宁县志》,卷 10B/12a 及以后。

㊵ 详细情况见《庸闲斋笔记》,卷 5/5a—5b,以及卷 11/1b—2a 中的一些相反事例,那些为了救济饥民而没有恪守既定规章办事的官员,则保持了良好的声誉,并惠及子孙。

㊶ 《金壶浪墨》,卷 5/9b—11b。在许多其他笔记和野史中也讲述了这个故事,情节略有不同。

㊷ 见孙子和:《山阳赈案与清代刑制》,载《今日中国》(台湾)第 118 号(1981),第 98—122 页;Joanna Waley-Cohen: "Politics and the Supernatural in Mid-Qing Legal Culture", *Modern China*(《近代中国》),卷 19,第 3 号(1993),第 330—353 页。

㊸ 《学治续说》,6a—6b,引述总督尹继善(1696—1771)的一篇《办赈条告》。关于汪辉祖的"理性主义的不可知论",见白乐日(Balazs, Etienne)(1968,第 279—280 页)。

㊹ 见王国斌和濮德培(Wong, R. Bin and Peter C. Perdue)(1983,第 304—308 页)。

㊺ 引自《军机处上谕档》,卷 884(3),1816 年闰六月六日。

㊻ 这里不准备详细考察雍正皇帝所实行的制度上和政治上的措施,以及他认为必须这么做的理由。总的情况可见黄培(1974)。但有一项措施值得一提,即给予官员"养廉银",其数量相当于薪俸的几倍。实际上,那些基本薪俸远不足以满足官员的实际生活开销,事实看来很清楚,这种不足是腐败的根本原因之一。关于这个问题的专著有曾小萍(Zelin, Made-leine)(1984)。

六　勘灾

全力以赴与生存危机进行抗争,这是一项非凡而又有风险的事业。以上各章是要表达有关这一问题的一个总的思想。以下几章将叙述这个具体过程,从准备阶段(勘灾)到其直接目的(放赈);然后转向更为一般性的政策问题。在这里,我们将再次从考察贯彻落实的问题开始。

普遍性问题

一项直接救济受灾人口的政策必须建立在准确了解灾民需要的基础之上。因此,必须划定实施赈济的确切范围,同时设计出一套方法,以保证接受救济的受益者仅限于那些真正急需帮助、没有这种帮助就无法存活的人。要保证这种救助与他们的真实需要是一致的,而同时又不会漏掉任何人。所有关于荒政的文章所建议的勘灾方法正是为了达到这些目的。在18世纪的书籍中记述了从勘灾到实际赈济各个阶段的最细微的情节。那些章程(这里只是扼要叙述)可以认为是经历了长期发展过程所达到的顶点:其中所提出的那些方法使先前文献中所提出的一些做法更加系统化,且更加适时和完善了。至于这些文章所讨论的那些实际的和理论的问题,多数在明代就已经提出来了。我们就从这方面开始。

对受灾人口进行分类

首先是要确定居住在遭灾区域内的家庭的真实经济状况,以便使食物及其他救济物资的分配与他们的需要真正相符。对那些有足够能力度过危机的人与那些处于生存边缘的人给予同样的救助是说不过去的。由于政府所能利用的资源是有限的——其实整个社会也是这样——所以必须优先照顾最贫困的人;如果情况允许的话,这种救助可能会随后扩展到受灾较轻的那部分人。多数文章提出的分类方案都讲到了这种筛选的必要性。这些程序逐渐标准化和简易化,到 1742 年,终于确立了一个单独的制度。这些程序都将人口按照"富"的范畴进行划分(或者相反,按照"贫"的范畴进行划分,从社会底层开始)。这种方式使人联想到 20 世纪的土地改革中所进行的分类(至少从表面上看是这样),如贫农、中农、富农,等等。当然,这里所讨论的程序里一点也没有"社会阶级"的概念。

我所见到的最复杂的分类方法是林希元提出的。① 他将人口分为三个富民阶层(极富、次富、稍富)和三个贫民阶层(极贫、次贫、稍贫),并指定两个略富的阶层帮助两个略贫的阶层。② 但是,多数实际应用的分类(不仅仅是建议性的,如林希元那样,他的办法大概很难应用)是比较简单的。从 1742 年的一个"议准"中,我们了解到,当时山西、湖广、贵州等省在"贫民"这一总的范畴中没有再加以区分,而江南和浙江用的是较复杂的三级体系:极贫、次贫、又次贫。③ 有的地方还采用了"极贫"和"次贫"的分类。该"议准"提议,应该在全国推广"极贫"和"次贫"的分类法。资料显示,一年以后直隶应用了这个分类法。④

当然,最有意思的问题是,用什么标准来划分这些等级。再说一遍,在执行荒政的场合,这不涉及对现存社会的分析(例如,按照生产关系来确定"社会阶级"),而是要描述在一个特定时段各个家庭的经济状况,目的只是要解决生存问题。因而这里所采用的标准涉及的只是每个家庭所具有的应付生存问题的物质资料问题。

在许多情况下,这些标准是极为经验性的。例如,万历年间(1573—1619)开州(可能在直隶)知州陈霁岩所使用的方法:让需要救济的人们在粮仓门前排成队,根据他们的面容和装束来确定是否符合"极贫"的标准,然后将"极贫"的人进行登记。⑤(这实际上是一种简单的应急方法。明朝末年吕坤也提议了同样的方法,以便开列出允许进入粥厂的人的名单。这种方法将那些看样子是健康的人排除出去,留下那些面黄肌瘦,衣衫褴褛,看起来像是正在挨饿的人。⑥尹侃也使用了这种方法。1744年夏季,当借粮的人们来到他面前时,他仔细地端详,以识别出那些看起来似乎需要进一步救济的人。)

观察"容貌"确实常常出现在用于确定极贫的标准中,如《荒政辑要》中所使用的既模糊而又详细的界定:"如产微力薄,无担石,或房倾业废,孤寡老弱,鹄面鸠形,朝不谋夕者,是为极贫。"⑦这个定义在18世纪可能多少带有权威性,其中使用的标准基于人们的直观状态(体力状况,粮食贮藏),其生产能力(劳动力,土地规模),以及他们的财产状况。⑧通过对这些不同因素的估量,调查者即经验性地决定一个农民是否应被划为"极贫"。同一资料中关于"次贫"的划分特征则更不明确:"如田虽被灾,盖藏未尽,或有微业可营,尚非急不及待者,是为次贫。"

这样的定义顶多只能作为指示性标准。在某些情况下,对于那些拿不出更精确方案的官员来说,它们可以作为一个参照基础(这正是那些可以随处找到的一般性手册的目的);在另外一些场合,它们会通过一些适应于特定经济和社会条件的地方性章程加以补充,其中还为调查者提供了一些量性标准。在《赈纪》中没有迹象表明直隶有这样的规定,而我们知道,在浙江的确有这样的标准。森正夫在其著作中摘要记录了这些标准:

Ⅰ. 一般标准:

A."极贫":

1. 没有任何财产,没有手工业、山地等副业收入,租种地少于 15 亩,被灾损失达到 8—9 分。

2. 拥有自耕田地不足 10 亩,被灾损失达到 8—9 分。

B."次贫":

1. 拥有自耕田地不足 10 亩,被灾损失 6—7 分。

2. 拥有田地在 10—20 亩之间,被灾损失 8—9 分。

3. 租种地在 15 亩以上,被灾损失 6—7 分。

Ⅱ. 对于那些可能无法很容易地适用上述标准的家庭,可以使用以下附加条件:

A."极贫":

1. 拥有田地在 10—20 亩之间,或租种地在 15 亩以上,被灾损失 6—7 分,但必须养活年老体弱的父母以及儿童,以致在正常年景里也不能满足需要。

2. 自己既无田地,也无房屋,租种土地的收成损失只有 5 分,但必须供养一个大家庭。

3. 近期迁入的人口,土地收成全部被灾,家庭中没有能够挣钱养家的劳动力。

B."次贫":

1. 不拥有任何田地,但拥有房屋和一些牲畜,租种地的收成全部被灾。

2. 自己既无田地,也无房屋,尽管租种地上的收成达到 5 分,但必须供养一个大家庭。

3. 只耕种少数几亩自有土地,没有全部遭灾,但必须供养一个大家庭。

4. 居住他人房屋的移居人口,租种土地的收成损失在 5 分以上。⑨

于是,当官员们将"贫"划分为两个等级时,必须遵循一套相当复杂的标准,第二个等级("次贫")所得到的救助要比第一个等级少得多。任何错误评估都有可能对所涉及的家庭造成严重后果。然而,在某些方面,这些标准(即使是上述所引的那些标准)又很不明确,足以使调查者适应各种特殊情况,便宜行事。事实上,他们也确实被要求不要过分拘泥于那些原则,而要谨慎对待,以免那些被划为"次贫"的人在一个月后会落入与"极贫"者同样的困境。这个问题在《赈纪》的文书中经常被提到。

在上述规定中,人们还可以注意到,农民与其所耕种田地的关系在确定其地位时的重要性:他是佃户还是小自耕农?在浙江这样租佃制高度流行的地区,佃地耕种被认为是"贫"的一个附加因素。因为在其他因素相同的情况下,租种15亩地的佃户(比如说)被认为比只有10亩地的自耕农更贫穷。这种待遇上的区别意味着承认这样一个事实,即土地财产(或任何形式的不动产)——不论多么少——代表着一定的可以转化为货币的有价值物(例如通过抵押),而地租则是比自耕农的赋税更为沉重的负担。不过,这种自耕农与佃户的区分只是实际过程中的具体做法,不一定意味着到处都是这样。⑩因此,它并未出现在中央政府颁布的一般性规定中,在中央政府眼里,典型的救灾受益者就是只靠自己的劳动维生的农民家庭。因此,正如森正夫所指出的(基于马克思主义关于前现代社会的分析),除了在涉及实际执行这些规定的文章中提到外,看来政府并没有考虑代表着占统治地位的生产关系(即大土地所有制)的家庭的状况。

乡村控制问题

一旦划分等级及其标准确定下来,就必须由进入灾区的调查人员来具体应用,以调查每个家庭的真实状况。这正是荒政在执行中可能遇到的最严重问题:正式官员数量不足,以及胥吏和地方代理人对乡村的实际控制,多数情况下还包括乡绅

(gentry)。这些人最直接地了解地方事务。正如《赈纪》中的一篇文章提示我们的,每个"乡地"("乡约"及"地保"或"地方"的简称)负责的村庄数量有限,至多一二十个,所以他们基本了解谁家富裕,谁家贫困,哪家需要救济,而哪家无需救济也过得去。至于"牌头"(负责家庭控制系统即保甲组织的几个最小单位——"数甲"),他们只与几十个家庭打交道,能够准确地了解每个家庭的人口数量及其年龄。⑪最后,还有"大家"(great families)——为方便起见,我们称之为"乡绅"。这些人通常是地主或者大家族的族长,这一群体在乡村中的支配地位也使他们能够掌握地方的第一手情况。⑫

对于官员们来说,他们更情愿依靠这些人来进行实际调查工作:或者是向保甲长、乡地、里长询问情况,并据此编制登记册,因为这些人以往作为管理与普查活动的一部分参加者,已经经历过类似的事情;或者是把事情委托给从该地区"大家"中选出的"富厚诚实"的人去做。第一种做法作为一种现实存在,文章的作者们通常不过多强调,我们经常看到的是第二种方法。因为很明显,把这种事情委托给地方代理人去做,而不对他们进行严格监控,就等于授予他们各种滥用职权和欺诈蒙骗的权力。任何一个有责任心的官员都无法左右这种状况。相反,求助于乡绅的服务,正是作为一种绕过衙门书办和乡地的方式而常常被提出来。在乡绅具有权威地位的那些地区,尤其是在倾向于把由官员管理、国家资助的救荒活动交给地方权势阶层的"慈善"事业去实际操作的一些时期里,情况更是这样。

我们已经看到,1529年林希元如何把人口分为三个富民阶层和三个贫民阶层;他是如何通过富户的精明选择来剔筛出贫民的,富户因而变成了官府的"耳目"。明朝的另一个官员陈龙正(1585—1645),揭露了依赖那些非正式官员独霸灾情信息,以及在此基础上所进行的抗灾活动的虚费和无效。他写道:"贫者未必报,报者未必给,其报而给者,又未必贫。"他表示,应当把事情交给每个"里"的一两个"大姓"(great clans)去办,因为这些"大姓"的家长"习知贫民多寡,给散近在里中,贫户素服大姓",官员只需不时巡查即可,"有司不时单车临视"。⑬这里值得注意的是,林希元和陈龙正都来自"发达的"东南部地区——前者来自福建,后者来自浙江——在那里,与大乡绅阶级的统治相伴随的是高度集中的土地所有权,而他们写作的时期正是在明朝最后几十年社会危机发生之前(后者是在危机期间)⑭,到明朝末年,乡绅们再也没有足够实力来负担大部分救荒物资,更不用说承担起全部救荒活动了。就陈龙正来说,在他写作那部救荒著作的时候⑮,官僚政府可能已经无力控制局势和管理各种日常活动了。1640—1641年蔓延多省的饥荒所带来的社会动乱正是造成当时政治和制度危机的又一个因素,这种危机最终导致了明朝国家的覆灭。

两个世纪以后,在太平天国起义前夕,出现了大致相似的形势:同样是地方政府的衰败无能,国家经济状况的削弱空虚,当饥荒来临时,政府同样让位于乡绅和有产者(或者说,是转嫁负担)。1849年发生在嘉定县的事件突出地表明了这一点。⑯不过还是有一些区别。首先,乡绅在乡村社会的领导地位过去主要同土地财产和功名爵位有关,而这时还基于一种公认的专门管理知识和技术,至少二者的作用是同样的。另一点是,官僚政府在饥荒面前及其无力勘查灾民需要时的让位,在19世纪具有一种新的意义,那就是从清初起已经高度发展并经过实践检验的严格的政府救灾程序,从理论上说仍在运用。

尽管在这两个时期之间的一段时间里,救灾专家们从未停止倡导"正直诚实的"乡绅参与共事⑰,但从18世纪总的情况来看,几乎不存在官僚政府被完全排除(或自我排除)在救荒活动之外的状况。在大多数情况下,地方政府首先被卷入进去,其非正式人员也在不同程度上被卷入进去。至于工作效率,前者对于后者的控制也同样是杰出的。⑱

我们以下将考察救灾中所采取的一些措施。但是很显然,不管这是些什么样的措施,没有哪个是十全十美,完全成功的。

人们只要读一下那些救荒手册中为了防范目的而列出的各种"弊"就可以得到证明。这些"弊"即使不是全部,也多数被归咎于"胥役"和乡村代理人。

仅据这些书籍之一《荒政摘要》记载,勘灾的最初阶段一般是由乡地、保甲长以及一些"蠹役"负责的,这些人把报灾任务视为一种意外财源:他们或者是向被登记者索要钱财,即"卖荒",或者是引诱农民捏报,即"作荒";他们向已报受灾的田地计"亩"收"税";诱使农民将没有耕种的荒地报为受灾田地,或将受灾程度报得尽可能严重。在勘灾的第二个阶段,要求官员对前一阶段的勘查结果进行彻底核查,这时,地保们会带领他们去一两个确实受灾严重的地方,骗取官员的信任,使他们认为无需再去查访其他地方了。[19]当然,那些尽职尽责的官员会试图脱离他们的摆布,但这并不总是能轻易做到的。特别是那些被授予专差派到灾区的协办官员,更是处于不利的地位。1825年江苏巡抚陶澍的一个奏疏中专门谈到了一些破坏救荒的违法行为,其中提到"印委各官"所遇到的困难:他们在所调查的州县"不知道路",不谙土语,结果不得不凭借随行"书役"办事,而这些随行"书役"往往与乡保串通勾结,蒙混官员;查赈时乡保们故意带领他们去那些偏远处、难行之处,以此拖延时间,那些来不及去的地方则不得不凭借乡保们的查验结果给赈。[20]

最后,从某些文章中,我们能够看到,在地方下层管理机构的背后,是以暴力和权势为基础的非正式乡村权力的控制者——有时二者是勾结在一起的。《荒政摘要》中警告查赈官员,土豪、地棍、"灾头"们会煽动农民起哄闹事,强求办赈官员将他们划为"贫"户,以从中得到好处。[21]文献中经常提到:在骚乱中,暴民们从四面八方拥向县衙。例如,1823年浙江洪水期间,湖州府一个县发生的远近闻名的县民暴乱,达到了不可控制的程度。[22]如果说,在这个事例中,地方要人们面对"圩保"[23]与地棍的勾结看来完全无能为力的话,那么还有一些事例则不同,其中"棍徒"与"劣衿"串通一气,把持一些大村,强迫乡地和保甲长在报灾中虚报捏报。㉔显然,乡地处于非常难办的地位,他们不仅必须谨慎对待地方政府的警告,还要小心对付地方权势者和暴徒的双重压力。如果我们相信陶澍的记述,他所陈述的情况表明:有的"乡保"惟恐遭到那些本不应给赈的乡民的殴打而不敢查办,转而听任当地"土棍"开报赈济名单,后者会用各种各样的手段来达到目的。

政府应该知道采取怎样的防范措施来避免这些弊端。明朝所提出或应用的许多制度,以及清朝的草程,都是为了达到这一目的。这些制度和章程明确划定了勘查和赈济两个阶段,并给勘查阶段规定了足够的时间。时间仓促的勘查会导致大量的违法行为和错误结果;但是,如果能在饥荒之前有所预见,或饥荒延续达几个月,那么从理论上说,是有可能提前编制"贫民"名单的。如果已经存在一个确实的人口数字(不管是实际编制的,还是像"保甲"那样潜在性的),那就更可能做到这一点。

我们知道,"保甲"制度中的一个基本程序,是给每户发一个"门牌",上面刻有该户所有成员的姓名和年龄。一般来说,不管什么时候,只要饥荒来临,就很容易根据这个"门牌",并加上家庭财产、现有储备等情况,编制出详细的赈济名单。这个程序早在15世纪即已由周忱提出来了:他建议利用"保甲"组织,使官员能够提前确定"不贫"、"次贫"和"极贫",并在每户的门上作出相应的划分标记。㉕同样,据说在保甲制度执行得比较好的时期,在直隶,万维翰曾将门牌和"烟户册"结合起来,以避免一年一度的"平粜"中常常出现的弊端:在开仓平粜之前三四个月,他将登记册中各户的经济状况记在门牌上,到平粜时,要求受益者持门牌到粮仓购粮,以确保粮食真正用在实处。他还坚持,地方政府应当经常更新户口册:

> 烟户册内既已如此详细,倘遇灾浸,极贫次贫按册可稽。是查造烟户册不但为弭盗之良法,兼可备粜赈之成规。地方官亦何不捐数十金纸笔之资费,一两月督率之

功,为之整理一清乎。[26]

　　这是中国地方政府运作的一个典型事例:从制度和方法上看,确实存在着一套体系,使政府可以获得充分的人口信息,但却没有妥善落实这些制度和方法的专项经费;这使得地方官员过于怠惰(或过于操劳破费),以致不热心于户口册的更新。这就是为什么每次发生饥荒时,政府都要花费大量人力、物力来登记人口的原因。以下对于18世纪有关规章制度的分析将会说明这一点。

18世纪的勘灾程序

　　18世纪(特别是1740年以后)的勘灾程序并不是"法定"意义上的,除了一些总的原则外,并没有适应于整个帝国的详细章程。[27]然而,有关文章对这些程序的描述非常一致,且详尽到极细微的环节,文中显示,到了1740年前后,确实可以算得上是形成了一个统一的规章制度体系,这是在中央政府的激励下发展起来的。这些规章制度相当周密,具有创造性,成为官僚政府的一个得力工具——至少在理论上是这样,同时就当时的时代来看也具有这种可能性。这也是为什么它在1740年前后到1850年的百余年间基本没有变化的原因。当然,我们还是想了解,这些章程在实践中到底应用到什么程度。这实际上取决于事情的发生地点,特别是时间,因为在这百余年间,地方政府、社会、经济,以及人口状况都发生了显著变化。18世纪中叶以前的章程几乎毫无改变地沿用在1833年的《荒政摘要》一书中,这说明这些章程仍被认为是可行的。[28]在乾隆朝的最初几十年中,无疑是正式应用了这些章程的,尽管在应用中并非总是按照最严格的方式来实行。诸如《赈纪》、《荒政琐言》,以及姚碧的《荒政辑要》这些书都可以证明这一点,所有这些书都是以实际活动为基础写成的,许多地方志和"野史"中的记载也可以证明。因此,在这里,我将以这几部书以及其他同类著述中所描述的情况作为典型程序来叙述。

实际上,自然灾害发生后的勘查是分为两个阶段来进行的。第一个阶段是"灾害调查"("查灾"或"勘灾"),即评估物质损失情况,这一过程与灾民所耕种的土地状况有关,主要目的是确定赋税减免程度(因为在18世纪只对土地征收赋税)。第二个阶段是"赈济调查"("查赈"),即评定人口的经济状况,这一过程与灾民的家庭状况有关。两个大阶段中又都分为两个小阶段:即由胥役和乡地进行的"初查";由专门委派的官员(委员)和佐杂进行的"再查"。如果我们把更高一级的官员(府、道官员)进行的"抽查"也算进去的话,则实际上是分为三个小阶段。

勘灾

一旦意识到灾害已经形成,就应立即进行勘灾。在一年的农业生产结束之际,在冬季到来之前,勘灾的结果具有决定性意义。勘灾的目的是要逐块田地评估出庄稼损失的程度(与正常年份相比),并确定每个村庄的平均受灾比例,即"灾分"。[29]

初查。初查是出于必须立即开始进行调查的需要,而不必等待地方官和省里派出的正式官员的到来。而且,一般也认为当地人士在编制灾损调查的"草册"时具有有利条件。其过程是,首先由县里印制表格,通过保甲分发给所有人口。登记表上开列了户主姓名,家庭住址(县镇、保、甲、村,等等),姓名和住址下面是户主所拥有(或耕种)田地的受灾面积和位置,以及家庭成员的数量。[30]并不是每本书的作者都提到这种由相关人员自己填表报灾的制度;但不管怎样,第一步几乎都是向受灾人口询问情况,然后按照"鱼鳞图册"上土地所有者的顺序和情况逐块田地进行核查。[31]随后,以同样顺序装订成册的报灾表或"草册"被送到县里。最后,这些材料将被交给核查委员,作为核查的"底册"。

我所看到的所有文章都表明,最初的勘查还包括了解所勘查田地的所有者(或佃户)的其他情况。如上所述,报灾表上有一栏是登记需要救济的人口数。《荒政琐言》认为(并非作为一种必要做法),同时记录下受灾田地的所有者和佃户所耕种的全部土地亩数,确认被调查者是土地所有者还是佃户,这样做是有好处的,这些情况会立即提供一个被调查者的"大概"经济状况。当然,这些资料并不能代替"查赈"阶段所确定的更为准确的信息。在"查赈"之前,官员们还必须进行灾损情况的"再调查"。㉜

再查。在灾害发生之后,地方官会立即要求上级派官员参加第二次调查。当地方官接到"草册"之后,就马上开始安排再调查事宜,计算要查访的村庄数,设想核查人员最合理的巡视路线,所需要的佐杂人数。如果没有足够的佐杂人员,就会要求从邻近未受灾地区派官员来协助工作。㉝

委员们是要在再次调查的结果上签字的(确切地说,是盖上他们自己的印记),地方官则要亲自对这一结果负责。委员们携带着所要查访的村庄的"草册",逐块田地检验"草册"上的内容,对照初查时认定的灾损比例进行核实,通过减掉未耕种面积、坑洼沟渠、池塘、荒地,以及农民报为受灾而实际是有收成的田地,来确定真正的受灾规模。同时,他们还要注意,是否有任何遗漏㉞,并记录下那些受灾虽不超过五分而看起来收获前景较差的田地。

确定准确的成灾率是一件细致的工作,而重要的是不要让那些不负责任的下属单独承担这件事。成灾率的表达方式与用来评估收成情况的方式一样,即以"十分"来计算。㉟《赈纪》中的一篇文章提醒人们,九分十分的重灾容易识别㊱,而成灾在中等程度的就不易辨别了;然而确认是六分还是五分,其结果至关重要,因为成灾在五分或五分以下者不予赈济。而且,这些中等程度之间的差别并不明显,这篇文章提醒官员不要轻率地作出判断,而未估计到可能发生的变化("至于委员不过临时一过,取其白地而十分九分之,视其苗之长短疏密而七八分之,五六分之,岂知十日半月之后之一槁而归于尽也")。㊲如果在委员看来只有五分成灾而苗势正在干枯,这样的田地不久将会遭受十分损失。换句话说,完全准确的判断看来对于查勘人员来说几乎是不可能的(至少在五分六分这种精细程度之间要做到准确判断是不可能的),因此这篇文章建议,在灾册制定之前,官员申报时不妨留有改正的余地,尽管这可能需要查勘人员进行复勘。

我们这里所谈的是一个经常遇到的问题,即如何将一个调查和干预制度应用于现实——这个制度具有明确的时间性,受到许多规章制度的约束,同时在人员上又很缺乏,现实情况又在不断地变化。关于这个问题,1804 年的事件是一个生动的事例。这一年五月,长江三角洲遭遇了持续暴雨,昭文和常熟两县的低洼地带很快成为"巨浸"。㊳在经历了一段艰难困苦的生活和相当严重的社会动乱之后,官方进行了走马观花似的勘查,并决定进行赈济。但是据说,赈济计划严重低估了植棉的高地的受灾程度。这些高地曾幸免于吞没了植稻低地的早期洪灾,只是在经历了七月份连续的风雨季节之后,其困境才开始出现,而这已是在全县受灾程度被确定"之后"。在勘灾时,棉花还未显示出任何受损迹象,而实际上花蕾已经掉落,棉荚也是空的:直到后来,情况才变得明显,植棉地区的损失程度与低洼地区一样,是灾难性的,如不及时采取措施将会导致饥荒。人们敦促修正原定的成灾率(灾分),但我们不知道最终结果如何。�439

实际上,这种修正可能很难做到。一旦勘查人员制定的灾册被送到地方官手中,勘灾就被认为具有决定意义。勘灾结果被按县编制成总册,并计算出每个村庄的平均成灾比例(到这一步骤,过程可能都差不多)。在此基础上再绘制成地图,细致到标示出每一个小村落;水灾地区标为蓝色,旱灾地区标为红色。

从原则上说,这些活动应在地方官向上级通报灾情后的 40 天内⑩完成。夏灾勘查结果的报送截止日期是六月底,秋灾的截止日期是九月底。但是,如果还有一定的收获希望,则只能在秋收季节到来之后(七八月)才能准确地确定成灾率。也就是说,除非"夏灾"造成秋播不可能进行,或者受影响的田地一年只有一季收成⑪,否则查赈很可能会推迟,直到秋末。

我们看到,在《赈纪》中,1743 年的勘灾早在六月末就已开始进行。七月上旬下了一点雨,有几个地方的官员希望能够增加几分收成(减少几分损失),但是到了七月末,形势明朗化了,27 个受灾最重的州县秋季将颗粒无收。至少就这一地域来说,政府非常迅速地获得了准确的灾情数据,所以毫未迟延地进行了查赈。⑫实际上,查赈的一切准备工作都已就绪,因为自六月以来,当局对形势就已经很明了,无论如何,都必须进行大规模的赈济。相比之下,全省的受灾情况直到很晚才被估定,有 55 个州县在不同程度上遭受了灾害的侵袭。⑬

查赈

查赈的目的是要确认,受灾家庭的经济状况已经达到如此困难的境地:如果没有政府的钱粮救济,就无法熬过冬季和来年春季。查勘是在确认被灾的村庄中挨家挨户地进行的,包括估定每个家庭的财产情况、粮食储备和牛力农具情况、人口数,以及农业以外的收入来源。

初查。与勘灾过程一样,初查是由乡地和保甲长进行的,由他们编制"被灾户口草册",包括对所调查家庭经济状况的总的估价,提出他们的划分类别建议,如"极贫"或"次贫"。他们利用的是一年一度据保甲门牌编制的"烟户册",同时也直接参考门牌上的内容。⑭

再查。随后到来的协办委员将对草册进行核实和更正,他们负有重要责任,因为官僚政府将要实行的有组织的、以经济力量进行的抗灾活动,最终要取决于他们工作的好坏。如果要让灾民真正得到"实惠",就必须将最穷困的人口全部列入表册,而同时将其他人排除在外。因此,有关文章都坚持要求协办委员必须亲自逐户查访,直接接触调查对象。在填写"赈票"时双方都应在场。赈票为两联,盖有地方官和委员的钤印,一联交给户主,领赈时须出示,另一联由地方官留为存根。⑤

赈票上是这样开列的:"今查得(某村庄)×(极/次)贫一户(某姓某名),应赈大口(若干口),小口(若干口),共口(若干口)。乾隆×年×月×日。钤印。"⑯有关情况将标记在该户的外墙上:"某户,极/次贫,大口若干,小口若干。"这样可以确认没有遗漏,也便于上级官员的查验。⑰

在填写赈票之前,委员须将人户情况登记在册。灾册的格式,每页可登记三户,每户的详细情况包括:村名,勘查序号,户主姓名,男口、女口、小口的数量和年龄,家庭的非农业生产活动,耕种土地数量(其中受灾土地数量及成灾分数),粮食储备、农具、牲畜情况,不应赈济的壮丁(在次贫的情况下)和襁褓中婴儿的数量,最后是极贫或次贫。有时特贫家庭会增填一"续"字,即在正赈之后应续赈。⑱空栏用红色标记删去,不能再填。一村查完之后,在村册的末尾注明该村应赈人口总数和初查时估定的村庄的平均成灾分数。委员每天应将当天填制的登记册和票根送交地方官。这些登记册和票根即是救荒的"底册"。这些册籍有一定的伸缩性,因为勘查委员们还须将逃荒离去只留空屋的家庭的情况登记进去。⑲在这种情况下,他们记录下的情况是通过邻里、保甲长及从"烟户册"中得来的。如果该家庭在放赈之前或放赈期间返回,则其家庭情况须进行补充调查加以核实。

我们已经谈过划分极贫、次贫的标准。除了个别情况外,最终的估定就像勘灾一样,是一件细致的工作,特别是对于那些处于两个范畴边缘的家庭。其间不仅要考虑到各种不同因素,而且还有许多其他情况,如有的家庭耕种的小片土地分散在几个村庄,或者是外来户,其土地位于未受灾的村庄。勘查委员必须亲自确认所有这些情况。

人们当然想知道,这样的要求能在多大程度上贯彻到现实中去。这首先存在一个数量问题:如何确定与所要查访的村庄和家庭数相应的足够的时间和人员。从《赈纪》中,人们至少可以就勘查委员承担的任务量得出某种概念,该书第8卷给出了实际赈济的家庭数和每个县的协查委员数。两数相除就得出以每个委员计算的平均家庭数,包括极贫和次贫,亦即所查访的最小家庭数。假定每个人都勘查了一个月(八月),除以30就可以得到每天的平均数。表1给出了1743—1744年直隶16个"全灾"州县的数字。

人们不由得会对这些数字产生一定的怀疑。假定一天工作10小时,而且不算在途时间[30],则武强县的委员每小时查访5个家庭,而河间县的委员每小时查访15个家庭——这个速度实际上是不可能的。

其实,对于这些数字不应过于从其字面意义上去理解。在相当多的地方,勘查从七月开始,一直到九月初,肯定超过30

表1　直隶16个"全灾"州县的赈济户数及勘灾人员数量,1743—1744

州县	赈济户数	勘灾人员数[a]	每个勘灾员调查的平均户数	每个勘灾员平均每日调查的户数[b]
河间	54 729	12	4 560	152
献县	49 111	15	3 274	109
阜城	17 175	8	2 147	71
任丘	37 642	9	4 182	139
交河	36 465	10	3 646	121
景州	49 576	14	3 541	118
吴桥	19 905	10	1 990	66
东光	41 799	10	4 180	139
青县	28 550	10	2 855	95
静海	29 989	8	3 748	125

(续 表)

州县	赈济户数	勘灾人员数[a]	每个勘灾员调查的平均户数	每个勘灾员平均每日调查的户数[b]
沧州	52 667	14	3 762	125
南皮	22 966	11	2 087	69
盐山	42 717	15	2 848	95
庆云	20 834	7	2 976	99
武邑	31 732	10	3 173	106
武强	19 951	13	1 534	51

资料来源:《赈纪》,卷8。

注:除了另行注明者外,以下关于直隶各表中的数据都是指的这16个州县。

a. 不仅包括分遣到具体乡村查办的下级僚属(分办),也包括专从其他州县调来协助管理的知县、同知等地方官(协办)。

b. 以每月30日计算。

天。[51]有一些州县进展迟缓,那些已经勘查完毕的州县的委员们则再次被分派到这些州县继续勘查。为了更新原有情况,几个月之后还会有第二次勘查。所以,到1744年春季,当需要重新查验"次贫"的状况,并把其中一些移入"极贫"行列时,一项奏议提出,应对那些被灾八、九、十分的村庄再次进行调查。[52]此外,早在1743年冬,在对天津和大城的灾民的生存状况能维持多久进行估计时,官府即已对册籍上的情况作了重新调整,这也意味着原有查勘数据可能不是最后的数字,还意味着查验工作一直在进行着,以紧跟变化着的情况。最后,我们还注意到,当勘查结束后,一些表现突出的委员被留下来,携带着原勘查册籍,继续在乡村里不断进行巡视,查验人口情况。这一措施原本是为了防止农民流移外出,但不断地对照实际情况查验册籍,无疑是修正和确认其内容的一个便捷方式。[53]

不管怎样,勘查委员与其调查对象在初期阶段的接触只能是很简单的。委员可能只是直接核对一下每个家庭的人口,观察房屋整体、屋内摆设和居住者的表面状况;至于其他情况,委员可以根据灾民自己的申报和当地人员编制的"草册"加以认定。此外，如果委员愿意的话，还可以派助手（两个书办和两个随从）到各处巡查，以发现是否存在表面看似穷苦而事实上并非真正贫困乏食的情况。他还会非常快速地处理那些明显是极为困苦悲惨（或是相反，极端铺张奢侈）的情况，以便有更多时间来解决更为麻烦棘手的问题。再有，正如我们已经知道的，委员在勘灾时被要求注意灾户（土地所有者或佃户）的"总的情况"，以便为下一步的查赈提供便利。最后，为了弥补委员数量的不足，有可能主要派他们去那些在勘灾时被认为是受灾特重的村庄，因为编制应赈家庭的详细灾册对这些村庄更为重要。㊹

总之，不管怎样，高层官员们在乡村里必定只能深深依赖由胥役、地方下层代理人，以及受灾人口自己所提供的信息。在缺乏足够监督的情况下，这些胥役及下层代理人处于"优先选择"受赈人口的有利地位；而对于受灾人口来说，把情况弄得看起来尽可能的糟糕显然是有利的。这是一些必然会面对的问题，几乎难以避免。然而，为了降低这些风险，政府采取了一些心理性和强制性措施，以制约这些人的欺诈蒙骗，激励他们合作配合。

那些企图在勘查过程中趁机舞弊、企图按照自己的利益操纵勘查结果的书办、衙门吏役、乡地、保甲长们将遭受诸如"枷"或"杖"的惩罚。当然，这些威吓只是一些例行的官方措辞。但是，大量官员整天在乡村里巡视，不时地到现场检查，以及官员们所拥有的随时处罚的权力，都使他们在一定程度上相信这些威吓。㊺方观承在一个告示中警告地保人等，有胆敢稍事侵扰民间者将"立毙杖下"。㊻

实际上，文职官员无权立即执行死刑；如不经过层层报批，地方官所能执行的最严重的处罚就是枷和杖。但在执行杖刑时多少可以下手重一些（这在某些情况下是合法的），而且法规也承认"意外事件"，只要是在不违法的情况下发生的。我们可能应该在这个意义上来理解方观承的威吓。但即使作为勘灾人员的"委员"从理论上说没有治安管辖权和司法权⑰，以实行最严厉的惩处来震慑那些不守规矩的下层人员，也是激励百姓信心的一种方式；这至少同威吓那些腐败的政府雇员具有同样的重要性。

为了防止人们由于自身利益的驱使或由于附和地方人物的谋划而影响政府的努力成效，一个必要（尽管不充分）条件就是说服村民，使他们相信，勘查确实是符合他们利益的。在官员与"无知愚民"之间必须建立起一种训导关系。《赈纪》中的文章一再坚持，要向人们"晓谕"，让他们在家静候官府安排，不要试图以暴力捞取好处，任何对抗举动只能使他们的情形变得更糟。勘查官员要向被调查的家庭解释政府的赈灾政策。对于那些认为受到不公正待遇而企图通过非正规手段来获取更多救济的人，官员们一般也是力图使用一些"同情"的言辞进行抚慰。各级官员在乡村里与不同的社会阶层（受灾家庭、无家可归的农民、有能力捐赈的富户）接触时，总是采取劝导的方式，只有在这些办法都无效时才使用强制手段。例如，"次贫"家庭按规定只赈老幼，不赈壮丁，在填报赈册时必须将这一政策"当面明白晓谕"；但如果该户申诉而委员没有理由驳回他时，就仍应将壮丁也加入赈册。⑱赈灾待遇是按照不同受灾程度或按照"偏灾"县、"全灾"县的不同地域制定的，总的来说，只要人们对这些待遇区别产生了误解，就需要进行专门的解释。⑲

此外，朝廷要求官员在赈济活动的每个阶段（勘查、放赈、借贷，等等），都要提前广为通告晓谕，其方式有多种，如张榜公布，向地方精英和乡村头领发布"檄文"、口头传达，以及官府告示。显然，地方政府在很大程度上要依靠口述方式来宣扬自己的活动，让通告消息通过非正式渠道传扬开来。⑳所有这些做法的目的，就是要防止那些参与活动的吏胥垄断信息，并利用这种垄断来谋取私利。1729年的一个上谕明确表达了这种愿望，即通过全面直接的宣传活动来避免吏胥的侵蚀，其中要求在"通衢"详细公布赈济情况（受赈人口的姓名和赈济数量）。

1739 年的一个上谕中补充规定,应于放赈前将勘查结果在每个村庄张榜公布,以免赈济粮款被截留。[61]

最后,各级官员必须尽可能在现场露面,不仅是勘查人员(下级吏员及负责监督他们的专员),也包括地方官,以及负责该活动的高级官员即府、道,甚至省级官员。[62]这同样还是为了增强人们的信心。至于政府如何填补平常存在于乡村人口与官府之间的隔阂,以及如何劝告官员在巡视时应轻车简从,不要乘轿、开道、张幡等,我们已经有所了解,这里就不多说了。

提供信息,解释政策,以及亲身接触,等等,这些格外的付出如果能够得到认真贯彻,无疑会取得成果。这是否是通常情况,或至少是较多时候的情况?有关证据相当富有戏剧性。直隶总督向皇帝报告了灾民"一经造入赈册"是如何"泥首感泪,咸庆更生",他们是如何"感戴皇恩,欢呼盈路"地欢迎官员。[63]这些如果不全然是自我美化的话,难道我们会认为是直隶总督被自己的想像冲昏了头脑吗?当方观承谈到那些灾区父老将手放在额头上说"圣天子活我"[64]时,他又会是什么感觉?《赈纪》所叙述的这次以明智的方式进行的不屈不挠的活动,给人们传达了如此深刻的印象,使之几乎不可能否认这些不习惯于"下乡"的官员所获得的、达到令人尊敬程度的成功。

然而,我并不是要说,如此就可以消除一项事业中所固有的各种困难。在这项事业中,缺少"认真"的办事人员始终是一个重要问题,而对于那些企图尽可能多地获得赈济钱粮的农民来说,好话并不足以克服他们的这种本性。我们已经知道了官府所担心的那些来自吏胥和各类人口的各种不法行为,而且《赈纪》中对勘查人员的一个指示,揭示了在家庭规模、经济状况、真实收入的申报中所存在的蒙混现象,说明不法行为在日常活动中的确有所发生。[65]正像人们所意料的那样,这些都被归咎于吏胥人等,但实际上勘查官员也并非总是不受指责的。一个告示中暗示了这些官员不知道如何管理其书办和随从,放纵他们在村里乱窜,惹是生非,引起农民的反感怀疑。[66]结果,成群贫民不断到景州某衙门要求赈济,为划分"极贫"、"次贫"而发生争执,并拒绝委员进家门查看。负责官员一方面谴责这种"殊可骇异"的举动,另一方面借机再次提醒贫民,他们本没有什么东西可以藏匿,因而对于入户查验的委员应无可避忌:他们毕竟是田间劳作者,男耕女镛,怎能同富人家"深闺屏迹"相比?

尽管官府认为可以通过"晓谕"有关政策来消除农民的敌意,但对于那些未被合法列入赈济的人来说,抗拒勘查是不可避免的。方观承描述了他在运河沿岸一个市镇的亲身经历:一群男女要求按照手中门牌上的记录如数赈济,但又拒绝委员的核对。经查问,门牌是县署在报灾后仓促记发的,这些闹事者都是"生业宽裕"的殷实人户。方观承只能严惩煽惑肇事者,并"再晓谕"赈济章程。[67]我们不知道在1743—1744年的赈济中,由于弊端和不法行为究竟造成了多大损失。我们所知道的事例,即那些已被发现并上报到最高统治者的蒙骗欺诈的事例,都是一些典型的和警示性的公开事例。在各个事例中,由于发生地点和勘查委员素质不同,情况也各不相同。正如我在前边所指出的,通过阅读《赈纪》所得到的总的肯定的印象,是与一个历经多月、始终一贯的努力相联系的。在上述提到的蒙混报灾的事例中,即饬令原查委员返回当地去核实已在册人口的真实情况。此外,也要求灾户本身应据实申报,如有发现虚报捏报的情况,将立遭严惩。这是政府不断更新勘查结果的又一个实例,即使是在灾册已经编报完毕,赈济即将开始的时候。

将灾荒时的调查程序与正常时的人口登记程序加以对照,对于我们的结论或许有一定的意义。就技术上来说,在该地区的做法都是相似的:利用了当地的保甲组织,利用了门牌制度,利用了大量可以相互核对的册籍和票照——对派往灾区的官员来说,这些技术条件本身没有一个产生麻烦。所不同的是,在正常时候,政府不会花费如此大量的财力和人力,通过这些技术工具来取得可靠数据。就像我们已经知道的,由于地方官没有捐钱,没有花费时间来确保依据"保甲"编制的"烟户册"的准确性,《荒政琐言》的作者对此感到遗憾。的确,即使是在1776年大力整顿保甲制度之后,各级政府中能够有效控制这些过程的,看来也是屈指可数。[68] 实际上,所有关于救荒的守则都是有前提条件的,在"烟户册"人口记录既不完整而又混乱的情况下,不经过当场彻底核查是不可能相信它们的准确性的。[69]

因此,某些作者把饥荒作为整顿人口登记的惟一机会,就没有什么可奇怪的了。平时纳税人抵制人口登记的问题,此时可以通过"赈票"的利益来克服,尽管这要进行大量的说服和解释,尽管仍需避免相反的趋势(即企图重复登记)。17世纪初(1608年大洪水时),周孔教任江南巡抚时写的《荒政议》中就说过这些话。他说,为"治"而进行登记,人们会任意糊弄,但当涉及"养"的问题时,他们就会配合,因为"民情莫不好利",所以,"今遇灾赈,正编行保甲之一机矣"。[70] 19世纪初,汪志伊也说过类似的话。此外,他还认为,饥荒时的调查还会克服地方官本身的消极抵制行为:"况保甲之法,平日为弭盗而行,则官为烦难,而民亦嫌其扰累。此时为蠲赈而行,则官甚便宜,而民亦乐于从事。"[71] 最后,汪辉祖在《学治臆说》(1793)中,对比许多地方官惯于忽视保甲的情况,肯定了他的一个朋友整顿保甲的做法。当时其友在直隶南部任地方官,曾在灾年("会岁欠")捐银置簿册、笔墨、门牌,将辖区内全部人口进行登记。[72] 所有这些都表明,如果救荒的技术条件得到很好利用的话,那么,官僚政府至少是有可能提高它的人口数据质量的。

注　释

① 引自《荒政辑要》,卷 2/5b—6a。林希元(约 1480—1560)是《荒政丛言》(1529)一书的作者,这是一部被广泛引用的书,尽管(或者可能由于)它在修辞上相当讲究。关于作者,见富路特和房兆楹(Goodrich, L. Car-rington and Fang Chaoying)(1976,第 919—922 页)。

② 清朝初年鲁之裕(康熙朝举人)也提出了同样的制度,其实他只是解释了林希元的办法,尽管他的措辞略有不同。对于两位作者来说,这个制度的主要好处在于,富人通过发现谁能够归还货币借贷,谁只能够归还籽种借贷,自己就会筛选出两个略贫的阶层。通过这种排除,剩下的就是"极贫"者:这些人无法偿还任何东西,所以也没有人愿意借给他们任何东西。当筛选之后政府介入时,所要救济的主要正是这一群体(鲁之裕的文章收入《皇朝经世文编》,卷 42/3a—3b)。

③ 《大清会典事例》,卷 271,蠲恤,赈饥。

④ 资料证明,早在 15 世纪,在周忱(1381—1453)的指示中已经有了这种分类法,他在江南任巡抚达 22 年,他建议他的属下将人口分为"不贫"和"极贫"、"次贫"。同样,16 世纪末在河南锺化民的事例中也有这样的分类(分别见《荒政辑要》,卷 2/6a—6b,7a)。

⑤ 《荒政辑要》,卷 2/6b。

⑥ 关于吕坤(1536—1618),见富路特和房兆楹(1976,第 1006—1010 页)。

⑦ 引自森正夫(1969b,第 103 页)。

⑧ 同样的定义在其他文献中也可以找到,例如,《荒政摘要》(这部书汇集了 18 世纪的规章制度和实际做法),22a。《赈纪》(卷 2/18a)也以器具耕畜的有无来衡量是否极贫:"司赈者,先视田亩被灾轻重,复审其居处器用牛具之有无存弃,以别极贫、次贫";该卷另一个地方(卷 2/50a)还谈到"老弱"、妇女多而"劳动力不足"的家庭:"贫家老弱多而壮丁少,妇女多而男丁少者,均当从宽查办。"调查者可能还考虑非农业收入来源,如手工业、渔业,或者林业,这些在理论上不受自然灾害的影响(见《荒政琐言》,12a—12b;及《荒政备览》,卷 1/22a)。

⑨ 见森正夫(1969a,第 26—28 页),原据姚碧(1768)的《荒政辑要》。《荒政琐言》中也有一套规定,内容略有不同。还可见浙江省的规定(《钱谷备要》,卷 10/8a—9b),但该标准不是量性化的。为了进行比较,人们可以参看湖南的标准,该标准不如浙江那么慷慨(也更不具体):"其被灾人户内,绅衿富户,并田地在十亩以外,家有储蓄,及经营贸易,兵丁书役,例不给赈",列为"极贫"的是那些"凡属赤贫无力,及四贫无告者,俱准列为极贫","次贫"的概念是"其或系佃民,或田地在十亩以内,又全行被灾,冬春难以存济者,俱应列为次贫"(《钱谷备要》,卷 9/6b—7a,湖南查灾规条)。

⑩ 可以回忆一下第 4 章中关于中国北方的"上层(upper layer)"佃农,他们认为,对他们来说,更为有利的是支付实物地租,而不是支付土地税银——就像自耕农必须做的那样(在货币化程度较低的经济中情形更为不利)。

⑪ 《赈纪》,卷 2/49a。该文题为《办赈事宜八条》,是以霸州知州所提出的一些建议为基础而制定的。经过有关官员的讨论后发送所有调查官员执行。姚碧的《荒政辑要》(森正夫,1969a,第 24 页)也谈到,保甲长对于他们所控制家庭的所有详细情况都"熟悉于胸中",并补充说,县衙里负责"户房"的胥吏最了解纳税者的财产情况,因为他们与纳税者直接打交道,并持有赋税登记册。

⑫ 这种状况与黄懋(年代不清)的话很接近:"大姓"的家长"邻里熟悉,非亲即佃,根底易知,真伪难欺,可少不公不均之弊"(《皇朝经世文编》,卷 42/6b)。这里我们回到了经常讨论的重要的题目上,即地方上"彼此熟悉"的富户与贫户之间的特权关系——这里所说的特权关系,是与百姓和政府机构的关系相比较而言的。

⑬ 《荒政辑要》,卷 2/7b。

⑭ 这个问题已经较为详细地讨论过了。我们知道,在 1630 年,陈龙正仍能组织他家乡嘉善县的大地主(他本人是其中最富裕者之一),拟订了极为周详的灾民名单,救济贫民和佃户(森正夫,1968,第 186—187 页)。关于陈龙正的详细情况,见富路特和房兆楹(1976,第 174—176 页)。

⑮ 《救荒策会》。在这部书中,陈龙正首先引述并解释了宋朝董煟的《救荒活命书》,以及元明时期对该书的"补充议论",然后说明了 1640—1641 年间浙江嘉善县所采取的措施(见《四库全书总目》,卷 84/17a—17b 的介绍)。《嘉善县纂修启祯条款》卷 2/21a—25b 摘引了该书的几段(这里我要感谢梁其姿女士向我提供了这部书的信息)。

⑯ 《济荒记略》,见书中各处。

⑰ 这可适用于勘查和实际赈济两个阶段。《皇朝经世文编》里有几篇文章谈到这一点。例如:卷 42/2a 中,1679 年蒋伊[关于蒋伊,可见恒慕义(1943,第 142 页)]的奏疏;卷 41/4a,惠士奇[1671—1741;可见恒慕义(1943,第 356—357 页)]的文章。作者们除了谈到地方要人的所谓忠诚外,还强调了他们同地方社会的联系,以及他们想要在省里大员处留下良好印象的愿望。人们一定还会提到 1823 年王凤生在浙江实行的章程:要求乡保们先进行初步勘查,然后由政府官员进行最终核查。但王凤生及其同僚们动员

每个村的地方要人来核实并纠正初查结果。如果乡保有欺诈现象(这总是存在的),则谨慎地向调查官员指出,后者"即作为委员当场查出,不令为难招怨"(《荒政备览》卷1/17a—19a)。

⑱ 我在第一部分的最后几行已经指出了18世纪国家在救灾中能够持续发挥作用的一些原因。

⑲《荒政摘要》,33a—34a。还可见佐伯富(1963),其中谈到了"里书"(li chiefs)征税的一些事例(特别是在南部和西南部地区)。

⑳《皇朝经世文编》,卷42/8b—9a。陶澍认为这主要是由于经费问题,他认为如果勘灾官员及其随从们能得到充足的经费,就会除掉这些积弊。他声称,在查勘这次江苏北部的洪灾中,省府州县的官员已经捐银三万余两,用以支付办赈官员和吏役的费用,使他们安心查办。这一关于实际行政管理问题的探讨是与当时的"经世"改革运动相附和的,陶澍也是改革者之一。关于陶澍(1779—1839),见恒慕义(1943,第710—711页),以及墨子刻(1973,特别是第25—26页)。

㉑《荒政摘要》(33a—34a)提供了一些详情:"(他们)或于委员查勘时,暗使妇女成群结队,混行哄闹。本系无灾,而强求捏报。或不应赈,而强争极次,往往酿成大案。"显然,官员们担心妇女闹事,他们经常提到这一点(如《赈纪》卷2/48a;《荒政备览》,卷1/13a)。上述陶澍的奏疏也生动地描述了这种情况,一些单独查勘的官员不了解情况,等待着他们的是:"委员一到,往往捏增口数,或纵令妇女喧哓要挟。甚至拦舟围轿,故作搅混,责惩难加,理谕莫遵。"

㉒《荒政备览》,卷2/19a—20b。

㉓ 在这个地区,"圩",更准确地说,是它所保护的那片开发地带,构成了一个与"庄"(village)相同的自然行政单位。

㉔ 见《赈纪》,卷2/49a—49b。一般来说,捏报的用意是尽可能多报灾民和"极贫"人口。《赈纪》中提到为了达到这一目的所使用的各种计策:"或一户两分,或捏合眷属,或妆点空房穷状,或妇幼前后重复(原注:村大户繁,已登册之妇女幼丁又溷入未查户内,委员尝不能辨),或奴役作为另户,或诡称外出,或假作新归,或藏匿粮糗牛具,变幻叵测,千态万状,未易息数。"方观承对这一段话的"后注"表明,他认为"冒赈"比"滥赈"的问题性质更为严重。

㉕《荒政辑要》,卷2/7a—7b。这篇文章表明,至少在部分地区,保甲制度在

王阳明于一个世纪以后重提保甲法之前早已广泛存在[见瓦特(1972,第148—149页)]。

㉖《荒政琐言》,3a—3b。

㉗ 这些总的原则可见于《户部则例》,卷83/10a—12a。

㉘ 1825年陶澍奏疏中所建议的除"弊"办法与18世纪的章程如出一辙。几乎同一时期的《荒政备览》同样如此,只是略作改变。

㉙ 这个比例将用来作为计算该村"贫"民的应赈济时间的依据,而每一块田地的受灾比例将作为计算赋税减免程度的依据。

㉚ 在浙江,报灾表似乎只由土地"所有者"填写,至少据《荒政备览》(卷1/1b—3b)来看是这样。但在该书所刊报灾表样本中,也有一个地方,要求土地所有者将其佃户(如果有的话)的姓名住址登记进去。

㉛ 根据姚碧的《荒政辑要》,核查是由县里派出可靠的吏书,在保甲长引导下来做的。只有《荒政琐言》中提到,在这个阶段,如果必要的话,核查田地时(事先可能已作出标记,《荒政备览》卷1/5b中提到这种标记牌)也可以不必通知这些人。相反,从汪志伊的《荒政辑要》和《荒政摘要》中,人们可以得出这样的印象,即核查土地情况是由进行"再调查"的官员来做的。看来人们认为,在初查阶段,由各户填报报灾表、对照"粮册"进行核实、按村划分受灾等级,这样做就足够了。所有文章都表明,尽管这些"粮册"(由衙门里的人带到现场)存在着漏洞,但仍是基本的参考数据。

㉜ 尽管勘查收成情况和家庭情况是两回事,但《户部则例》(卷83/12a,也补充说:"若灾户数少,易于查察者,即于踏勘灾田限内,带查并报。"

㉝ 从《赈纪》所报告的情况中,看不出从其他地区派来的官员和佐杂是在"查赈"之前到达的。"草册"可能是在府道官员(他们是在灾害发生之初被派来的)的指导下,由当地官员及其助手核查的。

㉞ 如果胥役和乡保在报灾时索要钱财,就会存在这种危险;同样,当农民出去逃荒,发报灾表时不在家,也可能发生遗漏。

㉟ 根据户部(该部门负责报告各地的"收成之数")关于"四川清吏司"的记载,收成比例在八分至十分为"丰",五分及五分以下为"欠"(《大清会典·户部·四川清吏司》)。

㊱《荒政琐言》认为,由于洪水或干旱而没有播种的田地应列为成灾十分(即相当于已经播种但没有任何收成的土地)。

㊲《赈纪》,卷2/14a—15a。

㊳《天真阁集》,卷 43/1a。

㊴《天真阁集》,卷 45/7a—8a。这篇文章抄录了作者孙原湘(1760—1829)给昭文县令的一封信,作者显然在为植棉"高地"的利益辩护(其实,植棉地区的地位只略高于植稻地区)。

㊵ 1728 年之前是 30 天;据《大清会典事例》,卷 288,奏报之限。根据《户部则例》(卷 83/10b),地方官进行勘灾的时间是 40 天,上级官员确查和编制灾册的时间是 5 天。递送文书的路途时间没有包括在内。

㊶《大清会典事例》,卷 288,灾伤之等,1742 年的记载。

㊷ 见《赈纪》,卷 2/21a—27a,直隶总督奏疏,七月二十七日。

㊸ 见《赈纪》,卷 2/38a,直隶总督奏疏,九月三十日。

㊹ 据《赈纪》,卷 2/17b,待赈济人口的等级划分不由乡地负责,只是要求他们编制出全部人口的草册,勘查委员据草册择定应赈人口。

㊺ 勘查序号及地方官的钤印位于赈票两幅联的中缝,放赈时以领赈者所持的"票照"与地方官存底的"票根"相接对以便确认。

㊻ 这是《赈纪》(卷 2/55a)中的赈票样式,其他书中的赈票样式与此类似。

㊼ 由于常用的灰粉标记容易被涂抹篡改,浙江省的规条中要求在门上贴"门单"。王凤生后来采用了这个办法,并要求委员们保存一副本;门单的序号应与灾册和赈票上的序号一致(《荒政备览》,卷 1/24a—25a)。

㊽ 见《赈纪》(卷 2/52a—52b)的灾册样式。《荒政摘要》中的格式略有不同,但主要内容是一样的。《荒政备览》(卷 1/26b—27a)中的格式更详细,其中没有灾户身份一栏,但要求勘查人员在填写时要补充注明如"佃"、"业"、"贫生"、"灶"等字样。《荒政琐言》(15a)的作者认为,最好在全部登记完毕之后填发赈票,以免当场发生争执。《赈纪》建议在一些容易出错的大村采取这种办法。《荒政备览》(卷 1/24a)也提出在勘查完毕之后再填发赈票。

㊾《赈纪》要求将外出户口专立一册,标明"外"字。《武强县志》(卷 10/15a)一些日期不明的指示中也这样要求。

㊿ 这些路途的距离相当长,因为大县包括了七八百个村庄。

(51) 遗憾的是,文章中没有给出准确的时间表,只泛泛地提到勘查是在八月份进行的。

(52)《赈纪》,卷 4/12a—13b,直隶布政司议,1744 年四月。

(53)《赈纪》,卷 5/15b—16a, 17a—17b。关于这些反复确认的活动,还可引述方观承的一个批注,这是附在直隶总督就流移到北京的农民情况的一个奏疏后边的:"是年(1743)核赈户册开载颇详,刁民之妄告者,情伪多端,复验即得。次年二月,钦命大臣遍历灾区,逐户稽询,以一无遗漏入奏,而浮言以息,实审户慎始之力也。"(《赈纪》,卷 5/28a—28b)这里的"钦命大臣"可能与魏廷珍《景州志》(卷 6/14a—15b)中提到的"钦差大臣"是同一批人,他们的"逐户"询查,可能只是抽查。

㊾ 这个办法是万维翰提出的,见《幕学举要》(30a)。还可见《武强县志》,卷 10/15a。

㊿ 我们已经提到过这些"不时"的检查,这是职官短缺的地方行政管理的一个重要特征。所有关于荒政的文章中都提到这些"不时"的检查。明朝一位作者甚至建议,官员在出发巡视之前,抽签决定所要去的方向,这样就没有人会提前知道官员的行踪(《荒政辑要》,卷 7/2b—3a)。《荒政摘要》(26b)也建议派干员密查,这也是中国官僚政府经常采用的做法。

㊻ 《赈纪》,卷 2/47b。

㊼ 上述陶澍奏疏(《皇朝经世文编》,卷 42/8b—9a)中提出的除弊的一个对策就是,给予"委员"权力,对滋扰生事者可以解送地方官进行惩处。

㊽ 《赈纪》,卷 2/50a。也就是说,这篇文章认为,如果公众压力与官方政策之间发生矛盾,以致达到可能发生暴力冲突的程度时,官方就得牺牲一些原则,以保证事情的继续进行。但不是所有作者都这样灵活处理,王凤生认为,那些"争极次者"不予赈济(《荒政备览》,卷 1/23b)。

㊾ 如,当两个相邻村庄受到的待遇不同时,或是当由该村平均成灾分数而不是由个别家庭的受灾程度决定赈济量时,就会发生误解(《赈纪》,卷 4/3b—4a)。在勘查时不断地进行宣教,除了现实用处之外,它还是政府"开导"(或教化)人民的总的努力的一部分。在儒家的统治观念中,"教"民与"养"民是联系在一起的。强调与人民保持直接接触的必要性也是为了这个目的[见瓦特(1972,第 83—84 页)]。因此,赈灾活动可以被当做一次再现某种理想的机会,而在地方政府的日常例行活动中,可能只有少数"模范"官员会去实践这种理想。

㊿ 但人们不应低估书面文字对人口的直接影响,即使是在乡村里。当时具有初级文化的人口恐怕决不会低于 10%。在长江流域省份,这个比例更高。可参见汉德林(Handlin, Joanna F.)(1975,第 18 页),以及牟复礼(Mote, F. W.)(1972,第 108—112 页)。在这方面值得注意的是,俞森在告示中使用的是方言,而《赈纪》中的告示使用的是正规文言。

㉛ 《清朝通典》,卷 17/2124—2125。
㉜ 据《户部则例》(卷 83/11a),道府官员必须亲临灾区,否则将受惩罚;督抚只需在灾情严重的情况下出面。
㉝ 《赈纪》,卷 3/14a, 16b。
㉞ 《赈纪》,卷 3,序。
㉟ 《赈纪》,卷 2/57a。
㊱ 《赈纪》,卷 2/59a—59b。
㊲ 《赈纪》,卷 2/58a—58b。
㊳ 见何炳棣(1959),第 36 页及以后,特别是第 50 页。
㊴ 在勘查之初,王凤生认为,在某些情况下可能会得到"精心"编制的保甲册,但不久就发现,这只是书生式的推测(《荒政备览》,卷 1/16b)。
㊵ 《荒政丛书》,卷 4/3a—3b。
㊶ 《荒政辑要附论六条》,收入《皇朝经世文编》,卷 41/15a。
㊷ 《学治臆说》,卷 1/31a—31b,《保甲可以实行》。同样可见《钱谷备要》,卷 9/5b,关于乾隆朝湖南的章程。

七 赈济

　　以实物或货币形式进行赈济并不是官僚政府防止灾民冻饿致死的惟一方法；但是，一旦危急形势已经超出一定限度，这是最有成效的一种方法。就其所要求的组织上的努力程度，所需要的资金和粮食调运规模来说，如果执行得好，它也是最感人、给人印象最深刻的一种方法。在前一章中，我们已经了解了这种组织工作的第一个阶段：生产损失和受灾人口状况的勘查，以及登记簿和票照制度的利用，地方政府希望通过这种方式来避免在向灾民发放救济物资时发生失误和出现意外。这里我们将从勘查阶段直接进入分配物资阶段，而把其他不那么紧迫的措施如稳定价格、维持生产等放到后面去讨论。

18世纪官方的赈济规则

　　在清代，提供赈济的正式程序是按月向确定为灾区村庄的"极贫"户和"次贫"户发放免费食物。[1]所提供的救济量是根据农业歉收的程度来计算的，发放时间是在歉年的秋后和来年夏收前之间。每天的发放量是由法规固定下来的，救济的时间也是固定的。持续时间是按照每个村庄的平均受灾程度（成灾分数）确定的（见表2），在某些事例中，放赈的开始日期看来是根据赈济时间的多少来确定的（见表3），也就是说，那些被认为只需要提供两个月救助的农民，将比需要四个月救助的贫民多

"支撑"两个月才能得到救济。

表2 根据村庄成灾分数规定的赈济持续时间

成灾分数(%)[a]	赈济月数	
	极 贫	次 贫
100	4	3
90	3	2
70—80	2	1
60	1	偿还性借贷
50	借贷	借贷

资料来源:《大清会典事例》卷271,1742年的"议准"。
a. 史料中的受灾程度实际是以"十分"来统计的,这里在换算为百分比时,我只是简单地乘以10,而没有划分百分比范围,如90%—99%,70%—89%,等等。

表3 根据赈济持续时间规定的起赈日期

赈济月数	起赈月份
4	10月
3	11月
2	12月
1	12月中—次年1月

资料来源:《荒政琐言》,18a。

但这并不是一个普遍性规定。1743年在直隶,每个人都是在十一月份开始接受救济的。地方政府看来是希望借助于各种刺激粮食输入的措施,以改善冬天的粮价形势,希望那些受灾害影响较轻者能够在没有救济的情况下逐渐渡过难关。但这种情况没有发生,持续的灾荒迫使政府不得不把救济延伸到各类人群。

确实,如果拘于定例,怎么能普及"皇恩"呢?皇帝的上谕从未停止过召唤,所以只要有办法,就没有理由认为,为什么"格外"的形势就不应该采取"格外"(或"破格")的努力措施。

因此,早在1743年六月末,直隶总督就成功地请求,在即将到来的冬季,在所有"全灾"州县中,"极贫"户赈济五个月,"次贫"户赈济四个月;官方赈济尺度的依据是每个村的平均受灾程度,"偏灾"州县最多赈济四个月。②随后,1744年一月,又决定对每个人加赈一个月,四月又再展赈一个月,每次都没有区分"极贫"、"次贫",因为在危机还在发展的时候,这种区分已经没有意义了。这样,政府对"贫困"人口的赈济一直持续到1744年五月末,几乎到了仲夏季节——总共七个月的"正赈"(也称做"大赈")。

但是,这种制度的缺陷之一是在"大赈"开始前必然会拖延一段时间,因为勘灾及粮食调运都需要花费时间,而且政府要选择在最困难的几个月进行赈济。但饥荒在十一月之前即已发生,只是到十一月以后才达到高峰。因此,政府规章中制定了一个临时手段,即"先赈"(也叫做"急赈"或"抚恤"),即在灾区不分"极贫"、"次贫",首先发放一个月的粮食救济。③1743年,"先赈"发放是在八月份,与勘查同时进行。但是,在发生大洪水的情况下,毁灭性的灾害突然发生,可能需要更快地采取行动。在这种情况下,必须立即进行"急赈",因为勘查只能推迟到水退之后居民返回村庄时才能进行。④

当"先赈"之时,人口中最贫苦悲惨的部分——"孤寡"、"老弱",总之是所有那些看起来明显不可能熬过"先赈"和"正赈"之间的两个月的人——被筛选出来另行登记赈济,为的是使这些人能维持到十一月。此外,要求在乡村中勘查户口的官员,遇有那些危急到甚至等不到"先赈"的人口,应即时给赈,或粮或钱:这叫做"摘赈"。最后,在临界灾区而损失程度低于六分的那些地区的村庄里,还有城镇,会进行"抽赈"。这就是在1743—1744年直隶赈灾中现有可行的以及实际采用的赈灾部署。⑤然而,仅有这些还是不够的,我们将看到,它还是不能阻止许多贫困家庭在八月到十一月之间,乃至更晚时候的离家外逃。事实很明显,由于缺乏一些基础性措施,政府的各种救

"急"措施是不足以解决问题的,地方政府在随后的几个月中将尽力补救这种不足。

1740年以后,按月领取的每日口粮有了固定标准,即每天每个成人半升、即0.005石"米",儿童减半。⑥这里所说的"米",是指那些已经过脱壳、碾磨或其他加工,使之可食用的粮食,包括稻米、小麦、小米,有时也包括大豆。换句话说,这里的"米"是一个抽象实体,与之相对的是"谷",谷与米的兑换率是2∶1。"谷"这个词用于稻或其他尚未脱壳的粮食。某些低等谷物也适用这一比例,如大麦、黑豆,其他一些谷物适用一个中间比例,如高粱的出米率是1.5∶1。

这些官方粮食兑换率是从"常平仓"的规定中借用来的,在各有关文章中,各种粮食的兑换率差别很大。其实,粮食加工过程中的实际转换量是极为不同的,这些兑换率只是大致的规定。《户部则例》在有关常平仓规定的开头,详细地给出了各省一石米对不同粮食的比率。以下是几个例子(谷∶米;括号里是地方的称呼)。荞麦,山东省和贵州省(荞麦)2∶1,四川(荞子)1.8∶1;高粱,河南、安徽(高粱或秫)2∶1;大麦,江苏、安徽(大麦)2∶1;谷子,安徽(粟谷)2∶1;小米,其他各省(粟米)1∶1;小麦,山东(麦)1.2∶1,河南(麦)1.4∶1,其他各省(小麦)1∶1;黑豆,河南2∶1;黄豆,各省1∶1。就荒政来说,《荒政摘要》中所引录的"定例"对一些粮食规定的比例数与上述相同(如小麦、小米、稻谷、大麦),但其他种类则不同(如,高粱只有1.5∶1,大豆1∶1,玉米1.5∶1)。如果不考虑我所舍去的一些特种粮食,这些差异则可能反映了有关规定方面的一些变化。⑦

为了估计这些不同种类粮食的赈济额的热量(哪怕是最粗略的估计),必须首先把它们转换成重量单位,而要做到这一点,就必须知道当时一定容积下各种粮食的重量。全汉昇和克劳斯研究了稻谷的情况,他们认为,每官石稻米大约重185磅,即83.88公斤(允许5%的误差),据此则每升为810克。⑧这一计量方法目前仍在采用。⑨每天半升米也就是420克,正是勉强可以维生的量,因为每公斤米约能提供 3 300 大卡热量,420 克米提供的热量略低于 1 400 大卡。⑩由于一定容积其他谷物的重量和热量值与稻谷是接近的,可以认为这些数字对于所有谷物都是适用的。⑪

然而,赈济极少是完全以实物形式发放的。发放制钱,特别是银,对于政府来说更为有利,这样可以避免粮食采买和运输当中的许多问题。通常的发放规则似乎是一半给实物,一半给货币;至少 1743 年在直隶是这样。⑫有关文章总是建议要适当灵活地应用规则,要考虑到特定的条件,特别是地方市场状况。

如果发放货币是弥补地方政府粮食储备不足的一个便利方式⑬,那么必须在当地或附近地区能够以合理的价格得到粮食;也就是说,必须有民间商业的介入。一般情况下,在粮食剩余省份,或灾荒范围有限而邻近地区粮食充裕时,情况正是如此。⑭但是,一旦灾害的地域和持续情况使民间商业不再能够保证灾区的供应——即使是借助于免税和其他补贴措施——那么,政府就必须担负起粮食调运的责任。这就是 1744 年春季直隶所发生的情况:当有提议说应该继续赈济到四月份时,该省的选择是,不分"极贫"、"次贫",一律以实物形式(本色)加赈,因为尽管后者购买力稍高,但当没有任何东西可以购买时,这种购买力也就没有意义了。⑮在这个阶段,政府干预不能再只限于靠发放货币来弥补当地储备或输入粮食的不足,现在有必要接管该地区的全部供应,而从技术上来说这并不总是可能的。这一点很重要,以下我们还要回到这个问题上来。

我将详细说明赈济措施从本质上说是针对哪些社会阶层的,并以此来结束对政府赈济的总的观察。我们已经了解,地方政府的兴趣基本上是在帮助农民,或者更准确地说,是自己耕种小块土地的农民家庭单位。《赈纪》中的一个指示提醒勘查人员,"赈"不是一项救济每个人的慈善措施,而是扶持农业生产的另一种形式:不仅是作为消费者,而且就其职业来说,农民是最早遭受自然灾害破坏的;因而自然应将他们在丰年缴纳的一部分赋税在灾年返还给他们。⑯正因为如此,不应将农民与雇佣劳动者、店主、手工业者混为一谈:后者的收入不是来自农业生产,因而严格地讲,没有理由以灾歉为由救济他们。农业雇工和"奴仆"也应排除在外,这些人与佃户不同,他们是由田主供养的,而不管农业生产情况如何。⑰

这些排除对象特别是针对"城关市镇"居民的;城镇人口基本上以"末"业(相对于"末"业的是"本"业,即农业)维生,政府认为这些人接近于寄食阶层,这是与传统儒家学说相符合的。⑱官员们特别怀疑那些非农人口中的"流动"部分,例如,商贩、船民、肩挑背负者,这些群体大量出现在"水陆通衢"和运河沿岸的小城镇中,而且随时准备"喧嚣"闹事,要求赈济。⑲

除了农民,在赈济章程中特别关照的只有一个群体——儒家"秩序"等级中的统治阶层,位于土地耕种者等级之上,即"士"。这些人是获得"生员"功名的国学生,居住在家乡,从理论上说是准备参加更高级的考试,这些人被给予很低的薪资,显然不足以养家糊口。那些没有土地收入的人,通常只有靠教书维生,但这一位置很少。很多时候这些人被描绘为"贫生"或"寒士"。很容易理解在灾年官府对他们所表示的挂念,因为尽管他们很贫穷,但他们所具有的功名意味着他们属于乡绅阶层,让这些未来有可能跻身官僚阶层的人沦落到饿死的境地是不可能的。这也决定了在勘灾和放赈过程中不可能把"生员"和农民大众混同在一起。1721年,当朱轼被派往山西平阳府和汾州府负责赈济时,他惊讶地发现,在赈册登记的"数百万"人中,没有一个"生儒"。但他很快就意识到,对于那些自视清高的学者来说,如果以这种形象出现在政府官员面前:即把他们与境况凄惨的农民放在一起,恳求那不一定能得到的赈济,这对他们来说是不可想像的。所以,他们宁愿饿死也不愿把名字列入赈册。于是,朱轼专为生员制定了一个赈济制度,请省级官员捐俸,通过学校发放。⑳但是,又经过一些年后,对贫生的赈济才制度化。1738年的谕旨命令教官将贫生名籍送交地方官,酌情分发银米。[21]要求从地方"教职"到省"学政"具体经办这些事情。

受儒家文化熏陶,生员们本应有足够的礼义廉耻感,撙节抑奢。遗憾的是,在这方面,1743年直隶的生员看来没有留下好的记录。方观承惊异地注意到,这些受过教育的人——显然不应把他们纳入"愚民"的范畴——企图最大限度地从事件中捞取好处:所有生员都想被列为贫生,一家开具六七八口,乃至二三十口,他们当然会拒绝教官入户核实。这种"深可骇叹"的状况迫使方观承在向地方教官询问之后发布命令,规定只有三分之一的生员可以得到赈济——这是真正乏食需要资助的部分——按每家三大口计,照"次贫"标准发放。遵照这个命令,要求诸生自行核议谁应赈谁不应赈。[22]

虽然以上按月赈济的规定只是针对农民和生员的,但官员们认为在实践中需要保留一定的灵活性。对城镇居民是不进行勘查和赈济的,但是鳏寡孤独、老疾残废可以归入附近灾村开报给赈。[23]当运河封冻,船民生活无着时,灾荒对这些人的生活也产生了影响。[24]某些手工业者(如铁匠和木匠)的情况也是如此,在受灾村庄,这些人的工作也停止了。[25]至于雇工,这些人是受雇主养活的,每个人都很清楚,他们很快就会从哪来又回到哪去。对这些人来说,政府的做法是利用灾害的机会兴修一些公共工程,让他们有活可干。[26]

最后,虽然赈济的主要形式是完全由官府掌握的按月向农民(以及一些生员)放赈,但是在政府的激励下,还采取了一些其他救济形式,来补充"赈"中的一些遗缺。与纯粹政府努力并行的,如要求民间捐输资金和发扬慈善动机,尤其是呼吁地方精英发挥其组织能力等,这件事情怎么强调都没个够,只不过两方面的相对比重依时期、地区不同而存在着显著差别。

国家救济和粥厂

当考察 18 世纪中叶占支配地位的状况,至少是政府干预效率在数量和质量上都达到顶峰的那些事例时,观察一下其中"捐"的情况不无意义。在这种时候,政府要求(决不是强迫!)富户和乡绅自愿捐输,而决不严厉要求必须这样做。《赈纪》所传达的就是这样一种印象。但是在历史记载中却更经常地证明了相反的情况:政府在控制饥荒方面力量微薄,而处于支配地位的是民间干预,政府至多起着监督和鼓励作用。

在这方面,我们再一次看到明朝最后几十年和 1850 年之前几十年明显的共同点:同样的经济困难条件和社会紧张局面,同样的地方政府的衰败(或许清代情况更甚),同样的中央政府在政治上和财政上的削弱,以及各种相似的民间干预形式。当然,在 1840—1850 年代期间,乡绅的"社会"活动所依赖的经济基础已与明末不同了;但是他们在饥荒期间所采取的各种行为,实际上都还是遵循着明代延续下来的传统,这种传统在明代许多文章和便览中都有所记述。在 18 世纪中持续了几十年的国家干预占压倒优势的情况几乎终止了;但不管怎样,国家的作用从未被完全排除。

在许多情况下,民间"捐输"只是一种"善行"。我的意思是说,且不论这些行为的社会政治目的——消除敌对情绪,增强统治阶级的社会合法地位——人们必须把它们视为一种更一般性的公共社会的(communal)"利他主义"传统,其中无疑吸收了浓厚的佛教概念。地方志中关于人物的卷目中,几乎总是有大量篇幅用于描述那些常常施行"义行",以及所谓"乐善"的人。后者中有一些人不一定是富人,却倾其所有地行"善",成为事实上的积"阴德"的专家。所谓积"阴德",即行善而不图留名于世,这是一种佛教观念,暗含着不是直接的社会承认,而是一种延期的"报",这种"报"可以惠及后半生,甚至可以惠及子孙后代。与带有强烈儒家概念的"义"(正义、公平、道德)相比，"善"的概念更带有佛教的内涵；但是，这两个词在与我们研究有关的文章中几乎总是互换使用。一些地方文论对"阴德"的过分宣扬——其中宣扬有关人士的子孙和家族将会得到好报——十分明显地反映了这种社会投入与精神投入的混淆。以下一则故事名为"为善望报"，也指出了同样的暧昧之意：

> 吕叔简[坤]曰：一里人事专利己，屡为训说不从，后颇作善，好施贫救难。余喜之称曰，君近日作事每每在天理上留心，何所感悟而然。答曰，近日读司马温公语有云，不如积阴德于冥冥之中，以为子孙长久之计。余笑曰，君依旧是利心，子孙安得受福。㉗

对于行善的人来说，饥荒是一个极好的表现自己的机会：一些人向那些挨门乞讨的饥民开放粮仓；另一些人携带银钱在乡村中穿梭往来，向穷人施舍；还有一些人准备了船只来解救洪水中的落难者，组织衣物发放㉘，负责掩埋路边的尸体，"收养"被父母出卖的儿童，并允诺当情况好转时将孩子还给他们，以及借贷银钱，其后将契约烧毁。㉙

然而，我们这里所感兴趣的民间干预类型常常超出了个人的行为，在一定意义上，它可以被认为是传统的、或者甚至是法定的乡绅义务的一部分，而且在多数情况下，是以一个相当复杂的组织为先决条件的。我指的是"粥厂"的建立、管理和发放，它在许多方面与我们现代的"粥厂"相似。在18世纪的救灾章程中，这些粥厂被赋予辅助性作用。由于启动官方赈济措施需要花费一定时间并动员各级官僚机构，所以让地方乡绅施"粥"的好处是可以毫无拖延地立即开始进行。施粥首先是为了帮助最贫困的人维持到官方赈济开始。㉚在官方赈济结束之后——这几乎总是在该年的第一季收成之前——粥厂的必要性就更为明显了。㉛

粥厂的目的还包括救济那些被法定章程排除在官方正式赈济之外的阶层,其中有城市居民、无地农民,靠按月放赈不足以维生的孤老病弱者;还有流浪汉、乞丐以及各类游民,这些人按规定不在当地的人口册内。粥厂还可以防止那些没有列为灾区因而没有获得赈济的地区里的最穷困者迁移出去。1744年在京师附近的几个县里建立的粥厂就是这种情况。②

这些粥厂的组织和管理不是依照确定的章程,而是依照着地方惯例。有时,国家会供给部分粮食,但一般来说,政府将这一切托于富户和地方精英。地方政府的作用只限于"劝"捐,审批那些自愿捐赀者,经确认真正为"殷实"者后允许其设厂;在设厂地点进行巡查;保证公共秩序,以及最后,对经办者进行褒奖。③

最后一点很有意思。个人的慈善行为通常会得到伦理上和宗教上的好处。政府对粥厂组织者的工作的承认,以及对所有响应当局号召的捐赠者的努力的承认,在一定意义上是这种利益的延伸。例如,表4显示了浙江省的奖赏规定等级。从中可见,几乎所有的褒奖都完全是一种尊号(只有八品顶戴才会真正得到银钱及一定的赏赐),这些尊号的现实可见(visibility)仍使之具有相当大的吸引力,因为与官方有关的每一件事所带来的声望和荣誉在社会竞争中具有决定性优势,特别是对那些尚未获得绅衿地位的家庭来说。这说明,要求地主牺牲几十石粮食的最强有力的激励仍是我们前边所讨论过的理由:有产者希望通过维持基本的社会秩序与社会和谐来保证自身的安全。

表4 浙江省对私人捐赈的奖赏规定

捐赈米谷数(石)	奖 赏
10—29	花 红
30—49	知县题写牌匾
50—79	同知题写牌匾
80—99	知府题写牌匾

(续 表)

捐赈米谷数(石)	奖 赏
100—149	布政使题写牌匾
150—399	巡抚题写牌匾
400—999	八品官员顶戴
1 000 以上；以及官员捐赈	根据捐赈者的身份或级别奖以不同荣誉

资料来源：《荒政琐言》，24a。
注：牌匾上的题字各有不同(如，"乐善可风")。

粥厂与官方赈济的基本区别在于：按照规定，粥厂是每天开放的，有时甚至一天两次，因为它们的目的是分发现成可食的稀粥。㉞因而，粥厂必须设置在接近需要救济的人群的地方，这些人不可能仅为一碗稀粥而奔走 30 里地或者更远的路。粥厂一般只在小范围内起作用(顶多在几公里的方圆之内)，只影响一小部分人口，一般只能供应数百人，很大的粥厂至多也只是数千人。㉟相比之下，按月放赈的赈厂轮流接待的人口更多(1743—1744 年在直隶，这个数字通常在 4 000—1 万个家庭)，所覆盖的地域更广。所以，不论什么时候，只要当民间或官方粥厂(或者是二者结合，就像明代的通常做法)是仅有的有效抗灾措施时，其设立地点就必须比官府的赈济中心更为密集——在清代，从理论上说每个县只有五个，一个设立于政府机构所在的城镇，其他四个(东西南北每个方向各一个)设立于四乡㊱——理想的情况是，比较大的州县最好能设立数百个粥厂。㊲但是，即使这是个过分乐观的目标，粥厂数量也还是太多，以致不能将其管理专门委托给政府人员，所以很明显，必须依靠乡绅，不管所发放的救济钱粮来自何方。㊳

以上规定至少是理论上的。但与要求首先进行勘查然后按月发放赈济的复杂制度相比，看来地方政府更愿意(从他们的观点来说)只在城镇设立粥厂，即使是在 18 世纪。对于一个地方官来说，他自然愿意利用慈悲为怀的传统作为政策原理，号召向所有前来要求施舍的人散粥,以便省却官方赈济可能带来的所有麻烦。为了作出慷慨的、乐善好施的姿态,他会采取一些行动——哪怕是自掏腰包——来以身作则,并避免使官府卷进去,同时也不必担忧乡村里会发生什么情况。许多地方志中的记载都证明了地方官这种采取简便解决方法的偏好,在所有对按月放赈和散粥二者进行比较的文章中也间接地证明了这种偏好。这些文章对仅在城镇发放赈济提出警告,文中指出,在这种情况下,农民会把时间都浪费在路途上(而忽略了耕作),对于"老弱"者简直像是受刑罚,聚集在城镇的人群很容易失去控制,能够进入粥厂成为人们的竞争目标,而在竞争中,只有那些最强悍者、最狡黠者,以及居住最近者得到了好处:"城市游闲无赖,皆得谋筹积饱,乡愚远鹜濒死之民,安能与争。"正如我们已经知道的,政府规则是以"职业农民"为出发点的,这正是"施粥不如散米"㊴的原因。

粥厂中发放的食物是一种用多种谷物熬成的稀粥。最常见的是米粥,当然,这主要是在长江流域和南部的稻作省份,以及供应"赋"米的中心地(主要是京城周围的地区)。但即使在这些地方,为了更充分地利用稻米,也还是掺杂一些廉价的谷物或是各种代用品。文献中给我们提供了许多"烹饪方法",所有方法都是为了以尽可能低的成本来"充塞饥肠"。例如,一篇文章提议,用四份大麦面和一份碎米混合调成"粞粥"。与其他方法相比,这种"糊粥"的好处之一是,花费比米粥要便宜得多,熟得更快(因而可节省人工和燃料),其味道不佳,所以只有真正的饥民才会来寻食。㊵嘉定县的富人们较为慷慨,要求用两份米对一份"杂粮"(荞麦或高粱)。㊶还有一种奇特的方法,先将菜和面粉发酵成糊状,然后和米一起煮成糊粥,煮出来的东西叫做"黄齑粥",看上去令人毫无食欲。㊷

当然,对于那些食用这类混合物的身体虚弱的贫民来说,这些经验性的做法有时会产生相当悲惨的后果,特别是操办人员有时毫无顾忌地掺杂稻壳甚至是沙子,有时还采取不适当的烹饪技术。在郁方董报告的一个事例中,当时天气酷热,而又盖了锅盖,导致糊粥变质。这种不幸起先被归咎于鬼神,佛家道家的术士被请到现场驱魔,这种做法自然无效,其结果也就可想而知了。㊸陈继儒在他的《煮粥条议》中,强调了1609年在他的家乡江苏华亭煮粥中所得到的经验,其中谈到许多人在煮"牺粥"时用的时间不足,更不用说有的人还在粥中掺入灰泥,他说,这样做的后果是危险的,甚至会是致命的。㊹天气炎热导致食物变质的风险也不能低估。1832年,决定在北京开赈的时间特别早,是在七月份,气候仍十分炎热;当局决定每天在太阳升起前散粥,以避免粥的"蒸变"或"味变"。㊺在这方面,特别有意思的是1785年的一个规定,当时在浙江省府组织了两个大粥厂,由地方政府经管:这个规定要求所有经管人员,从主管官员到水火夫役,都要在将粥分放给饥民之前先吃一些:"熬熟之后,即令司事书吏衙役,及跟役水火夫等,同食此粥,彼必爱惜身命,自不敢掺灰舞弊,戕害穷黎。"㊻最后,还有一种危险,也绝非不足道的,即给那些由于饥饿而体力虚弱的人分发了过多的食物。一篇题为"粥不可过热过饱"的文章中提到,1640年在浙江组织的施粥中,每次都有几十个饥民死于吃得过多。㊼

放 赈 方 法

粥厂的规则是把饥民们集中到一个专门的地方,在那个地方用大锅把粥煮熟,然后用特制的勺子(这种勺子是专为适用于各个人的发放量设计的)将粥分放给每个饥民。除了煮粥行为外——这是粥厂的特征——这些粥厂的规则与官方赈厂是一样的。在所有关于饥荒的文献中,我们看到的是相同的赈济程序的建议——不管是按月发放银米,按日分放现成的食物,还是一年一度由地方政府组织的平粜——几乎没有什么差异。㊽这些建议很值得详细讨论,因为它们向我们提供了那些经过充分试行并被广泛采用的一些方法的具体情况。(实际上,正如张金陵的关于 1932 年北平粥厂的研究论文所证明的,这些方法直到 20 世纪以后很久仍在采用。)

所有工作都是为了一个主要目的——防止人群聚集过多,人口四处流移,社会动荡,骚乱混战,以及对抗性行动。只要有可能,赈济处所("厂")一般应设置在居住区外,最好是有着大亭子和院子的寺庙;否则的话,也可在交通要道旁的宽敞地带搭建一些临时建筑。赈厂的位置应该与所要救济的各个村庄距离大体适中,其最大距离依赖于赈济的次数。赈济的日子和时辰是事先规定好的,而且必须广泛通告周知。尤其是在按月发放赈济的情况下,为各个村庄制定出准确的轮流日程是很重要的。只要有可能,灾民们应尽量采取有秩序的方式,由其地保、保甲长,以及类似人物带领,从村里出发到赈厂。如果一天要赈济几个村庄,其次序是根据距离远近来规定的。

在设计赈厂的地面规划时,经常遵循着几个原则,主要是为了便于疏导人群和避免混乱,如:以粗绳或篱笆为界来指引行走的路径;待发放的钱粮应贮存在较远的地方并严密把守;村民以村庄为单位集中在赈厂旁边的空地上,可能的话,由乡地持小旗或标竿站在队前。有时,将村民分为男、女及"优先者"(老人、病人)几个组。如果是按照预先编制的名单发放赈济,则按照名单次序"唱名",人们一个紧跟一个"鱼贯而入",随着锣声通过一个专门的门进入赈厂,排在一个柜台前,领取自己的一份(或者是分别连续领取粮食和银钱),然后通过另一侧的门离开赈厂。当一个村庄的人都领完之后,就立即全体同行离开赈厂回村。

一般情况下,发放的数量已经预先登记在官府存留的簿册上,同时也登记在事先发放的赈票上;这一制度在上一章已经详细谈到。每次发放时,在赈票上打上戳记,最后一次发放完后,即将赈票收回。为了使赈济过程尽量顺利,一些地方还采用了票据制度。⁴⁹事先准备好适当的量器以免浪费时间,也是一件重要的事。例如,在按月给每户发放赈济的情况下,要为每个可能的家庭组合准备好量器(每大口一个单位,小口减半)。这些量器先由地方官按照官方容器标准"漕斛"(相当于0.5石)检验其容量,然后用烙铁作出标志。[50]在发放银两的情况下,要求十分谨慎地称重和切割银锭,然后用纸袋(或纸封)装好,纸袋上写着每个领银者的姓名。《散赈条议》中详细地讲解了这一制度,1743—1744年直隶散赈就是这样做的。[51]赈册上记载着应付给各户的银数,各村的纸袋按照赈册上的登记次序(村民也按照这个次序领取)罗列起来并用绳子扎好。为了准备称重和切割银锭,还从"钱铺"雇来了专门的工匠。有时这些铺户在赈厂旁边设立兑换点,以便人们能够将银两兑换成铜钱,因为在小额交易时常用的是铜钱,银钱的兑换率是由官方规定的。

赈厂通常由一两个监管稽查人员管理,由书役、斗级及役夫维持秩序并护卫赈济物资,如果是粥厂的话,还要负责煮粥。在后一种情况下,所有的人员都是"自愿者",这些人自行工作着,只是偶尔有官员来督察一下。但是在按月放赈的情况下,就像《赈纪》中所说的那样,各赈厂的管理者也就是那些曾进行勘灾的协办委员和有经验的官员;其助手也就是那些胥吏,对这些人需进行严格监督。地方官及上级官员在各赈厂巡回,检查赈济活动是否妥善进行了。

要计算出1743—1744年直隶按月放赈的赈厂每天的"赈出量"是有可能的,因为我们已经知道赈厂的数量,以及各县救济的家庭总数。通过这些已知数字可以推算出一个赈厂赈济的平均户数(前边已经提到,这个范围在4 000—1万之间),而且我们也知道,每个家庭每个月领取一次,则将一个赈厂赈济的总户数除以30,就可得到每天的平均赈济户数。如果不中断活动,并轮流赈济几个村庄,这一假设结果至少是可以成立的。在这些情况下,16个"全灾"州县每天每个赈厂的赈出量一般在240—350个家庭的配给量,最少不低于110个家庭的配给量。但这些只是平均数。真正的数字可能更高(恐怕约在1 000个家庭左右),因为为了平等起见,政府总是尽可能在月初发放完毕。

注 释

① 有关明代的"按月"发放赈济,我只看到一例,记载见王世荫的《赈纪》(安徽,1617)。关于两次放赈之间最合适的时间间隔(在眼下所描述的规章实施之前),魏禧的观点典型地代表了知识精英们对于"愚民"的偏见:既然按日发放是不可能的,魏禧建议,在城镇里每五天发放一次,在县治周围十里的范围内每十天发放一次,十里以外的村庄每半个月发放一次。这样做的目的是使发放的次数尽可能多一些,有人认为应该立刻向最远的村庄运送两个月的赈济量,对此魏禧的反应是:"小民不知远计,多谷在手,便不撙节,甚至以易酒肉者有之,到瓮尽杯干时,不束手待毙,又邪思生乱矣。"(《皇朝经世文编》,卷 41/7a)

② 《赈纪》,卷 2/2a,4b—5a。为这种例外慷慨辩护的观点之一是,由于灾害严重,波及了几个相邻的州县,因而人们不能指望为"偏灾"地区的村庄单独制定一套计算平均灾分的方法。

③ 也有称为"普赈"的,特别是在《赈纪》中。《武强县志》(卷 10/14a)收录的"议"中也使用了"普赈"一词,其中说明这类赈济是在每个村庄人口勘查结束的当天发放。在 1851 年的《户部则例》(卷 83/12a—12b)中,"正赈"是指紧急情况下的救济(一个月),而"加赈"是指大赈。《熙朝纪政》(卷 1/4b—5a)也使用了同样的措辞(1742 年),表示"加赈"既指"正赈",也指对特殊情况的展赈。同样,《赈纪》(卷 2/5a)声称,"大赈"与"加赈"是同义的。这些章程中还有一项重要规定,在巡抚和总督的提议下,可以动用当地"常平仓"发放赈济粮。总督一旦接到灾情报告(如果发生在秋季),他们有权作出这样的决定,同时要向中央政府报告。还可见《吾学录初编》,卷 2/10b。

④ 例如,见《荒政摘要》,19a—19b;《荒政琐言》,18a—18b。

⑤ 见《赈纪》,卷 4,序,1a—2b(其中估计有 1%—2%的人口需要进行"例外赈济"),3a—4b。实际上,"摘"和"抽"意思是一样的,都是从总人口中筛选出需要另行对待的那些人。

⑥ 见《大清会典事例》,卷 271(据《熙朝纪政》,卷 1/4b,这个规定是在 1738 年制定的)。根据规定,16 岁以上为成人(据《荒政琐言》,13a,直隶的规定是 12 岁;还可见《武强县志》,卷 10/15b),尚不会行走的幼儿不计入受赈人口。《大清会典事例》中 1740 年代以前的事例提到的每个成人每日口粮从 0.3—1 升不等。一些文章也常建议"粥厂"按照每日 1 升的数量,以稀粥

的形式分放赈济。

⑦ 《户部则例》,卷 17/19a—19b;《荒政摘要》,28b。加工过程中损失率在 50%的谷物只有稻谷。关于稻谷的不同加工步骤的详细描述(包括晾晒、淘洗、脱壳、过筛、拣选、增白、增光等过程),见《发展中国家的后收成粮食短缺》,第 100—105 页。还可见全汉昇和克劳斯(Chuan, Han-sheng and Rich-ard A. Kraus)(1975,第 93 页);安部健夫(1971,第 523 页)所引 1729 年的一篇文章,其中说明,1 石稻谷出 0.5 石米的比例是比较高的。已经充分干燥的粮食,脱壳和增白两个过程可以结合起来,只需"碾"这一个过程就足以了(见《天工开物》第 108 页);这无疑是指"碾""常平仓"中发出的粮食,因为最陈的粮食总是首先发放。与稻米相比,像小米、小麦、大麦这类薄皮谷物在加工过程中的损失相对较少(安部健夫所引的 1729 年的文章说,1 石谷子碾后可出 0.6 石多小米);在这种情况下,官方采用的 1 米对 2 谷的比率可能是将加工过程和长期贮藏中发生腐朽的不可避免的损耗都考虑进去了。对玉米、高粱、大麦的兑换率规定较低令人难以理解,这些粮食的热量至少同小麦一样。这里所提到的仅仅是对普遍可接受的食物的评价。例如,许多地方认为大麦粥是不可食用的(据《天工开物》,在陕西,大麦被称做糠,平常是喂马的,人只是在灾荒年才吃)。对高粱的评价远低于小麦和谷子,它被认为是"灾粮",平常是不吃的;玉米和黑豆也是一样(黑豆在山东是喂驮东西的家畜的)。

⑧ 全汉昇和克劳斯(1975,第 92 页及以后)。

⑨ 见安格拉蒂特(Angladette, André)(1967,第 8 页):每石稻谷重 50—60 公斤,稻米重 80—85 公斤。全汉昇和克劳斯(1975,第 93 页)也给出了现代的例子。

⑩ 安格拉蒂特(1967,第 65 页)估计,每天 600 克对于一个亚洲成年人来说是足够的(仅从热量上来说,不是指微量矿物质、维生素和蛋白质)。根据高如(Gourou, Pierre)(1972,第 136 页)的研究,1934 年北越农民每天的食用量是 500 克米。如果是未成年人,以及成年人的平均体重较低的人口——传统中国正是这种情况——在中等活动量下,每天平均摄入热量在 2 000 大卡以下是足够的,而当所有体力活动都真正停止时,这一平均量可以显著降低[见阿伊马德(Aymard, Maurice)的论述(1975,第 441 页)]。中国农民容易发生粮食短缺的时候,正是接近猫冬状态之时,每天摄入热量在 1 500 大卡以下是足以保证人的存活的。林希元(1529)也肯定地认

为,每日半升米"亦可以存活"(《荒政丛书》,卷 2/6a)。

⑪ 只有大豆例外,大豆的营养和热量值(约 60%)都更高。

⑫ 1776 年的一个"议准"(《大清会典事例》,卷 272)确定的米银比价表明,当时单纯发放实物的只有 6 个省:陕西、广东、广西、福建、四川、贵州(但是看来没有合乎逻辑的理由可以解释为什么这些省这样做而其他省份就不这么做)。1851 年的《户部则例》(卷 83/15a)列出了上述 6 省中的 5 个省,其中没有陕西。对于每个省来说,米银的理论比例是固定的:两份资料中的价格完全相同(除了奉天,1776—1851 年间奉天的粮价每石从 1.2 两降到 0.6 两,也许《户部则例》中的数字是原粮,而不是米)。这些价格或是每石米银 1 两(整个清代的"标准"价格,尽管实际价格呈上升趋势),或是 1.2 两(只有山西是每石银 1.6 两)。同样,这里没有明显合乎逻辑的理由来解释这种差别。例如,江苏和湖南是同一组(每石银 1 两),而事实上,苏淞地区的实际价格在中国所有地区里是最高的,而粮食剩余省份湖南的价格最低。1743 年在直隶,规定价格是每石 1 两(1776 年是 1.2 两),但在赈济中实行的是每天半升米发给银 0.007 5 两,即每石 1.5 两。实际上,政府可以随时发布命令,调整官方价格,以适应当时的市场价格,后者在危机时候比每石银 1 两要高得多。

⑬ 就像 1738 年对直隶的一个"议准"中所表明的,其中建议 60% 发放粮食,40% 发放货币(《大清会典事例》,卷 271)。

⑭ 见《荒政摘要》,28a。

⑮ 见《赈纪》,卷 1/12a—12b,《荒政琐言》(19b)同样提出,救济形式应该适应价格变化,只要价格仍然正常,就发放银钱,其次才是粮食。还可见 1783 年的一个奏疏,其中谈到陕西北部的赈济(那里的运输条件很困难),提议应首先发放银钱,以使现有的粮食储备能够留待来年春季(台北故宫博物院:《宫中档乾隆朝奏折》,乾隆四十八年十一月二十六日,陕西巡抚毕沅奏)。

⑯ 《赈纪》,卷 2/18a—18b。我们将会看到,这个思想也揭示了各类地方仓储的功能。王庆云(1798—1862)在他的关于国家经济职能的经典著作《熙朝纪政》(卷 1/8a)中引述了方观承的这个指示。

⑰ 《荒政摘要》,22b。

⑱ 这不是说人们可以有意忽视他们,特别是在像长江三角洲这样高度城市化的地区,但是,以下在谈到"粥厂"时将会看到,对城市人口救济形式的规定

并不那么严格,而且更为分散。最重要的是,这种救济极少是无偿的;例如,这种救济可能是采取平粜常平仓贮谷的方式。

⑲ 见《赈纪》,卷 2/50b,58a—58b。
⑳ 《朱文端文集》,卷 2/7a—8a。朱轼(1665—1736)是受到康熙、雍正、乾隆三朝皇帝褒奖的官员,见恒慕义(1943),第 188—189 页。
㉑ 《大清会典事例》,卷 271。《赈纪》(卷 2/60a)中引录了这个谕旨。
㉒ 《赈纪》,卷 2/60b—61a。据《荒政备览》(卷 1/23a),生员没有房屋没有土地收入者列为"极贫",有住屋有小块田地(尽管全部受损)列为"次贫"。
㉓ 《赈纪》,卷 2/50b。
㉔ 《赈纪》,卷 4/5b,发生在天津、大城二县的情况。
㉕ 见《荒政摘要》,23b。
㉖ 至少《荒政琐言》(22a)中是这样说的。这个制度叫做"以工代赈",在第 10 章中将要进行讨论。只有那些在某种程度上作为雇主家庭一部分的"长工",才有可能在灾害持续时期被留下。"短工"或者"日工"则完全依赖于劳动市场的状况,对于他们来说,灾年就意味着失业。例如,见《荒政备览》(卷 1/22a):那些需养活家庭者被划为"极贫",其他划为"次贫";小铺户也是如此划分,对这些人来说,灾害就意味着破产。1745 年的一篇文章谈到了安徽省以同样的方法对"日工"和乡村手艺人的赈济(《钱谷备要》,卷 8/51a—56a)。
㉗ 《坚瓠广集》,卷 1/1b。
㉘ 《赈纪》认为,与银米形式的救济不同,衣物捐赠基本上应该是私人慈善事业的事。
㉙ 宋尔极的事即是一例。宋是武强县一位退隐回乡的文人,在 1743 年的饥荒期间,他通过这些措施,使本村的人口免于流离,而该县其他村庄则不是这样(《武强县志》,卷 11/30a)。
㉚ 我可以举出一百个例子,这里仅举一例——胡靖国,湖北省锺祥县的一个地方名流,他长期致力于慈善活动:"乾隆己亥,岁大饥,官请赈,犹待报。靖国捐数千石,纠同里有力者,设粥厂先食饿人,所全活甚众。"(《锺祥县志》,卷 22/7b)
㉛ 杨景仁说:"既赈之后,续命犹难,惟施粥以调省剂。……国朝遇逢欠岁,轸恤多方,而煮赈之典,未尝偏废。"(见《筹济编》,《皇朝经世文编》,卷 41/16b 中引录此语。)他实际上并不热衷于这种方式。

㉜ 见《赈纪》,卷 5/42a—42b。在这个事例中,目的是通过在京城周围建立"饭厂"以缓解京师的流民拥挤状况。

㉝ 例如,见《荒政摘要》,30b—31a;《荒政琐言》,24a 及以后。

㉞ 当燃料同粮食一样昂贵时,对于远离家乡的流动寄居人口来说,这通常是必要的。特别在过度森林砍伐的中国北方寒冬季节,或者在某些洪灾的情况下,更是这样。吕坤(《荒政辑要》,卷 7/4b)和锺化民(《荒政丛书》,卷 5/2a)提到一日两餐的事例。

㉟ 人们对于粥厂供给范围的意见各有不同;吕坤建议为十里,而 18 世纪的《荒政琐言》建议一里或二里。《荒政辑要》(卷 7/12a—13a)中引录了黄慎关于一些较大粥厂的叙述。同样,1805 年春天,浙江省的巡抚阮元(1764—1849)的命令下,也建立了一些特别大的粥厂。这些粥厂由国家出资出粮而由"诚实乡绅"经管,每二三十里设立一个,据说每个粥厂可接济相当多的人口——资料中称海宁县粥厂可接济"数万"人。这种做法的可能的解释之一是,这里位于三角洲地区,是沿运河的交通要道,运输条件便利;在一个事例中我们也的确听说:"贫民荡舟而来。"(《皇朝经世文编》,卷 42/7a—7b)

㊱ 根据实际需要,可以改变这些数量。所以,1743 年在直隶的受灾县里,粥厂数在 1—7 个不等,多数是 4—6 个。

㊲ 这个数字是根据《荒政辑要》(卷 7/2a)所引录的明代某位"张司农"(可能是张居正,16 世纪后期的著名大臣?)的文章,他认为最少也应在百余处。关于粥厂和按月放赈的赈厂的理论密度,存在着一些特例。1617 年,安徽霍丘县地方官设立了 47 个按月放赈的赈济点,由地方名流经管,同时发放(为了避免重复冒领);相反,1743—1744 年,在直隶的某些县里,建议粥厂的设立数量为每个县四五个,但是要求每个粥厂要以不寻常的速度进行工作。(《赈纪》,卷 5/42b—43b,45a—45b)

㊳ 这种分散化的不可避免的副作用是这些赈济中心的空间分布与管理效率的不平衡。郁方董所陈述的 1849 年嘉定县的情况就是一个明显的事例。他说,31 个赈济点的工作都很有成效,有 100 余个志愿人员在进行管理,但他也承认,各村的情况是不平衡的,有的赈济点没有很好地发挥作用,原因是缺少人手,或是缺少忠实可靠和精干的人员(《济荒记略》,15a)。

㊴ 见黄懋:《施粥不如散米说》(年代不详),载《皇朝经世文编》,卷 42/6a。《清诗铎》中的一些诗歌也提到了散粥,其中充分展示了一些可怕情形,在拥挤

中不幸被踩死的人,被挤在一旁的老人和妇女,等等。如其中一首《赈粥谣》的描述(作者阮蔡生,1752 年举人。见《清诗铎》,卷 16/541)。为了避免这种不公平的结果,一些地方发明了一种“担粥”制度。挑担者用扁担担着两桶粥,在街区和乡村中周游,专门分发给那些行动不便的老人、病人。最早提出这一建议的是前边提到过的陈龙正(1585—1645),而作为一项制度是康熙朝张伯行提出来的(见《正谊堂文集》,卷 10/134—138)。据说林则徐在担任江苏巡抚时(1832—1837 在任)曾仿行这一做法:《清诗铎》,卷 1/32。[林则徐更著名的政绩是抵抗鸦片输入,其传略见恒慕义(1943),第 511—514 页。]1849 年,嘉定县一些地方名流在组织“担粥”时也参考了林则徐的事例,详细情形可见《济荒记略》,3b—5b。

㊵《荒政辑要》,卷 7/12b—13a。

㊶《济荒记略》,2a。

㊷《荒政辑要》,卷 7/12a—12b。这种做法是清初江西学者魏禧提出来的。

㊸《济荒记略》,2a。

㊹《煮粥条议》,1b—2a。

㊺《大清会典事例》,卷 274。

㊻《钱谷备要》,卷 10/31a。

㊼《荒政辑要》中引录了此文。陆世仪(1611—1672,他在 1641 年江苏省的饥荒期间曾组织了一个“同善会”)估计,饥荒年里死于营养不良者有十之六七,而死于多食者有十之三四:“盖饥民饥渴久,肠胃日细,骤得食,则迸急不能容受,往往肠断而死。”(《皇朝经世文编》,卷 42/6b—7a。)

㊽这种平粜一般是在县治所在地,因为粮食是贮存在那儿的。然而,一些作者也建议,销售地点应该分散一些,至少在饥荒年应该这样,以便居住地离行政城镇较远的农民也能从中受益。例如,可参见《荒政琐言》,2b。

㊾例如,1849 年嘉定县的施粥,由专门的窗口售票,4 个铜钱一大碗粥,远低于成本价。富人以 100 张为一叠买下这些票,分发给穷民(《济荒记略》,2a 及以后)。在其他一些平粜的场合,例如,《荒政琐言》中叙述的事例,也是在赈厂设立“售票处”,收钱给票,然后到另一处持票领米。

㊿见《荒政摘要》,28b。铁“斛”是由工部制造,并由户部发到各省政府和赋税征管机构。然后,复制成木制品发到地方机构。关于这个问题,以及清代在量器标准化方面的成功(至少在官方),见全汉昇和克劳斯(1975,第 84—90 页)。

(51)《赈纪》,卷 3/1a—4b。

八 供给:1743—1744年的实例

如果我们抛开例行的赈济程式,而从更广阔的经济环境来考虑赈灾活动,那么,官僚政府所面临的基本问题就不是如何进行组织的问题,而是能否得到可资利用的粮食问题。一旦在几个府的范围内发生灾害,并导致严重的食物短缺,会不会有足够的供给来补偿这种短缺? 这些供给是否能在当地解决? 如果不行的话,是否有可能从其他地区调入,而同时又不影响周边地区人口与食物之间的平衡? 如果必要的话,是否有可能从更远的地区调入粮食,以减轻周边地区的负担? 这里,有几个因素在起作用,其中包括:在灾区内部和外部、在正常年景里是否存在剩余,国家和民间(私人)的谷物贮藏量,交通状况,可利用的运输方式,以及现存的贸易结构。

民间到底有多少粮食——包括各个私人和商人的储备,以及处于流通中的粮食——是不可能统计出来的,因为政府没有真正掌握这些储备,所以对此没有任何公开的报告数字。① 但是,在某些事例中,可以计算出政府所运输和贮藏的储备。在本书的末尾,我将列出《清朝文献通考》和《大清会典事例》这类综合文献中所记录的粮食和货币的分布数字;然而,尽管这些资料提供了国家赈济的大致规模及其发展进程,尽管它们也给了我们一些关于帝国剩余粮食所在地的提示,但是,这些资料还不能使我们更精确地了解,在一个特定地区里,这些粮食是如何被再分配的。从这一点来说,《赈纪》中所透露的信息是极其珍贵的,因为这些信息向我们详细提供了政府在这一事件中的活动、赈济的进展情况、赈济的地区范围,以及赈济的整个过程。本章就将详述1743—1744年的事例。

这里需要再次强调,即使在这个事例中,也不可能确定在对受灾人口的总的赈济量中政府所占有的精确份额。然而,仅有的关于民间"无偿"(free)捐助的资料显示,这种捐助的作用看来较小。至于商业运销的作用(包括当地的和外部的),从理论上说,其数量应该相对应于政府所发放的赈济银两的数量,后者对灾民的赈济方式,一半是实物,一半是货币(除了最后几个月)。但是,我们有理由推测,这一部分的数量实际上也是较少的,因为粮食的实际销售价格要高于政府所规定的最高的钱粮兑换比率(每石价银1.5两)。而且不管怎样,只有在货币赈济保证了人们购买力的情况下,商业才有可能涉足。

由于缺少关于受灾地区在正常年景下的生产力状况的确切数据,要想估量出政府发放的货币和粮食的相对地位,一个可行的方法是,将赈灾的花费与正常情况下政府从这些地区获取的收入进行比较。通过估计可以得到有关各县1743—1744年的赋税额。确切地说,我们从不同时期的地方志中所得到的,都是1743年前后几年的赋税额;但这问题并不大,因为这些赋税额自16世纪确定了"基线"以后变化速度很慢。②《赈纪》向我们提供了确切的用于赈济的银两和粮食的数量,以及用于有关活动的费用,特别是运输费用的数量。这些数字见表5,其中列出了田赋额,以及1743—1744年间,16个"全灾"州县花费于赈济和相关活动方面的银两的数量和分发给灾民的赈济粮数量。我没有将粮食量折算为等值的货币量,因为我不知道其采买价格(而且实际上,我们将会看到,其中大量的粮食是来自于"漕粮",这是由长江流域几省及河南、山东两省以实物形式缴纳的),但是前边曾提到,上等米谷的价银大约在每石一两上下。

表 5 赋税额与赈济量对照表,直隶,1743—1744

州县	赋税额(两)	赋税时间	赈济量 1743 年八月—1744 年五月	
			货币(两)[a]	粮食(石)
河间	26 886	1752	64 870	71 546
献县	29 759	1752	52 756	56 546
阜城	13 461	1752	26 704	26 796
任丘	15 202	1752	69 822	62 768
交河	12 609	1752	57 339	60 369
景州	22 302	1745[b]	90 072	94 578
吴桥	17 081	1752	26 813	28 020
东光	13 649	1752	75 357	79 418
青县	14 696	1737	52 642	52 590
静海	11 970	1737	53 469	39 136
沧州	19 043	1737	120 377	117 373
南皮	10 340	1737	49 292	52 520
盐山	21 053	1737	95 152	97 077
庆云	11 213	1737	41 134	40 092
武邑	24 017	1747[b]	43 680	43 208
武强	18 001	1724[c]	36 228	36 656

资料来源:《赈纪》,卷 8(1743—1744 年各州县赈济量);《河间府志》(1752 年赋税额);《天津府志》,卷 27(1737 年赋税额);《景州志》,卷 3(景州赋税额);《冀州志》,卷 4/18b(武邑赋税额);《武强县志》,卷 3(武强赋税额)。

a. 包括赈济过程中的各项费用。
b. 在此年份之前。
c. 在此年份之后。

表 5 中的数字清楚地表明,在受灾严重的地区,政府毫不犹豫地投放了大量救济物资,其数量远远超过该地区正常年份的

赋税征收量——即使考虑到整个赈济时间持续大约一年半,其赈济量也差不多相当于正常征收量的 3—10 倍——也就是说,政府在一个更为广泛的地区内大规模地进行了国家财政的再分配。当然,政府有时也用几个月的时间,采取捐纳功名或官爵的方式来补偿这些花费;所以我们看到,1744 年,直隶曾决定进行"大捐"来作为资助官方赈济的一种方式,尽管这次捐纳的收入不得而知。③在我们目前的事例中,再分配的物资既有粮食,也有银钱;而只要国家财政状况允许,在满足预算开支上还有一定灵活性,就会很容易地动用各省和中央政府的储备。④尽管如此,粮食的输入仍存在相当多的实际问题,如怎样得到这些粮食,以及怎样运输这些粮食。正如我在前边所指出的,在这方面,《赈纪》提供了相当精确的数据。

赈济物资的十次分配

可以将 1743—1744 年间向 27 个受灾地区(还有其他几个地区,因为这次行动涉及全省范围)输送粮食的总的活动划分为 10 次连续的分配行动,为了方便起见,以下我将这 10 次行动按照时间顺序表示为 A.1, A.2……A.10。由于这些行动的实行过程极为复杂,且情况各异,我将依不同阶段分别详细叙述各个过程;而把对于整个活动的综合评价放在最后。

A.1(1743 年 8 月 10 日)。(农历)六月二十一日的皇帝谕旨,批准了第一次分运存贮粮食的行动,运往灾区的第一批粮食是准备当价格高昂时用于平粜和作为最早的急赈之用的。⑤这批粮食包括 10 万石粟米,这是前一年十二月从关外采买并贮存在北京附近的通州仓的。⑥由于这 10 万石粮食中的一部分已作为薪俸发放出去(这是正式用途),因此将以"梭米"来补足数量("梭米"显然是比用作俸米的"甲米"质量较低的粮食品种)。⑦坐粮厅(负责直隶地区官粮的接收和转运的单位)被命令雇用剥船将粮食运往天津。⑧各地方官员(知府和道员)则在天津等候，粮食一到即共同精心收兑，入仓存贮，同时等候各灾区分配数量的决定。天津"北仓"(建于1724年)的容量比一般的府仓要大得多；它坐落于大运河、大清河和永定河的汇合处，其具有战略意义的地理位置，使它在全省范围里居于重要地位。直隶总督李卫(1732—1738年在任)决定把直隶的粮仓改建在这里也证明了这一事实。当直隶发生自然灾害，需要赈济时，它就成了向需要赈济的地区转运漕粮的停泊点和储粮库。⑨灾区各县的官员将在距离当地最近的码头("水次")领取分配给他们的赈济粮。

赈济粮的第一次运送显示了与大运河相连的水路网承担大批粮食运输的可能性。通过这一水路网，使灾区一方面与中央政府的仓储直接连接起来，另一方面与正常时候向其提供接济的粮食剩余地区连接起来。

A.2(1743年8月31日)。第一批运送的10万石粮食只是救急性的(急赈)。一旦证实已经成灾，有关官员即奉命再向该地区运输足够的粮食，以保证冬季照例开赈时的需用。七月十三日的上谕要求，再拨40万石各色米谷，仍从通州仓运往天津，于八月内全部运到。⑩按照省有关官员提出的计划，运送这批仓粮的船队首先将往返于通州和天津之间，将粮食运到天津交卸存贮；只有到最后一次，才能通过天津，到达需领运粮食的各州县"水次"，再由各州县自己负责把大部分粮食从天津转运回去。⑪看来正是由于这样的安排，才使他们有可能在最后期限之内完成任务——之所以下达这种强制性的命令，是因为必须给当地政府留出足够的时间，以便他们能赶在河道封冻之前，从天津领回分配给他们的粮食。据仓场总督的报告，最后一批船队是八月二十四日(西历10月11日)起运的。通州仓与天津之间的运输行动是七月十八日(西历9月5日)开始的，也就是说，平均每天的运输量约为1.1万石(约900吨)。⑫

这样，A.1与A.2两批粮食的总数共为50万石。这些粮食的分配(见附录A)清楚地显示，16个"全灾"州县的情况最为紧迫:它们分得了 40.5 万石,另外,9 万石分给了"偏灾"州县,5 000 石分给了衡水,而衡水并不是经官员正式呈报的灾区。但以人均来说,各地的配给是不一样的,而有的县没有分到第一批粮食,甚至第二批粮食也没有分给它们(如 4 个"偏灾"县)。如此分配的最恰当的解释是,不足部分由地方常平仓储备来解决,我们从资料中知道,此时当地可利用的常平仓粮至少约有 15 万石。

这个数字出现在直隶总督向皇帝陈述冬季到来之前地方形势的报告中。⑬ 在这篇报告里,估计"普赈(即先赈)"加"大赈"("大赈"将持续到来年三月,官府认为对那些受灾最为严重的贫民来说这是必要的)共需米 57.5 万石,银 86 万两。这里不包括地方政府预计来年春季用来借贷或平粜的粮食数,以及用于买补仓谷所需要的库银数。这 50 万石通仓米再加上地方储备,仅仅勉强够用。因此,我们看到,到了冬末,又有新的粮食运到了灾区各府。当灾情继续发展,不得不延长赈济时间时,需要赈济的名单就变得越来越长。

在这里,应该将赈济米谷分为两类:一类是来自京仓的米谷或截拨的漕粮(即准备发放给中央政府的文职官员和军队的储备),另一类是由直隶地方政府动用自己的库银采买的、来自省外的粮食输入。直隶省的采买同样可以分为两部分:第一部分是动用 1743 年存留的库银,为防备 1744 年初的春荒而购买的。这些米谷原本是为了补足地方仓储,以便来年春末停赈之后用于借贷和平粜。在议定买谷的同时官员们还决定进行加赈,这次(1743 年冬)采买的大部分米谷实际被用于加赈。第二部分采买资金出自 1744 年的预算,只有这部分采买的米谷才真正用在了补充一些州县的储备方面,这些州县由于旱荒,经济过于衰弱,当地已没有财力、物力来支持局面。

A. 3(1743 年秋季)。直隶总督动拨司库银 20 万两,从长城以北地区购买了第一批粟米。直隶的官员们被派往"古北口外",这里是蒙古边境山区,人们可能会认为这里不会有剩余粮食供给直隶。⑭依照指示,官员们应将采买价格控制在一定范围内。由于蒙古商贩已于十月先期到达,米价已经提高,官员们只购买了 79 296 石粟米,而不是预期的二三十万石。⑮

为了避免水陆多次转运,节省运费,决策者决定将其中 5 万余石运往蓟州仓(紧挨着长城以南),在正常年份,这里的粮食是从通州仓的漕粮中运来的(蓟州仓的粮食是为守卫位于遵化的皇帝东陵的军队预备的)。等到来年春天漕粮经过时,再将同样数量的粮食截留在通州仓,然后运往运河沿岸的灾区各州县。⑯在这第一批采买的粮食的分配中,直接分配给灾区的约为 1.8 万石,这些粮食首先由陆路运到通州张家湾(通州仓码头),等到来年运河开冻后,再分运到各指定州县;另有 8 776 石存贮在通州仓,后来(1744 年四月)分配给了武邑县;再有 52 520 石即为准备运到蓟州仓作为驻守东陵军队的陵糈米。⑰拟于第二年春天截留的同等数量的漕粮也是准备用于以后的赈济的。显然,直隶省将 A.3 的大部分粮食留贮下来,意在观察冬末局势的发展状况。

A.4(1743 年 12 月 20 日)。第二次的情况与第一次大致相同。当该省听说奉天黑豆丰收后,特奏准动用司库银 10 万两赴奉天采买。⑱直隶总督决定派官员赴锦州府采买黑豆 2 万石,规定每 1 石豆买价加运费在 1 两以内;以剩余银两采买粟米,每 1 石米买价加运费在 1.1 两以内。⑲这些采购来的物资将在春天由海路运回天津,再从天津运往通州,然后,或者运到北京(黑豆)⑳,或者分发给各受灾地区(粟米)。由于奉天的黑豆价格比预想的要高,官员们最终只购买了 10 755 石,按照计划运到了京城;剩余银两采买了 85 363 石粟米。这些粮食中,只有 3.5 万石在春天时运到了受灾州县(4 个"全灾"州县和 3 个"偏灾"州县);其余的被分发到其他 13 个州县,用于冬季过后补足仓储。清苑县得到的分配额最多(1.4 万石),该县是保定府的首县,而保定作为省府所在地,尤其受到大量聚集的饥民的威胁。

A.5(1744 年 3 月 4 日)。第三批获准动用的是 1743 年的省司库银 5 万两,获准日期是 1744 年元月二十一日。这些银两准备用于在奉天采买高粱,规定每石价格包括脚费在内不超过 0.9 两。这批粮食仍由已派往奉天采办上一批粮食的官员购买。㉑ 其结果共采买了 70 990 石高粱,这意味着每石价格远低于所规定的最高价。春天,当这些粮食运到直隶时,分配的情况是:45 990 石分发给了 16 个"全灾"州县,2.1 万石分给了 8 个"偏灾"州县,4 000 石给了其他 2 个地方。

正像我所指出的,从原则上说,这些采买的粮食本不是为了用于无偿赈济,而是为了非灾荒情况下的各种用途(平粜及借贷)。这就是为什么在受益名单中还有一些未被列入"灾区"的州县的原因。只是到了后来,政府才决定动用其中一部分采买米谷,于三、四、五月对受灾最严重的州县进行"加赈"。因此,地方仓储不得不通过另外一系列采买来补充,以下我们将对此进行讨论。

A.6(1744 年 2 月 4 日)。在这里,我们暂时返回到前边提到的政府以漕粮(不管是"截留",还是动用京仓)对受灾州县进行的一系列粮食分配。命令各"帮"漕船将漕粮转运到灾区的第一个指示是十二月二十一日(1743 年)的上谕。按照这个谕旨,来年春天,装载漕粮的船队将在沿运河各受灾州县"水次"(码头)卸载 10 万石漕米。㉒ 原则上,这些漕米也是准备用于平粜和借贷的。一个星期之后,当接到户部传达的谕旨后,省主管部门提出,将这些漕米分拨给 13 个受灾州县。其中有 9 个州县直接靠近运河(故城、景州、沧州、吴桥、东光、交河、南皮、青县、静海)。㉓ 其他 4 个州县(阜城、宁津、盐山、庆云)距河"稍远",必须从最近的码头用车转运。但在名单上,这些州县与其他州县是排列在一起的,因为分拨给它们的漕米无论如何都必须走一段运河,不论是从南边来,还是从北边来。相反,沿淀河(即大清河)及其支流子牙河的各州县与天津,以及更北边的通州接近(据同一篇文章,这些州县有河间、献县、肃宁、任丘、深州、武强、武邑、束鹿);因此,这些州县未参加这次截留南漕的

活动。㉔

正如以下将会看到的,漕粮在到达其最终目的地(北京)之前被截留转运,用于救济缺粮地区的事例,这决不是第一例,也不是惟一的一例。这种活动打乱了原已计划周详的运河运输,驱动着负责漕运的整个官僚机构全力以赴地重新进行筹划。仓场总督必须安排好截留哪些船帮、哪些船只,并将这一消息以及押运官员和兵勇(旗丁)的姓名通知相关机构㉕;船队必须领受新的安排;驻守在运河沿岸的相关机构和军队的官员必须掌握船队动向,随时通报有关道府官员,以便领米州县的官员在漕粮到达时能够亲自到场监兑,并及时分运。由于这些船帮在到达天津之前已经卸空,它们必须"停泊"在某空旷地带,以免河道拥塞,阻挡后续船队北上。而且,通常由京仓管理机构制定掌握,并在通州交兑时执行的整套程序和防范措施,必须在目前的交兑地点按部就班地进行:用仓场专门制作的量器(漕斛)核实数量;用"余米"(向纳税人征收的超额赋税,用以补偿运输费用和损耗)补足路途中造成的"折耗";抽验质量;确认押运兵弁旗丁没有在粮食中掺入沙子和水;雇用脚夫(每石发给脚钱两文);派兵弁到交兑现场巡查,以防盗、防火、防止斗殴生事。在我们这里所说的事例中,这一系列任务都委派给天津、河间两府的四个同知、通判来负责。㉖

A.7(1744年4月1日)。授意对受灾最重州县加赈一个月(在四月份)的谕旨是1744年二月十一日(西历3月24日)发出的。㉗直隶总督立即请求增拨30万石加赈粮;他指出,之所以需要这么多粮食,是因为此后的赈济都将以实物(本色)发放,只有这样才更能解决问题,他获得了批准。㉘正是在这一次,由于直隶总督的建议,收回了原由省里采买并"暂借"给守陵军队的粮食(A.3)。这次截留的漕粮数量较多,共6万余石粟米,来自河南和山东(这两个省在正常年景负责供应守卫帝陵所需的粮食),这些粮船刚刚通过天津关,还得折回去交卸。㉙其余约24万石稻米(粳米和梭米),将从通州仓"挨陈"(陈米)中拨运。

与前几次一样,运输费用由领米州县的地方政府负担。然而,仓场总督提供了 200 余条已到达通州、即将交卸回空的漕船供他们使用:这些船的总容量约 10 万余石,可以有力地补充地方州县运力的不足。㉚ 三月初制定的分派方案规定,除了截留运河漕粮 6 万石外,将从通州仓发送 21.35 万石;还有 2.65 万石暂时存留在通州,稍后再行分配,其中大部分将分给"偏灾"州县,即在这次四月份的展赈中没有包括在内的州县。㉛

A.8(1744 年 5 月 4 日)。当皇帝知道 16 个已报"全灾"的州县 1744 年又是小麦无收,命令再加赈一个月(即 1744 年农历五月)时,已经没有多少安排部署的时间了;发出上谕的日期是四月十三日(西历 5 月 24 日)。㉜ 直隶总督已不知用什么语言来感激这一"从古未有"的恩典,他立即估计了加赈的粮食需要量,大约为 22 万余石。㉝ 几天之后,省布政司依据上年"普赈"时统计的贫民总数和赈济发放量,提出了更精确的数字——21.25 万石。㉞

这些数字是以州县为单位逐县登录的,资料中记载为"原存";把这些数字与接受救济的人口数字相对照——如《赈纪》在最后总结中所提示的——就可以相应计算出人均日分配量。这就是我在表 6 中所计算的。从中可见,这些数字都基本一致,这里显然遵守着法定的赈济量,这一数量被认为是人口生存的最低需要量。前边曾经提到,按照规定,官方最低赈济量是成人(大口)每天 0.005 石,15 岁(包括 15 岁)以下儿童(小口)减半。由于总人口数("口")中包括了"小口",所以多数州县的人均数字在 0.004 1—0.004 5 石之间。有 3 个县的人均数字显然较高(2 个县是 0.006 4,静海达到 0.008 1),但是现有资料无法解释其中的原因。有可能是因为高估了需要量,也可能是因为接受救济的人口数过低。

如果我们从总体上考虑 16 个州县的情况,那么很显然,到此时为止的历次调拨粮食的储积量几乎不可能满足这一最低需要量,这些储积有:自关外采买的粟米(A.3),自奉天采买的粟米和高粱(A.4和A.5),奉上年谕旨截留的漕米10万石(A.6,其中8.9万余石发放给了这些县),自通州仓分拨的用于四月份加赈的30万石赈米中的剩余部分(A.7);以上数字见表7。这些

表6　人均每日口粮发放量,直隶,1744年五月

（以四月的推算数为基础）

州　县	据1743年赈济量推算的需求量（石）[a]	赈济的人口数[b]	人均每日口粮（石）[c]
河间	14 000	111 879	0.004 3
献县	11 600	95 328	0.004 2
阜城	9 000	48 222	0.006 4
任丘	14 100	112 304	0.004 3
交河	12 300	104 538	0.004 1
景州	20 000	167 996	0.004 1
吴桥	6 000	45 630	0.004 5
东光	17 300	139 561	0.004 3
青县	11 500	91 496	0.004 3
静海	10 200	43 613	0.008 1
沧州	25 600	200 180	0.004 4
南皮	10 600[d]	87 748	0.004 2
盐山	20 200	159 971	0.004 4
庆云	8 000	62 489	0.004 4
武邑	14 000	75 262	0.006 4
武强	8 100	63 149	0.004 4
总计	212 500	1 609 306	0.004 6

a.《赈纪》,卷4/25a—28a。

b.《赈纪》卷8中的这些数字,有的是取自1743年冬季普赈时的数字,有的是取自1744年的最终数字,其中加上了此时已返回家乡的流民的数字。二者的差别不会很大。

c. 以五月份29天计算。

d. 已调整的数字,见表7的注释。

表 7 直隶 1744 年五月粮食需求的估计量与可供给量，以及 A.8 的粮食分配情况

州县	五月份的粮食需求估计量	可利用的粮食量 小米(A.3)	小米(A.4)	高粱(A.5)	漕米(A.6)	通仓余米(A.7)	剩余	不足	河南截留的漕粮分配(A.8) 卸船码头	数量
河间	14 000		10 000	3 000				1 000	沧州	5 000
献县	11 600		10 000	2 000			400		连镇(吴桥县)	3 000
阜城	9 000		2 000	5 000	6 000		4 000			
任丘	14 100	2 000		2 000	8 000	2 500		9 600	天津	12 000
交河	12 300	2 000		2 000	8 000			300	泊镇(交河县)	3 000
景州	20 000			5 000	10 000			5 000	白草洼(隶属不明)和连镇	8 000
吴桥	6 000		3 000	2 000	8 000		7 000			
东光	17 300	3 000		2 000	8 000			4 300	沧州	7 000
青县	11 500	3 000		3 000	8 000		2 500		静海	
静海	10 200			2 000	8 000			200	沧州	3 000
沧州	25 600	2 000		5 000	10 000			8 600	沧州	11 500
南皮	10 600ᵃ	2 000		2 000	8 000		1 400		泊镇	1 500
盐山	20 200	3 000		3 000	8 000			6 200	泊镇(沧州)	9 000
庆云	8 000			3 000	7 000		5 000			
武邑	14 000	8 776		2 000		3 000		224	?	2 500
武强	8 100			2 000		3 000		3 100	泊镇	5 500
总计	212 500	26 776	25 000	45 000	89 000	8 500	20 300	38 524		71 000

可利用的粮食总量：194 276   不足额总量：18 224

资料来源：《赈纪》卷 4/17a—28a。
a. 原文中记为"16 000 石"，与后边的数字不符。这里据文中的总需求量与剩余量数字进行了调整。

储积总数为 194 276 石,原本是为了在无偿赈济结束时用于补充地方仓储的;其中有的州县储积较多,足以满足五月份的加赈需要,而有的州县则是赤字。总的赤字量是18 224石。

提供这些数字的文章的日期是四月二十三日。由此我们可能会认为,距离五月份加赈的开赈日期只有一个星期了,而受灾地区还有将近2万石的粮食缺口,而且,这个缺口是在极为保守的需求估计下计算出来的:其中没有考虑装运成本,没有考虑延伸到那些不"贫"、但也不富的人群的有偿救济方式,也没有考虑未来几个月所必需的储备,因为赈济结束并不意味着所有救济活动的结束。㉟然而,事实上,早在三月二十二日(西历5月4日),已经批准了又一次新的调运,这次的数量为7.95万石。这批粮食是先前由河南省采买,存贮在彰德和卫辉两府沿河的谷仓里备用的;中央政府一位高级官员建议,把这批粮食拨送给直隶灾区。㊱

四月中旬,河南巡抚通知直隶布政使,这些粮食将分三批运出——第一批于四月二十五日起运,其他两批分别于五月五日和五月中旬发运——河南巡抚同时询问这些粮食的交卸地点。㊲

大约就在同时,直隶巡抚建议,将这批粮食用于刚刚批准的加赈,有了这批粮食,官府就可以平衡以上所估计的所有需求量;比较表7的最后3列数字,我们可以看出,按照他的分配,将保证每个受益地区至少还剩有 2 000—3 000 石的后备储量。㊳

表7中最后一列是交兑港口(见地图4),这些地点的地理位置显示,在这次行动中,速度是至关重要的,官府采取了果断措施,将大量粮食经陆运直接送到目的地,以避免船只在交织的水路网中绕道迂回,耽误时日,尽管船运会大大降低运输费用。

第二部分 国家干预 159

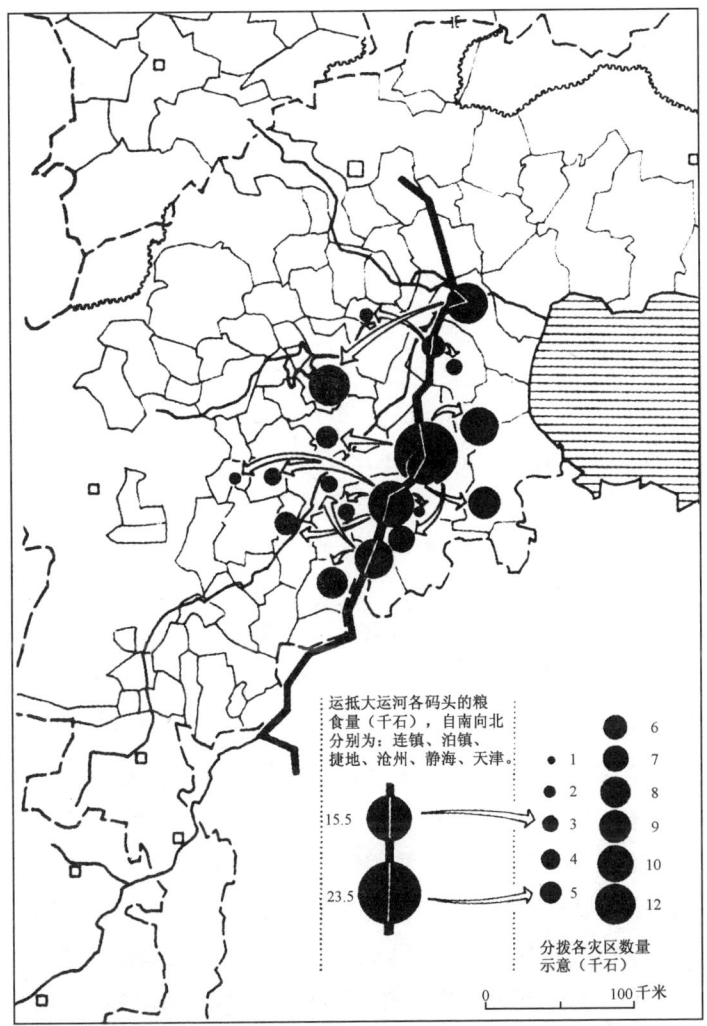

地图 4　A.8 自大运河分拨各地示图

时间问题在这里很可能起着决定作用,因为四月和五月是漕运的高峰季节,运河以及天津和通州的港口必定都相当拥挤,负担过重;同样,人们可以推测,直隶的"剥船"都忙于天津与通州之间的转运,不可能再用于河间、献县以及其他受灾州县的运输。

紧接着这一系列粮食调运输入的是,另一系列由省库出资的粮食采买。由于用1743年的库银采买的粮食大部分已经用于不得不进行的加赈,要把地方仓储补充到灾荒前的水平,任务还相当艰巨。《赈纪》中提到了两次采买,都是为了这个目的而进行的。

A. 9(1744年6月1日)。首先提到的是用10万银两采买河南的冬小麦。这次行动是直隶总督于四月中旬建议的,理由是河南即将到来的冬小麦收成可能不错。这些粮食是从黄河以北的卫辉、彰德两府采买的,我们已经看到,从直隶南部可以很容易地到达这两个府。这次采买的粮食数量为65 152石,全部分配给了12个"全灾"州县和4个"偏灾"州县。㊴

A. 10(1744年7月16日)。第二次采买是六月初被批准的。这次的采买地点较多,这些府的冬小麦今年获得了丰收,拨赴各地采买的银两数分别为:大名府(直隶西南部)10万两,归德和南阳(河南东部和南部)6万两;另有6万两分拨赴河南、山东沿运河一带府州采买,因为据说那里的米麦价格较低。所有这些银两共采买到粮食146 915石,可能是在秋初分配的。从分配结果看,这次的发放地区相当广:16个"全灾"州县,8个"偏灾"州县,另外还有23个不成灾州县,每个州县接收的粮食一般在1 000—5 000石。㊵从地图5可以看出,与前几次分配地点集中在灾区不同,这次分配(A.10)的地点较为均匀地分布在全省。多数粮食是通过运河输送到各地的,这证明了运河作为该省的"生命供给线"的重要作用。其中最重要的港口是连镇和泊镇,多数州县的粮食是在这两个地点交卸的。㊶这次采买还利用了另一条河道,即滏阳河,这只是该省内一条地区性河流。

通过滏阳河可以从大名、广平两府直接到达冀州、深州、河间府的一些州县。这次它所转运的粮食只占自大名、广平两府采买小麦的半数略多一些。另一半 3 万石小麦分配给了盐山和庆云两县,我们不知道是通过什么路线运送的,最直接的途径可能是通过所谓的"南运河"。"南运河"流经大名府,在山东临清与大运河汇合。已采买的小麦经过南运河运到临清,然后再通过大运河,转运到与这两个县最近的水次交卸。

除了上述特点之外,这次采买还有一个值得注意的方面,即由直隶各官员采买的粮食的价格。直隶总督的奏疏详细报告了采买的情况,其中声明,这些粮食都是按照市场时价购买的,价格上之所以有差别,是因为购买地点不同。奏疏的最后报告了这次行动的结果,其中开列了每个购买者的确切花费和采购数量。表 8 中显示了我对每石粮食平均价格的计算结果。考虑到这里面没有包括运脚费,而且采买这些粮食的初衷本是因为丰收价低,那么可以认为,这次采买的平均价格是相当高的。组织大规模的政府采购必然会伴随着许多风险,其中一些在这次行动中也留下了明显迹象。例如,当地方市场上需求大于供给时的价格上涨,当地商人们闻风而动蓄意哄抬价格,官员与粮食批发商之间的不正当交易,以及直接侵吞粮款,等等。我们非常想了解的是,一个被派出省外、携带着巨额官银、有着充分的采购决定权(在哪儿买,买多少)的官员是如何履行职责的。遗憾的是,我没有找到任何有关资料,使我们可以从中洞察一些真实情况。不管怎样,与前几次采买相比,这里所显示的价格是不乐观的:A. 4(豆类和粟米),包括运脚费,每石 1—1.1 两;A. 5(高粱),平均每石 0.7 两。

162 十八世纪中国的官僚制度与荒政

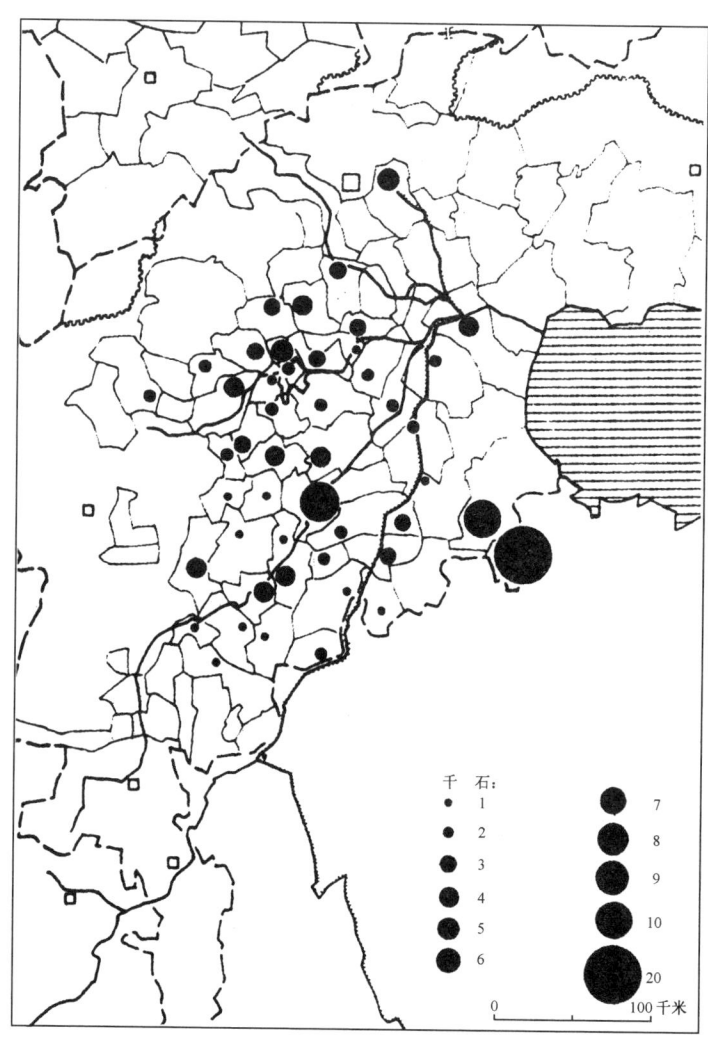

地图 5　A.10 的分配情况示图

表8 A.9 和 A.10 的粮食采买情况

采买地区	经办者	数量(石)	总值(两)	价格(两/石)
卫辉和彰德	广平府同知等	65 152(小麦)	100 732	1.55
大名和广平	大名、广平二府	63 415(小麦)	98 297	1.55
归德和南阳	正定府通判等	40 136(小麦)	56 151	1.40
		3 272(高粱)	3 721	1.14
运河附近(河南和山东)	宣化府同知等	40 092(小麦)	59 425	1.48

资料来源:《赈纪》,卷 6/30b—31a,33a—34b。

总 的 印 象

概括地说:以上 10 次粮食分配,根据官方的报告日期是历时一年(1743 年六月—1744 年六月),而从农业年度说,实际上是经历了一年半(1743 年秋—1744 年秋)。一个原本就是勉强自足的省份,如今部分地区遭受了严重饥荒,绝大部分救济粮当然只能靠从外部输入。[42] 我们可以从不同角度来观察这一系列的粮食输入:可以根据粮食的来源地加以区分;可以与需求量进行比较,因为我们已经有了相关数据(实物赈济量);可以依照赈济的时间顺序来考察。粮食发放地区的地理分布完全是由饥荒的程度来决定的(最后一次分配可能是个例外,见地图 5),因此,它多少与受灾地区的分布是相对应的。

按连续次序排列的 10 次粮食调运的来源地见表 9,按地区分组可显示为:北部(热河,察哈尔);东北部(奉天);河南;山东;来源地不明确的"南部"漕粮,其中肯定包括长江流域省份,可能也包括河南和山东。表 10 显示了按来源地区分组重新统计的粮食总输入量。

表 9　按粮食来源地表示的 A.1—A.10 的粮食分配

粮食分配	数量（石）	分配地区			粮食品种	来源地
		16 个"全灾"州县	11 个"偏灾"州县	其他地区		
A.1	100 000	77 000	23 000	—	小米	通州以北
A.2	400 000	328 000	67 000	5 000	各种	通州以南
A.3	26 776	26 776ª	—	—	小米	北部
A.4	96 118	25 000	10 000	61 118	小米、大豆	东北部
A.5	70 990	45 990	21 000	4 000	高粱	东北部
A.6	100 000	89 000	11 000	—	?	"南部"
A.7	60 000	60 000	—		小米	河南、山东
	240 000	222 000	11 000	7 000	稻谷	通州以南
A.8	82 000	71 000	8 500	2 500	小麦	河南
A.9	65 152	44 702	20 450	—	小麦	河南
A.10	63 415	45 667	7 000	10 748	小麦	直隶南部
	43 408	15 458	4 000	23 950	小麦、小米	河南
	40 092	11 092	8 000	21 000	小麦	河南、山东
总计	1 387 951	1 061 685	190 950	135 316		
占总数百分比		76.5%	13.8%	9.7%		

资料来源：见附录 A 及表 7。

注：北部＝热河，察哈尔；东北部＝奉天；"南部"＝未说明确切地点的长江流域各省的漕粮。

a. 不包括运往蓟州仓用于驻守东陵军队的 52 250 石。

从这些表中，我们可以注意到三个问题。首先，在 1743—1744 年间，直隶 16 个受灾最重的州县所接收的赈济粮占全部粮食输入量的四分之三以上。这一数量在《赈纪》中所提到的其他统计数据（接受救济的人口数，赈济粮的实际发放数，人均赈济数）里也得到了证实。这个比例清楚地证明，"全灾"与"偏灾"的划分在待遇上有着极大差别。我们显然无法了解，实际情况是否如官方赈济量所显示的那样,有着那么尖锐突出的区别。一些提示(例如,前边所提到的肃宁县的文章)告诉我们,至少在灾荒的第二个阶段(1743—1744年的冬季之后),不一定是这种情况。就像随着灾害时间的推延,"极贫"与"次贫"的区别变得不那么明显一样,一些"偏灾"州县的形势最终落得同受灾最重州县的最初情况相似,这也不是不可能的。如果这一印象是正确的,特别是如果这是带有普遍性的,那么,这就意味着,当预期危机快要结束的时候,政府就不再愿意为所有州县重新进行灾害程度的划分了。正如我们所看到的,被划分为"全灾"的州县会得到他处所不及的格外的利益。而如果把这些好处再扩展到其他州县,则将是代价高昂而且程序复杂的事情。按照既定的灾分划分和特定措施办事,可能是更为简单便捷的做法。

表10 按粮食来源地表示的直隶的粮食总输入量

来源地	输入量(石)	占总数百分比(%)	预存在通州的数量(石)
北部	126 776	9.1	100 000
东北部	167 108	12.0	—
河南 河南,山东[a]	190 560 100 092	21.0	—
直隶南部	63 415	4.6	—
南部(漕粮)	740 000	53.3	640 000
总计	1 387 951	100.0	740 000

资料来源:同表9。
a.无法分别统计。

第二,这也是最需要指出的一点,即南方粮食输入的关键作用。来自长城以北和奉天的米谷和豆类数量占了总数的21%,与从河南和山东输入的粮食量大体相当,后者显然是当时偶有剩余的两个北方省份。但是,如果没有长江流域省份的粮食供给,1743—1744年的救灾行动恐怕不可能达到上述规模,南方的粮食输入大约相当于总输入量的一半。由于北方的粮食剩余量很少，即使是在收成最好的年景，省际粮食流通也不可能弥补像直隶这样一个大省的粮食短缺，更不要说它的两个面积相同的大府正在遭受相当严重的饥荒。

而后来所发生的事实证明——这也就是第三点要指出的——绝大部分来自南方的粮食，以及河南和山东、甚至是北部的粮食输入，是由于漕粮制度才得以实现的，不管是取自通州仓还是截留运河漕船。在所有这些供给中，显然大部分是来自通州仓。京城地区漕粮储备的存在对于直隶救荒政策来说是一个极为有利的因素，因为这种"人为的"（即非商业的）源源不断的粮食输入总是有意维持在超出朝廷、各级官僚以及军队供给的水平。超出官府需求的漕粮也被认为是一种安全保障性储备，它使政府能够采取有效步骤来救济贫民——只要遭受饥荒的地区没有超出一定范围。

然而，人们可能会奇怪，既然灾区都位于大运河沿岸，为什么政府不更多地采用"截留"漕粮的做法呢？在救荒的第一阶段（1743年），这显然是不可能的，因为漕运船队恐怕已经在七月份返回了南方。但其第二阶段（1744年春季和夏初），正好与前一年漕粮的运输期相一致。A.7中的24万石粮食很可能已经泊在运河上，或者是到了天津后又转向西南。关于A.7分配的文章中提到"拨运挨陈"，这或许能解释以上问题，因为这意味着，除了其他功能以外，救荒活动还可作为一种仓谷周转的措施（就像一年一度的常平仓平粜一样）；而经运河运到的粮食肯定是最新鲜的。因此，就大规模的粮食调拨来说，只要情况还没有紧急到需要直接从南方运入该省腹地的地步，政府就更愿意通过通州仓迂回转运。

资料中关于调运决策的记载比较详细，而实际兑运的日期则不那么清晰。我尝试着将它们按时间顺序加以排列，并在地图6中用图解方式形象地显示出来。这样我们可以看到，实际兑运的时间可以明显分为两个阶段，其中有将近四个月的间隔期：前一阶段从1743年七月到九月，后一阶段从1744年一月底

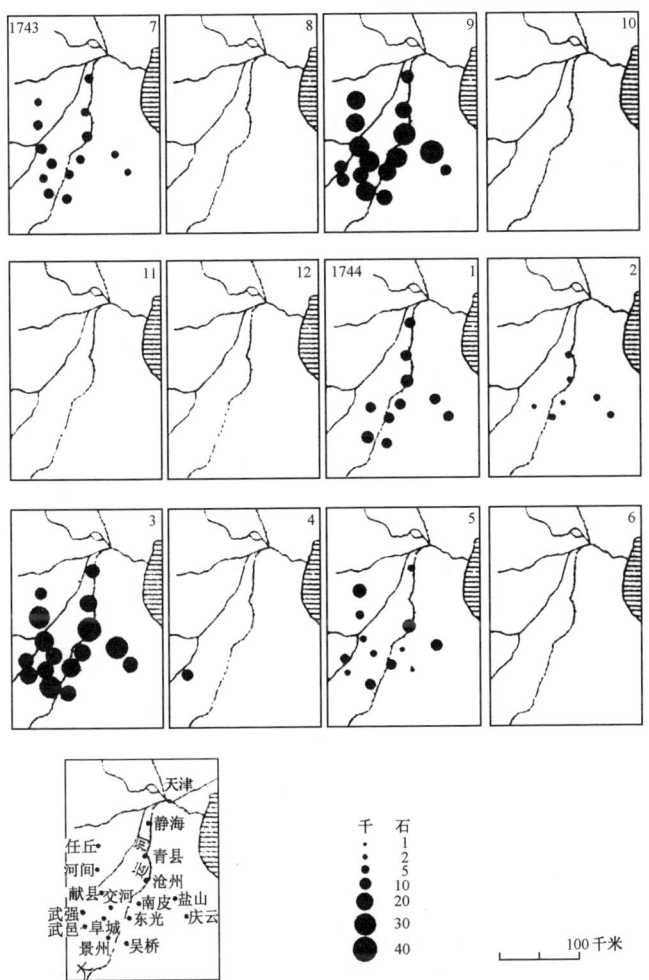

地图 6　A.1—A.9 中按年月顺序排列的
16 个"全灾"州县的粮食分配示图

到五月(地图 6 没有包括 A.9 和 A.10,这两次是在饥荒的紧急阶段之后进行的)。当用于冬赈的粮食分放完后,在饥荒的第一阶段被批准的另外的兑运就推延了,一直到春天运河解冻才开始发运(该省的采买;A.6 的截漕)。由于运河解冻是在一月中旬,所以 A.6 截留的漕粮很快就在靠近运河各州县卸了,而购自奉天的粮食则必须先运到天津,然后才能转运至目的地,在时间上恐怕是在二三月了。加赈的粮食是在饥荒的第二阶段之后不久发运的(冬小麦歉收使灾情又延长了两个月)。而在进行头两次分配的时候,还没有把以后的展赈列入计划。

饥荒的最初 6 个月共发放了 40.5 万石粮食(1743 年七、十一、十二月和 1744 年头 3 个月,A.1—A.2),相比之下,在饥荒的最后阶段如此大规模地调入粮食赈济贫民——四五两个月内运送了 52.4 万石(A.3—A.8),反映了到 1744 年夏初,16 个"全灾"州县已经处于极度困乏的境地。这几次赈济必须全部发放实物,这意味着对国家赈济粮的加倍需求,因为到这时,地方(常平仓)储备已经全部告罄(在一些州县,肯定在赈济活动的第一阶段就已经使用这些储备了)。最后两次粮食分配就是打算用来在一定程度上补充常平仓谷的,起码使之可以随时应付借贷和平粜的需要。

表 11　A.1—A.8 的粮食调运量与赈济发放量

州县	调运量(石)(1)	赈济量(石)(2)	(1)/(2)(%)
河间	68 000	71 456	95
献县	66 500	56 546	118
阜城	42 000	26 796	157
任丘	61 500	62 768	98
交河	65 500	60 369	108
景州	83 500	94 578	88
吴桥	44 000	28 020	157
东光	67 500	79 418	85

(续 表)

州县	调运量(石)(1)	赈济量(石)(2)	(1)/(2)(%)
青县	55 500	52 590	105
静海	39 000	39 136	100
沧州	99 500	117 373	85
南皮	53 500	52 520	102
盐山	91 000	97 077	94
庆云	36 000	40 092	90
武邑	40 276	43 208	93
武强	30 500	36 656	83
总计	943 776	958 603	98

资料来源:第一列(1):见附录A各表;第二列(2):见《赈纪》,卷8。

为了对这些活动作出评价,首先让我们把16个"全灾"州县所输入的粮食量(A.1—A.8)与《赈纪》最后统计的实际发放量作一个比较。表11给出了这两个系列的数字,一个系列是根据该书各篇文章所提到的粮食输入数字计算出来的,另一个系列是《赈纪》的编者提供的。[43]最后一列是输入量与总赈济量的比率。从表中可以看到,这两个系列的数字都比较接近:上下浮动大都不超过20%。这个结果说明,受灾最严重的地区,其人口中最贫困的部分,是由政府安排的省外粮食输入救济的。百分比低于100,可能表示地方力量的参与,这里低得最多的是武强县——17%,约6 000石,这一数量仍在法定的地方储备规模之内。相反,在百分比高于100的情况下,我们可以推测,这里没有地方储备,部分输入的粮食被用于其他目的,而不是用于无偿赈济——除非只是由于单纯地高估了需要量,可能出现这种情况的仅有两个州县:阜城和吴桥,它们各高出57%,而又不能说明剩余输入粮食的去向。这两个县在当时估计粮食需要量和可利用量的时候(见表7),显然还有剩余储备。他们会不会是故意虚报数字?不管是高估还是虚报数字,人们肯定会怀疑,在最终实际发放量与历次国家供给量之间存在这么大差额,这中间难道没有官员贪污中饱、侵占挪用的问题吗?这种现象的存在,常常被认为是有效率的救荒政策的主要障碍。

注　释

① 有可能留下这些数字踪迹的只有海关、运河闸和港口等管理机构的报告,但我们没有看到这类资料。

② 我这里所说的"田赋额"包括土地税和地丁。到这个时期,所谓的地丁银已经变成只不过是土地税的附加税,其计税基础与土地税相同。与赋额无关的附加负担不计算在内,其中最重要的如所谓"耗羡",这是专用于地方政府开支的,在直隶,其数量相当于田赋额的15%。除了耗羡以外,非法的强制性征收在这个时期看来并不是过分沉重的负担:据王业键(Wang, Yeh-chien)的研究(1973,第68—69页),在1753年,其数量可能并没有超过耗羡本身。如果这是事实的话,那么,人们总的税负可能比田赋额约高出30%。由于用于灾区赈济的储备多数不是来自地方政府(它们的额外征收多数不包括在田赋额之内),而是来自省级或中央政府(田赋多数是由它们征收的),因此,仅将田赋额与支出总数加以比较也是合理的。而且,多数赈济物资是分发给农民的,正是这些人付出了构成这些赈济物资的赋税(在佃户的情况下,是其地租的一部分)。据王业键的研究(1973,第80页),1753年,其他税收大约相当于总的赋税收入的26.5%,其中只有盐税(约为总税收的11.9%)一项,农民与其他职业阶层的负担程度是一样的。我在这里没有把它包括在内。

③ 见许大龄(1950,第40—41页)。该省也曾采取"捐纳"方法来补助治河工程的急需。通过这种私人"捐纳"制度,谁能够付出一定资财,谁就能得到与之相应的头衔和身份,从而荣耀乡里,甚至可以真正得到某些职位(包括知县)的候补资格;那些已经名列这一等级的人还可以捐买更高等级的资格;而对于那些现任官员来说,这一制度则是他们加速升迁的一个途径。然而,尽管单纯授予名义头衔的事情每年都有(至少是1745年以后),但只有当发生特殊需要时(自然灾害,重要公共工程,特别是战争),才会出卖真正的职位或提拔升迁。而政府在做这项工作时仍是相当谨慎的,在所有具有资格的候选人中,优先选择那些已经真正取得功名的人,那些只有捐买

来的头衔的竞争者是不受欢迎的。不过,捐纳的确给政府带来大量货币收入,而有的皇帝(特别是雍正皇帝)也不反对这样做,以抵消那些受过高级教育的精英们可能形成的垄断,这些人常常会联合起来,结成小团体,对政府施加压力。有关详细情况可参阅许大龄的经典著作(1950)。

④ 相比之下,县级政府完全没有财政灵活性,因为它们甚至没有足够的收入来满足自己的活动开销。当面临紧急情况或预料之外的花费时,它们惟一的解决办法只能是侵占一部分准备上缴的财政收入,而这样做是违法的。[关于低层政府机构的财政问题,以及中央政府对给予其最起码的机动余地的拒绝态度,见瓦特(1972,第14章);曾小萍(1984)。]大部分赋税收入是在省布政司和户部之间进行分割,这使二者之间产生竞争。原则上说,省库中的"存留"是属于户部的,没有中央的命令不能动用。这些"存留"只能用于两个方面,即补充该省的行政开支和必要时资助邻省。而实际上,各种名目的税收的瓜分使用常常是权力争夺的对象和结果,在这方面,省级官僚政府比中央部门更具有优势地位,因为它们控制着财政收入的来源。关于这个问题,见孙任以都(Sun, E-tu Zen.)(1962/1963,第205,208页及以后)。

⑤ 见《赈纪》,卷1/1a,对仓场总督的谕旨;卷3/7a—8a,直隶布政司就各县分贮粮食数量的建议。

⑥ 通州是运河的终点。通州仓(也称做通仓)贮存的是"改兑"漕粮(这是相对于"京仓"贮存的"正兑"漕粮而言)。这部分粮食是为供给直隶部分地区(不包括北京)的一些需要而贮存的,见欣顿(Hinton, Harold C.)(1959,第7页)。其中之一是饥荒时的粮食赈济。这部分粮食约占在通州转运的全部漕粮的15%(至少从"改兑"和"正兑"的数额来说),其数量在40万—70万石之间,具体数量依各年份而有不同(以下会提到漕粮总数)。但是,通仓的最大容量远远大于这个数字,据1851年《户部则例》记载,约为220万石[引自全汉昇和克劳斯(1975),第196页,注53]。这些通仓除了贮存来自南方的漕粮,还贮存来自北方和东北部的其他谷物,如这里所提到的粟米。

⑦《赈纪》中记为"梭米",但正确的名称可能是"稜米",《高宗实录》(卷214/20a—20b)记载,江西、湖广的漕粮都是"稜米";《漕运汇选》、《石渠馀纪》中的记载也是"稜米"。不清楚"稜米"(或"梭米")是一种什么质量的品种。

⑧ 剥船是一种平底小船,专门用于在运河的通州—天津段之间转运粮食,政

⑨ 这个仓初建时有 48 所仓房,每所仓房分为 5 间;按照常平仓的规制,每间的理论容量应为 400 石(《荒政丛书》,卷 8/31a;《文献通考》,卷 36/5189,1738 年对四川建仓的规定),则这个仓的总贮存量应在 9.6 万石。但是,北仓的仓储量实际要大得多,其原因不是增加了新的仓房,就是因为每间的容量要比正规常平仓的容量更大。据巴格利特[Béguillet (Edme)]的描述(1775,第 605 页),粮仓的"间"在宽度、高度和深度上各式各样,极为不同。有的地方的仓廒每间容量超过 800 石:河南的漕米仓每间储量在 632—804 石(《文献通考》,卷 34/5174),而 1746 年保定府仓的设计容量是 50 间,4 万石,即每间 800 石(《高宗实录》,卷 278/6a—7a)。巴格利特还指出,一个仓房的修建规模也不一样,小至 5 间,大至 21 间。天津北仓也是漕粮在运往京城途中的转运点,至少在乾隆朝是这样。因为迟到的漕船就在这里卸载交兑,以便这些船可以迅速返回。关于北仓,见《天津县志》,卷 7/11a;《续天津县志》,卷 3/3a;关于北仓作为转运站的情况,见《文献通考》(卷 37/5210)中的 1784 年谕旨。

⑩ 《赈纪》,卷 1/4a—4b。

⑪ 《赈纪》,卷 3/9a—10b, 11b。当船队在天津和通州之间往返运输第二批粮食(A.2)的时候,各县雇用的船只则直接到天津,首先装载第一批急赈的粮食(A.1),然后再返回接运第二批粮食(A.2)。

⑫ 《赈纪》,卷 3/11a—12a。

⑬ 《赈纪》,卷 3/16a—17a。该报告很可能写于九月末或者十月初;因为皇帝的批示日期是十月初十(西历 11 月 25 日)。

⑭ 这些粟米是从热河、八沟(今平泉)、四旗(今丰宁)等厅购买的。正如我在前边所指出的,尽管这一地区在行政上隶属于直隶,但并不是中国中原(China proper)。《高宗实录》引述了 1752 年方观承的奏报:"至八沟一带,每年交十一月后,蒙古各处米粮纷集,向来动项收买,颇有利益。"(卷 418/15a。)

⑮ 《赈纪》,卷 6/12a—13, 14a—15a。

⑯ 漕粮由纳税者于秋收后缴纳,于来年春夏时运往京城,最后到达的截止日期是六月份。就与我们这里有关的情况来说,这些米谷来自河南和山东的一些府州,这些地方是缴纳漕粮的最北部地区。这些粮食似乎在春初已经起运。还应注意的是,出自于贡赋的地方采买制度在直隶和中央政府双方

第二部分 国家干预 173

产生了一个重复计算量,但没有引起任何麻烦。
⑰《赈纪》,卷 6/15a。
⑱《赈纪》,卷 6/16a—16b。在《赈纪》的计算中,不论是黑豆,还是高粱,看来都没有受到较高的兑换率的影响(见本书第 7 章注⑦)。
⑲ 这一时期粮食由奉天经海路运输的真正费用不得而知。1851 年的《户部则例》关于仓储的规定中提到了不同活动的"脚费"——如装载、转运、御货等等——其中奉天与天津之间海运的官价是每石 0.14 两(卷 16/18a)。由于政府在制定官价时,并不关心现实价格的变化,所以,很可能(的确是可能的)一个世纪前也是同样的价格。《赈纪》中所指的"运费"可能是一个总数,不仅包括渡海运费,而且包括从采购地到海岸之间,以及从天津到通州之间的运费。
⑳ 这些黑豆将存贮于京城户部粮仓,以备用于京城的赈济。
㉑《赈纪》,卷 6/23a—24b。
㉒《赈纪》,卷 1/7a。
㉓《赈纪》,卷 6/19b—20a。这些事情必须要在春天河流开冻后立即进行,当直隶布政司制定粮食分拨交卸程序时,"正值"春融开冻的时机(《赈纪》,卷 6/21a,西历 2 月 12 日)。
㉔ 至少在这一阶段是这样。后来,当形势变得更加危急时,来自河南的粮食从运河码头经由陆路被转运到这些州县(见表 7)。陆运和河运的费用之间差别很大。前引《户部则例》中规定了每个省常平仓谷的运费标准。在直隶,每石米谷一里路陆运费用为 0.001 两,而水路仅为 0.000 15 两。以庆云来说,至运河的直线距离为 130 里,则每石粮食的陆路运费至少是 0.13 两。
㉕ 从原则上说,漕运应该是军队的事。然而到了清代,军队只负责监督雇用来的水手。一般来说,每条船上配备一两个兵勇和 10 个左右的水手(有时多至 30—40 个),而军官则负责指挥整个船帮[星斌夫(1971b),第 301 页及以后]。
㉖ 有关这些程序,见《赈纪》,卷 6/21a—22b。
㉗《赈纪》,卷 1/11a。
㉘《赈纪》,卷 1/12a—12b。
㉙《赈纪》,卷 4/9b。
㉚《赈纪》,卷 4/11a—11b。

㉛《赈纪》,卷 4/14a—16a,卷 6/25a。卷 6 中的文章日期不明,其中提到这 2.65 万石米谷的分配方案,还提到了先前在奉天采买的高粱的分配方案(A.5)。文章最后又注明,这批高粱改用于三四月份加赈,但从四月底所计算的可利用的粮食来源中的分布数量来看,二者的数目对不上(见表 7)。

㉜《赈纪》,卷 1/13a。

㉝《赈纪》,卷 4/23a—24a。

㉞《赈纪》,卷 4/25a—28a。

㉟ 前一个月的调拨分配量显然比这里所估计的需求数要高得多:在 30 万石中,实际及时拨运的有 27.35 万石(见附录 A 中的表 A.7)。

㊱《赈纪》,卷 4/17a—17b。彰德和卫辉两府位于河南北部,通过卫河与运河相连。卫河起源于卫辉府的辉县,在山东临清流入运河。河南省的部分漕粮即经过这条河运送,有时也称之为"南运河(Nan Yunhe)"(Henan Canal)。以下在适当时候将讨论政府专门在河南贮谷以协济邻省的问题。

㊲《赈纪》,卷 4/19a。

㊳ 这批粮食的分配方案、交兑港口及实际分配情况,分别见《赈纪》,卷 4/21a—22a,25b—27b。其中四月二十三日的文章显示,武邑的 2 500 石是另外增加进去的,这样就使粮食总数达到了 8.2 万石,其中 7.1 万石分配给了"全灾"州县。

㊴ 这次分配可能是在五月份进行的(见《赈纪》,卷 6/28a—31a)。

㊵《赈纪》,卷 6/32a—34b。只有几个县接收的数量较多,其中有献县(10 667 石)、盐山(1 万石)、庆云(23 272 石)。后两个县的情况将在第 10 章进行讨论。

㊶ 故城、东光、沧州、天津只是接收运往本地区的粮食;A.9 的分配也是这样。

㊷ 惟一例外的是 A.10,其中三分之一是从本省南部的大名、广平两府采办的。然而,这两个府与本省中心地区的距离,实际同河南卫辉、彰德两府,或是山东西部平原与直隶中心地区的距离是差不多的。

㊸ 各个州县可能在饥荒结束时递交了综合统计数。

九　价格调控

到目前为止,我们已经考察了最直接、无疑也是最快速有效的国家干预形式:赈济饥民。本章以及下一章将要考察几个不那么直接,而又涉及面较宽、目的性较强的措施,其中一些显然是出于长远考虑。在大规模的物资援助之前、期间以及之后,都利用了这些政策措施。首先,我们将考察那些防止经济困难时价格暴涨对人民的影响的措施,然后,在这一部分的最后一章,看看那些限制或防止在自然灾害之后通常伴随着的生产衰退的措施。

本章不打算详细研究中华帝国晚期物价上升的机制和效果。这些情况我们目前了解尚少,而且由于各地经济制度和社会结构不同,其现象也存在巨大差异。只有进行大量个案研究,才能增进我们对问题的了解,避免流于一般化。在这里,我们仅想说明,粮食生产在一个地区总的经济活动中所起的作用越小,这个地区对粮食市场的依赖性就越强,其人口对粮食价格的波动就越敏感,不管是季节性波动,还是饥荒引起的波动。尽管价格波动的大小及其影响在很大程度上受各种市场机制所制约,但它们首先是这些市场机制发生作用的地区内,人口与粮食生产的总均衡的函数;供给市场与需求市场之间的距离,以及交通运输条件,也都是重要因素。

长江三角洲地区(江苏及浙江北部)的情况就是典型例子。早在明代后期,这个地区就发展起非粮食作物的大规模专业化生产,并通过大量的、常年性的粮食输入来维持需求平衡。该地区的棉纺织贸易与国内市场密切联系在一起,这种贸易的发展刺激了其生产结构稳步地从谷物种植业向棉花种植业转变,特别是在沿海的松江府和太仓府。据称,到清朝初年,嘉定县90%的可耕地、上海县70%的可耕地都种植了棉花,当然,这只是引述了最极端的事例。在环太湖流域的几个府(苏州、湖州、嘉兴),植桑养蚕和丝织业同样也占用了相当部分的劳动力和土地。在清代,这些趋势进一步发展,至少在太平天国战争影响该地区之前是这样。①自16世纪后期起,长江下游地区已从早先的"米仓"变成缺粮地区,没有来自长江中游地区(江西、湖南、湖北)的粮食输入,就不能养活本地区的人口,到后来,长江上游地区(四川)也加入了粮食供给行列。

长江流域的粮食贸易问题将在下文中讨论。在这里,我们只需要注意到,这种运销在保证正常的粮食供给方面是卓有成效的(在苏州地区,在正常年景里,粮价季节性变动曲线的稳定,无疑可以从这种常年性运销中得到解释②)。由于存在一个能够维持下游需求与上游供给之间的平衡的交通运输和商业网,所以,在长江上游、中游和下游之间形成了一个相当整合的粮食供求市场。但是,如果发生某种意外,上游省份不再能够满足下游需求,那就会严重影响下游地区市场的粮食价格,其程度远远超过对有剩余产品地区的影响,后者只有少数人口对粮食市场的依赖性较强。而对城市来说,基本上依靠粮食运销供给口粮,这种影响就更加强烈。从这一点来看,江南地区(当时中国城市化程度最高的地区)的城镇居民受到的是双重威胁,因为那里的乡村本来就严重缺粮。③

当然,江南的事例只是代表了外部供给对商业性农业占统治地位、且人口稠密的这类地区粮食市场的制约情况。而在18世纪的中国,各地粮食的自给程度肯定有着巨大差异。在那些水运体系发达的地区,特别是那些同时还有着城市或"工业"需求的地区④,农业的专业化生产,以及有时被称为"原始工业化"

(proto-industrialization)的乡村手工业生产,使这些地区逐渐发展起一种以市场为导向的农村经济,使农民的粮食需求越来越依赖于市场。山东即是一个典型地区。在山东一些地方,早在康熙年间,烟草就几乎成为单一种植作物,至少也占用了大部分耕地、肥料和劳动力,并使粮食生产趋于衰退。⑤同样的过程也发生在福建。一位福州籍官员郭起元记载:"烟草之植,耗地十之六七。"⑥在直隶,清代棉花种植面积逐渐扩大(山东和河南也普遍种植),以致超过了小麦,并最终改变了整个农业结构,越来越多的农民已改为以植棉而不是以种植五谷来获取大量收入。⑦清代植棉业向北方的这种拓展,与其说是由于有利的气候条件,不如说是由于需求的增长(尽管江苏当地也产棉,但其棉纺织业还是原料不足),以及农民对于改变种植结构可带来更多货币收入的期望。此外,自清代起,特别是自18世纪初开始,北部省份的棉纺织生产日益发展,并抵御了江苏棉布输入的竞争。当这种手工业不再作为农闲季节的副业性生产,并成为部分农村劳动力的常年性职业时,它就直接与粮食生产发生了竞争。⑧在中国其他地区,还可以举出无数同样的例子。⑨

与上述生产发展趋势并行的另一个趋势是,商人在粮食分配中作用的增强,这就扩大了粮食价格失控的风险。外部市场机制的干预当然可以改变地方供需的不平衡状态。但是,如果这种不平衡过于悬殊,而地方商人又无力克服这种状态,或者仅仅是因为他们不愿意放弃这种获利的天赐良机,粮价上扬就会很容易发展到难以控制的程度。在直隶这样的省份,粮食生产能力相对较低,同粮食剩余地区的交往不甚便利,价格很快会上涨到这种失控程度。⑩而对于人口与粮食生产的均衡不那么稳定、又受山地阻隔交通不便的"嵌入式(enclave)"省份来说,对供给状况变化的敏感程度则更为强烈。全汉昇和克劳斯对1720年代到1730年代的观察表明,同样面对不利的粮食收成,广州和福州的反应要比江西、湖南这类粮食剩余地区"强烈得多"(当然,城市对价格变动的敏感度肯定大于偏远地区)。

公众舆论以同样强烈的方式作出反应,这是一位瑞典船长埃克伯格(Eckeberg)在1750年代初对广东的观察所作的判断。他看到,在这个"产品丰富的地区":

> 每当气候不利之时,如天旱或多雨,就会发生食物匮乏。由于这个国家人口众多,食物匮乏总会产生严重的社会影响。粮食价格的任何一点上升,都会招致贫民和游荡人口的怨怼,而随着形势发展,当其他社会阶层也加入了不满的行列,积怨日甚,就会引起反对清朝政府的暴乱。1751年(广州)的情况就是这样。当时疫疾伴随着饥荒流行,人口大量死亡,结果发生了动乱。⑪

人口稠密不是发生这种困境的惟一原因。另一个原因是,作为沿海省份,与大产粮区的阻隔,以及在那里发展起来的一种帝国境内最具市场导向的农业模式这一事实。⑫

在交通运输条件便利的地区,市场调节机制可以迅速发挥作用,而偏僻闭塞的地区则不同;从一个小范围内也可以观察到这两类地区之间的显著差别。例如,1743—1744年的直隶,一些地区可以直通运河,而像庆云、盐山等贫困县,则偏处于该省东南隅,《赈纪》中有好几处都提到,这些地方"商贩罕至";两类地区形成鲜明对照。⑬

最后,卷入了商业性农业的不仅是所谓"工业性"作物(纺织原料、烟草、染料,等等),而且还包括了许多粮食作物。实际上,这两类作物是可以同时发展的。由于各种谷物的市场价值不同,农民们发现,对自己较为有利的方式是,将价值较高的产品出售(小麦或"上米"),而自己消费低等产品。中国北方的小农主要靠小米和"杂粮"(如高粱、荞麦、豆面等)维生,而将小麦卖给富户,或运往城市市场销售——除非是用于造酒。⑭人们可能会认为,在饥荒时,农民不会卖出他们的产品,或者至少会留下足够自己消费的产品。但是,且不说事实上各类不同粮食品种并不是可立即相互交换的,而且不可预料的自然灾害常常发生在小麦全部售出之后,特别是秋灾。

下面一段1738年的谕旨,代表了政府对于商人资本渗入农业的态度:

> 小民无知,但顾目前得价售卖,不思储蓄为终岁之计。而此辈奸商,惟以垄断为务,不念民食之艰难,此实闾阎之大蠹,不可不严禁重惩者。如山东之临清,江南之镇江,此弊尤甚。⑮

把农民的愚昧和商人的狡黠说成是问题的根源,已成为一个确定的习惯。皇帝的言语和当时的官方文献无休止地贬斥农民无能,谴责他们没有长期打算,不预做防灾储备。但是,对于"小民"这种行为,除了视为孩童似的幼稚外,几乎没有任何其他解释。在1738年的另一个上谕中,乾隆皇帝再一次声称,小农"识见短浅","既遇有秋,又获善价,必至争相售卖,以图一时之利,无所留余"。他还指责农民在婚丧嫁娶等社会交际中的奢靡浪费做法,命令巡抚"率同"地方官加以劝谕,使之明白,"年谷顺成,未可常恃",丰年储蓄是其"养命之源"。⑯

然而,除了仅仅是缺少对防患于未然的理解和能力的因素,当然还有其他因素在起作用。例如,在缺乏充足的运行资本,并接近竞争市场的情况下,长期储备对于农民家庭来说是不经济的,这部分资本本来可以投入那些可以更迅速地得到回报的地方,将其冻结起来就等于是浪费。⑰而经过明末的"一条鞭法"改革,现行税收制度的特性也是一个促进因素。因为农民必须卷入市场经济,通过交换来获得国家征税所需要的银钱收入。

自然灾害造成粮食市场的无序状态和粮价暴涨,其影响远远超出了实际受灾地区的范围。正常年景里依靠这些地区供给粮食的区域的粮价会上升,受灾地区周边有剩余粮食的地区的价格也会上升,这些地区的粮食储备在灾害所带来的经济萧条中已经出空了,这就为贩运商提供了一个没有竞争的市场。这就是为什么政府常常不得不对那些仅仅因为接近灾区而遭受价格上涨的州县采取紧急措施的原因。

然而,对于政府调控价格的行为来说,其可能性是很有限度的。而且,这种干预实际上存在着两种选择:是刺激粮食向灾区流动,还是减缓运销,因为这种运销会剥夺外围地区的储备,哪种做法效果更好,有时是很难抉择的现实问题。在后边讨论官方对贸易的规定时还会谈到这一点。这里将考察政府为限制价格上涨的后果而采取的其他几个方面的做法,这些做法为简便起见可归结为"有偿资助"的范畴。

地方仓储,平粜与借贷

以上我们已经谈到了常平仓。常平仓制度的目的是减轻价格季节波动的影响,其运作方式是,当收获季节粮价低廉时及时购进,而在新的收成到来之前粮食短缺时再平价售出。价格的季节波动曲线受多种因素影响,如收成状况、农作物种植模式、商业机会,以及其他各种因素,其中许多还不是很清楚。这些因素的不同影响形成了不同的价格季节波动曲线。[18]但是,官仓收贮的两种主要谷物(南方是稻米,北方是粟米)的基本变动模式是可以确定的:6—8月间价格升到峰值,从8月份第一茬庄稼收获后,特别是9月份直到秋末,价格迅速下落,而从1—6月间稳步上升。[19]常平仓春粜秋籴,通过补充民间储备的不足,或者是当后者企图利用季节和/或地区差价投机牟利时与之竞争的方式来平抑粮价。[20]

地方仓储在稳定粮价方面到底有多大作用?或者再缩小点说,当它们在法定储量的情况下,作用到底有多大?这是我们经常会提出的一个问题,与之相关联的问题当然还有:官方仓储管理中的复杂的规章制度,流于具文的官僚作风,以及直接破坏其功能的各种违法行为。[21]但是,即使假定仓储管理很完善,由于两个原因,它们对市场价格的影响可能也不会相当大。首先,按照规定,仓谷出粜部分一般不能超过贮额的十分之三,这个数量显然只占总消费量的一个很微小的比例。实际上,档案资料显示,十分之三这一数字(这是1695年制定的)很难达到,这就在某种意义上削弱了这一规定背后的理论基础。这一理论认为:要保证仓谷正常的出陈易新,避免陈谷霉烂朽坏,同时也不能使仓储完全空虚,以便在饥荒时能够发挥救急作用。[22]其次,所允许的降价幅度只是略低于市价,在正常年景里每石降价幅度不超过五分(0.05两),而在米贵之年,也不超过一钱(0.1两)。[23]

然而,如果我们相信直隶总督在1743年灾荒之初的奏报中的说法,那么即使是在十分之三的限度内,对于偏僻(因而商业化程度低)的轻灾地区,以及歉收价昂地区来说,平粜也是有益的。[24]此外,关于荒政的一些书籍引录了乾隆初年的一些谕旨和成例,其中要求各省巡抚在形势逼近危机状态时,不必"拘泥成例"而采取必要行动。[25]在这种情况下,通过在县境内遍设销售处所(米厂),也将平粜的好处惠及了乡村人口。这是又一个与正常年景里不同的做法,在正常年景,平粜是在行政市镇的常平仓门前进行的。[26]

减价的规定在情况危急时是可以放宽的。1742年二月的一个上谕承认,在荒歉之年,谷价昂贵,仅减价一钱是不够的,因而要求各省督抚以后可以根据地方情形,提出必须减价的确切标准。[27]根据乾隆后期的一个资料,通过历年平粜减价,已形成了大致比率(见表12)。[28]其实,在1743年直隶的事例中即曾被批准减价三钱(可能是在五月份)。尽管在原则上,这一直是饥荒年景的最高减价规定,但从后来的一些事例中,我们也发现了减价幅度超过这一数字的做法。[29]实际上,如何确定官谷平粜的恰当的减价标准可能并不是一件轻而易举的事情。如果官价太低,商人们就不会降价出售自己的储备,而是待价而沽,

即在官谷已经差不多售完,竞争力减弱的时候再伺机出售:时间的延长只会对他们有利。㉚

"囤户"也会利用平粜的机会从中牟利。尽管平粜主要是为了照顾"贫户"而采取的一项官方救济措施,但实际上对于那些拥有一定资本的"有力之家"也是极具诱惑力的。他们能够

表 12 官仓平粜的减价规定

市价(两/石)	减价量(两)	市价(两/石)	减价量(两)
<0.9	不减	1.2—1.3	0.20
0.9—1.0	0.05	1.3—1.4	0.25
1.0—1.1	0.10	1.5—1.7	经户部讨论最高在 0.30
1.1—1.2	0.15		

借平粜之机投机钻营,聚敛大量廉价粮食,囤积居奇,直到价格再次升高,从中获利。当然,在这种情况下,出售常平仓谷的实际效果与预期效果正是相反的。由于这种弊端一再被揭露,所以其存在必定相当普遍。那些舞弊的"权势之家"或借助他人出面"捏买暗窃",或串通主管的仓书丁役,公开破坏限量平粜的规定。为了辨别是否欺瞒冒买,确认购买者的身份,最常采用的方法是,要求籴米的家庭持本户门牌,验牌给粜,买过之后就在门牌上印上戳记。㉛

当实际平粜的规模超出了常平仓章程所允许的规模时,也就是说,当动用了所有可利用的储备专门对付一场异常形势的时候,这种做法显然是比较有效的。一些典籍(例如《清朝文献通考》)一再提到,大量"超额"米谷被运到这里那里以供"平粜"。在这方面,直隶地区尤受益,因为通州和北京存在着剩余漕粮,这些粮食必须定期出陈易新,以避免朽坏。在这种情况下,官方米谷的出售就不再是一个由例行公事的组织所管理的地方性行为,而是国家对抗灾荒的可利用的策略之一。

尽管如此,这些规章制度对于检验常平仓的第二个功能还是有用的,即,作为一种应付紧急情况的"粮食银行",通过无偿

地、不加限定地向贫民发放储备,来缓解最具灾难性的经济恐慌的影响(以下将谈到第三个功能,即借贷制度)。1695 年的上谕将仓谷正常周转出粜的数额限制在十分之三,并明确指出,留贮的十分之七是为发生重大灾荒时"备赈"之用。㉜其实,清朝最初几十年间的许多上谕都表明,建立一个广泛的常平仓网的主要目的还是为了保持一定的应急储备,而一年一度的平粜和借贷只是保证仓谷正常周转的一个辅助功能。

从理论上说,只要常平仓的活动仅限于平粜和有偿借贷,那么,它在资金上就是自我运作的。但是,当其贮谷用于无偿发放赈济时,就必须通过其他措施筹集资金,以采买新的米谷来充实仓储。一般来说,这种赈后粮食补充必须从外州县甚至外省采买。1743—1744 年直隶的事例就是这样。直隶官府反复从境外采办米谷(第一次采买早在 1743 年秋季),就是为了获得粮食用于"借粜",正常情况下这是由常平仓来做的。这意味着这些粮仓从一开始就需要补充仓谷:1743 年八月第一次赈济所用的米谷可能就是动用了常平仓定期周转的那部分米谷——这次赈济发生的时间甚至早于饥荒初期从通州调运 40 万石粮食的时间——而且有关常平仓谷的章程这时可能已经起作用了。随着旱情继续发展,官府采买的米谷实际上都被用于无偿赈济,这样就必须采买更多的粮食来重新充实仓储。

在直隶的事例,以及其他许多事例中,我们都发现常平仓作为地方赈济储备的功能,而且其粮食储备在很大程度上依赖于外部输入。为此,了解这些粮仓到底储存(或能够储存)多少粮食是不无意义的。这个问题并不容易回答,因为尽管我们已经知道了 18 世纪政府规定的定额储量,但要想知道它们实际上是否,或在什么时候,或在多大程度上是真正充实的,可利用的探寻方法还是十分有限的。㉝常平仓看来有一个兴衰交替、前后接续的过程(且不说还存在显著的地区差别),其标志性特征是:每个时期都是从中央政府力图重新整顿并严格监管常平仓开始,然后从地方一级开始逐渐腐化衰败,直到下一个时期,再从中央政府抓紧控制开始。

常平仓的规则证明了这一循环模式。这不仅在于其管理受到规章制度的约束,这些规章制度相当复杂僵硬,缺乏机动性,有时其实是不可能完全行得通的[38],而且相当多的时候,仓谷的籴粜进出是很难平衡的,因为价格季节变动的幅度和时间并非总是能够预测的。很多时候,春粜的价款不足以在秋后购回同样数量的粮食。在这种情况下,官员们有时就会强制人们以低于市价的价格出售粮食。相反,当春季粮食市场充盈,常平仓难以出粜陈谷时,富人们就会被"勒买"霉朽的仓谷。[39]所以,当秋季收成欠佳的时候,官员们肯定会将买补仓谷的行动推迟到下一年,而一旦坏收成持续几个季节,就很难补足仓谷拖欠的亏空。

其结果就是,许多地方官宁可尽量省却他们在任期间的仓储活动,以避免出粜和买补过程(以及借贷和收回过程)中的烦琐及其所带来的风险。由于他们还要承担任期内仓谷亏耗的损失,一些人就会将存贮量维持在尽可能少的程度。地方官们以各种各样的方式来掩盖这种玩忽职守的行为。有的官员会找出各种看似可信的借口来为他们的行为辩解;有的则在账目上大做文章,或采取类似的违法行为。更为严重的是,有的官员会伪造证据,而将本应用于买补仓谷的银两存之不用,或挪作他用。这些做法所导致的后果是必然的,而且屡见记载,特别是在中央政府放松对常平仓监控的时期(如康熙朝后期和乾隆朝后期),这就是:当饥荒来临,需要组织紧急救济的时候,仓谷已经极为空虚了。

尽管存在上述问题,由于以下四个原因,在整个雍正朝以及乾隆朝的多数年份里(这些年似乎是帝国晚期荒政的黄金时代),常平仓制度看来还是发挥了应有的作用。首先,中央政府经常整顿这一制度,并把它置于严格监控之下,以此防止官方程序的执行在许多省份受到阻碍。其次,政府规章允许地方官从境外购买粮食补充仓谷——这就使他们有机会进入主要的粮食贸易中心,至少在一些省是这样。㊱第三,在这个时期里,政府进行了大量的粮食采购及漕粮调配,以部分补充地方仓储,避免其消耗罄尽。㊲最后,在这些年里,中央政府相当重视粮食存贮的技术问题,要求地方政府必须按照正式标准建立仓储设施,这些标准显然代表了当时这方面的最新技术水平。㊳

常平仓的理论容量在各个地区和不同时期差别相当大,但还是存在一个总的趋势,即:从17世纪末到18世纪后期,仓谷存储量趋向于增加。规定官方贮额的第一篇文章出现于1691年,是对紧邻京城的直隶省的规定。㊴这些定额第二年被扩大应用到所有省份,其中规定,大县额贮米5 000石,中县4 000石,小县3 000石。㊵1704年,官方曾对山西、山东、四川几省的贮额进行了调整。到这一年,有关章程已经允许根据不同地区的特点规定不同贮额,而在随后的数十年中,许多省的存贮数额都有所增加。㊶

常平仓贮谷主要有两个来源,即政府采买和民间私人捐输。捐输谷物者会获得官府授予的荣誉头衔,通常是"监生"(这个头衔也可以用金钱来换取)。获得监生称号的人可以拥有乡绅的一些特权,并有机会得到某些官职(这也是可以用金钱来换取的)和参加更高一级的科举考试。㊷17世纪后期到18世纪初,在常平仓初建时期,私人捐输起了重要作用。但从1730年代起,县一级仓储的贮粮大部分来自政府采买,到了1760年代后期,几乎所有的储粮都是来自采买了。与此同时,1766—1768年间,多数省份的私人捐输被废止了。㊸这个时期的一个特点是,地方和省级仓储法定储量在提高,而超定额储量也在增加。这个时期的许多谕旨证明了从私人捐输向官方采买的转变,皇帝一再敦促各省官员尽量利用丰年谷贱的机会来充实常平仓。㊹当然,政府直接拨运的漕粮是仓谷的又一来源。富余的漕粮常常被截留在有缴纳漕粮任务的省份以充实地方仓储,或者调拨到运输便利的地区,以及那些接近运河的地区——首先是运河北端的直隶。

我们是否应该相信,正是由于省、县级政府的粮食采买过多而拉动了价格的持续上升?至少从1740年代到1750年代初的几个谕旨中是这样认为的。其中最突出的是1748年的谕旨,这道谕旨命令各省将常平仓贮谷数恢复到康熙雍正年间的定额,明确表示,官方储备过多是当时严重困扰朝廷的粮价上涨的可能原因之一。㊺比这略早的一道谕旨认为,其他可能导致粮价上涨的因素早已存在数十年,如商业投机、人口增长、自然灾害等等,但都没有引起粮价如此大幅度的提升,所以最可能的原因就是政府采买。实际上,一些地方政府得益于财政上的一定灵活性,支配着比以往更多的赋税收入㊻,同时还期望利用未来的粮价上涨来保护自己,而且也由于他们尚未意识到这种大规模采买的影响,这可能已经扰乱了一些州、县(常常是其辖境之外)的地方市场。㊼

实际上,乾隆皇帝在这个问题上的观点是有些含糊的——他的省级高官们对物价上涨趋势的原因和可采取的对策的意见有时截然不同,他没有从中得到什么特殊帮助。一方面,继续掌握大量的粮食储备,干预市场,减少私人投机活动的影响,这些仍然是固有观念。这种观念在以后的数十年里一直支配着政府行为。而另一方面,我们也发现了一些主张商业自由化的观点(以下还将谈到这一点)。1744年的一个上谕中提到,"从前"(可能是1743年,或略早于1743年㊽)曾下令暂停采买,仓谷不得超过规定贮额,因为政府希望通过米谷"自在流通"以促使粮价下落;但是地方官们的行动却走向了极端——对他们来说,这样做更省事——他们完全停止了采买,听任仓储空虚。㊾在这个谕旨中,皇帝当然是在谴责这种行为,他提醒官员们,应该因时制宜,根据当时的市场状况,或买或停,相机筹划。

不管怎样,上述1748年的谕旨决定,将各省现行储量恢复到前朝的额贮量。由于康熙朝的贮额有的过低,有的不明确,所以多数省份都采用了雍正朝的额贮量。但有几个边远地区的情况比较特殊,其中有的是因为当时没有定额贮量(云南、陕西、甘肃),有的是因为在过去的20年里,需求量已经大为增加(福建、广东、贵州)。表13列出了各省的贮额数,以及1749年的官方人口数字。在观察表内数字的时候,必须记住两件事。首先,1749年的官方人口数字是公认被严重低估了的。第二,资料中的粮食数字是以"谷"来计量的,仓谷只有出仓时才会进行脱壳加工,这样一来就会失去一半重量。因此,当与赈济量或赋税额进行比较时,必须将贮额数字除以2。[50]

从表中可见,这时的贮额总数为33 792 330 石,比1748 年前的数字——48 110 680 石——几乎减少了30%。其中的差额(假定这些粮食是真正存在的)可能是向社会出售了,也可能是调运到仓谷数额不足的地区了。[51]审视1748年的这些数字,人们会发现,北部和西北部一些贫困而又交通不便的省份(山西、陕西、甘肃)的存贮额很高(相对于其人口规模来说)。甘肃省是北方人口最少的省份,但它的数字却格外高,可能的解释是,这里位于中亚的大门口,具有重要的战略地位:在整个18世纪前期及以后的时期里,这里是与西部蒙古部落交战的前方基

表13 常平仓贮粮定额(石),1748
(以未去壳的原粮计,即"谷")

省　份	官方人口数(1749;百万)	贮　额
直　隶	13.933	2 154 524
奉　天	—	1 200 000
江　苏	20.972	1 528 000
安　徽	21.568	1 884 000
江　西	8.428	1 370 730
浙　江	11.877	2 800 000
福　建	7.620	2 566 409
湖　北	7.527	520 935
湖　南	8.672	702 133

(续 表)

省　份	官方人口数(1749;百万)	贮　额
河　南	12.848	2 310 999
山　东	24.012	2 959 386
山　西	9.509	1 315 837
陕　西	6.734	2 733 010
甘　肃	5.710	3 280 000
四　川	2.507	1 029 800
广　东	6.461	2 953 661
广　西	3.688	1 274 378
云　南	1.946	701 500
贵　州	3.075	507 010
总　计	177.087	33 792 330

资料来源:杜兰德·J·D:《中国的人口统计》,《文献通考》,卷 36/5195。

地。那些战争,加上该地区贫瘠荒漠的地理条件,给维持粮价和灾荒赈济带来了大量问题。㊷

与甘肃省情况相似的还有少数几个省:西南的云南省,这里是山区,当时正处于迅速发展时期;沿海多山的福建省和广东省,这里也处于"嵌入式"地理形势,因为除了海运,很难从长江流域向它们提供剩余粮食。㊸(浙江的贮额也很高,因为它经常被要求帮助满足福建的需求。)相反,几个粮食剩余地区的贮额最低:江西、湖北、湖南、四川,如果考虑到人口密度的因素,那么还应该加上安徽和江苏(这两个地区可以直通长江上游的粮食剩余产区)。㊹

在这以后的乾隆时期,尽管人口激增,但这些贮额数字看来是比较稳定的,只有少数几个省调高了一些。例如,1753 年,湖北的贮额数提高到 92 万石,对于一个还要负担粮食短缺的江浙、豫陕地区需求的省份来说,旧的仓储额就显得过低了。㊺1760 年,由于山西"四面环山,不通外运",不得不依赖"通省积储"以济缓急,因而将该省的贮额提高到 180 万石。⁵⁹ 1762 年,批准奉天"旗仓"加贮粟米 20 万石,以备粮价高昂时补充"民仓"粜卖的不足:据盛京将军报告,尽管奉天一向粮食充裕,不需依赖官方储备,但近年来人口猛增,以致灾荒歉年如没有政府资助就难以度过饥荒。⁶⁰ 最后,到 18 世纪后期,甘肃的贮额达到 473 万石,在 1748 年原本已经很高的 328 万石的基础上又有所增加,但不知是从什么时候、是怎样发生了这一变化的。⁶¹

然而,这些只是"目标"数字,即这只是仓储量的理想水平。考虑到仓谷支出和买补的实际决策过程的因素,真实储量可能会低于或高于这些数字。随着时间推移,受各种因素影响,如自然灾害,或相反即连续丰年,以及上述行政控制方面松弛与严紧的阶段交替等,"目标"数字与实际储量的差距会显著拉大。仅举一例。1753 年以后,山西由于连年歉收,仓储逐渐空虚,到 1760 年,实际储量只剩 100 余万石。1761 年是个丰收之年,地方政府抓住机会,购买了 60 万石粮食,使仓谷数接近了 1760 年的新贮额 180 万石。⁶²

从每年的"民数谷数奏折"中,我们也可以部分了解实际储量情况。"民数谷数奏折"由各省于秋季中旬编制上报,其中包含大量的数字,这些档案都保存在台北和北京。这些数字可见于《养民》一书的附录,这里我只抄录了《清朝文献通考》中 1766 年的各省数据(见表 14),实际上,这些数据分别是从 1763—1766 年的,每个省不同。这些数据是各省每年年底奏报时的实际仓谷数,也就是说,是在每年秋季买补之后、春夏粜借之前的数字——换句话说,即每年仓谷循环周期中的最高储量。⁶³ 而且,《清朝文献通考》中有时还包括了官方承认的半民间的"社仓"和"义仓"的仓谷数,这些数字也不是微不足道的。

如果将 1763—1766 年这些实际储量数字与 1748 年的"理想储量"(有少数调整)加以比较,我们就会发现,奉天、甘肃,特别是浙江几省的仓储量大幅减少,发生实质性亏空。而我们知道,浙江省在那些年里并没有发生任何严重危机。甘肃的情况是可以理解的。该省同时发生了许多困难,很难维持大规模的仓储量。即使这样,1766年的谕旨仍停止了那里的"捐监",因为这些捐输多是以货币(折色)缴纳的,而皇帝坚持缴纳米谷(本色)补充仓储,皇帝告知该省,将从库银中拨付300万两存留该省,一遇丰收之年,即用于采买仓谷。[61]又据1768年陕甘总督吴达善奏报,上年又拨银80万两,1766—1767年间,甘肃省共买谷231.77万石——这个数字的确不小了。但是,到1768年十月,有120余万石已经发放出去,用于资助军队、借贷口粮籽种,等等;多数地方的仓谷只有定额储量的50%—60%。该总督建议,再增补仓谷,以平衡省内粮食充盈和不足的地区。[62]

为了更全面地反映仓储的面貌,我想,有必要暂时回过头去,具体看看各县的情况,并利用一种更接近于反映地方真实状况的资料——地方志。表15中提供的是我所能够找到的

表14 官仓与半民间仓储的实际储量(石),1766
(未去壳的原粮)

省 份	常平仓	社 仓	义 仓	日 期
直 隶	1 975 275	396 524	484 700	
奉 天	241 618(米)	93 614 (豆,谷,杂粮)		
江 苏	563 513ª+708 344ᶜ	231 889+ 91 862	475 850ᵇ	1765 1765
安 徽	1 235 708 (谷,米,杂粮)	505 285		1764
江 西	1 341 921	731 568	5 358ᵈ	
浙 江	276 353+ 131 010(米)ᶠ	260 481	6 060(米)ᵉ	
福 建	2 289 718ᵍ	492 657		1765
湖 北	748 000+ 15 579(米)	654 003	24 000	
湖 南	1 438 349	532 537		

(续 表)

省 份	常平仓	社 仓	义 仓	日 期
河 南	2 391 600[h]	643 111		1765
山 东	2 563 305	186 048		1765
山 西	2 303 263 (谷,米,豆)	579 643		
陕 西	2 156 610	620 870		1765
甘 肃	1 831 711	31 677		1763
四 川	1 856 437 (谷,杂粮)	900 518 (谷,杂粮)		
广 东	2 901 576	422 471		1765
广 西	1 380 121	258 276		
云 南	844 355 (谷,麦)	569 896 (谷,杂粮)		1765
贵 州	881 843(米)	29 826+ 1 086(米)		
总 计	31 346 259[i]			

资料来源:《文献通考》,卷 37/5205—5206。

注:除了注明者外,其他数字都是 1766 年的,都是"谷"。至于混合的粮食品种,资料中没有分别指明各种粮食的具体数量。

a. 由苏松布政司管理的常平仓。
b. 两淮盐义仓。
c. 由江淮布政司管理的常平仓。
d. 江西盐义仓,位于九江税关,又称关义仓。
e. 浙江盐义仓。
f. 浙江还有永济仓,分别建于康熙年间和 1730 年,在粮食调运和灾荒赈济中都发挥了较大作用。其总存储量可能曾接近 18 万石(谷)。据报告,其存储量,1748 年存米 84 430 石,1766 年存米 56 072 石,1768 年存米 78 600 石(《宫中档乾隆朝奏折》,熊学鹏奏,乾隆三十三年一月二十四日)。
g. 包括 1746 年台湾府为协济大陆的 4 个沿海府(福州、漳州、兴化、泉州)而存储的 40 万石谷。
h. 河南还设有漕谷仓,其贮谷可以调往外省。漕谷仓的贮存量,1748 年为 775 143 石,1765 年为 641 090 石。
i. 在计算以"谷"表示的总量时,我已将以"米"表达的数字都乘以 2。粮种混合的数字无法分解,也就无法换算;如果以"谷"表示,数量肯定会略高一些。除了上述已经注明的专门储备,《熙朝纪政》卷 4 中还提到的储备有:江宁省仓存 1.2 万石,江苏崇明仓 2 万石,广州粮运通判仓 9 万石。

表 15　直隶部分州县的常平仓储粮数

州　县	日　期	贮　额(石,谷)	(重新)建立或扩建的时间
河　间	1734	18 000	
献　县	?	18 000	
任　丘	1759 之前	20 709	
	1759	33 701[a]	
景　州	1744 之前	25 000	1744
	1744	40 000	
阜　城	?[b]	10 000	
交　河	?[b]	14 000	
宁　津	?[b]	14 000	
东　光	?[b]	14 000	
吴　桥	?[b]	14 000	
	1849	1 412[c]	
	1857	0	
沧　州	—	—	1735
盐　山	1750	10 000	1734
庆　云	?	10 000	
	1807	3 154[d]	
肃　宁	1748(?)	30 000	1737,1748
束　鹿	?	18 000	
栾　城	1683	>2 400[d]	1683
饶　阳	1691	10 000	
	1732	14 000	
	1738	16 000	
	1748	33 608[e]	

(续　表)

州　县	日　期	贮　额(石,谷)	(重新)建立或扩建的时间
武　强	康　熙	11 260	
	雍　正	14 000	
	1738	16 000	
	1748	14 000	
	大约1830	0	

资料来源:《河间县志》,卷2/19a;《献县志》,卷3/51b;《任丘县志》,卷3/51b;《景州志》,卷1/6b;《东光县志》,卷5;《宁津县志》,卷5/25a(包括阜城、交河、宁津、吴桥、东光);《沧州志》,卷2/5a;《盐山县志》,卷14/25b—26b;《饶阳县志》,A/52b—53a;《吴桥县志》,卷2/5a;《武强县志》,卷3/18b—19a。

a. 1759年的增加额是来自民间捐输。

b. 第二列中河间府的几个县写的是"旧额",可能是雍正后期的贮额(参考第一行河间县的数字)。

c. 当时实存的数额。

d. 可能是"米"。

e. 1748年的实存数额为:谷23 174石,米5 217石;这里在计算总数时,将米数乘以2。这一年,将饶阳县的存储额缩减到雍正时的贮额数1.4万石,这显然是仓廒的实际容量。

1743—1744年直隶受灾各州县的数据。经过对各个时期出版的一系列地方志加以对比,人们所得到的只是一幅并不完整的仓储面貌图景(特别是一些地方志中关于官仓的记载极为简短)。所以,表15中的数字只不过是一种估测。但这种估测最起码可以证明,1730—1760年间,是地方官仓的一个成功发展时期:这不仅在于它们可观的存储量,而且在于从这些数字中,清楚地反映出政府维持法定储量的努力,有的实际上已经超过了法定储量。还值得注意的是,其中有几个地方标出的仓储建立或重建的年代,时间上差不多都是发生在这个时期的早期。相比之下,19世纪的地方志中透露出,从18世纪末开始,这一制度普遍衰落下去:其中谈到仓储时,提法总是现已"空虚",甚至是"停废"。就直隶而言,毫无疑问,在1743—1744年成功的赈济活动中,地方储备发挥了重要作用。

《饶阳县志》中的数据显示，在 1740 年代，地方实际储量已经大大超过了定额储量（多数地方志中都利用了这些数字）。可以想见，1748 年仓储量恢复到较低水平的原因，不仅仅是为了限制国家在粮食市场上的采买量，很可能还因为地方仓储设施已经超量承载。仓廒数不可能无限制地扩大，而且由于缺少足够的管理人员，当储量超过一定限度时，许多技术性问题——如一年一度的出陈易新、仓谷的干燥和仓房守护，等等——都变得更加困难。

上面已经提到了另外两类地方仓储，即半民间（semiprivate）性质的"社仓"和"义仓"。这些机构尽管是按照政府制定的原则经营的，而且每年还得报告经营情况，但却是由地方精英们具体管理的，恐怕没有地方政府的直接干预，且仓谷也完全来自私人捐输。由于它们是实物借贷，下季收获后必须归还，因而从理论上说，它们是自给自足的，甚至无需再捐输，也可以增加仓储量，因为在收回仓谷时要收取十分之一的息谷。[64] 从原则上说，义仓是建立在非行政单位的市镇，其仓谷可以部分用于平粜，而社仓则是专门的乡村借贷机构。但实际上，这种区别并不显著。人们可以发现，许多市镇或县城建有社仓，而在乡村则建有大量义仓。

这些仓储是如何运作的，它们的作用如何，这些都还是有待解决的问题。像《文献通考》这类典章成例汇编中关于义仓、特别是社仓的许多文论，都是从中央政府的观点来考虑问题的。例如，一些文章制定了义仓和社仓规条；还有一些涉及了在这个那个省建立义仓或社仓的决定（最终决定在所有省份建立社仓，是在 1725 年）。[65] 一些文章证明了政府对仓储初建的物质扶助。[66] 还有一些文章则注意到政府的这种努力在一些地方的失败。[67]

由此看来，社仓和义仓的成功在不同时期不同地方是不一样的。至少在乾隆时期，政府付出了巨大努力来鼓励和监督这种半民间仓储的发展,而且,从积谷数量来看,这些努力至少在几个省是比较成功的:据1760年代、1770年代、1780年代的报告,四川、福建、湖北、湖南、江西、陕西几省的社仓贮谷均在60余万石到70余万石。而在另外一些地方,如江苏和山东,社仓的贮存量则少得可怜。同样可以作为成功事例的是,1750年前后,遍布于直隶乡村的义仓网,其主要创立者是方观承,前文在谈到方观承的经历时已经提到过。⑱ 据报告,144个州县共设立了1 005个义仓,服务范围达39 687个村庄。虽然不能肯定地说这些义仓的经营效果都是一样的,但从数量上看,仓谷总数已经从1753年的28.5万石增加到1766年的48.47万石(见表14),这个事实证明这一期间义仓制度所具有的持续活力。1749年,北方的河南、山东、陕西、甘肃、山西等几个省也曾打算建立义仓,但除了山西省,其他几个地方都没有什么结果。

最后,还要提一下另一种性质完全不同的义仓,即由商人资本在各商业城市建立的义仓。其中最著名、最重要的是1726年建立的"两淮盐义仓",资本银30万两,由当地具有垄断专营权的大盐商经管。盐义仓建立于扬州——这是"两淮"地区的行政和商业中心,通州、泰州、淮安也建有盐义仓。这些大盐商控制的地区包括了长江流域的大部分地区,他们通过垄断经营获取了巨额利润。这或许可以解释盐义仓制度的稳固存在——在建立40多年后,其贮存量仍有近50万石(表14)。两淮盐义仓隶于江苏巡抚的直接控制之下,其运行原则与常平仓一样。

据认为,半民间仓储(当然不包括盐义仓)的好处是其分散性、自治性和非官方性,这些也正是它们不同于常平仓的特点。它们由百姓自己经管(其实是由地方头领们经管),无需地方政府承担任何费用,也不像常平仓那样,动用时必须经过官僚机构层层报批而延时误事,还要受许许多多条件的约束,这些都妨碍着常平仓的运转。而且由于它们散处于乡村,与位于县城的常平仓比起来,更便于为乡村人口服务。例如,从《饶阳县志》和《束鹿县志》的"义仓图"中可以看到,直隶义仓的发放范围是,每个村庄与指定的义仓相距不超过 15 里。(据《束鹿县志》中的义仓图说,共有 266 个村庄,18 个义仓,每 15 里一个。)

  与常平仓一样,这些半民间仓储的职能也包括在严重饥荒时无偿发放部分储备。这样,它们也将面临同样的问题,即补偿仓谷,但由于其资金来源依赖于慈善性捐输,这使它们面临的问题更为严重,因为这种来源通常比政府资金更难得到。例如,饥荒时义仓必然要设立粥厂,这与前边所讨论过的"民间"赈济是一样的。[69] 但是,如果它们(以及其他半民间仓储)不得不在短期内——特别是在经济不景气的时候——反复发放仓谷,就会面临破产的命运,因为到了一定的时候,人们可能就不再愿意或不再有能力响应捐输的号召。例如在 1785 年的大旱灾期间,直隶庆云县的社仓和义仓将其储备全部发放了出去,这些仓谷后来再也没有得到补偿。[70] 这种事例在各地方志中记载很多。从中也可以看到,到 18 世纪的最后一些年里,义仓停废的情况越来越多。另外,在那些年里,一些省的地方官员们甚至还擅自用社仓贮谷来弥补常平仓的不足,或者供给军队需用(就像白莲教起义期间陕西省和四川省所做的那样)。

  这些半民间仓储经营最好的年份与常平仓的最盛时期看来大致相符,尽管前者的"黄金时代"可能为时更短,其覆盖面显然也不那么广泛。但是,即使在它们经营最好的时候,无疑也不是尽善尽美的,因为社仓和义仓的规则本身就意味着某些难以克服的组织上的问题。为此,官方对于半民间仓储的态度很多时候是很矛盾的。为了保证对理想状态的分散化与社区控制(相对于官方控制)的这种承诺,为了防止弊端蔓延,相当程度的官方监督被认为是不可缺少的。与雍正皇帝坚持认为应避免官府插手社仓管理的态度不同,乾隆年间总的趋势是加紧了州县政府在组织和会计方面的控制。其典型表现就是,一旦乡村仓储成功地增加了其储备,官员们就开始担忧地方精英们是否具备有效管理的能力。因此,在 1770 年代到 1780 年代里,安徽、山西、福建、湖南等省的当权者们决定免收息谷,以限制社仓贮谷的增加。

文献资料中确实揭露了大量半民间仓储管理方面的弊端。其中之一是一个地方行政管理专家万维翰于乾隆初年对社仓弊端的抨击,他评论说:首先,维持这些仓储的运转需要大量粮食和费用,而又很难找到真正乐善好施的自愿捐输者,所以,所谓的"乐输",实际是近于榨取("名为乐输,实同派累");如果年成较好,人们不愿意借入粮食,却被迫借贷,因为只有这样才能调换陈谷;如果收成不好,仓谷无法满足需求,那些煽动闹事者就会制造麻烦。再有,粮仓的管理者由于缺少政府所具有的那些强制性手段(这里我要加一句,即使是那些相当有限的手段也不具备),因而很难收回借贷。但他认为最严重的问题是选择"公正殷实"二者兼备的粮仓管理人员(这也是每一个作者提出的问题),因为实际情况是,"公正者未必殷实,而殷实者不皆公正"。⑪总之,官府的困难在于,那些有能力管理仓储的人在竭力躲避,而那些自告奋勇者很可能是一些恶棍无赖之徒。⑫

另一部著名的皇朝经济著作(约著于 1850 年)的作者王庆云明确说到,需要资助的人无力捐输粮食,而有余粮捐输的人又往往退缩不前。换句话说,即很难通过乡村仓储低价出粜或免息借贷方式进行资源的有限度的、间接的转移。⑬但是,即使假定社仓、义仓的经营运转是正常进行的——至少在短期里这是有可能的——从总量上说,其仓储量也远比官仓要少得多。表 14 中的数据可以证明这一点,地方志中散见的数据也可以提供进一步证明。在饥荒的紧急时刻,仅靠半民间乡村仓储本身是不能满足需求的,理由很简单,因为它们完全依赖于当地资源。因此,在需要政府有效干预的时候,就需要有一个更强有力的、能够抓住外部供给来源的机构,例如常平仓。

粮食"借贷"是常平仓应付食物短缺的基本措施之一。在这里,应该将紧急情况下的借贷和正常情况下的借贷加以区分。陕西、甘肃、山西、直隶、山东等省的粮仓年度报告㉔,以及这些地方的现实情况都说明,每年春耕季节循例的籽种和口粮借贷,对于帮助中国北方最贫困地区的农民度过春荒具有重要作用。据陕西巡抚奏报,该省北部贫瘠地区每年春耕出借的籽种口粮达数十万石到百余万石。㉕

当然,要经管数量如此细微、分散的借贷,对于地方管理者来说是一个相当巨大的挑战。就制度本身来说也存在缺陷,从而导致大量违法行为的产生。例如,1726年的一个奏报揭露,有的胥役仓官编造出一些借贷者姓名,这样当秋季还仓时就无法找到"借贷人",以此来掩饰亏空。㉖"真正的"借贷者的"消失"也是一个问题。由于农民不愿或无力归还借贷,地方管理机构不得不允许他们延期还贷,甚至伪造已经还仓的证据,欺瞒上级官员("作还"),结果造成仓谷亏空,下一年无法继续进行借粜。㉗1727年,河南巡抚的奏疏提到,"顽绅"、"奸牙"如何与地保等串通勾结,把他们的佃户、雇工列入有资格借贷的"贫民",以这些人的名义借出粮食,每户多达二三十石,而秋后只按照一户四五斗的借量归还。结果,那些真正的贫困户反而借不到任何粮食。㉘当然,要想全面勾画出这些弊端在什么地方、什么时候最为猖獗是不可能的。㉙在很多情况下,这些弊端的产生及其严重程度与政府对仓储制度的重视程度密切相关,随着管理松弛或严紧的周期性变化而变化。

每年借贷和还仓的数量还与经济条件和气候状况有关,随其变化而变化。关于这个方面,不妨看一下各省借贷积欠的数字㉚,因为其中不仅包括每年青黄不接时的循例借贷数字,而且包括灾荒时候拖欠未还的借贷数字。

在几种救灾措施中,实物借贷从理论上说是介于平粜和赈济之间的一种方式:只有当情况"较差"时才会采用,而"较差"的标志不是粮食的真正短缺,而是市场供给不足,市价上升。但实际上,三种措施常常是同时采用的,不论是在经济危机的不同阶段,还是对各不同"贫"户等级。借贷尤其是与平粜结合在一起采用的,二者的目的都是为了抵消粮价上涨的影响,为百姓提供保护性措施,而借贷所需要的粮食数量更多。㉛我们已经看到了赈济与平粜之间的关系:平粜常常是先于赈济,或是于春末接替赈济。无息的口粮借贷显然也是作为一种"过渡性"措施,特别是在赈济结束与经济恢复之间的不稳定时期。㉜

《赈纪》描绘了一幅1744年借贷制度的实施情景。尽管实际结果是,1744年出借的口粮最终并没有要求归还,即实际是作为赈济发放了,但书中的描绘仍令人倍感兴趣。这次借贷的对象是"偏灾"州县中那些已于1744年三月后停赈的州县。在饥荒的最后阶段,这些州县实际上已经是粮食供应不足,生计艰难。直隶总督在奏报中声明,在11个"偏灾"州县中,只有2个(天津和束鹿)尚可维持,其他9个州县已陷于困窘地步,另有3个不成灾州县(霸州、雄县、文安)也由于上一年收成较差及持续到夏初的旱灾而难以维生。直隶总督建议对这些州县酌量借给口粮,待收成转好时还仓,为此每个州县约需米3 000石。㉝

肃宁县令尹侃给直隶总督的报告证明了停赈后贫民生计困窘的状况。㉞这些报告还叙述了官僚制度下所固有的借贷管理方面的一些问题。据尹侃报告,到这个时候,肃宁县民十之八九已经营养不良,艰难境况不可名状。即使考虑到其中存在某些夸大的因素,这也还是能够告诉我们,在经历了10个月的饥荒之后,最初所划分的"偏灾"到这时已经没有什么意义了。不过,这应是上述3 000石借贷口粮发放之前的情况。

应直隶总督的指示,新县令(尹侃是五月初被任命的)上任伊始就开始调查辖境内的经济现状。他确认,如不得到及时接济就无法支持下去的"极贫"户有12 931户,待接济的总人数为大口21 017人,小口8 414人——这个数学只略低于《赈记》中所列的前几个月接受赈济的总人数。这之后,他还必须等待总督关于下一步工作的指示——这个指示是六月十九日到达的(他们的请求报告5天前被批准)。当天晚上地保即得到通知,从第二天开始借贷口粮,这次行动将持续半个月。显然,官府无论从时间上还是人力上都不足以应付如此大量而又分散的任务,所以,村民们只能在保甲长的率领下,到县城去领取。他们列队一个接一个接受地方官的点名,然后到仓按配额领借自己的一份,每大口1斗。每天大约发放1 000 人。作者交替使用了"赈"和"借"两个词,因为尽管名义上是借,实际上皇帝早已下令,所借口粮不必还仓。由于在这次调查中增加了1 500余户待接济的家庭,而且对最贫困户进行了超额接济,所以3 000石粮食很快就发放完了。由此看来,尹侃一定是在整个六七月间都在干这件事,直到秋收之前——尽管缺乏籽种,他还是尽力让灾民在五月份播了种。

不管怎样,这个事例不仅说明了某些州县地方官的杰出工作能力与奉献精神,同时也暴露了官僚机构办事的敷衍拖拉和文牍作风,这些常常妨碍着常平仓功能的很好发挥:从时间上看,已经停赈近三个月后才开始这次借贷口粮。我们不知道其他州县的居民是否也等了这么长时间,但从直隶总督的报告中可以感到,他们的境况显然也十分窘迫。⑮

1744年夏秋的"恩免"借贷共用米40 344石,多数出自常平仓。这些常平仓分布于17个州县。与无偿赈济的发放量相比,这个数字表明,(至少在这个事例中)在官僚政府抵抗饥荒的各种措施中,实物借贷的作用是多么微不足道。

要想知道直隶的案例是否具有典型性,还需要更进一步的研究。18世纪的文献资料中充斥了官府对农民的灾荒借贷,但极少有数量化记载,以致我们无法对其地位和作用作出评价。然而,这种借贷常常被认为是常平仓亏空的原因:因为农民在饥荒之时生计艰难,归还借贷的期限不得不一再拖延。实际上,尽管恩免还仓被称为"特例",但像1744年那样的做法看来还是比较经常的。在某种意义上,这等于使情况回到正常状态,并有助于清理那些无论如何也不可能归还的积欠。

作为一般规则,对于出借人来说,一笔借贷最起码意味着一定的抵押品,而在这方面,与活跃于村庄或市镇的私人借贷相比，地方政府则处于不利地位。民间借贷这种社会制度完全可以自我约束，保证借方对贷方的联系（或者说是借方对贷方的控制）。在大部分粮食和/或货币剩余掌握在富人（或大家族，或商业机构）手中的社会环境里，国家似乎不愿意与对农民来说还算方便的高利贷（或可能是慈善性借贷）进行有效斗争。半民间仓储是一种方式，通过这种方式，一部分地方私人剩余与最底层的社会需求联系起来，被用来提供低息的、制度化的中介性借贷。但我们也看到，尽管有一些成功的事例，这些仓储也遇到了各种各样的困难。只有在那些绝大多数人口的生活接近于"生存线"的地方，在那些农业落后或完全没有商业化的地方，以及在那些私人剩余少到可以忽略不计的地方——套用一个官员们常用的词，即在只有"少数富人"的地方，由政府提供的定期的大规模粮食借贷（即以上所讨论的每年"青黄不接"时候的借贷）才有意义。

就抵消粮价上涨的作用来说，常平仓借贷无论如何也比不上平粜——除非在采取超过地方仓储能力的、特别大规模行动的情况下——既然如此，政府所面临的就只有两种选择：或者是无偿赈济（我们已经详细考察了这个过程，而这个过程也有其限度），或者是利用导致价格上升的机制，即市场机制。

官僚制度与区际市场

在谈到粮价上升问题时，我特别强调市场对粮食分配制度的影响：这是一种不断变化的、但又实实在在的，而且常常起支配作用的影响。我特别要提到市场在江苏和浙江两省所起到的决定性作用。这两个省位于长江下游，在我们所研究的这个时期，它们在粮食的商品流通方面——不仅在粮食的运输量和贩运距离方面，而且在所涉及的人口数量方面——都堪当最好的范例。⑱粮食贸易的总的模式是沿长江顺流而下，从粮食剩余省份四川、湖北、湖南、江西到人口密集且经济多样化的省份江苏、浙江(有时还有福建)。

在这条贸易链的任何一点上,不管什么时候发生不平衡——不论是由于自然原因(庄稼歉收),还是由于人为原因(暂时的禁止输出)——其影响很快就会从河流的一端传播到另一端。这里可以举两个例子。一个例子是,1726—1727年浙江、福建的灾荒,促进了私人,特别是政府在四川的大规模采买,引起四川粮价暴涨,到1727年冬季甚至达到了危机程度,尽管那里并没有发生气象灾害问题。另一个例子则相反,1732年四川的"遏籴"使下游的需求负担完全转移到湖北和湖南两省,由此造成的严重经济困难进一步影响到了更远的下游地区。即使在正常年景,自长江上游到下游的粮食流通,以及一些大贸易中心如湖北汉口和江苏苏州的粮食投机活动,都会在河流的沿途各地造成规律性的粮价上涨。

当然,必须认识到,这种现象是这一时期中国经济中的基本现象,以上所举灾荒时候的例子只是其极端表现。一般来说,供给绝不能满足需求,或者更准确地讲,需求对供给的刺激总是拉动着供给超出其正常能力,给供给造成威胁。粮食不足地区(或某一地点)自然会倾向于通过它的商人或官员,尽力从粮食剩余地区购买其所有储备,从而使后者也同样落入短缺边缘。⑰ 即使没有发生从负面影响粮食生产的重大事件,这个过程的频繁程度也很可能是由于提供给市场的剩余不足所引起的,包括那些拥有"米仓"称号的省份(正如安部健夫一再指出的那样)。而不论什么时候,只要经济危机冲击了这个流通链的任何一点,这种剩余不足就必然会被强化。以下是几个例子。

前边曾几次提到的1691年俞森所面临的状况,是最具特征性的事例之一。他所管辖的汉江上游几个府当时所处的困境,是源于临界的河南、特别是陕西一些地区所遭遇的几乎是毁灭性的灾荒。河南、陕西的商人们蜂拥进入湖北市场,以有利的价格,诱使当地农民尽可能多地卖给他们粮食。而湖北西北部山区当时正刚刚从清初战乱中得到恢复,如果包括明末的内战,实际上是刚刚从历时达半个世纪的社会动荡、经济毁坏中恢复过来。由于人口减少,资源耗竭,这一地区几乎不可能生产任何可供输出的剩余产品(亦即一篇文章中所指的"居鲜富民")。所以,这时卖出的粮食,其实是正常时候自己消费的或是就地积储的那部分粮食。俞森在几个奏报中说得很清楚,与陕西流民一样,这些"境外"商人也给当地带来了饥荒。[88] 显然,当地绝大部分粮食都被这些商人挖掘走了。

另一个由需求过多引起供给不足的事例发生在1616年的安徽霍丘县。[89] 与18世纪长江流域的典型现象相反,而与上述湖北的例子相似,在这里,我们看到了商业机制在粮食短缺条件下的运作。在经历了10年粮食缺乏和2年极为艰苦的岁月之后,霍丘县看来正处于恢复时期。这一年,夏熟的冬小麦已经收获,秋粮似乎也比较看好。但邻近州县仍收成无望,这使霍丘县处于商业上的有利地位,同时也是具有危险性的地位。当地的小麦在极短时间里就被以"高价"卖到了邻近的六安县和河南固始县,以致官府都来不及干预和阻止。而当接下来的秋收由于干旱和虫灾终于一无所获的时候,霍丘县的灾难也来临了:它已经没有任何储备用以度过饥荒,而且显然也不可能期待从附近地区获得任何接济。

在1744年直隶的事例中,我们也可以看到,在高需求条件下,资本向稀缺的剩余产品的过分急迫的转移,或者更准确地说,是这种过分急迫转移所带来的风险。在八月份的一个报告中,即饥荒刚刚"正式"结束之后,直隶总督注意到,庆云和盐山两个县再次遭受了干旱,需要进行救济。他同时也进而注意到,邻近的多数州县在灾后终于有了收成,因而他警告说,"歉后新粮甫经上市",如果官府急于采办,"恐妨民食"。[90] 换句话说,直隶总督所关心的是,避免邻近地区的农民因受有利价格的诱惑而过多出售剩余粮食,以致超过了适当的安全线。

那么,对于这种由区际间粮食的过度商业化所造成的供求不平衡,政府是什么态度? 中国的官僚对于商业活动的反应一般来说比较含糊,态度不一,有的可以说是存有顾虑的,因为他们是从以下几个观点出发来评价其作用的:其中最基本的一点是,认为商人活动带有欺诈投机性,是靠不住的,甚至认为是寄生性的。[91]在儒家的职业等级结构中,"士"(明确地说,即官僚)与"商"处于这个等级结构的两极,而"商"处于最低等级。毫无疑问,在官僚对于商业现象的评价中,这种社会等级观念在起作用——这种对于一个利益群体和一种社会要求的轻蔑观念可以追溯到帝王统治的初期。[92]

然而从更具体的层面上看,官员对于贸易,特别是大商业活动的怀疑态度,还是产生于帝国的现实情况和日常观察。尽管自给自足的农业已经成为一个古老的、多少带有虚构成分的社会的标志,尽管"合理"利润可能已被承认是合法的[93],但当面对商业机构,如汉口或苏州的大"米行"的投机活动和恶意操纵、哄抬米价的行为,政府还是不能消极地坐视不管。例如,苏州的米行曾采取一种叫做"齐行"的做法,即共同协商,散布气候方面的谣传,制造恐慌,借以抬高粮价。[94]这种做法肯定是很普遍的,尽管有时范围较小,而商人的行会则为各种欺行霸市行为提供了一种理想的组织机构。所以,当一个地区的粮价升高,而其正常的供给来源又没有表现出特殊的不足时,官方有时会对大商人采取果断措施,严厉禁止他们收买囤积。如1709年,尽管湖广、江西稻谷丰收,但江苏、浙江却米价腾贵,官府决定在各主要码头严加查访,如有富商贩买囤积,即令他们以时价就地粜卖。1716年,京城也发生了同样的事情。当时河南、山东连年丰收,而京城粮价却居高不下,上谕命令河南、山东两省官员,查明有多少粮食被装船北运,又有多少是在途中被商贾收买囤积起来。[95]

这两个事例还表明,在一定范围里,通过控制主要码头、关闸及主要贸易路线,官府对区际贸易的监控还是较为容易做到的。所有大规模的贩运船队都必须经过某个官方口岸,只有一些小商贩可能会避开这种严密的监管。对粮食短缺地区内的投机活动和操纵行为的监控则比较困难。不仅是由于这类活动常常发生在大经济中心(在那里,这类活动会受到官府的督察)之外,而且由于对于地方官来说,控制这类活动常常是一个敏感且棘手的问题,因为当地乡绅们很可能也卷入了这些活动。

然而,尽管有以上种种观点和做法,在 18 世纪,官方在多数时候还是认为,对于百姓利益来说,商人在粮食流通中的作用是必不可少的,认为贸易是一种弥补由自然条件造成的地区差异的必然方式。总的来说,官员们被要求执行一种自由放任主义政策,把自己的活动限于财政控制,或是干脆采取合作态度——尽管执行起来有时是勉强的,不那么情愿的。政府对于商业机制作用的这种自信是不是一种回归,即返回到了满族(以及蒙族)的某种重商主义传统呢?这种回归始于雍正朝,与顺治和康熙皇帝对较为"人道主义"的中国传统价值观的赞扬态度恰好相反。⑯实际情况是,在各省官员频频建议采取权力干预措施的情况下,当面临着采纳还是拒绝这些建议的抉择时,雍正皇帝和乾隆皇帝都态度鲜明地在谕旨中表达了他们的"自由主义"宣言。⑰《文献通考》的编纂者在对 1742 年一个谕旨的按语中提议,可以将政府籴粜和私人籴粜结合起来,适当运用,以维持粮价平衡,因为政府是在当地通过仓储来交易运作,而私人是(同时地)在丰歉地区之间运作的。⑱1760 年的一个上谕公开声明,"病商因而病民"⑲,实际上是摈弃了所有想要把大规模粮食运销纳入政府管制的欲望。显然,这种观点在"养民"方面已经发挥着相当重要的作用。

这一思想在许多场合都有所表达。早在 18 世纪前期,一个苏州学者在讨论江南问题时就曾写道,米商"为民之司命",故"抑价"对生产是不利的,抑价则商人就不会来,这只会使米价更高。⑳同样,许多作者都提出,应该采取各种措施来吸引粮食输入,而为达此目的,政府有时也实行一些政策来鼓励粮食流入灾区,如免征内地关税或海关关税。我们发现,康熙后期即有类似先例。在巡抚张伯行的一篇文章中,他劝说江南的商人富户赴江西、湖广采买粮食,运回江南以平价销售:不过,他所承诺的只是暂时免除附加在正常关税之上的那部分超额税[101],但后来的事实证明是豁免了商人的所有通过税(transit taxes)。《清实录》中1732年的记录曾提到了山东省上一年制定的"米船免税之例"。[102]1732年还经奏请,准许临清、淮安、扬州各关的官员免征所有运往山东、直隶的米船关税。1736年的上谕,又免除了所有运往灾区的粮船的关税。[103]为了保证免税政策的正确执行,还制定了具体的监管制度:由税关发放证明,商船到了灾区,必须由地方官在背面签字,商船在返回时经过确认才能被放行。

1742年,甚至形成了一个要求永久性地普遍蠲免"米豆税"的热潮,其目的在于制止粮食价格的持续上升。但这个目的最终没有实现,因为正像我们已经看到的,引起价格上升趋势的还有许多其他因素。随后的谕旨表达了皇帝对于那些"奸商"的愤恨,因为这些商人惟利是图,不肯减价销售,借免税机会来谋取利润,而不是与百姓分享皇帝的恩惠。[104]皇帝的这种态度正是当时观念的典型反映:商人的"善"(good)和"忠"(sincere),是指愿意与国家长期合作,能满足官方利益要求。如果能够做到这一点,那么谋取非投机性利润(这并不意味着适度利润)就不仅是可以接受的,而且是得到保护的,甚至是受到鼓励的。[105]

然而,向反方向拉动的"干预主义"也是非常强烈的,也就是要卡住粮食输出。在许多官员的头脑中,"禁籴"被认为是使粮价下落的主要手段——这在特定环境下,与公众的观点是完全一致的。当粮价昂贵,以及频频发生民众骚乱的情况下,禁止通商、维持粮食的"官价"水平的愿望,就会时常地冒出来,成为普遍要求。在这方面具有代表性的是,苏州和松江两府于1748年夏季粮价上涨期间所发生的几次暴乱,有的甚至极为严重。在苏州,官府对人们的请愿进行了镇压,并抓捕了带头闹事者,但这更激起民众的反抗情绪,愤怒的人们冲砸了江苏巡抚衙门。有些人以怀疑商人运米"出洋"为由,将米船灌沉。在松江,人们阻截客船,毁坏商行铺户的房屋。在所有这些事件中,人们总是以暴力对抗官府的镇压。⑩各处当地的投机商(商人和乡绅)不愿让外来商人侵入他们所控制的市场,因而他们也在背后煽动民众反对粮食输出的情绪。⑩

粮食输出和粮食输入地区的利益分歧常常反映在其各自官员的对立观点当中:一边主张禁止贸易,另一边主张鼓励流通;而最终要由高层机构做出抉择。一些地方官员,乃至省高级官员仅为保证本地供给而担忧的想法,经常受到皇帝的谴责,认为他们"所见殊小",作为一国之君,皇帝的出发点是"整体观",强调的是"一视同仁"。⑩一些荒政书籍也表示了与皇帝相同的意见,批评那些一有风吹草动就禁止米谷流通的地方官目光短浅。⑩他们主张各地一致开放贸易路线,担心一处禁籴,就会引起其他地方的连锁反应,其作用只会使煽动者的愿望得逞。在沿海地区发生饥荒时,许多人甚至呼吁暂时取消海禁,允许粮食流通。

与内陆贸易线路不同,沿海的贸易路线是受到严格管制的。一般来说,一条船出海时只允许携带足够船员食用的粮食,否则就是违法的,除非它违犯禁令夹带粮食。这一禁令被认为是正当的,这一方面是出于保证沿海省份粮食供给的需要,另一方面也是基于战略上的考虑。帝国极为担心海上安全,极力避免为海盗和贩私者提供粮食的可能,更不用说还存在着海外反清势力的威胁。

实际上,官员们关于粮食供给问题的争论不是没有根据的,尽管有些文章常常夸大了海上走私对地方粮价的作用。1708年,一位御使认为,"江浙米价腾贵,皆由内地之米,为奸商贩往外洋之故",皇帝显然同意他的观点。但到了1716年,皇帝的看法有所改变,开始怀疑事实是否的确如此。巡抚张伯行曾奏"江苏之米多出海贩卖",而皇帝认为,"斯言未可尽信,然不可不为预防"。⑩不管怎样,存在着大量私贩是不可否认的,多数的目的地不得而知；同样不可否认的是，其结果至少是地方粮价上升了，尤其是当贩私者以双倍，乃至四倍于当地市价购买的时候。一些资料清楚地表明，存在着高度有组织的地下交易，涉及者从大牙行直到中小吏役。例如，吴蔚光的诗《出洋米》，讲的是他的家乡江苏常熟的情况，其中叙述了不可遏止的贩米出洋的趋势。诗中描述，在每石米六七千钱的利益驱动下，"众人趋利如流水"，而当地市场价格只有两千钱；他提到了长江沿岸常熟以北的各个河口码头，这些地方是贩私船只的出发地，此外还有上海和太仓，也是私米出洋的出海口。他还点了一串名单，这些人靠走私偷运而"肥其私"，这些人有："牙行囤户，贩商游食，地保汛兵，津吏营弁。"贩私粮食都是少量分批购买的，然后藏匿在岸边的"僧观尼庵"中，待夜里摆渡到等候出洋的大船上。官府将米价上升归咎于牙行囤户，而后者的对策是一致停止买卖，直到饥民反过来又责怪官府禁米！⑩ 在 1809 年的上谕中，嘉庆皇帝表示，长期放松对粮食禁运的管理，多半是由于江苏官员的腐败受贿；据奏报，上海的海关管制特别松，那里的兵弁和地方胥吏相互勾结，纵容走私，出洋商人可以贩出最好的稻米（即贡米），牟取暴利。⑫

不管怎样，这里应该注意的重要一点是，禁运也包括禁止沿海省份之间的粮食贩运⑬，而种种证据表明，受地区差价的诱惑，沿海的粮食私贩至少与外洋贩运一样活跃。自 1684 年（有的资料说是 1685 年）开海禁后，中国的商船数量持续增加。⑭ 可以想像，在商船登记、船员审查、海关检验，以及每次的行船执照发放等方面的制度都比以往更为严格；且经常重申，要求照章办事。这样做也是为了防止该船在沿海贩运米谷。在这方面，还有一个明显事实，即到了 19 世纪早期，政府可以毫无困难地雇用商船来海运漕粮。⑮

此外，在粮食禁运中，从一开始就存在着一些可钻的"空子"。在 1735 年重申的一个规定中，允许山东和江苏沿海之间的豆类贩运，因为海路比运河更为便捷，但不允许米谷海运，同时对船只进出都规定了严格复杂的查验制度,以禁"偷买"和"夹带"。[116]

奉天是另一个豆类产区,1749年以后也正式允许这里的大豆出海。起初规定,每年每条大船可运200石,每条小船100石。到1772年初,就不加任何限制了,但同时规定对离开奉天的豆船征税。根据1780年的税额计算可知,经过几年的试行期,到这时,每年申报出海的大豆数量达到130万石,有理由认为,实际数量要远高于这个数字。[117]

实际上,不仅是豆类贸易,在1749年以前,小麦及其他谷物的海运也早已被默认。受江苏高需求量的吸引,以及迅速发展的东北农业生产,自取消海禁(1684年)到奉天建立海关制度(1707—1708),在这个时间间隙里,这条运输线的贩运肯定特别有利可图:因为在这期间,没有专门官员来执行粮食禁运规定[118],而在此后,政府肯定加强了对日益扩大的海上贩运的控制。

奉天与长江下游地区的海上运输工具主要是一种叫做沙船的平底船,它特别适合于在中国北部沿海(北洋)的浅滩航行。这些船都是在沿长江各河口、海口的船厂制造的。它们每年将茶叶、棉布、糖等商品运往天津、奉天等地,返程时运回棉花、豆类,肯定也有小麦。[119] 19世纪早期包世臣(1775—1855)的一篇文章提到了奉天与江苏之间的粮食运输规模(大约是合法的),文章说:"沙船聚于上海,约三千五六百号。其船大者载官斛三千石,小者千五六百石……自康熙二十四年开海禁,关东豆麦每年至上海者千余万石。"这个数字肯定有所夸大,充其量也只是最高数字,即使我们相信按每条大船运载3 500石计,总运量为1 050万石,这也只能是一个长期过程之后的终点数字。[120] 无论怎样,如果严格实行了监控制度——直至19世纪后这仍是官方政策——那么,这种发展显然是不可能的。

还有一个多少是永久性的政策"空子",为活跃的粮食贩私提供了保证:即长期以来,对台湾至福建(当时台湾在行政上是隶属于福建的)的粮食输出没有任何限制,但这不包括对邻省的输出。当海峡对岸的大陆各府都处于粮食短缺的时候,台湾的经济自18世纪初开始迅速发展起来,粮食已经有了剩余。经过一段非法贩运以及暂时弛禁的时期之后,1726年政府终于决定,废除所有关于台湾与福建之间的贸易禁令。但为了防止粮食运输越出合法的贸易路线,官府仍对其实行严格监督和管理。据有关总督奏称,在这段时期的丰收年份,台湾的粮食产量是它本身年消费量的5倍。1740年前后,尽管连年歉收,每年的粮食输出量仍达到50万石。[121]以后曾尝试实行运输限额的做法,但直到1780年代以前,这种做法看来没有妨碍台湾与大陆之间粮食贸易的迅速增长。这种贸易的结果是台湾粮价的上升,并因而招致岛上人士的抱怨。在1786—1787年,这种价格上涨还引起了台湾民众的严重骚乱。[122]

　　长江以南沿海(南洋)的商船活动绝不亚于北洋沙船,其吨位数量至少等于,甚至高于后者。[123]这不仅包括行驶于台湾航线的船只,也包括远洋商船。远洋商船将海外的粮食输入国内,因为如果一方面是严禁粮食输出,另一方面就会鼓励输入,有时还提供免税的优惠。[124]在这种情况下,我们就可以理解,为什么在发生饥荒之时,官府能够轻而易举地将赋粮或采买的粮食在沿海运来运去。这些货物几乎都是雇用商船来运送的[125],有时还加派军队护送。例如,1743年和1748年,从江浙到福建,分别运送20万石和15万石粮食。这两次都是派崇明的镇总兵前往上海雇用海船,然后将这些船调集在一起,分为"帮","押运"到福建。[126]实际上,资料显示,福建经常接受这种政府组织的海运粮食,不仅来自江浙,而且来自台湾,台湾充裕的仓储贮谷每年都要运往大陆。[127]广东有时也接受海运的粮食供给。同样的事例还有,上述提到的1743年直隶赴奉天采办米谷海运至天津;以及许多资料中提到的官府自奉天采买,经海运至直隶或山东。[128]

　　最后要说明的一点是,除了上述一些例外情况,尽管各处都实行了禁运,尽管官方的粮食调运完全不足以减轻禁令的效力,但在特定情况下和特定的贸易线路上,这种禁令经常会被中止执行。正如我们所看到的,沿海地区的官员在当地粮价昂贵时,经常提出"弛禁"的请求。对于粮食短缺省份所提出的开放海上贸易的请求,实际上也常常得到批准,尽管总是附带着严加防范的指令。在18世纪里,贸易政策看来越来越趋向于自由化了。其原因与其说是由于当时中国统治者所可能具有的"重商主义"倾向,不如说是由于在1680年代清政府占领台湾和平定三藩之后,经过二三十年的强化统治,统治者对于海上反清势力的担忧已大大减小,而同时急剧扩张的海上贸易的压力则在日益增强。举一个早些时候的相反例子,1710年,福建漳州、泉州发生饥荒,官府利用战船来运送粮食,但这肯定会延误赈济,即便如此,当有福建人准备私人从乍浦港向漳、泉运送粮食时,仍然遭到官府拒绝。[129]

实际上,经过一定时间之后,对于那些看来是最合理的粮食运输路线来说,已经说不清什么是它的规则了:是禁止通商,还是取消禁令。奉天与直隶之间的海上贸易就可以说明这一点。一些文书追溯了(并不总是很清晰)奉天海上贸易时禁(这是最初的规定)时开的反复过程[130],该地区丰富的剩余产品吸引着众多的私人海上贸易。由于它的特殊地位,又是处于军队和满人的统治之下,它与外界的交换受到非常严格的管制,不仅在牛庄这样的港口,而且在山海关这样的陆路关隘。[131]每当粮价上升时,盛京将军就会要求禁止贩运,而每当直隶或山东粮食歉收时,当地官员就会要求开海禁,鼓励通商。

例如,1725年的上谕,准许奉天与天津间的官方粮食运输,皇帝特别提到:"若有商民自海运米者,不必禁止。"这以后还有一些海运请求得到了批准。但到1736年,盛京将军列举了奉天南部粮价高昂的情况,奏请户部重新"明确"禁令;为了不伤害正在贩运中的商人的利益,特准许贩运活动延长一年。1738、1739年的记载都提到了直隶粮价上涨或受灾歉收,因而暂开海禁一年的情况。⑫

在1743年夏季直隶大旱灾之前,局势显然已经回到了"正规"状态,也就是说,奉天与直隶之间的海上贩运已经停止。这有助于解释天津周围地区形势为什么不稳定,因为天津一直是从奉天输入粮食的。⑬由于奉天米谷丰收,1743年十月的上谕,准许直隶赴奉天贩运,重新恢复了两地的通商关系。上谕中所提到的通商程序可能是开海禁的一般程序,即:由于是专为接济灾区州县而开海通商,所以这些州县的地方官应给商人发放特许印票,由奉天将军查验核实,商人购粮后应给以"回照"。没有票照的贩运是非法的,为了防止有的船只中途改变方向、私出外洋等情况的发生,还加紧了沿海各口的稽查。⑭

以后,直到1762年之前,还有一些年份也曾停止禁运,每次都称为"暂停"。⑮然而,人们一定会奇怪,这样一来,奉天与直隶之间的粮食贸易岂不是多少已经变成了常规活动。1766年的一个上谕已经透露了这种意思,由于奉天气候不利而重申禁海,其中第一次把这称为"暂时",几个月后的确又恢复了贩运。如上所述,奉天对江苏的大豆贩运在1749年合法化后急剧增长。此外,这种贩运活动还延伸到了其他口岸和其他商品。

然而事实仍然是,在18世纪里,不管皇帝如何强调内陆的贸易自由,他们始终对海上贸易实行坚决控制,而对直接针对粮食禁运的沿海贸易扩张的合法化更是态度谨慎,步步小心。这种不让步态度使他们可以将监控手段保留在自己手中,随时对粮食剩余市场与遭受短缺的沿海省份之间的粮食贩运采取相应对策,从而对粮食价格施加直接影响。结果是,事情不再是使现存的交换贸易向人们所期望的方向转变——就像内陆贸易线路那样——而是根据形势要求,通过命令方式来决定开放或是关闭特定的贸易线路。

毫无疑问,他们在这方面是成功的,但这种成功达到了什么程度却很难确定。我所掌握的信息显示,他们有时控制得相当严厉,而有时对一些线路又完全置之不管,这两极之间存在着相当大的浮动空间。国家不能无限制地反对市场合法化,特别是由于监管海运的代理人并不总能摆脱玩忽职守的嫌疑。实际上,其中一些人很可能参与了非法贸易活动,利用职务方便中饱私囊。例如,1700 年前后,每当大陆粮价上升时,台湾的营哨船就公开贩运粮食,与各种私贩竞争⑱;还有在上文中提到的,在 19 世纪初,上海的官员有意纵容商人向外洋贩运米谷。

要想明了"海禁"政策实际执行到什么程度,只有通过进一步的案例研究。但至少有一件事还是清楚的,即从历史记载中可以看出,禁止粮食海运为政府提供了现成的理由,只要它认为需要,就会对海上贸易进行严格管制;而且只要不是例行公事,确实按照指令去做,这些管制可能是非常有效的。

注 释

① 全汉昇(1972b,第 569—570 页);伊懋可(Elvin, Mark)(1973,第 213 页);居蜜(1974,特别是第 519 页)。居蜜的研究对有关前现代中国植棉和棉纺织业发展的大量文献资料进行了有益的综合性分析。还可见全汉昇(1972c)。关于丝织业,见孙任以都(1972,特别是第 84—91 页);李明珠(1981,特别是第 1 章和第 2 章)。
② 见全汉昇和克劳斯(1975,第 17 页及以后),其中根据苏州织造李煦(1655—1729)的密折,描述了 1713—1719 年苏州的粮食市场。
③ 长江下游地区城市人口对粮价波动的极度敏感将在下文讨论。《启祯记闻录》关于明末清初苏州地区的记载中,对此有大量描述。例如,1640 年,尽管苏松地区粮食收成较好,但由于外部粮食没有及时到达,米价开始上升,这一地区还是爆发了动乱(卷 2/6b)。1648 年,由于商船被官府强征而粮食停运,仅仅迟到了不到一个月,就发生了饥荒,以致不少穷民饿死(卷 7/12b)。城市居民的生存问题绝非仅限于该书所涉及的总的经济衰退时期。在《赈纪》(卷 6/5a)中,天津郡城的情况就是例证:天津郡城食米向来靠从奉天贩运,后来被禁止。1743 年由于干旱无雨,对庄稼歉收的预期立即影响了粮食市场。早在六七月间,不断上涨的粮价即已对市场造成巨大压力。
④ 在那些水运条件不大便利的地区也可能发生这种情况,如 17 世纪山东周

村的事例,可参见曼素恩(Mann, Susan)(1987,第 74—93 页)。

⑤ 关于大运河在山东农业商业化过程中的作用,见景甡和罗仑(1978);马若孟(Myers, Ramon H.)(1972a);曼素恩(1987)。

⑥ 转引自李之勤(1957,第 297 页)。

⑦ 见片冈芝子(1959,第 91—94 页)。还可见天野元之助(1956,第 242 页);居蜜(1974,第 519 页);李之勤(1957,第 281 页)。

⑧ 例如,直隶北部乐亭县的情况,见片冈芝子(1959,第 94 页)。这一地区与热河保持着正常贸易,以其棉布交换粮食。

⑨ 关于清代各种经济作物的发展情况,李之勤(1957)曾有非常详细的描述。还可见刘翠溶(1978)。

⑩ 运河的粮食运输量比长江少得多。而且,运河运输在相当大程度上受官方的漕运控制,只是在特殊情况下,才可能有一小部分转用于资助老百姓。

⑪ 埃克伯格(Eckeberg, Charles-Gustave)(1757,第 21 页)。《广州府志》(卷 81/4a—4b)中惟一提到的 1751 年的"灾"是增城县的旱灾。但其中提到了 1752 年增城、新会(同样在珠江三角洲)的饥荒,高昂的米价,以及洪水,还提到了由该地区发端的暴乱,这些看来已经引起的该省最高当局的注意。埃克伯格所叙述的事件可能是这一次,日期可能有误。

⑫ 正如埃克伯格所注意到的。还可见李之勤(1957,特别是第 278—279 页)。

⑬ 《赈纪》,卷 1/14b,卷 4/32a—32b。

⑭ 片冈芝子(1959,第 93 页)。片冈芝子认为,河南小麦的需求量相当大,这里向北方输出大量的酒。据称,在直隶北部,以及西北各省,大量粮食被卖给了酒坊用于造酒[仅宣化一个府(?)一年就消耗两三百万石粮食,见李之勤(1957,第 321—322 页)]。

⑮ 转引自片冈芝子(1959,第 96 页,注⑥)。原文见《清高宗实录》,乾隆三年三月戊辰。

⑯ 《高宗实录》,卷 77/15b,乾隆三年九月二十八日上谕。

⑰ 见斯各特(Sigaut, François)(1985,第 73 页)。

⑱ 中国价格史的研究尚处于早期阶段。然而,对于清代档案中月价格记录的研究已经取得了一些重要进展,从中可以看出,价格变动有时是相当复杂的。李明珠关于 18、19 世纪直隶三种主要谷物(小麦、粟米、高粱)价格的研究显示,季节曲线的变动在时机与方向上都带有一些出人预料的特点。

⑲ 这是全汉昇和克劳斯(1975,第 21 页)根据苏州地区 1713—1719 年单季稻

价格资料所描述的价格趋势。上述李明珠的研究提示,当一个区域内种植着几种不同的谷物时,每一种都有其独立的市场——换言之,即它们的价格曲线看来相互间没有什么影响。

⑳ 通过国家籴粜稳定价格的思想据说是战国时期(公元前 4 世纪初)的一个宰相李悝首次提出的。陆连清(音译)(Lu Lien-tching)的文章(1932)提到了一些清代常平仓的资料。还可见巴格利特(1775)第 5 章,"中国的粮食存储和管理:寄自北京的摘录",特别是第 583 页及以后几页的内容。在这一章的引言中(第 534—540 页),巴格利特说明,该摘录来自中国,日期为 1768 年 9 月,是他写作该书时得到的。据说其作者[可能是耶稣会会士(Jesuits)]根据一本"Imperial College(不明确这是一个什么机构)最新出版的农业书籍"(显然是 1742 年的《授时通考》)作了一个提要,并插入了大量注释和批改。这篇文章是斯各特告诉我的。关于这个题目的更为广泛而全面的研究,见魏丕信和王国斌(1991)。

㉑ 关于这些方面,见魏丕信和王国斌(1991),特别是第 6 章;瞿同祖(1962),第 156—158 页。每个州县都有一个常平仓,但是原则上,其采买和出粜必须经过上级官员的批准;在多数情况下,出粜的收入必须上缴给省布政司,以避免侵占盗用。

㉒ 《文献通考》(卷 34/5172)和《清史》(卷 122/1475)中都记载了"十分之三"这一规定的制定日期。在一些高度潮湿的地区,原则上也允许达到十分之五,甚至十分之七的出陈比例。各府的出陈比例到 1736 年看来已成为定例(例如,可参阅《熙朝纪政》,卷 4/27b)。

㉓ 直到 18 世纪中期,上米的"常年"平均价格一直维持在每石一两上下。但价格"高"时也会很高。尽管从统计意义上我们不能过于相信价格增长 2 倍,或甚至 5 倍的说法,因为在灾荒状况下,这些说法有时是带有夸张性的,但 1743 年夏季天津县城价格上升的情况似乎是可以相信的。根据《赈纪》(卷 6/5a)的记载,数日之内,市价上升了 25%,粟米达到每石 1.6 两,高粱每石 1.3 两,这使地方当局深感忧虑。全汉昇和克劳斯(1975,第 30 页)提到,通常允许的降价幅度在低于市价 5%,坏年景可低于 10%。实际上,有关文章中提到的是 5 分和 1 钱,这不是价格的百分比,而是按每石粮食价格(银 1 两)计的减价幅度。关于平粜减价限度的规定,见《文献通考》,卷 34—37;《大清会典事例》,卷 275,平粜;《户部则例》,卷 16/6a 及以后。还可见《荒政琐言》(1a 及以后),其中简要说明了 18 世纪中期的有关

规定。

㉔《赈纪》,卷 6/4a。《熙朝纪政》(卷 4/34b)也有类似评价。《荒政备览》(卷 1/33a—33b)的作者看来对平粜的作用估计不高,他认为平粜最好是在春季进行,因为只有在新的一茬收获(冬小麦?)之前,购粮者借钱才比较容易,而且几个月之前登记的赈济册还现成可用(这里涉及的是饥荒情况下的平粜)。章程中没有确切的平粜数量,而在实际操作中,一般在每天每户 0.01—0.05 石之间(《荒政琐言》,3b)。

㉕ 例如,见《文献通考》,卷 36/5191 中所录 1742 年谕旨;《大清会典事例》,卷 275,平粜;《荒政琐言》,3b。

㉖ 据 1738 年的一个奏疏(《文献通考》,卷 36/5189),在正常年景里,政府基本上只向非农业人口出售粮食,但当歉收之后,农民也得依赖平粜,因为这时他们已不能维持自家的需要。这些分散的平粜厂所的设立原则和管理章程与前述赈济厂所的设立原则及管理章程是一样的。

㉗ 不少奏折中都引述了这个谕旨。例如,乾隆四十四年(1779)四月湖北巡抚郑大进的奏报(见《宫中档乾隆朝奏折》,乾隆四十四年四月二十八日)。郑大进提到,当时省会江夏县城的米价高达每石二两六钱,他建议每石减价三钱平粜,即按照当时所允许的最高减价幅度出售官谷。

㉘《宫中档乾隆朝奏折》,乾隆四十九年二月二十七日,山东巡抚明兴奏。还可见《户部则例》,卷 16/13b。

㉙《赈纪》,卷 6/1b。1783 年山东谷贵,每石达一两二三钱(即约为米价的一半),平粜每石减价三钱五分(《熙朝纪政》,卷 4/37b)。1815 年,据奏报,山西粮价每石二两五六钱,经批准可减价八钱(《宫中档嘉庆朝奏折》,嘉庆二十年六月十八日,山西学政陈嵩庆奏)。

㉚ 正如 1738 年两广总督所警告的那样:"顿减"很可能达不到预期目的,减价不应该超过时价的十分之一(《熙朝纪政》,卷 4/37a)。

㉛ 见 1738 年的一个奏报(《文献通考》,卷 36/5189);《赈纪》,卷 6/3b;《荒政琐言》,3a。

㉜ 在这方面,常平仓与明朝"预备仓"的功能是一样的。后者到 16 世纪被废弃不用,而代之以"社仓"。关于明代不同仓储类型的演变,见星斌夫(1958)。清朝初年看来还有一些地方存在"预备仓",专门用于赈济灾民,但后来就与常平仓合并了。在某些地方(如 1750 年代在山东省),还保留预备仓的名称,但实际上是正规的常平仓。河南某些地方的"漕仓"或"漕

谷仓"也称为预备仓。例如,可见《户部则例》(卷 18/20a),其中也列出安徽 9 个州县预备仓的定额储量。这些储备的发放区域一般大于本县境域。

㉝ 至少就地方仓储来说是这样的。就省仓来说,通过档案资料中字面统计上的定额数字(或更恰当地说,是主观意愿上的目标储量),至少可以在一定程度上计算出实际储量。见魏丕信和王国斌(1991)。

㉞ 见魏丕信和王国斌(1991,第 2 部分),其中较为全面地考察了这个问题;进一步的讨论还可见魏丕信(1983)。

㉟ 大量资料中都谈到了这种"弊端"。如《熙朝纪政》(卷 4/36a)中引述的 1735 年的奏折;南开大学历史系编《清实录经济资料辑要》(1959,第 632—633 页)中 1736 年的谕旨。还可见魏丕信和王国斌书(1991)中的许多例证。

㊱ 例如,见 1738 年的诏令(《文献通考》,卷 36/5189)。但是,对于这一政策不时会产生犹豫,因为官方采购只集中于少数几个中心市场,这会导致市场供应紧张,价格上涨。关于地方仓谷采买的看法是有争议的,具体体现在两句话上:一句是"以本邑之赢余为本邑之拨补";另一句是"通融",这种观点承认邻邑之间存在着一致利益。1742 年的上谕(《文献通考》,卷 36/5191)中提到了这两句话。该谕旨主张,当本地价格过高时遵循第二个原则。

㊲ 这里我不是从狭义上指的为救荒而进行的粮食分配(即灾年的例外赈济),而是指为了在必要地区"建立储备"而进行的粮食拨运和分配。

㊳ 有关详细情况,可见魏丕信和王国斌(1991,第 5 章)。1729 年的一个谕旨(《文献通考》,卷 35/5182)谴责一些地方缺少坚固的仓廒来妥善贮存官谷,而以昂贵费用借用私人房屋或寄贮于寺庙,其结果是贮存条件恶劣,仓谷霉烂,以及生事滋扰等各种弊端的产生。广泛修建完善坚固的仓廒以加强仓储制度的工作,就是从这个时期开始的。关于官方仓储建筑的详细情况,见陆连清(音译)(1932,第 59—72 页);巴格利特(1775)。这些资料中也谈到了仓谷的干燥、堆放,以及如何惩处不负责任的仓廒管理者等等问题。按规定,当新的地方官接任时,原任官员要进行"交代",这时将对仓房设施及存谷进行仔细核查。详细情况见《钱谷备要》,卷 2/27 页及以后。

㊴ 在地方备荒措施方面,一般来说直隶比其他省份组织得更完好、更为先进一些。早在 1692 年,该省就由于恰当地行使常平仓功能而受到皇帝称赞(《文献通考》,卷 34/5170)。

㊵《文献通考》,卷 34/5170;《大清会典事例》,卷 190,常平谷数。

㊶《文献通考》,卷 34/5173;《大清会典事例》,卷 190;魏丕信和王国斌(1991,第 9 章)。1691 年的数字是以"米"计量的,而 1704 年的数字变成了"谷",所以尽管可利用的粮食量是同样的,但从数字表达上,"谷"数比"米"数是加倍的。我要感谢邓海伦,是她提醒我注意到这个细节。

㊷ 以赐予"监生"头衔奖励捐输的制度称为"捐监"。据许大龄(1950,第 84—86 页),多数省份的"捐监"制度是在康熙朝后期开始实行的,到雍正时期进一步推广开来。1736 年(乾隆元年)时,只要向官府缴纳 100 两银子(并符合其他一些要求)就可以成为监生。成为监生的过程和手续不完全一样,要看向哪一级官府申请(省或中央政府),以及以什么来缴纳(银钱或粮食)。到 1745 年,允许候选人在二者之间进行选择,可以在京城纳银(许多人愿意选择这种方式),也可以就地纳粮(这种方式更符合仓储制度的本意)。这种财政来源与单纯的、仅限于特定时期的卖官鬻爵不同,不应该把二者混为一谈。专门为卖官鬻爵而提供的职位和升迁机会更具有吸引力(且花费也更高)。具体事例可见上述许大龄的著作(第 8 章,注③)。

㊸ 由于到这时多数捐输是纳银,所以,一旦转为纳粮,就产生了许多违法行为。1774 年,陕西和甘肃两省曾恢复纳粮制度。在甘肃省,这很快就导致有组织的欺诈活动,成为 1781 年惊动朝廷的一大丑闻,涉及了该省许多官员。详细情况可见魏丕信和王国斌(1991,第 7 章)。

㊹ 似乎早在 1708 年,也有对地方官的奖赏规定,如果他们采买的仓谷超过了额贮数量,就可以得到奖励(《清史》,卷 122/1475)。

㊺《文献通考》,卷 36/5194。

㊻ 这是由于雍正朝的赋税制度的改革,见曾小萍(1984)。

㊼ 见全汉昇(1972a,第 556 页),其中引了 1747 年末的一个谕旨,要求各省督抚向皇帝呈报其对粮价上涨的看法;以及魏丕信和王国斌(1991,第 6 章)。关于 18 世纪的粮价问题,见王业键(1972),其中认为 1682—1800 年间,粮价大约上涨了 3 倍。王业键把这种趋势主要归因于货币量的增加,即白银的大量流入(来自对外贸易,特别是同英格兰的贸易)和铸币流通量的增加(由于国内贸易的迅速扩张);如果人口,以及经济活动的增长——亦即对货币需求的增长——没有停止的话,就会进一步加剧这种通货膨胀。更为传统的解释则把粮价上涨趋势归因于人口增长,确切地说,是由于粮食供给赶不上人口的增长。(例如,见上述全汉昇的文章。)

㊽ 至少 1743 年一个叫做孙灏的曾在上奏中提到:“窃迩年以来,米价无处不昂,我皇上洞悉民间谷贵之故,由设额太多,争籴太众,特谕邻省采买及捐监收米之例,一概暂停。”(《皇朝经世文编》,卷 44/5b—6b。)

㊾《文献通考》,卷 36/5193。

㊿ 1725 年的谕旨要求仓储改贮“稻谷”(其实在一些地方早已这样做了),见《文献通考》,卷 35/5177—5178;《世宗实录》,卷 29/15b—16a。关于雍正朝的比较可信的数字,见安部健夫(1971,第 446 页及以后)。

(51) 这些只是理论上的存量数字。部分粮食可能已经不存在了,其原因或者由于平粜或放赈后尚未买补回仓,或者由于出借后尚未归还。

(52) 见 1758 年的一篇文章(《大清会典事例》,卷 271,赈饥)。1761 年,中央政府决定通过捐监为甘肃省再募集 70 万石粮食,专门分发给该省 9 个府建立府仓,这些府仓的平粜出借应与各县常平仓的运作程序一样。甘肃省干燥的气候为其储存大量粮食提供了有利的自然条件:据称,小麦储存“一二十年”没有问题(见《文献通考》,卷 37/5201)。

(53) 一般来说,当时民间粮食海运是非法的。前边曾提到,福建和广东以经济作物种植为主,这使其更容易受到粮食供给波动的影响。1748 年的上谕在谈到福建时说:这里“环山带海,商贩不通”,而广东则“岭海交错,产谷无几”。但广东在 18 世纪可以部分依赖邻省广西的粮食输入来弥补不足。

(54) 如果按官方人口普查数字计算,则四川的人均常平仓贮额是最高的。但当时它的人口数字是严重低报了的。可资比较的数字是,1813 年,其人口数估计在 2 150 万人左右。

(55)《文献通考》,卷 37/5198。

(56)《文献通考》,卷 37/5202。

(57)《文献通考》,卷 37/5203。

(58) 见魏丕信和王国斌(1991,第 8 章)。

(59)《文献通考》,卷 37/5202。表 14 中山西省 1766 年的数字表明,这时山西的仓谷已经赶上并超过了定额储量。

(60) 与《民数谷数奏折》中的数字相对的,是买补和回收出借米谷之前的数字。尽管仓储活动并不总是严格遵循这一周期,但多数时候是这样的[关于这一点,见魏丕信和王国斌(1991,第 8 章)]。采用这样的数字显然应该比较谨慎;不能理所当然地认为各州县报告的、然后又由省级部门沿用的统计数字是没有问题的。

(61)《文献通考》,卷 37/5205。

(62)《宫中档乾隆朝奏折》,乾隆三十三年十月十日。

(63) 在准备这个表时,我排除了那些没有提供具体数据的地方志。在第三部分中,我们将讨论 18 世纪末 19 世纪初常平仓的普遍衰落问题。

(64) 清代档案中的一些年度报告(省级)确实显示,18 世纪中期,一些省的息谷积累很多。如安徽,自 1737—1760 年间,积累息谷达 46 万余石,山西、湖南也有这方面的例子。有关详细情况,及其作用,见魏丕信和王国斌(1991,第 3 章)。

(65) 一系列总的章程已经于上一年(1724 年)制定出来了,这些章程在很大程度上是从南宋朱熹所制定的社仓规条沿袭下来的。新儒家主义(这是我们所研究时期的正统学说)的祖先也是近代社仓形式的创始者,这可以解释为什么这一制度如此受推崇,即使是那些由于它效率低下而对它提出批评的人。

(66) 在云南(1735)、贵州(1740)、安徽(1742)、江西(1742)等地,政府曾以常平仓谷资助建立社仓。在一些事例中(如福建、湖北),还决定把捐纳银两交给社仓,为其提供可靠的收入来源,此前这笔款项一直是用于常平仓的。

(67) 例如,1703 年曾在直隶尝试建立社仓,而到 1721 年则被认为是无效的。导致失败的原因,部分被归咎于社仓的管理者无职无权,没有强制力来收回借出的仓谷(《文献通考》,卷 34/5173, 5175—5176)。同样,1726—1727 年在陕西,曾拨耗羡银资助建立社仓,但仓储经管者误解了这一计划,认为这是“官谷”,因而不敢做主出借给百姓(《文献通考》,卷 35/5182)。

(68) 见本书导论;以及村松祐次(1969)。虽说最初的计划是总督那苏图和布政使方观承于 1746—1747 年联名向皇帝提出的,但它的主要推行者是方观承,因为方观承正好在这个时候被提升为总督。

(69) 见村松祐次(1969,第 92 页);《肃宁县志》,卷 2/6b—7a,煮赈。

(70) 见《庆云县志》,卷 5/10a。

(71)《幕学举要》,27a—28b。

(72) 在一些文章中也可以发现类似的评论,其中有汪辉祖的一篇,题为《社义二仓之弊》(见《学治续说》,13a—13b)。汪辉祖特别强调了那些“捐户”所受的胁迫。此外,汪辉祖(以及其他许多行政管理书籍的作者)还强调了另一个问题,即“保富”。

(73) 见《熙朝纪政》,卷 4/31b。书中所引皇帝感叹说:“总之,举行社仓,实有甚难。"作者还评论道,如果说常平仓关系到官员的考核,仍存在侵挪亏空等,那么,民间社仓管理中出现同样现象就不足为奇了。

74 见《民数谷数奏折》;魏丕信和王国斌(1991)。

75 《宫中档乾隆朝奏折》,乾隆二十九年(1764年)七月十二日,陕西巡抚明德奏。

76 《文献通考》,卷35/5179。

77 据1758年谕旨(《文献通考》,卷37/5199),后一种做法在山西省特别普遍。

78 引自佐伯富(1971,第375页)。

79 就仓储弊端在个别省、个别时期的泛滥和制度化,可见1750年代山东省的情况(魏丕信和王国斌:1991,第6、10章)。

80 同样可以以乾隆年间山东省的情况为例,见魏丕信和王国斌(1991,第10章)。

81 《荒政琐言》,6a。平粜是以"升"计,而借贷是以"斗"计。

82 这个灾歉年景的一般性规定是1737年的一个谕旨中提出来的,1739年的一篇文章作了说明:当收成损失十分之三时就应自动免息(《大清会典事例》,卷276,贷粟)。

83 《赈纪》,卷4/29a—29b。

84 《肃宁县志》,卷10B/12a—23a。

85 见《赈纪》,卷4/32a—33a。

86 特别见安部健夫(1971a),他主要研究的是雍正朝(1723—1735)的粮食流通问题。还可见全汉昇(1972b),其中强调了苏州市场在长江中上游的粮食供给省份与沿海的粮食需求省份之间的中心枢纽作用;以及全汉昇和克劳斯(1975)。

87 那些主张"遏粜"的人早已认识到这一机制。例如,一个叫做唐梦赉(1649年进士)的人写道:"本处丰收,四方来粜,则本处之粮大贵。或且粜者多而粮必尽,贫民必至于饿死。"(《皇朝经世文编》,卷42/4b)。

88 尽管《郧襄赈济事宜》的第一篇和最后一篇题目都是《示谕饥民》或《晓谕饥民》,但第一篇是针对河南和陕西流民的,而最后一篇是对襄阳当地人口而言的。

89 见王世荫的《赈纪》,2a。

90 《赈纪》,卷4/35a—35b。

91 在官僚文章中,商人的特点常常被定位于"奸商",即缺少公民道德,类似于对政府机构中低级胥吏的评价。
⑫ 关于儒家"轻商"观念的产生(不一定是出自儒家学说创始人的著述),见墨子刻(1970,第26—29页)。
⑬ 对于多数官僚来说,10%的利润率看来是可以接受的,见墨子刻(1970,第30页)。
⑭ 见安部健夫(1971a,第510页)。
⑮ 《文献通考》,卷34/5174—5175。
⑯ 关于这种"重商主义",见安部健夫(1971b,第404—405页)。
⑰ 在其他一些方面,雍正皇帝坚决倾向于"干预主义"和"法制主义"。关于雍正皇帝,见安部健夫(1971a)。只有在形势的确非常糟糕的情况下,皇帝才会同意暂时停止商业贩运,如1732年四川的情况。而且,只要灾害即将过去,这些约束就会被取消。关于18世纪的情况,见以上所引《文献通考》各卷中的谕旨,及《大清会典事例》,卷288,贩运。
⑱ 《文献通考》,卷36/5192。
⑲ 《大清会典事例》,卷288,贩运。
⑳ 《皇朝经世文编》,卷41/3a,惠士奇(1671—1741)文。
㉑ 《正谊堂续集》,卷2/193—194。张伯行表示,这些超额税数量并不少。
㉒ 见《世宗实录》,卷118/1b—2a,雍正十年五月一日上谕。文中引述了山东巡抚要求再次执行上一年的免税措施的奏报,皇帝批准了他的请求。
㉓ 《大清会典事例》,卷288,贩运。除了财政措施外,还有其他措施,如1760年上谕,命令负责税关和运河闸的官员,对南来的赴京商船优先放行,以使其尽早到达。
㉔ 见全汉昇(1972a,第549—555页)。实际上,这些税收看来在1748年就重新恢复了,山海关的过路税(road toll)除外,其实在1742年以前,山海关根本就不征任何税[加藤繁(1953,第598—599页)]。关于雍正朝和乾隆初期的通过税政策,还可见邓海伦:Anthology。邓海伦认为通过税的恢复时间是在1749年。
㉕ 关于这个方面,见墨子刻(1970),特别是第30—31页。
㉖ 见全汉昇(1972a,第550—552页)。《史料旬刊》第29期(1931)中刊载了有关这次事件的8份档案。
㉗ 较晚的一个事例更能说明问题,见罗森包姆(Rosenbaum, Arthur L.)(1975,第702页)。

⑱ 见《文献通考》,卷 37/5208,1778 年上谕严禁湖北督抚强迫过境川米在当地销售。

⑩ 《荒政摘要》,31b;《荒政琐言》,5a。

⑩ 南开大学历史系:《清实录经济资料辑要》(1959),第 456—457 页。

⑪ 吴蔚光(1780 年进士):《出洋米》,载《清诗铎》,卷 2/45。关于贩私者的高价采购,还可见南开大学历史系:《清实录经济资料辑要》,第 461 页,1743 年的文章。海盗问题在 1780 年前后变得更加严重了(《清实录经济资料辑要》,第 474 页,1791 年的文章)。

⑫ 《宫中档嘉庆朝奏折》,嘉庆十四年八月三日上谕。

⑬ 李之勤(1957,第 357 页)。李认为禁止米谷出洋只是一个借口,是为了迫使福建、广东这类农业高度商业化、粮食供给不足的省份扩大粮食生产。

⑭ 据说当康熙皇帝在一次"南巡"途中参观(不知是否亲自参观?)苏州船厂时,听说该船厂每年造船 1 000 余只,其中半数被非法卖到海外(见《清实录经济资料辑要》,第 457 页,1716 年谕旨)。

⑮ 由于运河淤塞而不得不改漕粮为海运。政府早在 1803 年就讨论过漕粮海运问题,但第一次试行是在 1825 年。咸丰(1851—1861)初年漕粮海运才成为正式制度。有关这个题目,见星斌夫(1971b,第 363 页以后)。关于清时期商船的发展,见星斌夫(1971b,第 363 页以后;1971a,第 217—220 页)。关于海上安全(据说漂损率不到 1%)和当时海船的性能(与运河船只相比),见上野康贵(1964)。

⑯ 《文献通考》,卷 33/5161。江苏对豆类的需求量相当大,用于人口消费和棉花的肥料。豆类榨油以后的豆渣可压制为豆饼,作为肥料,每块大约 30 公斤。

⑰ 见加藤繁(1953a,第 600—606 页)。这里所提到的"税额",绝不是要限制贸易量,仅仅是要保证国家每年的固定收入。如果税收没有达到定额,负责官员就要自掏腰包补足差额,而如果超过了定额,剩余部分就被归入内务府,而不是户部。

⑱ 见加藤繁(1953a,第 595—596 页)。

⑲ 沙船也可以在"南洋"行走。参见库什曼(Cushman, Jennifer W.)(1975,第 75—77 页)。关于沙船的性能和操作,见上野康贵(1964)。由于沙船驶离长江口岸时不是满载,所以必须装载沙石以压舱。后来的漕粮海运即利用了这部分未被利用的容量。关于上海、天津、营口(辽河沿岸的主要港

⑳ 口)之间的贸易,还可参见吴承明(1985,第 249、256 页)。
⑳ 加藤繁(1953a,第 616 页,注⑩)是这样认为的。吴承明(同上,第 256 页)显然同意 18 世纪后期粮食运输量达到 1 000 万石这一数字。还可见星斌夫(1971b,第 364 页)所引 1810 年上谕,其中提到奉天和江南之间商船的大量粮食贩运。
㉑ 据王世庆(1958,第 20 页),而一个御使则说是八九十万石。
㉒ 见王世庆(1958,第 18 页及以后)。王世庆还提到了由官府进行的台湾对大陆的粮食输出(用于赈济、平粜等),以及这些运输的目的地。
㉓ 见上野康贵(1964,第 57—59 页)。
㉔ 例如,见《文献通考》。1728 年,取消福建远洋贸易的临时禁令,鼓励商船回程时载运粮食(卷 33/5159);1743 年规定,福建、广东外洋商船带米进来可蠲免货物税(卷 33/5162);1753 年,定例允许商船赴暹罗国买米(卷 33/5162)。关于各种类型的贸易船只,以及暹罗对中国的稻米输出,见库什曼(1975,第 2、3 章)。据《广州府志》(卷 162/35b)记载,在 1786 年的饥荒期间,允许广州外商赴菲律宾购买米谷,免税输入。1824 年,两广总督阮元对输入稻米的欧洲商船实行免税。此后,粮食输入达到每年 10 万石以上,对平抑广州市场的粮价产生了良好效果。有关情况,可参阅《清诗铎》(卷 2/46)中阮元的诗,其中有注释说,"西洋"米价便宜,只有内地常年价格的一半。到道光朝(1821—1850)末期,洋米输入看来数量非常大,严重损害了台湾贸易,见王世庆(1958,第 23—24 页)。
㉕ 仅有的几次例外是在康熙朝:1710 年,用战船将 30 万石漕粮从江浙运到福建;1713 年,仍用战船给福建和广东分别运送 5 万石粮食。
㉖ 见《高宗实录》,卷 327/15b—16a。
㉗ 台湾的赋税是以实物缴纳的。1725 年以后,由于赋粮积累较多,官府向大陆的 4 个府分运了共 9.5 万石稻米,其中 4.5 万石发放给了军队及其家属,5 万石用于平粜。以后平粜的数量增加到 12 万余石,到 1742 年又减少到 7 万余石。这些商人的运输当然是经过特许的[王世庆(1958,第 19—20 页)]。1746 年以后,台湾也为自己储备了 40 万石米谷,一般用于自身需求,但仍经常被拨运到大陆。详细情况可见《大清会典事例》,卷 192,预备仓储。
㉘ 广东的事例可能是在 1720 年。与此相反,17 世纪末,直隶等北方省份必须经常向东北输送粮食,或是为了灾歉救济,或是为了补充官仓。周藤吉

之(1972,第441页)提到,1693—1697年间,每年都有这样的运输,数量从2万—6万石不等,只有1696年例外,这一年运送了20万石。值得注意的是,当时渤海湾里的海船数量显然不足以担当这样大规模的运送量,因为皇帝下令,劝谕福建走洋商船赴天津贸易,然后可雇用这些船运米至奉天,同时给以免税优惠(《文献通考》,卷33/5156)。

⑫⑨ 见蔡世远(1628—1733)给浙江巡抚的信(《皇朝经世文编》,卷44/7b—8a)。国内外的研究都证明,这封信应是1710年,而不是1727年的,如全汉昇和克劳斯(1975,第201页,注⑪)的研究。邓海伦翻译了这封信(Anthology)。从这封信看,从乍浦、上海到福建的粮食运销的海禁,总的来说似乎不那么严格,而1710年那种严厉程度是很少见的。不管怎样,作为一个基本上被陆路阻隔的省份,粮食禁令对于福建来说经常被取消。

⑬⓪ 有关文章多见《大清会典事例》卷288,贩运。还可见周藤吉之(1972,第439页以后)。

⑬① 据奏报,1692、1716、1730年曾例外批准米谷经山海关运往关内。一些证据表明,乾隆初年,所有这类输出都得到了批准,有时甚至免征货物税,但都是小规模的,见加藤繁(1953a,第589—599页)。

⑬② 1738年,命令奉天、山东两省准许沿海地区商人经"内洋"贩运粮食到天津粜卖。皇帝声称,这些沿海地区的官员,由于担心违反禁米出洋之例而不肯"任从民便"。当然,在允许通商的同时,也采取了一系列常用的防范措施,包括发放准许往返天津的票照,两地督抚之间交换告知公文,以保证商船确实到达指定地点,防止半途改变方向,"私出外洋"(见《高宗实录》,卷75/10b—11a,乾隆三年八月二十五日上谕)。

⑬③《赈纪》,卷6/5a。

⑬④《赈纪》,卷1/5a—5b。

⑬⑤ 见《文献通考》卷33。1748、1749年批准了奉天至山东的贸易,但有贩运数额的限制;1747年也曾经过准许,但很快奉天将军就请求停止执行了,他抱怨说这引起了粮价上涨[加藤繁(1953a,第596—597页)]。

⑬⑥ 王世庆(1958,第18页)。

十　加强与恢复生产

到目前为止,我们所考察的措施和制度——从临时性措施如赈济或干预粮食市场,到长期性工程如建立国家粮食储备——都是为了应付紧急情况下的粮食短缺而做的。以下所要讨论的,也可以分为短期性(甚至是应急性)和长期性政策,它们的共同点是,都是为了解决生产衰退问题:不论是当前的,还是未来可预见的;是危机引起的,还是结构性的。这类行为常常作为救荒措施,出现在有关荒政的文献资料中,其中既涉及了劳动力问题,也涉及了生产资料问题。我们将按照三个广泛使用的范畴讨论这个题目:防止人口迁移流失的措施,保护农业生产连续性的措施,以及改善生产条件的长期性措施。

维持人口稳定

本书第一部分已经较为详细地叙述了饥荒如何骤然加速了人口的迁徙流离。阅读有关荒政的文章书籍,人们很容易明白,这种人口流动趋势及其所带来的后果,总是官僚政府所关注的主要问题。使人们固守在家里,有时似乎成为一种执着的意愿,几乎所有的干预措施都是为了这个目的。人们怀疑,把建立赈济网作为防止农民脱离乡村政府管理的最重要的措施是否真正能够奏效,实际上,出了这个圈子就几乎不可能控制他们的行动。政府所关心的,除了公共秩序外,还有经济安全问题。特别是在夏秋时节,生产者必须守候在家里,一旦气候条件略有好转,就得抓住时机播种。因此,政府必须尽一切努力,避免农民从一开始就"流离失所",然后调查清楚他们是否有能力恢复生产。我们首先研究政府是如何使农民固着在土地上,或将已离开土地的农民遣返回籍的,然后讨论第二个方面。

当然,最理想的是可以通过预防性措施解决所有问题。而实际上,政府常常不得不将预防性措施(严禁或至少是劝说当地灾民不要离开)与补救性措施(将外逃灾民遣返回籍,或至少是将他们收容在一起)适当结合,同时采用。开始时,预防行动肯定落后于现实形势。在1743年的事件中我们看到,当六月份直隶官员向朝廷报告灾情时,已经有大批灾民开始外出了。有关官员直率地承认,他们无法阻止人口外流,他们表示,准备在灾区进行广泛宣传,不使灾民离乡,同时朝廷也命令其他地区劝服流民回家。①但这种宣传起初并不能完全起作用,直到勘灾官员深入到偏远村庄之后才开始见效。到八月份,已经有一些人在听到即将"普赈"的消息后陆续回乡。②

在冬季到来之前的几个月里,官府还是默许了一定数量的人口离开灾区,因为实际上很难阻止这些人。官员们特别强调,要迫使离乡人口马上返回仍衣食艰难的灾区,难度极大。1731年的一篇文章谈到的直隶、山东、河南灾民被迫流向黄河以南的情况,只是众多这类事例之一。③1743年一位御使的话也承认这一点:禁止人口出境是"绝其资生之路"。④总的来看,官员们不愿采取强制性办法,而更愿意网开一面,让那些精壮劳力前往有收成的地方佣工觅食,允许一些人卷起铺盖去投亲靠友。⑤这种宽容甚至扩展到允许越过关隘,前往长城以北地区谋生,尽管通常情况下这种控制是很严的。1743年六月末的一个上谕提到,大量灾民从天津、河间两府涌到喜峰口、古北口和山海关(通往热河和奉天),皇帝命令守关官员无需声张,应暗暗指引流民,使已到达关口的流民破例通过。⑥

对于政府来说,必须全力禁止的,是那些携家带口、老病妇孺全家出走的情况,特别是在冬季,因为这些人很可能成为"真正的"流民,真正的冻饿交加的牺牲者,至少也是官府的资送对象(如果被收容的话)。这也就是我在前边所说的"与危机相关的人口迁移"。因此,1743年,当冬季来临之时,为了留住人口,官府采取了严格措施,一方面广泛地逐户宣示规条,同时加紧稽查,严厉阻止全户外出。九月份,负责赈济的官员想出一个主意,选择地保、保甲长及乡约等"可用者",在村庄稽查劝谕,严禁外出。那些成功地劝止了全户外出的人将受到奖赏,而那些没有制止住村民成群外出,或有煽动诱惑村民出走者而不举报的,则将受到处罚。⑦九月份其实是一个关键时期,因为正好处于八月"普赈"之后,"正赈"开始之前,这时农民还没有得到确切消息,还不能决定是留在家里等待赈济,还是走上出逃之路,这时,他们只是被要求耐心等候。与此同时,官府还指派那些查赈得力、熟悉情况的佐贰教职等低级官吏,在所查赈的州县里不停地巡回查看(每人三个州县,这使他们相当劳苦),劝谕村民安业重迁。他们携带原查户登记册,将调查的新情况如是否有漏赈、回籍等补充登记进去。⑧同时,政府还把人口是否稳定纳入地方官的考核标准,以此增强地方官对流民问题的意识。⑨

接下来的措施是针对那些已经离家外出的人口的。如果说,前一阶段对各地方官的要求主要是进行理论上的劝服,现在则变成了权力化的行动。政府尤其急于阻止流民拥入北京,因为北京的收容处所已经快爆满了。到了十月,即冬季来临之际,直隶官员下令沿途各军事据点(营汛),如遇携家北行的,应当即劝止,务令各回本籍,并发给证明文书,沿途可以凭文书领取返程路资。⑩但这些努力并不十分奏效,因为流民常常避开了主要路线行进。⑪为此,能够劝服流民回乡的惟一办法是发给路资,而当情况越来越严重的时候,官府就不得不为难民设立收容处所。

自明代以来的许多关于荒政的文章都提到"资送"制度。其实早在 1594 年,锺化民在河南采用的办法,即已类似于清代的制度。⑫这是在除了发给路费,实在无法说服流民回籍的情况下,不得不采用的一种办法。路费是按照返程路途所需的天数或站数计算的。但 18 世纪一些文章的作者对这种制度表示了怀疑,他们认为,在饥荒时候向流民发放路费的做法很可能会持续甚至是加剧灾民外出现象,因为许多农民(灾区的或非灾区的)把这笔资金看做是一个额外的、不可忽视的收入来源,特别是在农闲季节。在某种程度上,1743—1744 年的情况就是这样,就像《赈纪》中谈论流民问题的大量文章所证明的。⑬为了使这笔资金用在实处,还采取了许多具体办法。这笔路费不是一次性发给农民,而是发给农民文书凭证,上面写明所到达的地点,然后通过沿途各站发放的。⑭此外,还要求沿途各州县将被遣送的流民名单快速地接续传递下去。有时,各州县还派出公差专门护送流民回籍。⑮但是,人们不知道这种政府传递制度到底有多大实效:因为我们从 1743 年的事例中看到,沿途任何一个环节的疏漏,都足以使这些无奈的农民返回其出发地——京城。⑯

就"资送"的数量来看,在 1743 年,官府似乎有点犹豫不定。此前 1736 年的一个事例规定,每"程"(原则上是 100 里,实际是两县之间的距离)给银 6 分,老、病不能行走者加"脚力"银 3 分。⑰1740 年的另一个事例,将数量减少为一天制钱 20 文(数量大大减少了),但仍给发"脚力"银 3 分。1743—1744 年的发放量是以这两个先例为基础的(1743 年秋遵循的是第一个先例)。这两者在数量上的差别不是没有意义的,因为对于身无分文的灾民来说,每人每程(实际是每天)6 分银代表了一个相当大的数目。有时,这比他们留在家里所能得到的要多得多——如果这笔钱真正给了他们的话。总之,为了这笔钱,看来是值得上一回路的,哪怕是对那些没有遭受任何灾难的人而言亦然⑱,这的确是个问题。方观承在《赈纪》中的一个按语指出:

> 流民自京师资送者,名曰大票。……大票一家数口,按口按程给银六分。日行一二程,所获数倍于赈粮。有甫经资送到家,又复潜出者。⑲

按规定,1736年的发放标准,只是发给那些离开京城的流民,因为把这部分人口遣送回家是最重要的。那些离家较远,到了京城以北、以西地区,而又表示愿意回籍的,一天给发20文钱。相反,在灾区附近二三百里以内的地区则不给资送银,以期外出者"闻赈回籍"。⑳

这就是九月份冬季来临前夕所采取的措施。其实,在这之前,各地可能已经实行了路资政策(开始可能是按照一天20文钱发放的,以后才提高到1736年的标准),目的是为了阻止夏季时的人口外流。这可从《赈纪》中最后的统计得到证明,此外还有书中几次提到的"沿路放钱"。统计中列出了各州县送回的流民数量,以及为此而发放的银钱数量(按照流民回程途中从一个县到下一个县所需要的银钱数)。这些数字相差极大,有的数量相当高。各州县之间数字上的差别可能部分是各地方政府办事效率差别的反映,但同时,这些数据也清楚地显示出,接受资送的流民数量最多的州县,主要分布在从山东和直隶南部通往京城的两条线路上,一条是东线,包括宁津、南皮、静海和天津;另一条是西线,包括阜城、交河、献县、河间和任丘。㉑表16列出了这些数字。从中可见,除了一个异常的例子(宁津每人不到半文钱)之外,各州县的平均数一般在3分银左右,以当时银1两兑换867文钱计,约合制钱26文。㉒

为流民提供物质援助的第二项、同样也是由来已久的措施,是为难民建立收容处所以供其栖身。当提供路费也很难或不可能将流民遣送回籍的时候,特别是在严冬的几个月里,这一措施就是惟一的选择。因而有人建议,为老人、病号,以及离家较远、春季之前无法返回的人群提供有组织的安置,要求地方官哪怕仅仅是出于"同情",也应为来到其辖境的难民提供最基本的食宿。当然,通过把这些人驱赶出境的做法来解决问题,或许更符合中国地方管理者的传统态度。尽管《赈纪》对这种做法提出了警告,但著名的地方管理专家汪辉祖则恰恰以采取了这种做法而得意。㉓另一个著名的实践家王凤生也曾做过同样的事。由于担心"流丐"从各地成群拥入会"强求"富商的施舍,他只允许"本地"乞丐在城镇停留,其他人则被地方政府收拢在一起并被护送回家。护送所需的花费都由经销商和典当商承担,这些人正巴不得尽快摆脱那些让他们倒运的人。㉔但是,为流浪农民提供最基本的救济,其实是有利于地方政府的,这是避免流民盲目漂泊、打家劫舍的最好途径,甚至也是当没有农活把农民留在家里时,防止他们四处游荡的最好途径。

一些作者描述了这种"流民厂"的情况。这些"流民厂"一般在春初就关闭了,因为随着气候转暖,会带来流行病的威胁,

表16 直隶27个受灾州县中的23个州县发放的"资送银",1743—1744

州 县	流民数量	费 用		人均数	
		银两	制钱	银两	制钱
河 间	15 680	506		0.032	
献 县	7 158	232		0.032	
阜 城	2 887	98		0.034	
任 丘	13 163	564		0.043	
交 河	3 885	91	13.5ᵃ	0.023	0.003ᵃ
景 州	663	35		0.055	
吴 桥	369	10		0.027	
东 光	1 080	12	14 565	0.011	13.49
静 海	10 213	313		0.031	
沧 州	5 976	46	95 172	0.008	15.92

(续 表)

州 县	流民数量	费用		人均数	
		银两	制钱	银两	制钱
南 皮	5 651	124		0.022	
盐 山	1 079	41		0.038	
庆 云	995	28		0.028	
武 邑	258	7		0.027	
武 强	963	20		0.021	
肃 宁	399	—	6 430	—	16.12
宁 津	6 306	—	2 794	—	0.44
束 鹿	71	4		0.056	
栾 城	13	0.5		0.038	
饶 阳	1 767	25		0.014	
安 平	877	14		0.016	
天 津	4 034	137		0.034	
大 城	961	24		0.025	

资料来源:《赈纪》,卷8。
注:青县、故城、威县、深州没有数据。
a. 原文为"谷",这里折合为"米"数,单位"石"。

而且这时农业生产即将开始,迫切需要将农民送回家以便"备耕"。肃宁县令尹侃于1744年末建立的这种收容点就是一个很好的例子。㉕他通过有经验的吏役和地保将从境外拥入当地的流民收拢在一起,然后在县城找了一处有较大空地的庙宇,并捐俸在院子里搭建一些临时屋棚,供流民暂栖。官府发给每个人一个饭碗、一个瓶子、一领草席、一些衣物,以及炊爨用的柴薪。每天每人发给口粮5合(0.005石)。流民厂由一位年长、有经验的地保管理。㉖

北京的流民厂值得单独介绍,因为这里的救济活动规模远远大于一般州县,而且是在京城最高官员的直接监督之下进行的。《赈纪》里谈到京城抚恤流民问题的第一篇文章是朝廷官员和京城步军统领的奏议,时间是1743年七月。当时,外出流民中只有少部分留住在京城,京城"普济堂"这类慈善机构已足够安置那些老病无力自养者。但流入人口在增加,天气也将转寒,局势的发展要求立即着手为过冬做准备。朝廷决定"饭厂"(每年冬季开赈)给米的数量每日比平常增加两倍,这可以比正常年份多救济2 000多人,同时要求在饭厂附近或庙宇空地搭盖席棚供流民投宿。

实际上,京城安置的流民数量似乎比预计的要多得多,尽管整个冬天官府都在不断地动员人们领取路费回家。各处所提到的流民数字都不一致,这种情况并不奇怪,因为一些数字是中央巡查官员提供的,这些人倾向于把局势说得非常严重,而另一些数字是负责"五城"的官员提供的,这些人更热衷于突出自己的业绩。正如我们在第2章所看到的,到1744年春,京城安置的流民数量已经达到了1万人,据我的估计,从1743年八月中旬到1744年三月二十日的7个月里,京城灾民数量平均至少在4 000—5 000人。

那么,减少灾荒时期流民数量的各种措施的效果如何？1748年的一个上谕承认,"资送"制度只在灾害较轻的情况下才可采用,在严重或是持续灾害之年,一定要把人们遣送回乡,则只能使他们坐以待毙。本书所研究的事例无疑是一场严重灾害,但也是一次应对较好的灾害。所有事实都证明,通过"四途"源源运到的赈灾物资,维持了灾民的最低生存水平,从而避免了最严重的后果。事实还证明,在其他类似的事例中,尽管没有根本解决流民问题,但通过政府努力,基本上能够将局势控制在不威胁公共秩序,或不威胁经济恢复的程度。然而,大量关于应付意外事件的计划和建议也证明,流民问题始终是主要的社会问题:肯定会有一定数量的流民,这些人无法控制,坚忍不拔地在乡间游荡,政府绝不能完全禁止。

这是因为,在对灾区人口的赈济活动中,即使是在最好的情况下,也必然会存在许多漏洞和缺陷。只有一部分灾区家庭能够得到救济,而且只有这些家庭中的一部分人口能够得到所需要的救济。我们已经知道,"次贫"户的成年壮丁是不予赈济的。而在许多情况下,那些由于拥有一点财产而被排除在赈济制度之外的家庭的境况比那些"极贫"户也好不了多少,特别是当他们所拥有的那点财产过于微薄,完全不足以在长时期饥荒的情况下维持生存的时候。㉞

《赈纪》中还有一篇值得注意的文书,其中记录了流民对一个巡视西城御使的问话的答复。实际上,这是我们所能听到的农民自己的声音的惟一一篇资料,而且所有的说法都如出一辙:他们是因为在家得不到足够的救济才不得不逃荒到京师的。有意思的是,这些答复都提交给了直隶总督,后者命令各有关地方官调查了每一个人的情况,并向朝廷作了汇报。资料中同时记录了各地方官的调查结果,这些调查结果当然详细地反驳了农民的抱怨和指责。不管谁对谁错,这都是一篇不可多得的原始资料,值得仔细研究(见表 17)。

表 17　北京流民的陈述与当地政府的反陈述,1743

流　　民[a]	来源地[a]	流民家庭规模	流民的陈述[b]	当地政府的反陈述
1. 段志义	(山东)历城	2[c]	回籍途中,至阜城,官府不再给发资送银两,所以又返回京城。	段志义被护送回籍,途至阜城,但他从差役手中骗取公文,又逃回京城。阜城至历城与至京城路途相等,他不回籍而回京城,可见他是在撒谎。
2. 邢双禄　康士禄	深　州　深　州	4　3	家乡受灾,但除老人、病号外,概不给赈。	邢、康两户均为查赈之前外出(七月查赈)。已列入"外"字号册内,应按例"补赈"。

(续　表)

流　民	来源地[a]	流民家庭规模	流民的陈述[b]	当地政府的反陈述
3. 田永义 　 李西贤 　 王绍玉	任　丘 任　丘 任　丘	3 3 4	有官员查赈，但不发赈粮，饥饿无奈，只得流赴京城。	据查明：田永义实际名为田永利，职业为吹手；李西贤实为李希贤，名下注为"有粮食可以度日"；王绍玉即王若愚，名下注为木匠手艺。他们居住地为"巨村大镇"，有手艺可以维生，例不应赈，而且他们也没有赴县求赈。
4. 王世英	献　县	2[d]	全家共有七口人，但查赈后只给一人的口粮，无法度日。	贫民册内没有王世英之名，只有王英，全家大小七口，核户时其家尚微有储蓄。其子王学携妻外出未归，所谓王世英可能就是王学在京冒顶父名。
5. 任骆氏	宁　津	5	本县放赈，只给孤寡人口粮，有房产田地的一概不给。	任骆氏的丈夫任三，以木匠为业，其村庄有收成六分，不在灾赈之内。
6. 范进忠	献　县	3[e]	家里共有十三口人，只给三人的口粮，不能度日，只得一路乞讨来京。	经查：有两个范进忠，分别住在两个村里。一户有大小二口，另一户有大小七口。并无家有十三口给赈三口之范进忠。

资料来源：《赈纪》，卷 5/25a—26a（流民的陈述），26b—28a（地方政府的反陈述）。

　　a. 除注明者外，均隶属于直隶。
　　b. 审讯记录时间为九月二十八日至三十日。
　　c. 段及其母亲。
　　d. 王及其妻子。
　　e. 范，范妻，及其女儿。

　　赈济制度中的另一个缺陷是，在普赈结束和正赈开始之间有两个月的间隙，这期间没有任何救济措施，从而也就没有充分的说服力来阻止农民外出，而北京流民最多的时候看来也正是在这两个月里。但是正如我们已经看到的,就是在赈济开始之后,北京仍存在着严重问题。大量农民受离京遣返路费的引诱,在家里接受完赈济后,又踏上赴京旅途。他们企图从赈济和流民救助两个方面获取"灾荒收入"。⑤正是这种"假流民",迫使政府停止在冬季发放路费,并威胁说,一旦被抓住,就把他们从赈济名单中去掉,希图通过这种方式,断绝他们出门上路的念头。

这说明,虽然向北京和更远的北部地区的人口移动从未停止,但在1743年夏大量人口仓皇外逃之后,经过政府的劝谕和赈济,无疑成功地恢复了地方控制,绝大多数灾区人口被稳定在原地,等待着(被迫中断的)1743年的秋播和1744年的夏播。㊱因此,与真正的移民不同,这次人口流动主要是在灾区范围内的,甚至是局限在各个州县内的。肃宁县令在组织"流民厂"时,最关心的只是他自己管辖范围内的流动人口。当确认了由于受灾而沦为乞讨的本地人口只有500余人时,他自己捐俸为这些人提供口粮和冬衣。他说,他这样做是为本地精英们做出一个行善的表率。因为"留养"制度只适用于外来人口,所以有必要直接劝谕每个村庄的精英,在"公为关切""同井"的教化观念的感召下,使那些有权有势有实力的人愿意关照那些被遣送回家的穷困潦倒的农民。㊲

在肃宁县的事例中,只要问题还保持在本县范围内,就不得不利用慈善事业和邻里之间的互助来代替政府行为,因为当尹侃上任时,官方赈灾已经结束了。但这绝不说明,在饥荒时候,村庄的"私人"助贫方式和"善"、"义"的悠久传统就不起作用了。在解决流民问题上,以及在处理所有其他问题上,政府行为与精英们的行为总是携手并肩,互相补充。有变化、有问题的只是它们各自的地位及相互配合的程度。简单地说,当任何人口移动现象超越了地方社会的地理界限时,就会引起官僚政府这种同样是"超越性"组织的高度注意——即使没有完全解决问题。

保存生产潜力

如果想让生产救助措施见效的话,就必须成功地维持人口的稳定。当气候状况暂时或"长期"恢复正常时,官僚政府所面临的最紧迫问题就是,如何在经历了自然灾害的毁灭性破坏后,保证生产的恢复和连续性。即使政府经过努力,已经避免了劳动力离开土地,但仍必须克服由于小农体力上、精神上以及经济上的消耗所带来的种种障碍。例如,1594年河南的大饥荒之后,锺化民在巡视一些州县时注意到了这种资源的耗竭。他说道,久荒之后,农民已经复业,但家室萧条,由于缺乏生产工具,又"饥馁"无力,只能"束手无措"。他采取的对策主要是,将官府银钱通过州县购买籽种、耕畜分发给农民,又作"劝农九歌"广为传谕,劝导农民勤力耕作。他所采取的实际就是具有长期传统的各种"劝农"措施。㊵ 实际上,从更广泛的意义上说,这些技术上、精神上以及资金上的各种鼓励措施,也应视为整个救荒政策的一个组成部分。

财政措施

1744年,皇帝在关于缓征赋税的指示中同样强调了由于上一年的灾害所造成的人口和资源的困竭,即"当积欠之后,元气一时难复",有必要加恩缓征钱粮,使"民力得以宽纾"。㊴ 考虑到生产需要恢复,而经济基础薄弱,因而重要的是,避免由于正常的征税量而使情况变得更糟。就像特殊情况下的免息借贷一样,法定的赋税蠲免也是一种重要的、间接性的生产(或更准确地说,是再生产)救助措施。这之后,为了补偿生产资料方面的损失,还采取了一些更"积极"的措施。

但是,与其他救助形式稍有区别的是,赋税蠲免和缓征是自动应用于所有纳税者的,并不考虑他们在经济状况上的差别。就像赋税征收一样,赋税蠲免只是应用于土地,而不是针对拥有土地的人。我们可以回想一下前边所谈到的事例,灾损调查只是到田间亲验灾情,并将受损程度登记在土地册上。因此,就蠲免来说,在仅仅是部分土地遭受损失的大土地所有者和全部土地被毁的小土地所有者之间,没有什么区别。再有,纳税者不一定就是土地耕作者,即"真正的"灾荒受害者,而这显然是主要问题,特别是在土地高度集中的地区。因为我们知道,在蠲免赋税时,并不强制地主相应地调整地租。

政府是否采取了多种措施来纠正赋税蠲免中的这种无所区分的特点是很可怀疑的,尽管多数作者都很清楚地认识到这个问题。⑩我所发现的惟一一个事例(可能还有其他事例)是1739年两江总督那苏图给皇帝的奏疏,其中建议按照家庭财产从少到多而实行递减的赋税蠲免。⑪但即使是这样,也只是就纳税者而言。像其他人一样,那苏图完全了解,不管怎样,赋税蠲免对于富户来说没有什么意义,因为他们资财充裕,总会使他们度过灾荒(甚至使他们乘灾荒之机从中牟利),而对于"丝粟必计"的贫户来说,每免一分都是重要的,多免一分即受一分的好处。此外,由于许多额外加征,如果按比例计,"大户"的纳税率常常比小农低得多。⑫

按照那苏图的建议,"富户"将不予蠲免,"小户"依照受灾损的程度依次减免,"贫民"则全部蠲免。由于直接调查每个家庭的财产情况需要的过程太长,所以那苏图建议,利用"实征册"中的额征数字。尽管这些数字是仅仅依据土地财产计算的,没有考虑任何其他非农业活动收入,但那苏图认为,这已经可以体现土地所有者的收入情况。那些纳税额在5两以上的即可视为"富户",纳税额在1两以下的即为"贫民",介于二者之间的即为"小户",160万两蠲免额(江苏100万两,安徽60万两)即在后两者中分摊。具体过程,首先由各州县将花户名册、应征应免数呈交两省布政司,由布政司汇总核计后酌量均派蠲免,最后将各州县蠲免数额出示晓谕。

可以推测,那苏图的建议在一定时期里被付诸实施也不是不可能的，因为我们知道，他的奏疏得到了批准，而且受到皇帝的赞赏。我们当然不知道他实施的具体结果，但不管怎样，这只是一个临时措施，而且仅限于江南地区。如果这一措施真正被下大力普遍推行的话，那么，它必然会与地方税收机构的传统行为发生冲突，同样也会与正常的赋税蠲免制度发生冲突。

在这方面，起决定作用的实际上是地方习俗、各有关人员和机构的相互串通勾结，以及权势，以致在多数时候，赋税均等成为超过其他任何问题的最重要的问题。这种状况之所以得以发展，主要是因为，赋税量的确定是以土地册为基础的，而土地册的核实和更新往往是个别的或局部的，而且是临时性的。最后一次全国性的土地清丈是在明朝后期的1578—1582年间，清初的赋税"基数"就是以这次清丈的土地数为基础的。而自此以后，这一数字就被应用于所有实际决策。因此，尽管从理论上说，每一次土地财产的转移，每一块新开垦的土地，以及土地利用上每一次技术上的改变，都应上报地方政府，并登入土地册，但实际上，土地所有权的现实情况总在不断变化，与土地册中的数字差距越来越大。[43]地方官当然负有（根据可征税的土地数额）征税的责任，然后将大部分税收逐级上缴。至于这些赋税如何征收，税负如何在人口中进行分派，一般来说是由"衙门"里的"专家"具体操作的，也就是说，最终决定权操在"户房"的胥吏和征税代理人的手里。[44]因此，对于百姓来说，是否能自朝廷的赋税蠲免（法定或格外）中得到好处，首先依赖于这些中间具体经办人是否有诚意，其次是地方官是否有能力或愿意对这些人的行为进行监控。

显然，对于政府经办人员来说（也包括地方官），赋税减免越少对他们越有利。对他们来说，这种减免就意味着收入减少，因为他们的大部分收入（合法的，非法的，或被默许的）来自随正式税收而征收的各种非法定的附加税。1728年的一个谕旨在规定新的蠲免规则的同时，也斥责了一些地方官员，批评他们不愿实施蠲免，因为这会减少他们所能得到的耗羡（按赋税额的10%—20%征收），他们就是靠这些耗羡支付活动经费的。⑮1811年的一个上谕也批评了一些地方官的做法：地方政府利用权力，有意延缓谕旨的传达，企图在灾况和蠲免分数公布之前能够尽量多征赋税。⑯一个世纪之前肯定也存在这种做法。但不管怎样，即使没有官员故意制造障碍，要想严格执行饥荒时期的蠲免政策也是一个过于复杂的过程：官员们必须根据受灾程度，根据种植粮食作物和其他作物的区别（只蠲免种植粮食作物的田地），来重新计算每一块田地的赋税率。州县官府当然更愿意采取一种更为简单的办法，即按照全县平均受灾程度，将蠲免额数不分灾熟地平均分摊到每一块田地。这也就是为什么原本是为了救助灾民的蠲免措施没有完全达到目的的又一个原因。⑰

以下让我们看看官方规定的蠲免比例。这些规定在各个时期差别很大，但就清代来看，18世纪的规定是最宽容慷慨的。上述1728年的谕旨明示了这些灾蠲分数，其中还说明，之所以提高灾蠲分数，是由于朝廷财政状况的好转："朕即位以来，清理亏空，剔除弊端，数年之中，库帑渐见充裕。"该谕旨同时还将新规定的灾蠲分数与明初以来所执行的各种不同灾蠲规定加以比较（但我没有分别查实这些不同规定，也无法知道它们的实际执行情况⑱）。这一比较的结果显示在表18中。到1736年，又将蠲免十分之一的比例扩大到成灾五分的田地，这一比例一直沿用到19世纪。

从这些灾蠲率的变化过程中还无法看出这种经济救助方式的真实影响。所谓"破例"全免的范围和次数（如果能够确定它们的全部数量就好了），可能会告诉我们一些更多的情况。在18世纪，这种全免赋税的做法相当频繁，有时还应用于所有耕地。⑲其中像定期豁免积欠，对于地方官府来说，同按照复杂的分数比例计算部分减免量一样，也不是那么容易操作的。此外，朝廷常常是在确认了百姓确实无力偿还，地方官府也无力征收，特别是在历年累积拖欠的情况下，才会采取这种措施。

同类的做法还有缓征，有时是部分缓征，有时是全部缓征。灾歉时候一般会按例缓征，而且有时会在收成恢复正常之后继续延缓很长时间。与蠲免不同的是，缓征没有固定的分数比例[50]，而是视当地具体情况而定。缓征也同样可能应用于那些收成歉薄但没有达到六分的“成灾”标准，即“勘不成灾”的田地。[51]《赈纪》显示，早在1743年六月初，即在能够得知秋收情况之前很久，就已经决定暂停征收河间、天津两府的应征钱粮。以后，缓征又扩大到直隶其他10个受灾程度不同的府州。[52]在整个灾荒期间没有征收任何赋税，至少在27个受灾州县没有征收任何赋税。1744年秋，再将16个“全灾”州县（另外又加上2个境况艰难的县）的当年应纳钱粮延缓至下一年春天征收，其他直到灾前的所有积欠钱粮也暂缓至下一年征收。1745年初，又将这18个州县的所有新旧应纳钱粮延缓至秋收后开征。[53]

表18 明清两代的赋税减免率（百分比）

	成灾率（%）	减免率（%）
明 代		
洪武（1368—1398）	无确定比率	100
成化（1465—1487）	100	30
弘治（1488—1505）	100	70
	90	60
	80	50
	70	40
	60	30
	50	20
	40	10
清 代		
1644	酌情决定	100，50或30

(续　表)

	成灾率(%)	减免率(%)
1653	100—80	30
	70—50	20
	40	10
1678	100—90	30
	80—70	20
	60	10
1728	100	70
	90	60
	80	40
	70	20
	60	10

资料来源:《大清会典事例》,卷288,"灾伤之等"。

扶持生产的积极措施

与对财政措施的研究一样,在这里,我们同样也缺少可供参考的扎实的数据资料,而且更糟糕的是,缺少这些措施的具体实施过程的资料,以致无法判断它的真正效果。我所说的扶持生产的"积极"措施是指,为了保护和在必要时重置生产资料(在最广泛的意义上说的)所发放的国家借贷或补贴。

举例来说,由政府出资并具体管理水灾之后的修复事宜,这类事例并不罕见,哪怕待修复的设施完全属于私人所有。如1776年,规定了各省水灾之后坍塌房屋修葺费用的补贴数额[34],此前此后也多次提到这种补贴。如1739年,直隶水灾之后,曾按照每户人口数发放房屋修葺费[35]。堤防和小型水利设施在正常情况下是由其使用者负责维护的,但灾后同样也会给予专项修复补助费用。此外还有田地整修的补贴费用。1776年,一些中部和南部省份由于水灾,稻田被沙砾覆盖,由一系列"议准"

批准这些省发放"修复银"。⑯

即使自然灾害没有达到像大洪灾那样的破坏程度,也总会造成物质上的损失,从而影响农业生产的恢复。我在前边已经提到,灾荒时候出现的为了出卖木料和屋瓦而人为地毁坏房屋,出卖或宰杀耕畜,将器具送进当铺而无力取赎,以及严重缺少籽种等问题。为了不使投机者趁机牟利,人们经常提出的一个建议是,当危急时刻百姓急于低价出卖农具时,由官府全部收买下来,然后官府可以在适当时候以同样的低价回卖给它们原来的所有者。如清初学者魏禧就曾提议,饥荒时候贫民常以物品价值十分之一的价格出卖衣服、器具、草薪等,这时官府应动用税收钱粮进行收买。⑰这些恪尽职守的愿望虽好,但官员们是否经常这样做却大可怀疑。因为这样做会涉及财力、组织、储存,以及收买物品的回售等方面的许多问题,这些问题足以使持有世界上最良好意愿的人灰心丧气。⑱不管怎样,在清代有关救荒的文书报告中,几乎没有任何关于类似过程的具体描述。

在《赈纪》中,我们发现官府曾进行过类似的努力,但也仅限于劝诫典当商减低利息:

>民食全赖农田,耕作必资器具,乃村民每际农隙辄取犁钽,半价赴质,质及犁钽,其贫可知,而犹以为轻而易赎也。值此荒年,分厘莫措,而待用孔亟,取赎失时,有误农功不小。在商家逐利,虽难责令减少,然犁钽不比衣饰,所质不过百钱上下,计所让之利无多,而人各取其一件以去,数盈万千人无遗力,异日有收于南亩,与取赢于区肆者,其益正尔相资,况目击贫农待赈为活而犹锱铢与较,揆情亦有所难安乎。尔当商人等嗣后于贫民所质犁钽及一切农用什物宜各按每月三分之利,让半听赎,有再能多让少取者,地方官酌量加奖。夫不病农即以惠商,本道非有所偏也。倘农民恃有此示,过缩钱文,强赎生事,亦即加以惩处。⑲

我在这里完整地引述了方观承的这篇告示,不仅是因为其中描述了当时典当业在农业生产中的普遍深入,而且因为它显示出,18世纪的政府对于一个强有力的、活跃的行业活动的审慎态度。事实上,当铺的行为基本是不受控制的。法规中关于当铺的规定是很笼统的,如限制月利率不得超过3分(3%),而且即使是这一规定,也并不总是严格遵行的。而在饥荒时候,几乎总是听由该行业本身来根据形势变化而运作。当然,实际上该行业也有其内部的和地区的规则,这些规则也会对那些欺诈委托人的弊端陋习起到约束作用。尽管到现代早期,这类事业最初产生时的慈善性[宗教式的(clerical)]因素已经完全世俗化和商业化了,但在这里无疑留下了它的一些踪迹:尽管地方官员们不断地抱怨当铺的过度勒索和冷酷无情,但他们还是认为,采取法律手段是于事无补的,而通过呼唤"情理"和亲善可能更为有效。[60]上述告示就是一个很好的例子。令人特别感兴趣的另一点是,它是仅仅以"劝谕"的形式发布的,而实际上是在发布命令——但这只是在方观承进行了各种经济(而不是道德)利益的权衡之后才发出的命令,在各种经济关系中,处于中介地位的商人的利益并没有被忽视。

相反,还是在《赈纪》中,那些直接要求农民不要轻易出让农具的文章几乎都是采取"禁"的形式。[61]但是,就像那些针对典当商的指示一样,如果缺少更为具体的措施,这些针对农民的指示也不会产生多大效果。这些措施中,最重要的就是政府借贷,所借贷的基本上是两个最为迫切的项目,即籽种和耕牛。以下仍以《赈纪》为例来叙述这一过程。

我们在前边已经看到,直隶官府如何为灾区的形势而感到焦虑不安:如果缺少劳动力和生产资料,那么到1743年秋或1744年春,一旦雨水来临,将不可能立即有效利用这种有利条件。而当流民数量已最大限度地减少,劳动力问题已经解决之后,籽种和耕牛问题就占据了首要位置。到1743年七月,有关

第二部分　国家干预

籽种和耕牛问题的解决方法已经提出来，而且大部分被采纳了。⑫政府委派官员们以司库银两采买"鲜好麦种"，分贮于各受灾州县，等待秋季用于播种。到秋季时，则将这些麦种无息借给拥有农具和牛力的农户。⑬小麦种植地区的借贷限量为每亩5升。⑭有愿意自行购买麦种的农户，每亩借给银1钱（即按照每石麦种价银2两计算）。有田100亩以上的不予借贷。⑮

政府的用意相当明确，即通过保证籽种供给来维持生产。在18世纪还有许多这种实例，这里仅举一例。1778年，雨水已经为河南和山东的冬小麦播种创造了良好条件，但由于上年歉收，农民严重缺乏籽种，因此，皇帝给两省巡抚（以一日400里的速度）下达急令，指示他们将运输途中的10万石陕西小麦截留一部分，借给农民作为籽种。这个事例突出表明了皇帝指示的明确目的性，以及他对事件的快速反应。⑯

畜力也可以"借给"。官府预先借给农民雇牛费用，每亩雇价为制钱25文（即一天的费用约为150—200文，因为一犋牛一天可以犁种六七亩地）。政府试图通过这种借贷措施，通过允许富户利用剩余的牛力获利，来保证有效地利用畜力。另一种以获利方式利用剩余牛力的方法是，允许拥有剩余牛力者耕作被外出贫民遗弃的田地，官府可以借给籽种。但户部不同意直隶督抚的这个提议，担心一旦土地主人回籍后可能会产生争讼。⑰户部反对的另一项建议是，借给牛主人每头牛每月银5钱，用以购买饲料。这些措施的目的是为了防止出卖或宰杀耕畜，但不可否认的是，其实行肯定是一项复杂的事，需要预先查明需求情况，确认牛力的所属情况，实地查证牛力的状况以及牛力所有者财产的实际状况，然后还要将这些情况造册登记。

具体实施过程体现在两篇文章中，一篇是给地方官的，另一篇是给百姓的。⑱文中要求州县官员于查赈的同时，乘便督促农民及时播种，因为这是官员与百姓直接接触的最好机会。这也是准确了解政府赈救情况的机会。借贷文书上要登记拟借贷籽种的家庭、所耕种的麦田数量和准确位置（"四至"），还要有乡约、里正签名担保,然后由官府核实。在这一基础上(一般是在官府核实之后),由官府将各户应分配的籽种量(或相当数量的银钱)预先封装在布袋里,以备有雨后立即分发。所有麦种应在三日内发完,所有印官、佐杂、协办官员都必须亲临各乡,监督分发过程,保证籽种确实分到农民手中。

要使这样的计划真有效果,就必须具有超常的组织程度和速度。各种事实证明,只有在极少数大规模的抗灾活动中,才有可能取得这样的成就,因为只有在这种情况下,才会动用大量的正式官员参与行动。肃宁县令尹侃的一篇文章表明了相反的情况。时间是在1744年夏季,也就是说,这时上述复杂的计划安排已经结束了。因此,尹侃只能敦促地方乡绅,除了其他慈善行动之外,还应在雨水来临时,立即借给农民籽种,因为"一待官偕,恐失农时"。[69]在同一篇文章中,我们了解到,当五月份和六月初下了几场雨之后,乡绅们的确响应了尹侃的呼吁,七月份又下了几场雨,此时,秋庄稼(早粟、高粱、黍禾、迟粟)已经收成在望了。[70]

当然,一些地方官府在借贷籽种时,总是会尽量简省组织工作上的麻烦,以及不可避免的许多困难,肃宁县可能也是其中之一。方观承在一道命令中谴责了这种不负责任的行为,实际上这也表明了这种借贷制度在方法上的局限,这种局限即使是在这次效果较好的事例中也有反映。[71]在另一个例子中,官府的做法很有独创性,但对于执行者来说又过于复杂。这些人数量并不少,但都缺乏在乡村工作的经验。[72]

例如,要使政府的救助更有成效,就必须详细了解土地利用情况。但官员们对当地的耕作模式没有任何确切概念,只有一个极为笼统的数字,即直隶的小麦种植约占耕地的十分之三(山东、河南约为十之六七)。农民总是愿意把所有田地都报为麦田,而一些地方官也总是简单地照数转呈上去。相反,另一些地方官则自作主张,对每个农业单位都照所规定的按田地总数十分之三的比例借给,尽管原本只是规定,有田100亩以上才照这一比例借给。当意识到许多官员的贪图简便的做法之后,方观承只能再次命令他们,逐地块核实实际麦田面积,但在多数情况下,这种做法显然超出了经办官员的能力,因为所有临时委派协办的官员都已经被派出去,而且他们已经不堪重负了。这就是为什么1743—1744年可利用的数字过于简单(每个州县只有一个数字),使我们无法清楚地知道,官府所购买和发放的麦种是否真正用在了实处。

《赈纪》的最后一卷提供了各州县借出的麦种银的总数,通过这些数字,可以计算出用官方借贷的麦种播种的土地面积数。我的方法是,以官方每亩借银1钱(5升麦种的价格)计,将借出麦种银的总数乘以10,就相当于所播种的麦田面积数。表19显示了16个"全灾"州县的数字,其中的纳税耕地总数来自其他资料。㉓计算的结果,即各地利用官方借贷所播种的土地面积的比例差别极大,从2.9%—13.1%,而且没有任何特别的说明。由于缺少逐县的土地利用结构的调查情况,也就没有任何办法把这些数字与全省十分之三的规定比例联系起来。

不管怎样,显而易见的是,尽管这种救助措施受到官府的高度重视,但也只是占了小麦实际耕种面积的一小部分。如果要对这些数字作出解释的话,还需要澄清的另一点是,《赈纪》中所提供的籽种银数到底是用于一季播种还是两季播种。资料中只提到了1743年的秋播,那么1744年的夏播怎么办(这时不再是种麦了)?最后,我们无法知道政府资助在多大程度上弥补了籽种的不足,或者换句话说,到底缺多少?尤其令人疑惑的是,资料中根本没有提及1744年的夏种,因为即使假定农民的平均储备到1743年秋种的时候还可以应付,需要政府资助的只是一小部分耕地的话,那么当1743年秋作物歉收之后,形势肯定更为艰难,需要的救助会更多。

表19 直隶16个"全灾"州县中14个州县的再耕资助及土地再耕比例

州 县	应税土地数(日期)	以借贷银播种的亩数	
		数 量[a]	占总数的百分比
河 间	1 626 375(1752)	59 910	3.7
献 县	1 027 954(1752)	57 250	5.6
阜 城	208 642(1752)	20 620	9.9
任 丘	634 308(1752)	73 750	11.6
交 河	748 434(1752)	65 000	8.7
景 州	415 829(1745)	28 170	6.8
吴 桥	431 348(1752)	41 090	9.5
东 光	426 088(1752)	53 040	12.4
青 县	658 167(1737)	19 350	2.9
静 海	442 943(1737)	24 900	5.6
沧 州	750 824(1737)	98 120	13.1
南 皮	525 160(1737)	40 270	7.7
盐 山	428 273(1737)	42 960	10.0
庆 云	553 981(1737)	48 650	8.8
总数/平均数	8 878 326	670 080	7.5

资料来源:应税土地数据:《河间府志》(1752年数字),《天津府志》(1737年数字),《景州志》;再耕亩数据《赈纪》,卷8。

注:一个不大清楚的情况是,籽种借贷的时间是整个1743—1744年的灾害期间,还是仅仅是在灾害的最初几个月,即1743年秋季。

a. 根据借贷的籽种银数计算而来,以一钱银可购买一亩地的籽种计(五升)。

总之,在《清朝文献通考》或《大清会典事例》这类文献中经常提到灾荒时候的政府籽种借贷,都不很详细具体,无法丰富我们这里所描述的情节。然而,我们可以设想,当严重的洪灾过后,农民的积储与其他物资一道,都被洪水卷走,这时经济资助对他们来说是至关重要的。例如,在1753—1756年间,不断发生的洪水荡涤了江苏北部地区,朝廷曾于1755年下令,调查未被淹没、尚可进行秋播的田地数,并提供相应的籽种借贷。

虽说政府频繁地借助于借贷这种做法(包括非灾歉年份对最贫困农户的借贷),但值得注意的是,有经验的官员,如王凤生,则公开反对任何方式的政府实物借贷(除非农民坚决要求这样做),因为这种实物借贷的程序过于复杂,他认为最好是对那些愿意继续耕种的人采取赋税减免的办法。[74]

改善生产条件的长期性措施

到目前为止,我们所讨论的措施都是一些救急性的权宜之计,其目的是帮助受灾人口在不过度降低生产潜力的情况下度过危机。或者更明白地说,是要保证灾区的经济状况尽可能接近灾前的基础。还可以用当时的话来说,即尽量缩短由自然灾害所带来的经济危机的持续时间。

但是,人们还可以从长期的观点来观察问题,并对灾荒的结构性原因提出批评。如果说,在人口/生存的平衡关系中,直接对人口施加影响的思想直到很晚才产生的话[75],那么,自上而下地采取能动性措施来改善这一平衡关系中的另一方面(即生存条件方面)的思想,则是官僚著述和实践中的一个持续不变的特点。

官方采取"教授"式的和强有力的干预措施的最必要的、很可能要经过长期过程才能见效的领域是水的治理。许多作者都认为,"兴水利"比政府仓储更加重要。例如李光地(1642—1718),他要求直隶地方官对当地山川河流地形进行全面勘查,了解哪些地方可以因地制宜修筑河渠、堤坝、凿井,等等,即那些能够真正提高生产力的基础设施。[76]不久之后的1726—1730年间,在雍正皇帝的兄弟胤祥亲王的监督下,在直隶实施了一项系统的治水和灌溉工程建设规划。据称这一项目的结果是将57.5万亩原来的旱田改造为水田。但是,这一工程遇到了许多困难(包括比南方地区更小的劳动组织),而随着胤祥和雍正皇帝先后去世(分别于1730年和1735年),这一工程看来也寿终正寝了。⑰

另一位主张水利工程建设是优于粮食储备的一项长期性政策的官员是晏斯盛。1739年,他提出一个详细计划,要求全面检修安徽北部地区的水利系统(这项计划被奏准了),该地区经常同时受到淮河和长江洪水泛滥的影响,黄河水患也间接地影响到这里。这项计划要求由政府发银兴工,开筑陂塘坝堰,并修治那些久经湮废的水利设施。江苏北部地区(淮安、扬州等府)是另一个经常遭受淮河、运河、长江洪水泛滥威胁的地区,这一地区显然在几年之前已经由政府组织兴修了许多水利工程,因为政府曾发放大量库银,并派出了许多有经验的官员来督理这些工程的修建。⑱

值得注意的是,那些认识最清楚的作者都主张优先投资于基础设施,而认为进行食物救济仅仅是权宜之计。这种态度预示了20世纪中国华洋义赈救灾总会(CIFRC)的正式规则。该组织受命于中国缺少有效率的政府机构和官僚制度之时,从具有长期传统的"官僚式"救荒政策中吸取养分,通过植树造林、修筑排灌设施和堤防、改善交通条件等措施,致力于提高中国农业安全和生产力。即使是实行赈济,CIFBC也首先选择以发放食物来交换体力劳动,即鼓励兴修公共工程。⑲

而在这方面,帝国的官僚政策同样也指示了可遵循的方法,在它的武器库中就包括了一种方法,叫做"以工代赈"。⑳另一方面,尽管所有关于荒政的书文都将兴修公共工程列为无偿赈济的可替代方式,但只有少数作者认为这是最好的制度,而他们的理由与一两个世纪之后CIFRC的理由是一样的。首先,兴修公共工程可以一举两得,既救了目前的饥荒,又改善了长久性生产设施,防备了未来的水旱灾害。㉑第二,与无偿赈济不同,兴修公共工程就是不鼓励灾民的消极等待倾向,也不会促使游手好闲之徒聚集闹事,后者正是官府经常要避免的。㉒晏斯盛甚至认为,"大兴工作"是抵消各种不稳定的社会因素的最好方法,一些游手游食之人,常年怠惰于广种薄收,灾年则空穴而走,四处游荡,但如果大兴工作,工食银高于赈济钱粮,这些人就会争趋赴工。⑧

与之相关的另一更为经常谈到的思想是,公共工程可以为那些没有固定职业的人口提供一个谋生机会,这些人包括常年靠农业"佣工度日"的人,也包括那些从事非农职业的人口。我们知道,这些人口不包括在法定的赈济范围内,他们只能在扩大的附加人口内领取赈济,或者是通过民间"粥厂"赈济。⑧在这个问题上,传统救荒政策与 CIFRC 对其作用的评价却不一样,前者是作为这些人口谋生的补充手段,而后者则是作为主要手段。⑧但是,这种补充手段并不排除利用公共工程帮助真正的灾民。这类工程主要是在春季青黄不接的时候举行,即赈济结束和夏粮收获之间的几个月;但官府允许灾民在赈济结束前,既领取赈粮,又可赴工谋食。⑧

按照 18 世纪的规定,每个省都应勘查并制定出应兴工程的规划,区分缓急次序,报请审批,以便在发生灾荒时,可以迅速开工,不至于拖延。⑧据《荒政琐言》记载,预算银在 1 000 两以上的工程应留待水旱灾害之年兴办。⑧在各类工程中,又以水利工程为优先,因为它们在抵御自然灾害中具有关键作用,这些工程包括修筑堤坝、疏浚河道沟渠和修筑灌溉工程。这类工程还有一个好处,即工多料少,既可利用大量无特殊技能的劳动力,又节省经费开支。政府有时也会兴办一些与农业基础设施无关的"专项"工程,如城墙、官署,等等。⑧例如,在直隶,1744 年春的"以工代赈"是修筑景州、沧州的两段坍塌城墙,其中景州工程需银 3.4 万两,动用的是该省库银。⑩

改善交通状况是与"人民福利"更直接有关的又一类工程,也同样受到了高度重视。赵士麟(1686—1687 年任江苏巡抚)在给他的后任的一封书信中叙述了(镇江)京口丹阳一带河道淤塞的情况:由于长期不加疏浚,闸坝久废,稍缺雨水,河道就会干涸,难通米船。兴工开浚这段河路,不仅可以救助饥民,而且也可以恢复商路,便利漕粮运输。⑪

谈到北方的交通工程,我们可以举两个"以工代赈"的例子。一个是1761年修治北京近郊的"石道",另一个是1809年直隶疏浚河道和"挑挖大路两旁沟渠"。㉜只要看看那些关于京城米价的谈论,就可以了解这种活动与生存问题之间的直接关系:一些文章把京城粮价上涨归因于雨水导致的道路泥泞,这不仅阻塞了粮食运输,甚至像通州到北京这样的短途运输也受到影响。㉝

直到20世纪,改善水利基础设施和交通状况仍是那些备荒问题专家们的主要目标之一。还有一个目标也应该提到——这在我们所研究的这个时期没有得到重视——即植树造林。由于历代王朝的忽视,到1920年代,中国已经尝到了其苦果。几个世纪以来,在这方面基本没有作出什么实实在在的努力。㉞距我们最近的一例是在明朝洪武年间(1368—1399)。这也是给人印象最深的一例,据一些(乐观的?)估计,这期间种植的树木约有10亿株。距此4个世纪之前,即宋朝开宝年间(968—975年),皇帝曾命令黄河以及北方其他河流沿岸的地方官府,动员百姓种植树木,不仅种植桑树、果树等"生产性"树木,还要种植榆树、柳树等,以巩固"河防"。在那些适宜植树的地方,官府应鼓励"广种林木",每户根据自己的经济能力,种植10—50株树。但是,归根结底,这些努力并不足以抵偿负面政策所带来的损失,而后者看来几乎总是占支配地位。元朝时候,采伐树木的禁令被取消了。而在明朝,尽管其创立者注重于植树,但以后的历届皇帝所遵行的政策的结果却基本上是损坏了自然林木。到了清朝,我们所看见的最多的是关于过度采伐森林的后果的记录,如水土流失、土壤退化、河道淤积、洪涝威胁的增强,等等,除此之外,没有什么积极的建树。面对政府的漠不关心,大众对柴薪和木料的大量需求,特别是河流上游地区不计后果的滥垦滥伐,少数人对"植树"的呼吁也就显得过于势单力薄,过于学究气了。㉟

让我们还是回到水利工程方面,"工赈"制度总是优先考虑这些工程。"工赈"的内容常常也包括那些平常是由私人来完成的工作。这些活动常常是综合性的,各种各样的。在详细叙述这些活动之前,首先要分清两类工程设施,一类是由直接受益者(即接近堤坝或通过沟渠灌溉的土地的所有者)维护的设施,另一类是由官府出资并经管的工程。后者常常是一些大型项目,受益面跨数县数省,需要大规模投资和组织力量。不过,多数工程看来是联合进行的,称为"官督民修",在这种方式下,经费仍由土地使用者负担。

在饥荒年月,国家在这方面的干预包括了从简单的鼓励到完全接手经办,具体如何实施要取决于许多因素,不仅是灾荒的严重程度,待进行工程的规模,当地百姓和官府的筹资能力,而且要看占统治地位的社会结构。以 16 世纪以来的长江三角洲地区为例。这是一个土地所有权高度集中的地区,已经形成了一个拥有大量财富的、在社会上有支配力的富裕阶层,并形成了一种以小型水利设施为基础的农业。在这里,只要水利设施没有完全被洪水冲塌,官府就会立即号召"富户",即大地主,修治水利设施,组织并资助"以工代赈"。这是一种单纯由民间私人救济灾民的形式。⑯ 相反,在必要时,国家也会采取特别措施,提供一项工程的全部经费,包括务工者/灾民的工资。当水灾后果非常严重,而土地所有者又无力立即进行修治时,就常常会采取这种解决方法。在 18 世纪的湖北省,我发现了许多这样的事例。⑰

也就是说,在一些地方,规则变为了一种中间状态,在饥荒年月,国家通过提供公共工程的部分经费(多数是用于工人工资),而介入了平常由民间私人自己负责的工作。国家支付的部分,1740 年以前为十分之三,此后为十分之五。《荒政琐言》中提供了直隶的工人工资量(这是由国家的那部分十分之三经费支付的),其中:修筑堤防,每工每搬运或填挖一土方得米三升九合⑱;疏浚河渠,每土方三升,每泥方四升五合。这些是按照每石米价银一两计发的。在浙江,每搬运一土方发银三分八

厘,每填挖一土方加银一分。⁹⁹

在这里,为了补充以上关于基础设施长期性投资的讨论,让我们再看看《赈纪》中的情况。

1744 年夏季,当 27 个受灾州县快要摆脱危机的时候,在该省东南隅(的灾区),还有一些地方应该继续得到关照,特别是盐山县和庆云县,以及东光、吴桥两县。这里是贫困地区,水田较少,而人口较多,在干旱期间受灾严重。庆云县的问题最为紧迫,因为那里不通舟楫,"商贩罕至",而东光、吴桥则濒临运河。⁽¹⁰⁰⁾与其他州县不同,这一年秋天,庆云及盐山部分地区仍然颗粒无收,五六月时只下了很少的雨,而当七月下雨之后,为时已晚,干旱和虫害造成的损失已无可挽回。贫民开始再次外出,人们担心重新出现 1743 年初夏的情形。因此,从 1744 年秋到 1745 年春,又开始了新一轮救济程序——查赈、普赈、加赈、无息借贷籽种(粮食主要来自大名府)。⁽¹⁰¹⁾这以后这些活动很可能仍在继续,因为 1746 年庆云县仍报告歉收。此外,据方观承在《赈纪》中的按语,在 1743—1745 年间,庆云、盐山两县还得到了约 30 万石的赈粮⁽¹⁰²⁾,这差不多是 1743—1744 年间赈济量的两倍。

实际上,直到 1746 年,政府才决定从根本上解决这两个县的问题。经皇帝批准(很可能是应方观承的请求,他当时是直隶布政使),该省动用大量库银,由官府监督,大兴水利。这些工程已众所周知,方观承在上述按语和他在庆云县树立的石碑上都提到了这些工程,这个石碑是他任直隶总督(1749—1768)时为纪念 1743—1746 年间官府的治理活动而树立的。⁽¹⁰⁴⁾

在方观承的密切关注和劝说下——1743—1744 年间,他曾巡历这一地区,对这一地区相当了解——由地方官具体组织,进行了疏浚河道、掘井、植树等活动。据庆云县的碑记记载,共疏通了 2 条流经该县的河流,由藩库出资开凿了 1 250 眼井,植树 3 万株。⁽¹⁰⁵⁾此外,因连年歉收而贫困的家庭给发牛力(烙以"官牛"记号),这些牛不准盗卖,据记共发放了 546 头耕牛。⁽¹⁰⁶⁾皇帝还恩准,永久减免庆云县十分之三的赋额。据说,在这次行动中,国家支出的经费,庆云县为 1.39 万两,庆云、盐山二县共 2.19 万两。正如《赈纪》中说的,这些经费比以往赈恤所花费的费用还是要节省得多。[107]

当然,很难评估这些投资的最终回报情况。我所引用的两篇文章都声言,在这个事例中,这些投资工程标志着两个县的转折点。方观承在《赈纪》按语中告诉我们,政府的慷慨资助对百姓具有强大的感召力和激励作用,自力凿井、植树、蓄畜的日益增加,当他写这些话的时候(1752 年),形势依然令人乐观。在碑记中,他同样谈到,当他巡视水利工程到达该地区时,所看到的情况与从前已大不相同:"见夫邱墟烟树蔚然成荫,辘轳相闻,蹄趾交错,抱甕扶犁者,行歌陇畔,不复知有昔年飂戾荒寒之象。"这个石碑是应当地耆老的要求竖立的,他们担心后人会忘记这一新气象是怎么来的。[108]

他的对照性评价可能有点夸张了。但至少客观地说,用那么节省的投资会产生如此积极的结果,也不一定全都是不可能的。不管怎样,我们不应该低估了方观承所声称的,政府在指导和传播方面所起到的(以及他指示官府应该起到的)作用:向百姓讲解怎样解决凿井中的问题,怎样最有效地利用耕畜,怎样植树……新技术会以较低的追加成本生产出更多产品,低估了官僚以及一些专家在各个时期推动新技术方面的作用肯定是错误的。但是,要想估测它在促进中国"传统"经济总体发展的各种因素中的可能的或实际的地位,却是一件相当困难的事,而即使在今天,这也是具有一定理论意义的。在这里,我只是简单地陈述了问题,即:由国家上层推动的积极精神、教授和激励措施,是否或在什么程度上,能够克服由于人口增长和技术停滞所造成的发展局限——在中华帝国时期,每当遭遇饥荒,这些局限就会一再显露出来。

注 释

① 《赈纪》,卷 5/1a—2a,3a—3b。
② 《赈纪》,卷 5/4a—4b。
③ 《大清会典事例》,卷 288,抚流亡。
④ 《赈纪》,卷 5/6b。
⑤ 《赈纪》,卷 5/1b,3a,23a。从书中所提到的投亲靠友出走的频繁性来看,中国农民的活动范围不一定局限在围绕着最近的市镇而形成的村庄群落,像施坚雅(Skinner)在《中国农村的市场与社会结构》(第 1 部分)中所提出的那样,至少在一个具有季节性长距离迁移传统的地区不是这样。
⑥ 天海谦三郎(1966,第 747 页)引录了这个上谕。
⑦ 《赈纪》,卷 5/15a—15b,18b。
⑧ 《赈纪》,卷 5/15b—16a,17a—17b。
⑨ 从理论上说,地方官的所有事务及对其成绩的评价,实际只包括征税和司法审判。尽管这里仅将维持人口稳定临时作为考核措施,但以后可能是成为定规了,因为《户部则例》中有一部分(卷 83/22a),题为《稽查灾民事例》,其中明确记录了那些因没有禁止灾民外出而被记"过"的州县地方官的数量;相反,那些阻止了流民四处游荡,并成功地将他们遣送回籍的官员则被称为"功"。
⑩ 《赈纪》,卷 5/20a—20b。
⑪ 有意思的是,1744 年一月的一个上谕再次命令,放松对通往热河和奉天的关卡的控制。显然,在过去的 6 个月里,流民的冲击并没有减轻。他们的出发地,不仅有天津、河间,还有山东、河南[天海谦三郎(1996,第 747 页)]。
⑫ 《荒政丛书》,卷 5/7b。
⑬ 对于"资送"制度的犹疑态度,及其在规章制度中的反映,见《大清会典事例》卷 288,抚流亡。这个制度在 1753 年和 1763 年曾两次被废除。但是,1813 年的一篇文章重新强调了它的作用。实际上,这种政策应从不同方面去观察,其实行取决于流民的不同情况,有的是"无地"者,把他们遣送回籍没有什么意义(见 1763 年的文章),有的是放弃土地背井离乡的农民(见 1813 年的文章,及 70 年前的《赈纪》中的文章)。
⑭ 《赈纪》,卷 5/20a,22b—23a。

第二部分　国家干预　257

⑮ 1704年和1723年，大量饥民拥入北京，每个县都被命令派出人员将本籍的流民领回(见《大清会典事例》卷288,抚流亡)。《荒政琐言》中也提到同样的做法，尽管到该书写作之时已不再采用。该作者认为，路资不应多于10文钱，否则"愚民贪利又将复来矣"。

⑯ 见《赈纪》,卷5/25a—26a,其中引述了一些农民的证词。

⑰ 《赈纪》,卷5/案语,卷5/29及以后。早在1723年,给离京者每"程"银数即为六分。

⑱ 据《赈纪十五条》12b,1743年八月的路资是按照1736年数额较高的标准发放的,这引得许多非灾区的居民离家出走,但当十月份取消了六分银的发放制度后,问题很快得以缓解。

⑲ 《赈纪》,卷5/22a—23a。

⑳ 《赈纪》,卷5/22a—23a。

㉑ 这两条线路正好符合(或正是引导)流民通往京城的路线。

㉒ 《赈纪》(卷2/5b)中的银钱兑换比例为,银7厘5毫合制钱6文半。陈昭南(1966,第8页)提到,1743年的兑换比例为,银1两仅合制钱800文。

㉓ 《赈纪》,卷5/3a;《学治臆说》,B/32b—33a,白乐日(Balazs, Etienne)(1968,第278—279页)对此曾做过评论。

㉔ 《荒政备览》,卷2/6a—7b。

㉕ 见《肃宁县志》,卷10B/19a—20b。

㉖ 在这个事例中,寺庙只是提供了场地,但人们可以推测,有时寺院和寺僧也起了更积极的作用,因为这是符合佛家慈悲为怀的传统教义的。张伯行建议,应让庵观寺院安排流民住宿,同时为防男女混杂生事,应令有男僧的寺院收养流入的男人,有女尼的庵观收养流入的女人(《皇朝经世文编》,卷41/9b)。

㉗ 《赈纪》,卷5/9a—11a。步军统领是京城的统治者,由同时担任户部侍郎的满族高级官员担任。

㉘ 普济堂是1706年由京城的名流望族建立的,堂前有皇帝亲笔书写的牌匾和碑文。普济堂的经费来源是生息资本,即将资本借给商人使用而赚取其利息。1736年议准在全国各地都设立这类机构(见《大清会典事例》卷269,收羁穷)。《大清会典事例》(卷269,收羁穷)中还引录了1743年的一个奏报,其中谈到北京普济堂收养的人过多,钱粮不敷接济,情况严重,需从京仓专门调拨200石米以供接济。除此之外,这类机构中最著名的是

"养济院"。原则上，每个州县至少应有一个"养济院"，收养本地贫民和乞丐，每个省都有收养贫民的"定额"，差不多有几千人。如果需要的话，这些设施也可以接纳外来者。从时间上看，《大清会典事例》(卷269，恤孤贫)中所有关于"养济院"的文章都写于乾隆初期。很难弄清这类机构的活动情况，但它们显然不是为灾荒时候的大批流民而设立的。

㉙ 这个时期，北京五城各设2处饭厂，正常时候每厂每日给米1石。定例每日每大口给米1升，因此从理论上说，这些饭厂每日可供养人口为1 000人。饭厂也是京仓陈米平粜的地点。饭厂的活动由专门委派的满、汉官员和监察机构的官员共同监管。京城步军负责维持秩序(《户部则例》，卷16/6a—7a)。某些省会似乎也存在类似的安排，尽管规模较小(见《钱谷备要》，卷7/31a—31b，其中谈到苏州、南昌、西安的情况)。

㉚ "资送"并不是不间断地发放的，有时执行起来不那么坚决。反对意见认为，最好的方法是取消冬初的资送路费，以打消人们前来领取它的念头。但当流民潮显然不可阻绝时，官府最终决定，集中力量清理京师的难民，哪怕有一些人可能会为了得到路费的好处去而复来。为了缓解京师流民的压力，另一个办法是将一些流民分流转移到附近的流民厂，如涿州、保定、香河、固安、永清、通州、良乡等(《赈纪》，卷5/33a—33b，40b—41b)。在这方面，我们听说，杜甲[1741—1746年间通州的"模范"地方官、万维翰(《荒政琐言》和《幕学举要》的作者)的幕主]在其任职期间面临着接收山东灾民的任务，将他们安置在一种由数千间(?)构成的临时"城市"里。1744年很可能也采用了这种做法，因为许多流民也是从山东来的(见《通州志》，卷6/92a—92b)。

㉛ 例如，见《赈纪》，卷5/47a—50a。

㉜ 在直隶1801—1802年的饥荒期间，据说京城"在一段时间里"收养的难民数量在1.56万人(《钦定辛酉工赈纪事》，卷37/1a—1b)。京城的饭厂，不论是政府的还是民间的，可能是救荒政策史中最稳定的机构之一。从1541年明世宗建立的每年施粥发药制度(见《坚瓠续集》，卷1/12a—12b；《明史》，卷78/1909)，到1930年代初北京的粥厂[张金陔(1933)]，历史记载证明，北京从未丧失对饥民的吸引力。

㉝ 《皇朝经世文编》，卷41/18b，筹济编。

㉞ 见《赈纪》(卷5/12)中一个御使的奏言，其中一开始就陈述了农民仓皇外出的原因。

㉟ 见《荒政琐言》，28a—28b。文中指出，那些在领取了赈济后又离开的人，是为了"省下自己家里的食物"，因为赈济量其实是相当低的。

㊱ 也就是说，这次行动完全不同于50年前俞森所面临的情况，当时移民潮不可遏制地涌入湖北西北部地区。而当时的条件也是完全不同的：移民拥入的地区远离中央政权所在地；救灾的规章制度还没有建立健全；地方政府在经济上过于窘迫，以致俞森不得不尽量将许多移民安置在当地居民家里。由于受灾地区与人口流入地区不在同一个省，这使得问题更为复杂，使地方政府之间的协调合作更为困难。

㊲ 北京周边地区的一些州县都鼓励富民做出这种捐助，也要求地方官"捐俸"助赈(《赈纪》，卷5/42a—42b)。

㊳《荒政丛书》，卷5/5a—8a。

㊴《赈纪》，卷1/14a—14b。

㊵ 首先一个就是皇帝本人。1736年的一个上谕(《户部则例》，卷83/1a—2a)对蠲免不及于佃户表示遗憾，他强烈希望地主应将好处转移给佃户，因为"业户佃户皆吾赤子"。但他也强调，尽管应该劝说地主减免地租，但不应强迫他们这样做，而对于那些借减免之名企图拖欠地租的"刁顽"佃户，必须以"抗租"之罪加以责罚。张仲礼(1962，第131页)引录了这个谕旨，他还提到其他一些表达了同样意思的文章。总的来说，赋税蠲免主要是有利于地主，特别是具有乡绅身份的大地主，这些人在收回全部地租时总是能得到政府的支持。

㊶《蠲免事宜疏》，载《皇朝经世文编》，卷44/1a—1b。奏疏日期据《清史》，卷309/4168，那苏图。

㊷ 关于这一点，见王业键(1973，第38—39页)。

㊸ 这里听说的技术上的改变是指，如长江中下游冲积平原的圩田，在某些时期里圩田的规模非常大，圩田的修筑使池塘和沼泽地(这些地的税率极低)变成稻田(假定征税机构的工作是负责任的话，这些稻田应是高税率的)。关于清代土地登记不足实数及其原因(其实原因很简单，因为在很长一段时期里，明代的赋税额至少对清代国家财政来说是足够的)，见王业键(1973，第20—31页)。

㊹ 我们知道，民国初期，收税人的职务常常是世袭的，税收实征册在拥有税收垄断权的家庭里是父子世代相传的。在我们所考察的时期里，很可能也流行着类似的情况(这段时期正规的管理更受尊敬)，尽管不那么极端化。

㊺ 1728年谕旨见《大清会典事例》,卷288,灾伤之等。

㊻《大清会典事例》,卷288,灾伤之等;《户部则例》,卷83/3b。利用皇帝诏书(指示何时进行蠲免)和户部关于实施细则的文书到达时间之差,将赋税征收上来,这是有可能的。尽管原则上说,这段时间里征收的赋税必须在下一年减除掉。(1665年,朝廷命令山东、山西的官员立即退还多征收的赋税,见《圣祖实录》,卷15/21。)越过常规管理渠道传递信息的方法,显然只适用于救荒本身(如勘灾,赈济)。

㊼ 见《荒政辑要》,卷3/5a。

㊽ 关于弘治年间(1488—1505)的灾蠲分数,《明史》(卷78/1909)提供了一个重要细节:灾蠲只应用于赋税的"存留"部分,即上缴的赋税("起运")部分是不予蠲免的。

㊾ 见第12章,注㊿。

㊿ 至少在1815年以前没有固定比例。1815年曾议准一个缓征比例:被灾十分到八分的,分作三年带征;被灾七分到五分的,分作两年带征;被灾五分以下的,缓至下一年夏熟之后征收,而下一年的夏熟钱粮,递延至秋熟之后征收(《大清会典事例》,卷288,灾伤之等)。

(51)《荒政辑要》,卷3/4b。

(52)《赈纪》,卷6/2a, 3a。

(53)《赈纪》,卷1/14a—14b, 16a—16b。

(54)《大清会典事例》,卷270,救灾;《钱谷备要》,卷7/25b及以后。

(55)《荒政琐言》,20b。《荒政摘要》(20)中专门提到这种补偿的不同数额,但没有按省区分。其中规定:瓦房每间给银7钱5分,草房每间给银4钱5分;有力之家和居住业主房屋的佃户不应给发;如房屋被冲,无法确认基址(因而也就无法确定间数),则按照草屋标准,每两口人给发一间银数。更详细的发放标准见《户部则例》,卷82/23a及以后,其中规定了各省在不同受灾程度下的不同补偿数额。

(56)《大清会典事例》,卷272。其中一些省的发放标准为:江西、湖南每亩田地给银2钱,广东每亩给银5分,广西每亩给银3分。云南的补贴称为"挑培银",发放标准为"水冲田地"一亩给银3分,"沙压田地"一亩给银2分。

(57) 魏禧:《救荒策》,见《皇朝经世文编》,卷41/82。邓云特在《中国救荒史》(第397页)中引了宋代治平年间(1064—1067)澶州知州刘涣的事例,据说刘涣曾动用官银收买地震灾民以极低价格出售的耕牛,一年以后又以同样

㊳ 例如,魏禧建议地方官"挪移钱粮"来达此目的,但这样做实际是违法的。我们在第 5 章中提到魏禧曾大胆建议那些正在执行任务的地方官,采取一切他们认为是必要的手段,而不必顾及官方指挥渠道的繁琐冗长的过程。

㊴ 《赈纪》,卷 7/14a—14b,《劝谕当商减利听赎农器示》。

㊵ 关于这些观点,见罗炳绵(1977)。

㊶ 见《赈纪》,卷 7,《禁农民卖牛示》、《禁止拆卖房屋示》、《院禁私杀耕牛示》等等。如果真正必要的话,官府宁愿让农民将房屋作为借贷抵押物,而不是拆毁它们(见 8a—b)。

㊷ 见《赈纪》,卷 2/12a—13a,25a—26a。

㊸ 在中国北方,播种时耕牛是必不可少的,因为犁地和播种是一次性完成的(见《天工开物》,第 13 页)。这些活动都是在小块土地上人工操作的。

㊹ 5 升籽种的重量约为 4 公斤。这个数量比今天高产田的籽种量少了一半。《赈纪》中的"麦"可能是冬作物的统称。

㊺ 据《荒政琐言》记载的浙江省的情况,似乎是"给"灾民银两,而不是籽种,发放标准是,成灾八分至十分的每亩 6 升(按照时价),成灾五分至七分的每亩 3 升(这应该是指的稻谷),富户不给。同一作者所著《幕学举要》(32b)中有关救荒政策部分记载的数量与此相同,但是以实物借贷的方式发放的。《熙朝纪政》(卷 1/7b)引了直隶庆云县和盐山县的借贷量,1733 年为每亩 4 升,而 1765 年则是每亩 3 升。

㊻ 《宫中档乾隆朝奏折》,乾隆四十三年闰六月十三日,河南巡抚郑大进奏。

㊼ 《赈纪》,卷 2/34b—35a。然而,就在一个月之前,为了响应直隶总督的奏疏,已经宣布了这些做法。告示中——可能是方观承及其助手撰写的——允许耕种那些被外出贫民抛荒的田地,外出者回乡后应向耕种他们土地的邻人支付利息。在这种特殊情况下,经办官员看来是超越了正常的奏请程序,先行后奏。《武强县志》"赈济事宜"中的一个规定就是允许邻人耕种抛荒田地,另一项关于借贷籽种牛力的规定与《赈纪》中的借贷条件完全一样(《武强县志》,卷 10/17a)。

㊽ 第一篇题为《院谕劝民种麦》(《赈纪》,卷 6/7a—7b),强调了"亲民之官"在未来庄稼收成好坏中的关键作用。另一篇题为《劝谕犁地种麦示》(《赈纪》,卷 6/8a—9a),督促农民抓紧近日几场雨水的有利时机(开始于 1743 年七月初),乘湿预先犁地,并通告了借贷麦种的具体办法。

⑩ 《肃宁县志》,卷 10B/14a。
⑪ 邓云特在《中国救荒史》(第 398 页)中引了林希元(16 世纪初)的一个奏疏,题为《处置缺乏牛种贫农法》,描述了一个官民结合的救助方式的例子。其中地方官被责令逐区(都图)勘查牛种需求情况,强制富户借给贫民耕畜和籽种。有牛一头的家庭必须带耕两家,后者在用牛期间应负责牛的喂养,如果牛丢失则应加倍赔偿。对于没有籽种的家庭,则令每个富户负责一二十户,借给每户籽种二三斗。耕种时,债主应监督下种,不许食用籽种。收获时,债主可以到田收回借出的籽种,并加上利息。由官府为双方签署契约,交给债主收执。
⑫ 见《赈纪》,卷 6/10a—11b(1743 年八月)。
⑬ 例如土地登记。万维翰在他的书中(写于 1740 年代)认为,直隶土地的权属不清,主要是由于没有明确的土地记录,财产界限不明。他认为,官府所持有的只是纳税者的名单,其中所显示的只是应纳税土地的面积,而没有指明土地财产的具体位置(《幕学举要》,20a)。
⑭ 正如我们所知道的,随着时间的推移,土地登记数字与现实情况的差距越来越大,从中充其量只能得出一个实际耕种土地数的大致(而且是低估了的)印象。
⑮ 《荒政备览》,卷 1/9a—9b。籽种借贷是乡村富户和贫户之间经济关系的常规做法。但郁方董在《济荒记略》(10a)中专门谈到了地主"送给"佃户籽种,把这作为一种"善行",这篇文章表明,尽快开始新的耕作对于地主是有利的。
⑯ 直到 20 世纪初,在经历了政治的和文化的剧变之后,才使中国开始从生育控制和传统婚姻模式的改革方面审视生存问题。(关于这方面,可见民国时期的论文集《中国历代人口问题论集》)。当然,这不包括可追溯到古代的一个积极活跃的领域,即强制性人口迁移。这种强制性人口迁移的趋势最主要是在帝国初期,当时政府一心想开拓边疆新的领土,同时缓解长期定居地区人口稠密的压力,尽管明代在这方面也有几个引人注目的事例。但是,一直到 20 世纪,我们还可以发现,政府采取鼓励性措施,来有意识地引导移民潮流,以解决人口和耕地的平衡问题。例如,清代初期,官府通过给予补贴和蠲免最初几年赋税的政策,来鼓励开垦在战争中被抛荒和毁坏的土地;同治时期(1862—1874)也采用了同样做法,官府曾采取措施,使遭受太平天国战争摧毁省份的居民重新定居下来。而更带有人口学色彩的,

是任启运(1670—1744)的奏疏,他建议官府利用 1742—1743 年江苏北部和安徽的大洪灾的机会,将流民吸引到直隶北部和山西省,因为那里"土广人稀",而灾区的几个府州则"人稠田少",他提出,这一迁移不应该(如一些人建议的那样)采取强制命令式的,而是向那些自愿留居在北方的人口提供补贴,鼓励他们将南方先进的水利灌溉技术传入北方(《皇朝经世文编》,卷 43/2a—3a)。然而,这些措施在当时是否真正付诸实施则不得而知。

⑯ 《饬兴水利牒》,载《皇朝经世文编》,卷 43/4a—4b。这篇文章的写作时间应在 1699—1705 年间,当时李光地正任直隶巡抚。

⑰ 见黄培(1974,第 238—240 页);卜正民(Brook, Timothy)(1982)。关于北方应学习和应用长江流域的水利技术的思想总会不时地被提出来,如《明会要》(卷 53/999)中 1607、1614、1621 年的文章,其中提到,尽管直隶有着充分可利用的水利资源,但却不会利用,即"北人不知水利"。

⑱ 《水利备旱疏》,载《皇朝经世文编》,卷 43/5a—5b。晏斯盛看来是一位救荒、仓储、水利等方面的专家,他的传记见《清史》卷 310/4183—4184,从中我们也知道了这篇奏疏的时间,得知它得到了皇帝的允准。安徽北部和江苏北部地区(该地区总是间接地遭受安徽、山东、河南东部洪水的影响)的水利修筑看来是一个无休止的工程。继上述任启运奏疏中提到的 1742—1743 年的水灾之后,接连不断的洪水——特别是在 18 世纪后期——更加频繁和猛烈。

⑲ 见黎安友(Nathan, Andrew J.)(1965,第 15—16 页),其中列举了 1923 年 CIFRC 的规则。

⑳ 以工代赈的方法最早见于《管子》,自宋以后成为经常采用的方法,见杨联陞(Yang, Lien-sheng)(1961,第 66—70 页)。

㉑ 例如,见《筹济编》中题为"兴工"的段落,《皇朝经世文编》,卷 41/20b—21b。

㉒ 见张海珊:《甲子济荒私议》,《皇朝经世文编》,卷 43/3a—4a。该文涉及的是苏松地区的情况。作者(1821 年举人)是著名的农业和水利专家,他建议用所有请赈劝捐得来的资金用于大浚吴淞江,因为吴淞江淤塞已久,水流不畅,成为水灾的隐患。在 1823 年大洪水之后,环太湖的各府州兴工疏浚了吴淞江和其他河流,以改善农田排灌系统。(《魏源集》,第 393—397 页。)

㉓ 《皇朝经世文编》,卷 43/5a。

㊾ 例如,见《荒政琐言》,22a;《赈纪》,卷 5/37a,其中还提到"次贫"户的"壮丁",以及"偏灾"地区的居民,这些也都是"例不应赈"的人口。

㊺ 在该组织看来[见黎安友(1965,第 15 页)],组织公共工程的一个优越性是,只要这种工资维持在基本生存的水平,那么就可以自然选择真正的灾民。正如该委员会所说:"只要作为劳动力日工资的廉价的(当然是有益健康的)食物配给量是以社会公认的可完成的日工作量来计量的,那么,除了真正的需要者,没有其他人会愿意接受这种补助。"换句话说,这样做可以不必调查应征者的真实状况,而这种调查肯定超出了 CIFRC 的能力。

㊻ 《荒政摘要》(21a—21b)中明确指出,灾民赴工力作是为了补充日用所需的不足,如果因此而扣除他们的赈粮,那么,他们勤于力作却反而不如那些坐享赈济的"惰民"了。

㊼ 见《赈纪》,卷 5/37a—37b,《院奏修理沧景城工代赈摺》,1737 年上谕。

㊽ 《荒政琐言》,22a。

㊾ 见《荒政摘要》,21a—21b,其中将这两类工程单列出来,以示区别。

㊿ 《赈纪》,卷 5/38a—38b。

○51 这封信是写给江苏巡抚宋荦(1692—1705 年间在任)的,收于《皇朝经世文编》,卷 43/5b—6a。关于赵士麟(1629—1699),见恒慕义(1943,第 81 页)。

○52 《筹济编》:《兴工》,《皇朝经世文编》,卷 41/20b—21b;《大清会典事例》,卷 273,赈饥。

○53 例如,见《文献通考》,卷 37/5203,1762 年、1767 年上谕。

○54 悲观论者顾炎武认为,自唐代以来在这方面就没有做什么事。见《日知录》,卷 12/290,官树。

○55 例如,见鲁仕骥《备荒管见》中"培山林"一段(《皇朝经世文编》,卷 41/2a)。更全面的情况,见邓云特(1937,第 486—487 页);阿第西德(Adshead, S. A. M.)(1974)。由于河流上游植被的破坏而导致日益增强的洪涝灾害威胁的一个最典型的事例,是 18 世纪后期汉水(长江的主要支流之一)上游的开发。关于自发性的移居和高原盆地的开发及其对生态环境的影响,见何炳棣(1959,第 149—153 页);罗友枝(1975,特别是第 65、68 页)。黄河流域的森林采伐历史更为古老,可能要追溯到帝国的最初几个世纪[阿第西德(1974,第 21 页)]。1746 年直隶庆云县植树 3 万株(详见后文)显然是一项杰出的成就。

○56 例如,惠士奇在谈到救荒时所引述的宋代一个地方官劝富民大兴水利以赈饥民的事例(《皇朝经世文编》,卷 41/3b)。

(97) 见魏丕信(1980;1985b)。湖北中部地区的特点是两种筹资制度(主要工程靠国家,其他工程靠民间)同时采用,在那里,由私人维修的小型水利设施(称为圩或垸)是与主干工程如长堤、泄洪渠道等相依存的。杨景仁提到了一个由国家出资修理的例子:"该处(荆门州,1796)堤工,原系百姓自卫田庐,例应官督民修。第念楚省教匪滋事之处,既被扰累,其未经被贼地方,又复猝遇水灾,殊为可怜,著加恩将此次堤工,官为修理。"(《皇朝经世文编》,卷 41/21a)。

(98) 按照清代官方定义,一个"土方"等于 10×10×1 尺,约合 4.66 立方米[孙任以都(1961,第 2270 号)]。

(99)《荒政琐言》,22a—22b。

(100)《赈纪》,卷 4/32a—33a。

(101)《赈纪》,卷 4/35a—36b。直隶总督奏请,1744 年八月十八日朱批谕旨。

(102)《赈纪》,卷 1/19a,1746 年(西历)7 月 2 日上谕。还可见《文献通考》卷 36/5194,1746 年上谕,命令向盐山、庆云、宁津三县出粜常平仓谷,允许在规定的出粜十分之三的比例之外,再多拨仓谷,而价格可低于市价,要求在城乡多设销售处所。同一年的另一个谕旨,同样是对这三个县,提到 1745 年已经发放过种粮和口粮,命令再行借贷(《清朝通典》,卷 17/2125)。

(103)《赈纪》,卷 4/36b—38a。

(104)《庆云县志》,卷 12/22a—24a,《纪恩碑记》。

(105) 据方观承计算(《赈纪》,卷 4/36b—38a),按照人口密集程度,每一两户需挖一眼井。

(106)《大清会典事例》(卷 276,贷粟)中 1745 年的一个'奏准"可能谈的是同一件事,其中提到,政府共发银 3 000 两,令天津府知府派官员赴张家口采买耕牛。据方观承估计,每二至四户可合用一头牛,各户轮流喂养,估计使用官牛的户数与开挖的新井的受益户数大体相当。

(107) 还可见《高宗实录》,卷 261/17a,卷 323/17a—17b。

(108) 同样的思想也存在于肃宁县令的文章中,这篇文章写于 1744 年之后,他在文章中呼吁百姓建立"义仓"(《肃宁县志》,卷 10B/20b—23a),防止由于近期的好收成而过于乐观。他说道,人们已经忘记了 1744 年的饥荒,而他正是那一年上任的,他没有忘记当时的情形,土地"红如火",米谷"贵如珠",儿童"瘠无人形",一片荒凉;而现在,外出者已经回乡,人人安居乐业——

而这只能叫做乐而忘忧。我们已经看到了许多这样的事例,这是典型的官僚式的(儒家主义的)观点,这种观点谴责"愚民"像小儿一样没有长期计划,"父母之官"必须对他们进行教谕。《清诗铎》(卷2/47)中的一首诗里,一个老人表达了同样的心情,他责备邻人无所忧虑,劝他们储存米谷以防不测:"不见三年前,榆柳皆无皮"[吴振棫(1814年进士),麦贱]。

第三部分
要点与结论

十一　引论

以上各章基本上是对18世纪中国官僚制度在应对饥荒时的各种干预政策和措施的描述——我力图尽可能完整地做到这一点。货币和粮食救济、稳定价格、经济资助、长期投资——这些方式尽管并不是新的发明，但我认为，它们是在当时的条件下，第一次被尽可能完整、系统地编制成了规章制度和组织程序。在这方面，《赈纪》中的活动给我们留下了生动的画面。《赈纪》的成文时间正好是皇朝已经积累了足够的经验(足够的"成例")，有了足够的经济的和精神的控制力来支配各级官僚，使他们在救荒中最好地履行职责的时期，因此，就清代救荒政策的研究来说，没有比它更好的素材了。我是从两个方面来利用这部辑录的：一方面是作为一部包括了某些具体过程的官方文献，这些过程在典章制度中显得过于简单了；另一方面是作为一部详细描述国家干预政策的个案研究的专著。其中第二个方面无疑更为重要，因为单纯叙述规章制度，不管多详细，还是很抽象的，除非人们了解这些规章制度是如何在特定环境下具体应用的。

直隶在1743—1744年的大旱灾期间所采取的措施，使我们可以较为有把握地抓住这个基本问题，即18世纪前期精心制定的这些规则被应用的(以及实际可应用的)程度，由此也可以评价它们的实际成效。在这个事例中，我们可以看到，这种应用的程度是很高的，尽管在实际做法方面有所不同。用于缓解如此大范围和如此长时间的农业危机的必要实力和手段显然已经具备了,如:粮食剩余,可随意使用的财政资金,以及交通运输设施(以下我还要谈到这一点)。我们所要考察的只是,这些规则及其执行官员们能够在多大程度上利用这些物力、财力和手段。应该注意到,尽管旱灾造成的食物短缺没有全部得到补偿,但灾区人口还是维持着生存下来,而没有发生较大的惨剧。要不然,即使不是这么大的饥荒,一场危机不论发生在什么时间,都会导致人口的高死亡率,经济的整体衰退,以及大量的人口迁移。如果说很难详细估测某些过程的成功程度——如庞大复杂的逐户勘灾程序,或生产恢复期的资助程序,但毋庸置疑的是,它们的执行总的来说是成功的:足够的粮食储备被运往灾区,使200多万人口维持了整整8个月。即使缺少这些州县人口的准确数据,这一数字起码也代表了人口的绝大多数。我们没有听说任何侵占挪用钱粮的情况,可以猜想,如果这个问题很严重,肯定会有这方面的奏报和谴责,特别是在上级官员的严密监督下。最后,对于民间赈济从劝谕到奖励的一系列精心周到的安排,也是官僚政府高效率的另一方面的体现。

  1743—1744年直隶赈济中国家所实行的干预并不是18世纪仅有的一例,甚至也不是范围最广的一例。以下我还将提到其他一些事例,其中有一些确凿的数据:如受灾州县数、灾害和赈济的持续时间、发放的钱粮总量,以及拨运的钱粮数量。为了判断这每个事例的实际成效——从受灾人口的观点来看——我们需要利用其他一些类似《赈纪》这样的文献资料,而这样的资料无疑是可以找到的。①但是,主要官方文献中所包括的一些事例的总的情况,已经具有充分的说服力,足以使我相信,在这方面,《赈纪》所报告的活动绝不是一个孤立的事例。我相信,不管这部书是多么稀罕难得,独一无二,它的确散发出了一抹有关救荒政策总面貌的令人拭目的光亮,至少在18世纪中叶的数十年里是这样。

  这是令人惊讶的吗?如果说通读《赈纪》后,对我有什么新的启示的话,那么或许是因为,这部书所反映出的事实,正好与历史学家们所持有的根深蒂固的怀疑论传统相反。这种怀疑论传统不仅根植于条约港时代对中国的蔑视态度和自诩的西方优越感,而且根植于充斥在中国官僚著述中的深厚的悲观主义。②退一步说,即使雍、乾王朝的"黄金时代"是由一些特殊条件决定的,但也应该承认,前现代中国的制度(不论是官方的还是民间的)比上述传统观点所认为的更具有积极向上精神——尤其是从对特定需要和事业的反应方面来考察它们的形成过程和发展阶段时,更是这样。最新的研究正是指向了这个方向。例如,关于清代官僚政府内部运行的研究认为,其效率性、灵活性和创新性,远超过官方法规的内容和 19 世纪的作者对于中国官僚所作的论断。传统经济所表现出的效率性和整合性,也超过了传统"落后"观的看法(当然,在其他方面存在着落后现象,这是不可否认的)。③总之,最新研究更倾向于对中国传统社会和政府作出积极向上的评价。

本书关于荒政的研究也倾向于同样看法。怀疑论的观点认为,赈济主要是存在于书面上的,经济上和技术上的严重制约使得当时的管理者只能表示出一点善行,零零散散地存在于各地,而不可能做得更多,大部分事情只能留给社会内部机制去做——如果它们不打算利用危机之便为自己谋取私利的话。换句话说,这种观点认为,如果我们看到那些关于赈济的资料,其中谈到通过发放成千上万石粮食而挽救了成千上万的人口,那么主要是因为它们的作者不得不假借这种说法,表示那些本不适用的章程已经被应用了,以便为那些确实出了银库的资金作出解释。当然,当我们把问题限定在某个特定时候,这时由于人口增长、官僚腐化堕落,以及财政拮据,而逐渐破坏了 18 世纪前期所精心制定的规章制度,那么也不排除这种观点基本上是正确的。

但是,事实是,这一制度是经历了一个长期完善的过程的,同时吸取了古老传统中的精华,可以说已经达到了一个发明创造的高级阶段,构成一个高度综合的体系,它的持久性也是一个不争的事实。④这说明它可以,也的确运作得较好。如果有什么方面令人惊奇的话,或许应该把这归咎于文献本身所拘泥的形式主义的行文格式,这会掩盖了实际过程中的许多细节和详情,例如我们在勘灾人员在每户所花费的平均时间上所产生的问题。官僚文书中经常的说法是:正官参与意味着操纵的可能性;胥役参与意味着贪污腐败的必然性。但是,在评价他们的工作时,难道我们就一定要被这种人为的套话所束缚吗?

找寻进行救荒活动的工作人员——我们已经把这作为主要的(即使不作为主要的)瓶颈问题之一——也不是一个不可解决的问题。相反,通过这些人的参与,可以在各个监控层面、各个组织环节之间维持一种平衡,即没有一个阶段能够被任何一个群体所单独把持。通过明智的领导方法,有可能更有效地利用各州县里成百(即便不是上千的)的胥吏佐杂等僚属。至于控制人口,同样也不是完全不可能的事。许多州县官府是否持有所有本地土著居民和外来客民的准确的统计数字(包括姓名和住址)——这是保甲制的关键——当然是可质疑的,在这一理想结果和另一极端即完全没有统计数字之间,存在着相当大的空间(这种状况到1850年时进一步发展了,整个人口在一个世纪中至少翻了一番,而僵化的乡村控制结构被远远地抛在后边)。有理由相信,在1750年前后,处理荒政事务的人员所面临的,不是一个变动不定、难以把握的人口。相反,这个时期,在村庄内部,村庄与州县之间,在社会、财税、经济,以及行政等各个方面,存在着许许多多的联系网,不管这些联系在某些情况下如何松散,从总体上说,它们仍代表着一个最低限度的组织结构。这样,当政府需要计算人口需求,决定所要采取的赈济方式时,它们所面临的不是一个完全不可知的状况。最后,还存在着物资力量的问题:能够在多大程度上补偿危机造成的食物短缺?我们在1743—1744年的事例中已经涉及这个问题,以下还会谈到。

当然，我不是要说，在清代，甚至在 18 世纪，荒政制度总是有效率的；也不是要说，这一时期的社会和政府组织已经成功地控制了饥荒。我只是想表达这样的意思，即荒政制度在 1750 年以前已经相当完善了，对于在一定条件下运作这套程序，不存在永久不变的、组织结构上的不可能性，正如我们从《赈纪》中的详细报告所了解到的那样。也就是说，不以一定的历史观点来观察问题，那么不论是这些意见，还是本书第二部分的分析，就都是站不住脚的。乾隆朝的规章制度有其"前身"，也有其"后继"，这些规章制度可应用的条件也同样有其"前身"和"后继"。正是由于我的研究是以一个单独事件作为典型事例，所以我在全书中，都不时地瞻前顾后，引用了清初，乃至明朝的一些事例和制度，或者是相反，引用了 19 世纪的事例和制度。从中可以看到，连续性在这里起着强有力的作用。"民间"救荒传统在 16 世纪是占支配地位的，在 19 世纪也仍然可见——只是随着三个世纪的社会经济变化而略有改变。在 18 世纪的多数时候，即使民间赈灾行为与政府行为相比，只是处于次要地位，但后者也从前者借鉴了许多技术性措施，从中获益匪浅：政府与民间在资金和人力方面的巨大差异并不能排除在方式方法上的相似性。

很显然，当国家作为主要因素卷入时，事情的规模就发生了重要变化，我们所说的必须从历史角度来观察问题，正是指的这个层面。非官僚传统（extra-bureaucratic tradition）与国家荒政之间的历史接替，首先是一个经济力量的问题。换句话说，后者能够成为主要行为者的大概的时期划定，只能通过判断政府所能够利用的控制生存危机的物质资料状况来确定，如剩余粮食储备和资金储备的多少，可利用的交通运输方式。我们必须依照时间顺序来研究这些要素，以便了解它们在清中叶（这里指的是从康熙末期到道光末期，大约在 1700—1850 年间）是怎样发展的。这一步骤将要放在更宽泛的历史条件下来进行，有的前边已经分析过了，如 1743—1744 年对直隶的粮食再分配的数量研究,还有的将在以下提到,如18世纪中期粮食剩余和短缺状况的大致地理分布。

最后,需要强调的是,以下几章的论述只是探讨性的,我的观察绝不是最后确定性的,不可更改的。我的目的是要提出一些关于不同趋势的有意义的假设,这些假设只能随着进一步的研究而加以证实或纠正。

注 释

① 其中之一应是1802年的《钦定辛酉工赈纪事》,这是一部编年史式的辑录,按日记载了1801—1802年(还是在直隶)洪灾期间所组织的赈济和修筑水利工程的情况。这部书的序是嘉庆皇帝写的,是他授权编辑了该书,他显然希望通过这件事从其先辈乾隆皇帝的辉煌功德的遮蔽下浮现出来,后者在其长期统治过程中在"帝国善政"方面创造了空前的功绩。尽管其中收集的主要是上报给中央政府的奏疏公文,但内容相当详细。遗憾的是当我在研究写作眼下这本书的时候没有看到这部资料。肯定还会找到其他一些有用的文献,如王国斌和濮德培提到的一部,题目也叫做《赈纪》,该书记述了1810年甘肃的赈济,听起来就很吸引人。还有清代档案,在我做此项研究的时候没有能够利用它,其中丰富的资料必然会充实、提升我的考察和观点。

② 因为这是构成帝国意识形态的儒/法观念总体的一个部分。在法家传统中,大量人口必然导致竞争和无政府状态,只有通过统治和镇压才能阻止这种结果;而儒家的历史观认为,自神话般的尧舜时代(或自公元前10世纪初的周制)以后,社会与道德是在不断退化堕落。不管是哪种哲学观点,都认为社会与个人之间的(例如统治者与被统治者之间的)利益冲突是不可避免的,而这种冲突是由"天"的意志决定的,是"天命"。这种悲观主义与统治者所要求的在对待与统治王朝意愿相关的事务时的乐观主义态度是相矛盾的,几乎没有一个有思想的官僚能够克服这种矛盾。顺便说到,巴格利特(1775)所引述的1768年的奏疏作者的这种乐观主义表现为一种令人感动的热情态度,特别是在谈到救荒政策的时候(第641页及以后)。如果这个奏疏是写于50年以后,很可能是另一种声调。

③ 关于这一点,见全汉昇和克劳斯(1975,第40页),其中关于交通运输和长

途贩运中"传统"能力的描述。关于官僚制度,见墨子刻(1973)。
④ 这不仅是就官方典章来说的,仅此并不能说明更多问题[见墨子刻(1973,第57—58页)]。

十二 国家经济措施的演变

如果不考虑组织方面的问题，也不考虑政治目的，则可以把荒政直观地表示为一种等式，等式的一边是由自然灾害造成的短缺（从地方性到多省份的，范围上有所不同），另一边是官僚政府可利用的经济措施。

空间因素的重要性是显而易见的。尽管除了由军队临时押送的银两以外，很难掌握其他资金拨运的情况，但在粮食方面可以看出，赈济所需的粮食储备是否充足，依赖于将它们运送到赈济地点的可能性。因此，如果当地官方的和商业的储备很充裕，或者远方的富余粮食很容易运来，则这个等式就是最为有利的。也就是说，每个地区都有自己的公式，每个公式都依时间、地点不同而不同。尽管如此，正像我将要显示的那样，有几个主要趋势还是可以分辨出来的。为了分析这一问题，我把可以由国家调拨的粮食储备分为三类，即：地方仓储的贮谷（主要是常平仓）；漕粮；从市场购买并在需要时随时发运的储备。由于第三种主要依赖于国家的购买力，因此将把它放在"财政资源"一节中考察。

地 方 仓 储

在前边关于常平仓的考察中，我们已经看到，常平仓的储存量波动很大。其原因部分是由于每年定期出粜和秋季买补之间的数量变动(各省的出粜比例不同,原则上是十分之三到十分之五)。但除了这一点,人们肯定还会看到其他原因,如由于管理不善或持久的经济困难而造成的仓谷不足,或者相反,由于丰收年景的超量购买而使仓谷溢额(后者特别存在于雍正年间和乾隆早期)。到18世纪的最后30年,看来是趋向于管理的日益恶化,这种恶化的趋势被从州县到省级官府的层层哄骗瞒报而掩盖了,但当需要发放而仓谷已经空虚时,这种后果就暴露无遗了。例如,1792年在直隶就是这样,这使皇帝不无忧虑,担心多数省的常平仓是否也是"有名无实"。①一年以后,汪辉祖在他的书中表达了同样的关心:"实买实贮,事原易行。自换斗移星,权归胥吏,而有名无实,窒碍多端。初犹藏价于库,终且库亦虚悬,而仓愈难言矣。"②一般来看,这些年里的所有文字资料都显示,让地方官府充实仓储变得越来越困难,即使是在年成较好的时候。

自嘉庆朝以后,越是接近1850年,常平仓的衰废就越来越成为一个公认的,而且最终成为一个不可逆的事实。1799年的一个上谕称,实贮在仓的米谷只有额贮数的十之二三。③到1817年,据称是"废弛日久,积弊相沿"。④到了1831年,皇帝已经注意到了常平仓的毁坏状况,因而说道:"是以各直省遇有偏灾,鲜有以拨放常平仓赈给为请者。大率动支藩库银两,易钱散给。"⑤《清朝续文献通考》中关于常平仓的奏疏和谕旨,那些痛惜这一制度的废弛,提出各种各样不那么切实的恢复措施的冗长的陈述,与《清朝文献通考》中对相应问题的议论形成了鲜明的对照。⑥

尽管到18世纪末19世纪初,地方仓储在救荒中所提供的赈济粮的份额已经开始缩小,但在1730—1780年的大约半个世纪里,它们在救荒政策中肯定是一个重要措施。当然,即便是相对于中等规模的赈济需求来说,例如1743—1744年的直隶赈济,常平仓储备从总量上说也不是很大的。但是,以每日每个成人半升口粮计,每个州县5 000—1.5万石米的储量,足以供给 3.3 万—10 万赤贫人口支持一个月。换句话说,在灾害较轻的情况下,仅靠常平仓就足敷赈济(其实这就是常平仓的法定功能),而在灾荒严重的情况下,它们能够使灾民度过最危急的时刻,等待政府组织更充足的救援物资到来。当然,如果要使它们保持正常履行功能的容量,就必须动用省库资金采买粮食来加以充实(常平仓资金只是靠借贷和平粜来自给的),这就使我们进入了政府粮食采购问题的讨论。

按规定,常平仓储备首先是用于当地消费的,但它同时也是紧急情况下可利用的物资储备,可以在需要时从省内其他地区或者是省外,随时调运到指定地区。相对于直接采买来说,这种方法有双重好处。首先,它不受当时的市场形势所影响,当必须进行粮食调运时,这时的市场可能并不有利。第二,它避免了由紧急的、大规模的粮食采办所导致的粮价上涨,因为常平仓谷的买补是在事后,以分散的方式进行的(一般来说,是由每个动用了仓谷的州县分别进行的),而且是在市场价格低落的季节进行的。在这种利用方式下,常平仓既可以致力于较大规模的、地区性的赈济活动,而同时又不至于对周边市场造成较大影响。

文献资料中记载了几种跨省调运的经费负担方式。有时比较简单,数万石或数十万石粮食从某某省运往另一个省以供赈济,然后由"捐赠"省份自行采买补足仓谷。当拨运的粮食是用于平粜时,粜价一般应返回给提供粮食的省份,这相当于一种省际间的"借贷",部分经费是由受益地区的人口偿还的。粮食的运输一般由接纳省份负责。⑦不过,偿还责任由谁承担并不是统一规定的,总的来说,每次根据不同的运送方法,经费的支付方式有很大灵活性。例如,1756 年,由于上年浙江遭遇水害,命令湖北动碾仓谷,向浙江运米 10 万石以备平粜。所用仓谷一半出自正规的常平仓贮谷,另一半出自"加贮谷"。"加贮谷"是专为协济邻省而储备的,湖北共存 40 万石。这些米粮由湖北委派官员负责运送。湖北巡抚提议,买补仓谷可动用该省的正项岁入(包括耗羡),而将拨运米的粜价留给浙江。他还提议,"设局"把其余的"加贮谷"卖给浙江商人和官员。⑧ 1779 年(也许更早一些,是在 1759 年),要求福建拨运仓谷,帮助浙江赈济。这次所采用的是一种相当独特的方式,浙江官府鼓励商人自行前往福建,购买那里各府州的仓谷,运往杭州、湖州、嘉兴等粮食短缺地区,迅速出粜。买价是由官府规定的,而且必须由购买者预先支付给浙江的地方官府,由官府发放执照;到福建各仓装运、碾米和运输的费用由商人负担;而到浙江后,对再次出粜的价格似乎没有什么限制。⑨

显然,利用常平仓储备进行大规模赈济或平抑价格,是依当时的条件而转移的,包括储粮的现实状况,运输费用的高低,特别是在水运系统不发达的地区。⑩ 我们看到,有时有的省贮额达到 100 万石(米)。在农业生产力较高的省份,在那些有条件迅速补足仓谷,而且发生严重灾害的可能性较少的地方,要拿出 10 万石或者更多粮食来资助邻省并非难事,尽管这些省份的仓谷贮额较低。而在贫困省份,要拿出大量储备粮肯定存在较大风险,但有时也必须这样做,如在 1720 年的饥荒时期,动用陕西、甘肃仓谷 136.4 万石用于赈济。

频繁的省际调运证明了一些省常平仓贮额的增加是必要的——如 1727 年对浙江,1753 年对湖北,1762 年对奉天。⑪ 在其他事例中,一些"沿河"州县的部分仓廒被留作专门贮存协济邻省的赈粮,如 1786 年和 1790 年在四川,官府利用年成丰收的机会,分别购买并贮存了 30 万石和 50 万石粮食;还有一些同样的事例,特别是在湖北。在一些交通便利的地方,可以迅速将粮食运往较远地区,这些地方也贮存着一些紧急储备粮。如 1746 年,台湾增加了 40 万石仓谷,当福建、广东的本地仓储不足时,可以调运这些仓谷以供急用。早在 1705 年,在河南省,考虑到洛阳位于"数省之中"的战略位置,决定在洛阳及其他沿黄河、洛河的 10 个州县,专门建仓积谷,仓谷来自该省 1704 年的漕粮,共存谷 465 682 石。这些仓谷主要是为山西、陕西赈济而储备的。⑫以后又在河南的其他地方建立了"漕谷仓",特别是在黄河以北各府州,如前述1744年自彰德、卫辉两府向直隶的粮食调运(A.8),显然出自这类仓储。前边还曾提到,"漕谷仓"的贮额,1748年为775 153石,而1766年实际存谷641 090石。⑬1712年,在山东,决定沿运河各处留贮捐谷"数十万石",以备邻省拨运。⑭

那么,就本书所研究的时期来说,是否有可能对实际利用的仓谷进行一下估算?首先,统计研究是不可能的。即使是最详实的官方文献,其中专门按年月编列了政府活动,也不可能详尽到毫无遗漏的程度。⑮此外,这些文献编纂者的选材取舍标准也不总是那么明确。例如,就荒政来说,人们会期望着把达到一定严重程度的灾害,或是政府干预达到一定规模的事件全部包括进去。然而,1743—1744年的直隶赈灾仅仅是略提一笔,内容极为简单,而有的并不那么重要的行动却又相当详细。有关其他问题的研究表明,不系统的选材使许多"列举"的事例成为中国历史学家的珍贵资料。无法解释编纂者做出这种取舍的道理,即使有的话,也极为少见(例如,通过分析文献编纂过程来解释)。⑯

为此,最可靠的方法仍然是对所有可利用的文献中的相关题目进行研究(可以说是从头到尾地浏览),由此尽可能多地获取大量数据:其中有些可以通过不同出处相互印证,有些可以相互补充(有时是相互矛盾的)。例如,《清朝文献通考》中的"赈济"(卷46)、"籴"(卷34—37)各卷,接续的《清朝续文献通考》中的相应各卷,《大清会典事例》中的"赈饥"(卷271—274)各卷,我在处理这些资料时就是这样做的。尽管这些数据无法编制成统计表(按照每年行动的次数,或是所提供的资金和物资量排列)⑰,但它们还是相当清楚地显示出了主要趋势。此外,还有许多收集整理和研究工作需要去做,因为除了上述资料,还有一些其他性质的文献,有时也包含了相关的题目,例如关于赋税蠲免,关于灾害本身。其中最重要的有地方志类(包括省通志、府志、县志),以及清代档案,应该耐心地从中搜寻有关资料,这将大大地丰富有关情况。

以上首先做一些方法上的说明,为的是避免误解。在此基础上,让我们观察一下,常平仓的省际调运所揭示的情况。我们的资料清楚地显示,数量最多、次数最密集的调运是在1740—1750年间。从1720—1731年(从1731—1741年这个期间没有任何行动记载),有一些数字,1757年以后已经极为稀少[18],而在《清朝续文献通考》(1787年以后)中则没有任何记载。这个发现与常平仓制度的发展过程完全相符,有助于我们描画出它的基本轮廓。这些调运的数量(有数据记载的),每个调出省份通常在5万石到20万石(去壳的米;如未去壳的原粮数量则应加倍,仓储数额就是以原粮表示的),最频繁出现的数字是10万石。

在最初时期(1740年以前),这种调运总是从一个省到另一个省。1740年以后,在这种活动最活跃的阶段,人们会发现,对一个受灾省份的救济总是涉及多个省份。在1747年的大洪灾期间,除了其他方式的救济,山东还接受了来自直隶、江苏、安徽、河南的仓谷接济;1751年,对浙江温州、台州两府提供粮食救济的地方包括:福建(数万石)、湖广(20万石)、江苏和浙江其他各府(数量不明);1752年,江苏北部(江北)遭受淮河、黄河的洪水,救济粮来自江西、浙江、湖广、河南和山东。这些事例典型地表明了常平仓谷的长距离利用,远至灾区的临界省份以外。参与调运的多数省份都位于水运系统的主要航线沿岸。

漕　　粮

大运河与长江:这是两个可以运送"漕粮"作为赈灾物资的水系。

与常平仓储备不同,漕粮出自东部和中部省份,是专门为中央政府,而不是为百姓征收的贡赋。[19]然而,在18世纪,运至京城的漕粮的理论容量(各省的应征数额)与皇室贵族、官僚,以及京城驻军所消费的实际数量之间,看来总是存在着差数。这个差数到底有多大则很难说,因为与额征数一样,对这种消费量的估计,不同资料、不同时期都不一样。尽管对此深入研究已超出本书的范围,但我们还是可以通过一些数字,作出一些基本推断。

　　从最大限度上讲,北京和通州每年预期可得到的漕粮数量等于各省缴纳的数额。星斌夫提供的康熙朝的总数是396.03万石(328.35万石运往北京,67.68万石运往通州)。欣顿(Hinton)(全汉昇和克劳斯沿用了他的数字)提出,1829年为348.25万石。普莱费尔(Playfair)从《大清会典》中找到的1818年的数字相当低,总额为米2 132 959石,麦56 724石,豆209 423石。其他资料的说法各异,有400万石(清代最初的数额),3 217 024石(《大清会典》,1753年的数字),3 205 140石(《户部则例》,1851年?)。⑳总的来看,对于18世纪来说,320万石这一数字看来是比较合理的。

　　那么,相对于运到直隶的最大数额来说,京城各机构每年实际消费的粮食数量有多少,也就是说,在所预期的数额中,不能被削减的份额是多少?欣顿(全汉昇和克劳斯仍沿用他的数字)提出的数字是,19世纪初约为340万石,其中仅京城驻军即需要240万石。㉑换句话说,他所提出的需求量与他在另一处所提出的缴纳数额相等。在我看来,至少在18世纪,京城的消费量肯定要低于这一数字,因为实际上只有极少数时候达到了320万石这一(我所估计的)最高数额。此外,1784年的上谕也告诉我们,当年通州实际接收漕粮243万石,天津北仓截留32万石,两项共计275万石,比上年多收22万石。因此,1783年的接收数应该是253万石。1783年的数字肯定被认为是比较乐观的,因为皇帝命令,将1784年多收到的22万石存留在北仓,作为直隶买补仓粮之用。㉒根据这个例子,我倾向于认为,每年京城的实际需求与漕粮最高数额之间的差数至少在50万石。

这个差数在 18 世纪中期可能还要更大㉓,它可以以不同方式加以利用。它可以贮存在京、通各仓,这些仓的理论容积比每年的应征额要大得多。㉔它还可以保存在缴纳漕粮的各省,或是被减免。㉕最后,它还可以在征收地或运输线路沿途的任何地点被"截留",用于赈灾或平抑粮价。京仓和通州仓的贮粮可以用于直隶救灾,这不仅见于 1743—1744 年的事例,还可从文献中一再提到的调拨京仓贮谷用于京城和周边地区平粜的事例中得以证明。这些仓的剩余储备的存在,也使政府有可能对那些在半途或征收地被移作他用的漕粮加以补偿。

有时,由于粮食源源不断地到达,而京城和周边地区的粮食需求相对不足,即粮食供大于求,造成运河北端地区仓储设施的紧张。例如,从康熙末期的一封书信中我们了解到,通州仓陈米充溢,作者认为所有漕粮应停运一年,当年应纳漕粮在灾歉的地方可以出粜,待秋后按原额买回,分两年运至北京。㉖不过,一般来说,官府总是在仓储所在地就地处理那些积年陈米,只要没有朽坏,就出粜给百姓。《户部则例》中关于仓储管理有许多规定,粮食在什么样的情况下应该或不应该起运;要避免粮食在仓底积压霉烂,应该或不应该采取什么方法。粮食的腐朽霉烂显然是经常发生的事,因为仓廒管理人员为了省事,可以把本应留贮的最新的粮食发放给那些前来领取俸米兵米的官员和军官,从而达不到出陈易新的目的。要想估计这种浪费的程度显然是不可能的。

因此,剩余漕粮的最普通的利用方法就是,或留在征纳地区,或运往那些交通便利的其他省份(例如资料中再三提到的福建)。在那些地方,这些粮食或用于平抑粮价,或用于赈济。

"截留"为征纳地区所省下的粮食数额,要远大于京仓那边的相应的减少额。因为除了应运往北京的额征数,有漕粮任务的地区还必须支付各种额外开支(附加税),如征收过程中的各种费用,以及运河运输的全程所需费用。后者不仅包括运夫的工资,还包括补偿途中必然会发生的缺损(如丢失、霉烂)的备用粮食。欣顿的表中列出了1829年的数字,其中包括了各种额外加征的具体项目[27],根据这些数字,每石额征漕粮的额外加征平均为粮食0.59石,银0.23两。假定1两银等于1石粮,则额外加征相当于额征粮的82%。[28]也就是说,减免1石漕粮(这个数字也就是京城仓储"缺失"的数量)就相当于解除了纳税者1.82石粮食的负担。

进一步讲,按照全汉昇和克劳斯的估计,假定在额外费用中,40%是用于征收和从产区到运河之间的运输过程,60%(即大约0.5石)是用于运河上的运输和从运河到北京的运输过程。[29]结果是,如果漕粮征集"之后"(包括额外加征)被截留在南方,那么,北京每"减少"1石粮食,南方就会省下大约1.5石(1石定额数加上0.5石运河上的运输费用)。尽管我们这里所作的是最粗略的估计(百姓所支付的加征量"实际上"是不确定的,是经常变化的),但很明显的是,地理位置越是往南移动,在应征数额与纳税者所缴纳的实际数额(包括运输费用)之间,以及应征数额与半途截留可以用于救灾的数额之间的差距就越大。[30]

问题在于,仓储设施就建在直隶,可以在需要时随时加以利用,而除了直隶,其他地方并不总是能够及时利用漕粮进行赈济。漕粮在秋后开始征收交兑,到冬末才起运北行。因此,并不是全年什么时候都可以利用漕粮的,不管是在当地,还是附近地区。例如,如果灾害是发生在夏季,就必须在漕粮到达之前,首先采取其他救济形式,因为这时漕粮还没有征收呢。而当春末青黄不接,粮价上涨,需要粮食平粜的时候,也存在同样的情况,因为这时漕粮已经起程运往京城了。[31]

以上所提到的资料显示,在1690—1800年这个时期里,政府经常利用漕粮来平抑物价,进行赈济,或建立备用仓储,常常是一年接着一年。多数时候,漕粮是在起运前截留在征收的本省,如果是用于直隶赈济,就留在通州(有时直接截留在运河沿途地方)。偶尔,也会将漕粮截留在征收省份之外的地区,但这种情况很少,我所发现的只有 10 个例子,都是在 1710—1748 年间。㉜一般来说,是将漕粮就地留用,或是全部运往本省内的其他受灾地区。

至于截留的漕粮数量,1740 年代似乎是个转折点。大量截留开始越来越频繁地出现,这一趋势可能既反映了救荒制度的更有效率、更为慷慨,也反映了漕粮生产的发展。直到这个时期,我们才发现了更多的一年截用 50 万石以上的实例。1763 年的一个奏疏赞美皇朝的这种慷慨大度之举,"不惜截留"漕运以赈恤百姓,并提到,从 1753—1762 年,共截留漕粮 540 余万石,发京仓米 46 万余石用于京师平粜。两项合计,即这 10 年共约截用漕米 590 万石,平均为每年应征数额的 15%—20%。㉝该奏疏还表达了对这种大量截留的担忧,认为这可能会影响京城仓储的供应。㉞但是,我们发现,就在这之后的一些年里,截留漕粮的数量在迅速攀升,据《清朝文献通考》记载:1763 年为 15 万石,1764 年为 20 万石,1765 年仅直隶即 60 万石,1766 年还是给直隶 130 万石,1771 年给各省 80 万石。㉟截漕数量直到这个世纪末仍比较高,一个省一次给 30 万石不足为奇。这一数量对于较大规模的赈济来说是可以起到显著作用的。

1801 年的一个上谕表明,到 18 世纪末 19 世纪初,漕粮不仅仍是救荒的重要粮食来源,而且随着常平仓的日益空虚,各地方官也越来越频繁地要求截漕以为救急之策。㊱该上谕在引述了各地方官要求截漕的理由后,解释道:"而该督抚等为目前补救之策,大率奏请截漕,殊不思京通各仓所贮漕米,以之颁给廪禄兵粮,无论岁收丰歉,俱应按数支放。"换句话说,国家为维持中央政府而贮存和支配一定粮食的制度,看来运作得很好,而且比常平仓制度持续的时间更长,后者更为分散,对于国家机构生存的重要性也相对较小。所以,这个时期对于中央储备的需求肯定日益增加,即使仅仅是由于人口增长。

但是,漕粮的这种利用方法为时很短。在太平天国战争爆发(1851)之前的约半个世纪里,漕粮北运越来越困难,其原因主要是由于运河及其水运体系和水利设施年久失修,坍塌毁坏,造成运河的淤塞难行。㊲1826 年,多数漕粮不得不经海运北上。尽管后来的 25 年里恢复了运河交通,但漕粮缺额越来越高。㊳这不仅仅是由于运输问题,而且反映了漕粮征收日益艰难。从几篇文书中可以看出,漕粮征收制度最早出现严重问题可以回溯到 1800—1810 年间。例如,我们得知,由于漕粮蠲缓和积欠,1804 年险些造成京城供应不足:如果不采取措施,到 1806 年初京仓就将缺粮百余万石。为了保证不中断自身供应,中央政府不得不从四川、湖南采买米 90 万石,同时动碾各省仓谷米 40 万石,一同运往北京。㊴不久之后的 1815 年,这时的常平仓制度已经处于飘摇状态了,中央政府命令江西、湖北、湖南几省各动碾仓谷 20 万石,运往京师以补漕运的不足。㊵

实际上,从 1801 年以后,用漕粮进行赈济的做法即已在记录中基本消失了。除了直隶的两次行动之外(1823 年 40 万石,1832 年 30 万石),没有任何记载。即便有这类举动,显然也无法与 18 世纪那样的大规模调运相比——否则至少会留下少许踪迹。毫无疑问的是,到嘉庆朝末期(1820),动用漕粮进行实物救灾的措施在荒政史上已经不起主要作用了。

财 政 资 源

直接的财政干预是国家对付灾害性粮食短缺的又一措施,与上述措施具有同等重要的地位。财政干预可以采取两种策略:或者是国家自己采买粮食(通常是在灾区之外的地区),自己组织运送和发放(实际上是在国家认为商业组织不能胜任时代替后者发挥作用),或者是通过给百姓发放银钱,来支撑灾区的岌岌可危的购买力,让市场自己发挥作用。是采取一种策略,还是两种策略同时采用,如果是后者,那么应采取什么样的结合方式,这些是受多种因素决定的,其中包括:地方政府和民间的储备状况;制止投机性囤积的可行措施;价格趋势;商业输入的可利用的条件(运输方式,地方市场的发展水平,可获得的粮食剩余);而最重要的,是政府自己安排粮食输入的财力和组织能力。

在最好的情况下,当最后一个因素不成问题,而且政府可以任意选择最恰当的干预措施时,那么,受灾地区内部及其周边地区的市场状况就是决定性因素。在直隶的事例中,我们就看到了这一点。在第一个阶段,官府发放的"口粮",一半是实物,一半是货币,因为这时周边市场上还有一些粮食,可以通过民间输入来补充灾区市场。但随后,到灾荒的第二个阶段(1744),逐渐改为全部救济粮食,并由国家自己组织输入。在这方面,我打算考察一下在这种活动中可资利用的财政措施的种类,以及它们的演变过程。

作为一种在时间上无规律性的事业,赈济不属于政府的日常例行职能,不被列入国家的财政预算,它们的支出只能出自财政预算之外的剩余。因此,它们只能与其他的例外开销进行竞争,特别是战争和大水利工程(还可以加上大肆挥霍的康熙、特别是乾隆皇帝的"南巡")。

从1680年代末期(此时三藩之乱已被平息),直到道光年间(1821—1850),清朝的国家总预算一直是顺差,尽管不可能计算出它们历年的剩余量。问题在于,皇朝的财政收入是由两个机构控制着的,即户部和内务府,不仅一般正式职官[包括编修国史的官员(annalists)]不能接触内务府的财务账目和收支用途,就是户部专门负责记录财政收支的部门也被排除在满人的这一禁区之外,直到皇朝的最后几年才有所变化。㊶ 如果人们最终不得不满足于一些分散的数据,或仅仅是得到国家财政平衡这种总的印象,那么至少还是可以得到某些确定年份户部的剩余量的大致数目。这些数字是通过谕旨(不定期地)传达给官员们的,一些作者在他们的书中引录了这些数字,如魏源(1794—1856)。㊷

当度过了开国初期几十年的困难时期之后,国家经济状况开始好转,各项收入增加,朝廷本身开支减少,朝廷提倡实行的节俭政策,强调质量胜于数量的军队体系㊸,这些都为国家财政积累创造了条件。财政储备一般在2 000余万两左右,雍正时达到6 000余万两,乾隆时进一步达到7 800余万两。财政储备大幅增加的主要原因,是整个18世纪都在进行的边疆地区的战争,战争开支最多时候达到数千万两(如,乾隆初期征服中亚地区耗费3 000万两,镇压四川西部金川地区的土民反抗耗资7 000万两)。国库之所以能够满足如此巨大的需求,是由于岁入的剩余㊹,有时是得到"内库"的资助,而更重要的是专为战争而举行的开捐纳。"内库"的库藏始终是保密的,但直到1850年前后的一个长时期里,它显然是相当富余的,可以补充户部的不足,还对满族的贵族、官员及普通成员进行大量赐赠㊺。例如,在1848—1849年,江苏、浙江、安徽、湖北遭受洪灾,1849年,"内库"支给户部100万两用于这些地区的赈济(后者显然一下子拿不出这么大一笔款项)。㊻至于开捐纳,在乾隆时期还是偶尔为之,从19世纪初开始,则成为筹措资金的定期做法。㊼

这是因为嘉庆年间(1796—1820),户部的收支情况开始显著逆转。以往,朝廷支付镇压白莲教(1796—1804)所需要的大量经费(据魏源估计,差不多达1亿两)还不大困难㊽,但到了19世纪初,赋税征收越来越困难,积欠越来越多,某些项目的预算支出直线上升。据魏源的估计,这时据称仅皇室就有3万余人(而开国之初只有2 000人),他们的俸禄一年肯定会达到数百万两(没有公布过实际数字,这不属于正式预算)。尤其是,这时修治黄河堤防的高额经费远非18世纪可比。正如魏源于1842年所写的:

> 人知国朝以来,无一岁不治河。抑知乾隆四十七年以后之河费,既数倍于国初,而嘉庆十一年之河费,又大倍于乾隆,至今日而底高淤厚,日险一日,其费又浮于嘉庆,远在宗禄名粮民欠之上。其事有由于上者,有由于下者。㊾

总之，公平地说，从雍正朝改革起，至少到18世纪末，或者还可推至19世纪初，中央政府有能力、可以不费力气地调拨大量经费用于救灾，以及与之相关的事业，如修治灌溉工程。㊿这种趋势在各省可能略有差别。我曾顺便提到各省与中央政府之间对赋税收入（至少是土地税）的"争夺"。从原则上说，省藩库只是为户部保存资金，所以，在魏源所估算的预算数字中显然包括了这部分资金。那么，到18世纪后期，中央政府会不会把这部分收入越来越多地上收并留存在北京？这将可以解释，尽管存在大量预算外的军事支出，尽管1770年以后频繁的赋税普免，但在1760年代以后，户部仍维持着巨额财政积累，这会减少中央政府与省库之间的许多摩擦。

这还可以解释，在《清朝文献通考》和《大清会典事例》中，1760年以后在这方面的显著变化。在此之前，户部拨放的资金（有时是出自内库）几乎都是用于京城附近的活动。只有少数几例是用于各省的活动，规模都比较大，例如：1721年，户部拨银50万两赈济陕西，一年以后，内务府采取了同样的举动；1742年，据称户部拨银100万余两赈济江苏和安徽的大洪灾，这可能是这个时期最大的一次赈济活动。相比之下，差不多所有20万两以下的活动都出自省库，用于粮食采买、银钱赈济，以及充实仓储。

而到1760年以后，情况正好相反。几乎所有提到的赈济活动的资金都是由中央政府提供的㊹，而且常常是相当慷慨的，特别是在乾隆朝末期，如：1778年赈济河南和湖北220万两，1780年赈济直隶和江苏185万两，1790年赈济山东、江苏和安徽300万两。1801年，直隶又获得100万两赈济银。上文所引的皇帝悲叹仓储空虚的上谕正是在这一年，其中接着指出，一旦出现灾情，即应求助于户部和内务府。这种情况如果继续发展，那么，省库，以及地方仓储，就将成为纸上谈兵的事。1801年以后，有关的数字越来越少，即使是提到数量的地方，也只有极少数提到实际数额。

如果说这些数字反映了救灾款项的普遍的发展线索,它们同时也揭示了,在与上述所考察的地方仓储和漕粮问题的同一时期,即1700—1850年期间,清朝国家财力方面的同样发展趋势。在这里,我们还必须了解这些经费的使用情况。最直接的干预方式——也是花费最大的一种方式——是用来采买灾区之外的粮食,然后官府自己组织运输,在所需要的地方组织发放。直隶赈济就是一个事例,我们已经详细分析了这次活动的过程。自康熙末年以后,这类事例很多,在雍正朝和乾隆早期,这一过程已经相当规范,形成制度。官方运输所依靠的正是那些传统的交通路线,如长江及其支流、大运河及其支线南运河、渤海湾(连接奉天及北方地区),以及东南沿海。这种运输在数量上很少超过20万石。这个数字可能表明了官方能够在一个地区采买的粮食的最高限量,也可能还有其他因素,如,顾虑到过量采买会干扰市场,给购买地区带来同样的困难;或者仅仅是出于运输问题。

运输问题是值得进一步考察的,在这里还很难作出评价。我们已经知道,只要有可能,政府运输都是雇用民船,这显然是通过船行来安排的,如东南沿海地区的那些船行。㉜那么,政府是否会与民间船运业发生竞争,抑或相反,会通过政府的购买和托运而为民间船运业创造获利的机会(例如,购买那些商业存粮和已经准备外运的船货)? 如果真的存在竞争的话,那么,民间船运业在多大程度上限制了官府进入市场和对运输工具的利用? 全汉昇和克劳斯在对流向长江下游地区的商品量进行估计时,首先设定官方运输最多不会超过可利用的运输工具的10%,最可能的数字是在1%—5%之间。㉝没有比这个数字更不合理的了。人们可以引用1787年的一篇文章作为反驳,其中指出,官府有时必须限制自己的需要,以免妨碍民间粮食流通。这一年,四川官府急需向福建运送30万石军需米,但皇帝激烈反对四川总督关于将本省和邻近的湖北荆州和宜昌的民船"尽行封雇"的建议,认为这会剥夺了商人的运输机会,引起

下游地区的粮价上涨和民情不安。㊴

不管怎样,可以肯定的是,大约1760年以后,政府对于亲自进行赈粮的省际采买和运输的兴趣越来越小——至少就我们所提及的资料来看是这样。㊵赈济银两(有时数额很大,而且几乎都是出自中央政府)一般都是在当地花费,如发放赈银、以工代赈和地方粮食采买。发生这种变化的一个可能的解释是,到18世纪后期,民间粮食贸易和乡村市场已经发展起来,国家只需提高灾区人口的购买力,而让市场发挥作用。此外,我们已经看到,早在1740年代,朝廷就已经致力于保证粮食的"自然流通",以此来代替并减少官方的大量粮食储备。总之,清政府的做法显示出一个明显趋势,即逐渐放弃由直接的财政干预政策而引起的大规模粮食转运的做法,即使是在市场价格不利的情况下。当然,"贡"物的运输是另一回事。

在接下来的阶段里,简单的资金发放成为救荒政策中的一种例行做法。这可以看做是地方政府管理日益蜕化堕落的一种信号,但它也反映了在一定条件下,官方政策有意识地进行的重新定位,即更大程度地依赖市场。正如我们已经知道的,到18世纪末,中央政府发现,州县地方只是存留(或自称存留)相应的价银,而要求他们将常平仓足额实贮,困难越来越大。前一种做法当然并不普遍,各地对"实仓"规定的执行是各种各样的,但它肯定是一种总的趋势。㊶从1831年的上谕中,我们可以了解这种发展趋势的最后结果:各省官员不再要求发放常平仓谷,因为仓谷实际已经极少了,他们只是满足于请求中央拨给库银,然后兑换成制钱,发放给灾民。㊷

然而,即使不再直接以粮食进行赈济,救荒也仍然表现为一种组织上细致严密和有效率的活动,就像前边各章所充分描述的那样。例如,在1810年甘肃的饥荒期间,由于该省的严格管理,经过广泛深入的努力,成功地将100万银两发放到了灾民手中。㊸还有前边提到的,1825年,江苏巡抚陶澍在奏疏中,热烈提倡采用管理严格的、"古典式"的荒政程序,尽管这次完全是以货币放赈。⁵⁹同样，王凤生在根据他自己的经验所写的书中，讲述了在1823年江浙洪灾期间的救灾工作中，尽管粮食赈济的数量极少，但他仍进行了最认真周到的组织工作，并采取了18世纪经过调整改进的新办法。据一位目击者对浙江情况的说明，首先是2个月的常平仓平粜(1823年八月和九月)，然后是3个月的货币赈济(十月到十二月)；1824年初又有1个月的"加赈"，及2个月的官员和乡绅的"捐赈"，显然也是货币。⁶⁰

据同一作者的记载，1823—1824年的赈灾所采取的另一个措施，是传统的减免粮食运输过程中的关税。据说这样做的结果是，长江上游的商人成群聚集到江苏和浙江。依靠民间贸易保证粮食向灾区的输入，这本身并不是一个新方法，但它越来越成为常规方式。

在这方面，1831年上谕中所指出的另一点也值得注意，即：江苏、安徽、湖北这些遭受洪水的省份，要求取消对粮食流通的关卡限制，以便吸引商人，这些商人将从官府领取库银，赴邻近各省采购粮食运回。这比我们到目前为止所叙述的所有方法又更进了一步。在这之前，我只找到一例这种政府与商人合作，听任商人使用官银的做法。那是1693年，由于前两年饥荒的影响，这时西安地区的经济尚未恢复正常秩序，皇帝命令户部，招募"身家殷实"的富商，给以"正项钱粮"，听任他们到各地按照他们认为合适的价格购买粮食，运回西安发粜。利润归商人所有，商人只须在西安粮价恢复正常后归还原领的银数。⁶¹

一个半世纪之后，又采取了类似做法，而这期间没有发现一例同样的事例，这是否标志着一个时代的结束？严格地说不是这样，因为在1831年的行动中，政府并没有完全放弃自行运输赈济粮的做法。但不容置疑的是，在这些年里，政府要想像18世纪那样设计，特别是贯彻一种包容了财政资助，以及运送并发放粮食的广泛的救荒政策，其困难越来越大。在这里，我们已经进入了官僚政府的组织能力这一层面的问题，而要想对它的发展演变作出评估，甚至比对它可利用的物质资源的评估更难。

最后,我们可以将以上所描述的各种趋势简述如下。清王朝的财政力量,更明确地说,是正常的、固定的活动经费之外的剩余财力,从 18 世纪初开始迅速增加,到乾隆朝的最后 20 年达到顶峰。其间,中央政府可以在必要时毫不费力地拿出所需要的资金救济灾荒(有时达到数百万两),哪怕是最严重的灾害也足以应付。19 世纪初开始的(户部)财政困难标志着一个转折点,到道光年间(1821—1850)尤其突出,但在特殊情况下,内务府仍有一定的干预能力。到 1850 年以后,情况就完全改变了。

至于实物资源,从地方仓储和漕粮来看,它们的发展曲线看来大体一致,但一致的时间较短。首先是常平仓储备的日益减少,漕粮尽管在 1851 年之前,仍定期地通过运河运输,但由于道光以后的征收问题,到这时已几乎没有什么剩余能够用来赈灾了。

所以,似乎可以得出以下结论,即 1800 年以后,在救荒中可利用的所有官方资源都在趋于衰减,有的在全国大部分地区已经接近消失。因此,尽管还存在偶尔的、数量有限的财政干预,以及少数几次超乎寻常的大动作,人们仍不禁要提出疑问,像 18 世纪中期那样的救荒政策和大规模的行动,到乾隆末期是否还存在?此外,19 世纪这些特例的救荒活动——有时动用的库银达 100 万两(见表 20)——都是在发生特大灾害时才做的,其严重程度远远超过 18 世纪的任何一次大灾害,例如 1831 年,以及 1848—1849 年长江流域的两次特大洪灾。实际情况是,在这个时期,自然灾害的威胁在增强,受灾人口数量在增加。1849 年自内库拿出的 100 万两赈济银,对于被淹没的省份来说,数量少得太可怜了。与一个世纪之前相比,那时灾情比这轻得多的饥荒,政府所拿出的银两和粮食的数量都极为可观。

尽管对于荒政的变化过程进行数量分析是不可能的(因为还缺少一些重要的地方性行动的详细资料的支持),但我还是打算提出一些在这方面具有代表性的事例。表 20 列出了一些最重要的活动,以及一些相关的数据。但这些数字只是提示性的,除非另外说明,否则它们不能代表实际发放给百姓的货币和粮食的总的数量,而只是中央或省级政府(这二者不是一回事)的发放量的一部分(至于其比例则无法确定;有时可能是全部)。受灾州县数和灾害的持续时间也都是近似数。对每个事例的进一步研究无疑会揭示更多的信息,或许能够得到像直隶1743—1744年那样详细的情况(这次活动也包括在表中以便对照)。

表 20 部分重要抗灾事例,1742—1823

时 间	省 份	灾害性质与持续时间	州县数	救济钱粮数
1742—1743	江苏、安徽	黄淮河水灾,1742—1743,初发于1741年,江北一些州县	江苏29个州县;安徽24个州县	已知的赈济:江苏,粮食1 562 635石,银5 051 521两;安徽,粮食831 981石,银2 334 045两。布政司称,花费达1 000万余两
1743—1744	直隶	旱灾。1743年夏—1744年夏	27个州县(其中16个全灾)	已知的赈济:粮食1 040 421石,银874 987两
1747—1748	山东	水灾。1746年初发生于一些州县;1748年秋,20个州县再次被淹	83个州县(包括卫、所)	已知的赈济:粮食822 453石,银1 864 545两。江苏、河南捐助25万两
1753—1755	江北、安徽	黄淮河再次泛滥成灾	27个州县(1754)	无具体数据。从其他省份调运了许多钱粮,包括布政司捐助,截留漕粮,等等
1762—1763	直隶	水灾。1762年秋—1763年夏	45个州县	只提供冬季赈济:布政司动拨银80万两,截留漕粮15万石
1768—1772	直隶	连续5年的洪灾,程度不等	50个州县(1768),16个州县(1770)	多方捐助,主要是布政司拨银230万两,漕粮250万石

(续 表)

时间	省份	灾害性质与持续时间	州县数	救济钱粮数
1778—1779	河南	旱灾。春季黄河泛滥成灾。1778 年夏—1779 年	5 个府,? 个州县(其中 13 个于 1779 年再次遭遇水灾)	至少调拨漕粮 30 万石,布政司拨银 160 万两
1781—1783	江苏、山东、安徽	水灾。1781 年—1783 年六月	?	1781 年,江苏,多方动员,共银 165 万两;1782 年,江苏 80 万两,山东 20 万两;还有漕粮,数量不明
1785	河南	旱灾	28 个州县	银 250 万两,漕粮 30 万石
1786	安徽	黄河水灾	?	动拨关税银 100 万两[a]
1790	江苏	水灾	?	银 200 万两
1801—1802	直隶	水灾。1801 年夏—1802 年春	90 个州县(1802 年,其中 60 个需设粥厂赈济)	布政司拨银 10 万两用于"普赈";漕粮 60 万石;盐税银 100 万两(可能是 150 万两);1802 年,动拨旗地岁入 20 万两
1822—1823	直隶	水灾	先是 21 个州县,1822 年 43 个州县;1823 年 108 个州县;其中 21 个州县受灾"最重"	户部拨银 100 万两,常平仓拨粮 20 万石,漕粮 30 万石

资料来源:《大清会典事例》,卷 271—274;《文献通考》,卷 34—37,46;《续文献通考》,卷 60—61;《熙朝纪政》,卷 1/5b 及以后;《钦定辛酉工赈纪事》(1801—1802)。

a. 一个上谕指出,1785—1786 年间,国家动用银 1 000 余万两用于各省赈济(《熙朝纪政》,卷 1/6a)。

注　释

① 《续文献通考》，卷 60/8157。

② 《学治臆说》，卷 2/46a，仓储宜实。汪辉祖是一个模范官员，他说他总是督促自己的幕主(当他还是幕友时)，以后又督促属下，要密切注意仓储情况，因为银库亏空可以很快补偿，而仓储亏空则做不到。

③ 《续文献通考》，卷 60/8161；《熙朝纪政》，卷 4/26a。

④ 《续文献通考》，卷 60/8164。这就是1818年的《大清会典》中各省常平仓贮额(《熙朝纪政》，卷 4/26a—26b 中引录了这些数字)少于上述1748年贮额的原因。这些数字也收录在后来的《大清会典事例》中，关于这些数字的讨论，见魏丕信和王国斌(1991，第 8 章)。

⑤ 《续文献通考》，卷 61/8166。

⑥ 《续文献通考》初编于 1905 年，增补于 1921 年，其中补充了《文献通考》(1786)中遗漏的内容。

⑦ 例如，1743年从江西向江苏扬州拨运20万石仓米，两江总督提出了详细的运送程序，以及每个过程所需费用，见南开大学历史系：《清实录经济资料辑要》(1959)，第 924—925 页。

⑧ 见湖北巡抚张若震奏，乾隆二十一年四月十五日，《宫中档乾隆朝奏折》。张若震的所有建议都被皇帝采纳了。

⑨ 详情可见《钱谷备要》，卷 10/37a—40b，《招商赴闽买谷运济章程》，特别是其中关于要求商人承诺的各种保证(关于粮食的质量，福建境内的运输费用)，以及保证合理利用所采买的粮食的各项条款。

⑩ 在某些时候，政府则会毫不犹豫地承担甚至是相当高的运输费用。前述胡煦给隆科多的信中提到，(可能是)在 1720 年，从河南向陕西运送 10 万石仓粮，脚价高达 10 万两，这笔费用是通过开捐纳"贡监"之例补偿的(《皇朝经世文编》，卷 44/3b)。

⑪ 《文献通考》，卷 35/5180，卷 37/5198，卷 37/5203。浙江频繁地向福建运送粮食；湖北是典型的"中部"省份，湖北的粮食有时运往河南、陕西，而主要是运往长江下游各省。至于奉天，由于与直隶、山东直接通海运，所有新增的储备都建立在沿海地带。实际上，早在1740年，就已经决定在山海关附近建立仓储(但不属于常平仓制度)，见周藤吉之(1972，第 446 页)。

⑫ 《文献通考》，卷 34/5174。例如，1752年，河南巡抚建议，拨运 20 余万石

⑫ "漕粮"接济山西、陕西的受旱地区。见蒋炳奏,乾隆十七年八月五日,《宫中档乾隆朝奏折》。

⑬ 据上述蒋炳奏,到1752年,贮谷总数为67.75万石,但其中约有10万余石借贷给了当地百姓,尚待还仓。

⑭ 《文献通考》,卷34/5174。关于乾隆年间山东的仓谷发放,见魏丕信和王国斌(1991),第10章。

⑮ 其中最详细的有《文献通考》和《大清会典事例》,这也是我的主要资料来源,此外还有专门记录皇帝日常活动的《实录》。

⑯ 此外,在书籍编纂者的素质,或仅仅是观点方面,也存在很大差别。因此,人们会发现,《续文献通考》中"籴"的部分比《文献通考》中的相应部分要简单得多,而且强调的重点也不一样。在解释这种"变化"时(看来是发生于1787年前后),必须考虑到这两部文献之间的差别。

⑰ 篇幅所限,这里无法详细给出这些数据。此外,我还从《实录》中搜集了一些数据,资料出自南开大学历史系编:《清实录经济资料辑要》(1959),第921页及以后。

⑱ 1757年,江西、湖北向河南拨运了50余万石仓谷。还有刚刚提到的1759年和1779年福建的仓谷外运,具体数量不得而知。

⑲ 有漕粮的省份包括河南、山东、江苏(仅江苏一省的糟粮就占总数的五分之二)、安徽、浙江、湖北以及江西,其中有的征自全省各府州,有的只有部分府州。

⑳ 星斌夫(1971a),第168页(没有注明资料来源);欣顿(1959),第9页,根据1876年的《户部漕运全书》;普莱费尔(Playfair, G. M. H.)(1875),第357页;全汉昇和克劳斯(1975),第195—196页,注52。全汉昇和克劳斯在该注释中所引资料的作者认为,1753年的数字为该年的"实征"数,而《户部则例》中的数字是1779年的额征数。《清史》(卷123/1480)中漕粮部分提到1645年的额征数字是400万石(330万石运至北京,70万石运至通州);到1753年,实征数为米325万石(其中50万石运至通州),还有一些杂粮;两个数字之间的变化过程尚不清楚。

㉑ 欣顿(1959),第2页。

㉒ 《文献通考》,卷37/5210。

㉓ 见以下1753—1762年的10年间的数字。

㉔ 据1851年的《户部则例》,这些仓的容积约为1 200万石,其中京仓956万

石,通州仓 220 万石(参见本书第 8 章,注⑥)。

㉕ 比起土地税的减免,漕粮减免的次数要少得多。但有 4 次是普免(每次都延续了好几年,以便各省都能受益),4 次的时间分别是:1692 年,这次普免的原因是京仓存谷充裕;1766 年(百姓只需补偿给船民正常的运脚价,这些人因为减免漕粮而失去了工作);1779 年,庆祝皇帝 70 岁生日;1795 年(见《户部则例》,卷 82/14a—20b)。

㉖ 见《皇朝经世文编》,卷 44/3b—4a,方苞给工部尚书徐元梦的信。这封信的日期或许应为 1717 年,而不是 1718—1723 年间——我是根据收信者的头衔来认定这个期间的。因为其他一些资料谈到,1717 年通州仓,特别是京仓积陈甚多,需要出易旧谷的情况,而且这一年也的确这样做了,如:通州仓将余谷发给直隶各州县用于平粜(《文献通考》,卷 34/5175),又将 430 余万石京仓陈米"格外"赏给官兵(《熙朝纪政》,卷 4/27a)。

㉗ 欣顿(1959),第 9a 页。

㉘ 全汉昇和克劳斯(1975,第 36 页,第 195 页,注㉕,第 196 页,注㉗)在估计额外加征总数时就是采用这种方法,但他们也修改了欣顿的数字,把以石计的粟米和大豆的数量减半(在我看来,这种修改方法不大合理),结果他们得出的数字比我的要高一些——85%。当然,还有一个问题,即,即便就 1829 年的平均数来说,按每石一两计算是否合适。

㉙ 全汉昇和克劳斯(1975,第 36 页)。这些其实只是假设。实际上百分比的划分在各个地方是不同的,因为运输费用是依各纳粮府州的从产区到运河,以及从运河到北京的地理位置的变化而变化的。按照欣顿表中的额征数和加征数,加征数对额征数的百分比,在山东只有 36.3%,而在江西则为 98.5%,湖北为 106.5%,湖南为 106.3%,最后三个地方显然是距离运河和北京最远的省份。

㉚ 请注意,漕粮从被"截留"地点到被出粜或赈济地点(二者不一定是同一地点)之间的运输费用是由接收省份的"公项"中支出的,即不在漕项和加征的数额之内。见江西巡抚陈宏谋关于截漕方法的建议,以及湖北的采纳意见(《高宗实录》,卷 203/10a—10b)。

㉛ 全汉昇和克劳斯(1975,第 39 页)。

㉜ 6 个是在福建;2 个在广东(1713、1744);2 个在陕西(1720、1721),漕粮来自河南。

㉝ 可以把这些数字与我所估计的每年可利用的漕粮"差数"作一比较。该奏

疏见《文献通考》,卷37/5204。我所零散搜集的同一时期的数字,总数约为235万石,其中不包括两次数量不明的行动。这再次证明,这些数字只是有选择的部分事例的情况,不能用来进行统计分析。

㉞ 此前1758年的一篇奏疏即已表达了这种担忧,其中也提到了一些数字:康熙年间(1662—1722)截留漕粮240万石,雍正年间(1723—1735)截留了290万石,乾隆前期(1736—1757)截留了1320万石。[见南开大学历史系:《清实录经济资料辑要》(1959),第929页]安徽巡抚对这种担忧的回应是,提出将安徽的常平仓存仓运往京城(《文献通考》,卷37/5204;还可见《石渠馀纪》,卷4/365,其中提到一个上谕,认为京仓实际存粮足够二三年支用)。

㉟ 据《清实录》(南开大学历史系:《清实录经济资料辑要》,第930页),1767年,江苏得以蠲免漕粮共约200万石。

㊱ 《续文献通考》,卷60/8162。

㊲ 特别是长江以北,过了山东,地方人口的灌溉用水对运河形成了严重威胁。关于运河失修淤塞的社会经济影响,见中原晃雄(1965)。

㊳ 欣顿(1959,第4—5页)。

㊴ 见《熙朝纪政》,卷4/45b—46a;《大清会典事例》,卷188,采买米石。

㊵ 见湖北巡抚张映汉奏疏,嘉庆二十年一月六日,《宫中档嘉庆朝奏折》。张映汉奏称,尽管湖北在过去的10年里尽力买补谷,但该省常平仓仍不充实,实际贮谷不过45.5万石,远不敷额贮量的192万石。因此,张要求将20万石任务中的一半交给界临湖北的邻省几个州县去完成。19世纪初,湖北以及其他几省常平仓大量空虚的一个主要原因是,在1796—1804年白莲教造反期间,他们必须拿出大量粮食供应军队。

㊶ 见张德昌(Chang, Te-'ang)(1972,第243、257、270页)。"内库"的收入来源是多渠道的,包括皇室王庄的收入,各种"贡"赋,关税剩余,某些奢侈品的专卖收入,以及各种罚没充公的财物。

㊷ 《圣武记》(1842),卷11/340页及以后。还可见加藤繁(1953b,第479—482页)。

㊸ 这些方面可以与明代的政策进行对比。乾隆皇帝在下令减免1746年的全国赋税时,声称本朝军队的支出只及宋代军队支出的十之一二(《户部则例》,卷82/4a)。

㊹ 魏源在他的关于军队经费在国家财政中的数额的研究中,引用了户部

1792年的数字,其中总收入为4 359万两,总支出为3 177万两,剩余约1 200万两。魏源在经过典型分析之后,提出的数字与户部的数字大体相当,但他也承认,其中的一些数字只是近似数,一些项目(如皇帝宗室的支出)的情况不明[《圣武记》(1842),卷11/340页及以后]。

㊺ 见张德昌(1972,特别是第271页),其中估计,1767—1783年间,内务府对"政府(public)"的赠献约为600万两。

㊻ 《续文献通考》,卷81/8404。

㊼ 见许大龄(1950,第73—76页的图表)。

㊽ 加藤繁(1953b,第480页)提出的数字是魏源的两倍。白莲教的影响扩大到了湖北西北部、四川东部、陕西南部等地区。与乾隆时的战争不同,这次镇压直接影响到老百姓,他们不仅必须负担没完没了的战争费用(1796—1804)——一些将领为了大发战争之财而故意拖延时间——而且还得承担当地赋税减免的损失,以及战争之后恢复生产的经费。尽管这是近120年来最严重的一次"人祸",但早在18世纪末,已经有记载提到对受白莲教影响及其他发生战争地区的救济和赋税减免,如1784年在甘肃,1787年在台湾,1795年初在湖南和贵州(苗民起义),等等,预示了皇朝财政状况的转折。但是,在太平天国战争爆发之前(其影响遍及半个中国),在影响范围和经济后果上,没有哪个事件比得上白莲教,也没有哪个事件会产生同样的作用。值得一提的是,在救济灾民政策方面,传统的官僚政府无需考虑区分"自然性"和"政治性"灾害这样的理论问题,这个问题曾严重困扰着20世纪CIFRC的政策制定者。

㊾ 《筹河篇上》,《魏源集》,第365页。

㊿ 在这方面值得注意的一个事实是,在1746—1801年间的记载中,没有专为救灾而开捐纳的事例。大量财政积累也是18世纪几次赋税普免的公开理由,这几次普免的时间为:1710年、1745年、1770年、1777年、1790年和1795年(每次都是在谕旨发布之后持续执行了3年),总数达到2 800余万两(《户部则例》,卷82/1a—20b)。同类措施还有1712年的"滋生人丁,永不加赋",这就意味着政府放弃了由人口增长形成的潜在的收入来源。

㊶ 有时只是"截留"关锐、盐税,或其他平时应解交给中央政府的款项。

㊷ 加藤繁(1929)叙述了船行的情况,还提到在江苏有一种被称"埠头"的人,这是一种半官方性职位,在清代大部分时期都存在,到1873年被废除。这些人显然是政府与船行之间的掮客,为政府代理包租船只事务。政府运粮

还可以有另一种选择,即要求每个商船留出一定空间夹带官谷,价格由政府规定,台湾与大陆之间的定期粮食运输就是采用这种方式。这种制度称为"配运",但到18世纪最后一些年,这种制度似乎遇到了严重困难[见王世庆(1958,第22页)]。

㊳ 全汉昇和克劳斯(1975),特别是第66、69页。

㊴ 南开大学历史系:《清实录经济资料辑要》,第932页。但有一点还应该弄清楚,即30万石米是否真的能够用尽四川的全部运力,因为该省在乾隆后期是粮食输出的主要省份,而且也是著名的造船场所。

㊵ 我只发现了两个事例:1762年,命令山东和河南采购粮食运往北京,数量不明;1770年,直隶获得100万两赈银,其中一部分用于从山东输入粮食。此外,《钱谷备要》(卷10/41a—43b)中提到1785年的一篇文章,题为《采办川米粜济章程》,这是为浙江采办的粮食,但没有提到采办数量。周藤吉之(1972)提到几次从奉天到直隶的少量短途运输。

㊶ 这一趋势的发生还有一个比官员的不负责任更为重要的客观原因,即军队对常平仓谷的"借贷"日益增加,这种"借贷"既可不以实物归还,也可完全不必归还。

㊷ 《续文献通考》,卷61/8166。

㊸ 王国斌和濮德培(1983,第304—308页)。

㊹ 《皇朝经世文编》,卷42/8b—9a。

㊺ 赵坦(1765—1828):《保甓斋文录》,B/7b—8a。作者对浙江赈济成效的评价完全是肯定的。

㊻ 《文献通考》,卷34/5171。实际上,1692年已经利用民间贸易来解决西安地区的困难,但显然是由官府控制着粮食的输入。1692年的上谕命令,将已经运到(湖北)襄阳的20万石米,经丹江水路运至(陕西)商州,然后经陆路转运至西安,按照湖北的价格加上运输费用,"与之贸易",所得价款仍解交湖广,再买米粮,转运平粜,直到陕西米价平抑。

十三 赈灾的地理分布

表20显然表明了一个事实,而且我的资料中所提及的所有救灾活动也证实了这个事实,即:救灾活动的地理分布被明显划定在一定范围内。救灾的主要区域位于帝国东半部的几个大省,如直隶、山东、河南(次数相对较少),以及江苏、安徽一带。除此之外,还有一些省份,表中没有显示出来,但也经常接受救济,如浙江、福建,以及北部和西北部的山西、陕西、甘肃几省。所有这些地区构成了中国最古老的定居区域,它们不仅代表了经济最发达的区域(尽管从北向南在发展层次上有显著区别),而且代表了政治上和财政上最重要的区域。[①]

我们发现,这些也就是王业键所说的"发达地区"(加上广东,但不包括陕西),与之相对的是"发展中地区",包括陕西(这是有争议的)、湖北、湖南、四川几省,西南地区,以及边疆地区(奉天和台湾)。王业键认为,在整个清代,这两类地区之间的关系突出表现为一种交换关系,即发达地区向发展中地区输出剩余人口(由此导致发展中地区人口的快速增长),输出民间和官方资本,及其制造品(如江苏的棉布),反过来发展中地区则向发达地区输出剩余粮食。[②]

救灾的地理分布与王业键的分析模式基本上一样。从整体上看,高度发展的中国或多或少地经受着永久性的食物短缺。与其他地区相比,在这些地区,自然灾害的发生更容易演变为全面性的生存危机。这一事实,加上区域位置在政治上和财政上的重要意义,赋予了东部几个大省的一定的优先地位。此外,这些地区更便于利用政府的剩余粮食储备,因而更容易实施赈济——这肯定是决定性因素,至少就直隶来说是这样,在救灾行动的记载中,经常提到该省。而另一方面,尽管广东也是高度商业化的地区,而且粮食也特别缺乏③,但它对财政上的作用较小,而且离漕粮运输路线太远,使它难以成为荒政的主要受益者。文献中几乎没有关于官方为广东运粮的记载。从劳潼的《救荒备览》中可以明显看出,至少在18世纪的最后二十几年,政府并不怎么关注那里的粮食短缺问题。④

荒政的研究可以进一步证实王业键所提出的模式,特别是在两类区域之间的粮食流通方面。⑤这里或许应区分两种流通:一种是民间贸易引起的"自然的"粮食流通,另一种是政府为特定目的而组织的调运。不过这种区分的意义,与其说是在运输线路方面,不如说是在运输量方面。除了少数几个例外⑥,官方调运的线路和方向与正常的贸易线路和方向是一致的。尽管有时必须改变方向,以便把粮食运到急需的地区,但这并不影响基本的运输模式,或全国粮食余缺的总的地理分布。

从专谈荒政的文献所提到的官方粮食调运中,我们或许可以梳理出一些有关这种分布的真实情况,甚至还可以察觉出这个过程中的某些变化。我在前边已经提到了一些主要特征,即长江下游地区,特别是福建省的几乎是永久性的粮食短缺,四川、湖广、江西(该省无疑是中部"米仓"的一部分,但王业键把它归入"发达的"和粮食输入的省份)的粮食输出地位。那么,这些特征是什么时候开始形成的?

全汉昇和克劳斯提出,这一模式在17世纪已经发展起来⑦,但江苏和浙江由于植棉业的发展而导致对粮食输入的依赖,其产生必须追溯到16世纪。不管怎样,可以肯定的是,到了18世纪初,长江中上游地区与长江下游和东南沿海地区之间的贸易结构已经形成,这种贸易结构一直维持到20世纪早期。安部健夫曾详细叙述了雍正朝的米谷流通情况。⑧

这里有必要专门提一下其中一些省份的情况。四川恐怕是18世纪里粮食生产发展最为显著、提供剩余粮食最多、持续时间最长的一个省份。从上一章可以看到,直到1786年、1790年,中央政府仍能够命令它为协济外省而收贮数10万石粮食,在当时,没有哪个省能够响应这种命令。据1815年的一个上谕所引四川巡抚的奏疏称,该省从未办过"灾赈",当歉收时,通常只是借粮和平粜,同时为无力贫民煮赈,这些措施足以应付灾歉之年。⑨照此来看,四川在荒政方面是一个典型的外围地区,这不仅是由于它远离"发达地区"和中央权力中心,而且由于它的粮食/人口的良好平衡,这正是"发展中地区"的一般特点。该奏疏实际上说明,在四川不存在任何真正的生存危机。

在各个省中,只有安徽的情况不十分明朗。全汉昇和克劳斯注意到,官方文献极少说得清楚安徽(王业键的"发达地区"的一部分)的地位:是作为输出者,还是输入者。⑩但是,绝不能肯定地说(像他们所认为的那样),该省的输出量等于,甚至超过了湖广。有关数据充其量允许我们进行经验性的猜测。尽管有一些证据表明,18世纪以来,在江苏市场上,安徽和湖广的米商存在激烈竞争⑪,但还有一些文章则似乎强调该省商人的输入者的作用。1763年安徽巡抚的奏疏称,安徽地处各省之中,经水路可与全国各地交往沟通;歉岁米贵,各地商贩运米集于安徽,即使是平常年份,商贩仍络绎不绝;他认为,无需利用常平仓就可以解决安徽的问题,甚至提出,要拨运仓谷以补充京城仓储。⑫实际情况是,与湖广和江西不同,在历次救荒中,安徽几乎从未要求过对境外受灾地区提供接济;相反,该省长江以北的平原地带经常遭受着洪水的威胁,特别是在17世纪晚期之后,文献中经常提到当时的抗灾活动。这些情况都不是带有定论性的,不过在我看来,与其说安徽属于上游的粮食输出省份,不如说是属于下游的粮食输入省份。

在北方,首先应注意的是一贯提供剩余粮食的河南省。在18世纪,该省的粮食经常用来赈济直隶、山东、江苏、陕西、山西等省。当然,从政府调运的数量看,这里无法与长江流域各省相比,后者的粮食剩余或者是自己生产的,或者是与大规模输入有关,如江苏省。河南的粮食调运很少超过 10 万石,可能是由于运输问题。但是,能够提供调运这一事实本身就值得注意,因为河南既是一个古老的定居区域(这就是为什么王业键把它归于"发达地区"的原因),也是一个北方省份,由此可推测其生产率是较低的。的确,人们可能想知道,至少在 18 世纪中叶以前,是否不应该把河南归入"发展中"的省份。与湖广(特别是湖北)和四川一样,在明末清初的战乱中,河南也遭受了严重破坏。在清朝的最初几十年,它仍处于恢复时期,这会在人口与耕地之间产生一个良好比例,从而促进了农业生产的迅速发展。然而,由于北方的旱作农业,生产力低下,这种迅猛发展势头的下滑要比长江中上游省份快得多,其结果首先是剩余产品的减少。

如果说河南的情况还仅仅是一个假说的话,那么,一个更好的例证就是"边疆地区"。这些地区经常对中国本土的抗灾活动提供援助,有关其商品粮输出的记载见诸于各种文献。这些地区包括奉天、热河(这里农业的发展受到较大限制,因而地位次于奉天),还有台湾。可以肯定地说,新地域的开发必然会产生剩余产品。[13] 就可输出的剩余产品量与人口规模之比的测度来看,这些地区与人口几乎饱和的"发达"地区之间的差别,要远大于后者与内陆"发展中"省份之间的差别。

前边已经讨论了这些剩余及其在救荒中的利用,其中特别提到了 1743 年来自奉天的粮食供给。我们也看到了,台湾向福建的"无偿"输出在整个乾隆朝达到了顶峰。尽管直到 19 世纪末,台湾经济一直在扩展[14],但人口的增长,以及日益上涨的粮价,已经逐渐削弱了台湾在省际粮食市场中的优势。到 1820 年代,18 世纪中叶那种具有代表性的"边疆态势"——即投资较少,可以通过土地开垦不断拓展的粗放式耕作的农业——只在该岛北部少数最新移居地区还可以找到。导致这一局势的形成的,还有另外两个因素,即:19世纪初期海运贸易的衰退,以及道光末期,海外粮食输入的竞争。⑮

东北地区南部的情况不是那么确凿清晰。一方面,事实很明显,道光中期以前,奉天向中国北方和长江下游地区的发达省份输出了大量粮食。周藤吉之根据《清实录》的资料所做的分析表明,在这个时期,在各个港口码头,商贩们贮存了大批粮食;山东北部沿海地区(登州府、莱州府)严重依赖东北的高粱和小米;直到1836年,商贩们不顾奉天的高昂粮价,仍向山东贩运了100万石粮食。至于东北向长江各入海口岸的粮食和大豆的运输,他所找到的证明其增长的证据是,江苏海船赴东北的往返次数从每年两次增加到四次(确切时间不大清楚)。⑯

另一方面,有一些迹象表明,该地区18世纪中叶存在的那种"边疆"态势正在逐渐成为过去。前边提到的1762年要求增加地方储备的情况,表明了这种粮食剩余的不稳定。地方当局在充实仓谷方面看来存在一些实际困难。例如,1790年,盛京将军报告仓谷缺额,他将这归因于歉岁的放赈。⑰17世纪中叶以后大批人口迅速向这一地区迁移定居,肯定是这种发展的一个原因。移民流入东北地区的数量很可能多于流入台湾的数量。18世纪前期非法穿过"柳条边"的许多移民,显然是原奉天居民,去那里寻求新的生存空间。⑱此外,东北地区南部的农业生产基本上是受商人资本和大地主支配,许多生产者很快就改为种植经济作物,如大豆(用于榨油,豆饼作为肥料)和棉花。⑲也就是说,随着"边疆"的向北位移,东北沿海地区具有了"发达"省份的一些特点——除了一个重要区别,即它没有成为粮食输入者。

以上关于救荒的地理分布状况,以及与之相关的粮食生产分布不平衡的问题,都还是一些非常零散的情况,只能通过对于贸易模式(不仅是官方粮食调运模式)的进一步的数量分析来加以充实,并使时间上更为准确。实际上,要想使本书中关于荒政的数字和叙述更富有意义,更能说明问题,确实需要与之相关的相当精确的数据,如:每年地区间商品粮的贩运量,其中输出区域的总输出量及其在输入区域的消费量的比重;人口的地理分布;可利用来抵御自然灾害的商品性剩余的规模;以及在本书所研究的一个半世纪中所有这些因素变化的方式和途径。

我们目前所掌握的所有这些方面的情况还远不全面和完整。在讨论1743—1744年直隶赈灾中国家的粮食调运时,我曾强调了打算估计沿同一线路运行的商品粮流通量的不可能性。惟一能够提示我们的档案文献——关税、流通税、口岸记录——都已消失无存,留给我们的,只是一些基于印象的或二手的资料——即便不全然是错误的——这很可能会诱使我们得出草率的结论。

我们可以就此举一个例子。1734年四月中旬,湖广总督迈柱奏称,来自江浙的官员和商贩已购买了400余万石粮食(大部分可能是在汉口市场上采购的);而到七月初,这个数字就增加到500余万石。历史学家必须要确定的问题是,这些粮食是正常年份的输出量,还是由于某些异常需求而带有偶然性。全汉昇认为这是正常年份的输出量,并断定,仅湖广市场上,每年的粮食贸易量就达到1 000万石。[20]在全汉昇和克劳斯的书中也再次利用了这一估计数,而且这个数字也被吴承明未加质疑地接受了(吴的关于清代盛期粮食长途贩运量和流通结构的估计是目前为止最权威的数字)。[21]然而,从400万或500万到1 000万这一数字上的变化,只是一种误测的结果,因为粮食运输量在全年里并不是均衡分布的。而且,没有任何特殊理由使我们相信,1734年的情况与其他年份是一样的。恰恰相反,在总督迈柱四月的奏疏中暗示了,这一年区域贸易异常活跃,一度被禁止的四川米谷输出已经恢复,加上对湖北小麦收成看好,因而汉口的粮价相当低,与上年同时期的高昂价格形成鲜明对照。也就是说,下游的购买者——特别是购价被封顶的官方采购者——肯定会利用这一有利时机,加紧采办,以补偿上一年被迫延迟的采购。迈柱还提到,由于这些贩运,江浙的米价已经显著下落,这进一步证实了1734年江浙的粮食需求量特别大。

另一些作者对长江中下游粮食贩运量的估计相差极大。安部健夫提出,1735年前后,湖广和四川每年向长江下游地区输送的米谷共计约400万—500万石。1853年,冯桂芬写道,到达江苏的湖广米粮"仅"3 000万—4 000万石,仅一个世纪多一点,数量增加了10倍,令人难以置信。或许罗森包姆的估计更接近实际,他提出,20世纪初,湖南每年可输出的剩余粮食大约在450万—750万担,最多相当于570万石。②

最后要说的是,所有这些都说明,在发现新的资料使我们能据以得出新的见解之前,我们实际无法对全国粮食供给和需求的变化过程进行精确的研究。就这个意义上来说,现有的研究结果只不过是以一堆零乱无序的数据和状况描述为基础所进行的推测性成果(guesswork)。我在这一章中所尝试进行的对于荒政的数量分析及其历史过程的评论,仅仅是开了一个头。

注 释

① 陕西和甘肃的情况略有特殊性。尽管它们属于贫困地区,而且经济上相当落后,但它们处于重要的战略位置,帝国正是以这两个省为据点,来对蒙古和中亚地区实行控制,所以它们受到重视是理所应当的。此外,通过这里所进行的军事行动对这里的经济产生了重要影响。由于军队在很大程度上依赖当地的粮食储备,所以当必须对民间进行救济时,有时就需要提供特殊的财政资助。1738年的一篇文章指出,近来西部的军事行动已经耗尽了甘肃省的民间储备,一旦发生灾害将只能以银钱赈济。1758—1759年,考虑到当地粮食缺乏,粮价昂贵,所以采取了银粮兼赈的措施(《大清会典事例》,卷271)。
② 王业键(1973,第84页以及以后)。
③ 早在1743年,御使孙灏就把它归入生产"甚不足者"的范畴,与福建和山西相提并论(《皇朝经世文编》,卷44/5b)。还可参见第9章所引埃克伯格船长的记述。
④ 劳潼所在的南海县在1778、1786、1787、1794这几年都遭受了严重饥荒,但

官府本身并不提供任何救济,而是要求地方精英承担全部责任(《救荒备览》序)。

⑤ 见王业键(1973,第 88 页)。

⑥ 例如,有的调运是沿运河向南走,如 1747 年,以直隶仓粮协济山东,以及上述提到的 1751、1759、1779 年将福建常平仓谷调运到浙江温州、台州。

⑦ 全汉昇和克劳斯(1975,第 60 页),其中引证了藤井宏的看法作为支持依据。

⑧ 见前述蔡世远的文章(本书第 9 章,注⑫),我认为这篇文章写于 1710 年(而不是 1720 年)。还可见安部健夫(1971a)。关于 20 世纪初湖南的输出对邻近省份(包括湖北)粮食供给的关键作用,见罗森包姆(1975,第 701 页),罗森包姆估计,1910 年前后,该省的粮食输出为 450 万—750 万担,约占总产量的 5%—10%。

⑨ 《大清会典事例》,卷 274。

⑩ 全汉昇和克劳斯(1975,第 67—68 页)。

⑪ 见中村治兵卫(1952)关于南京湖南会馆的研究。

⑫ 《文献通考》,卷 37/5204;《石渠馀纪》,卷 4/365。他建议,将该省常平仓谷 160 余万石碾米运至京城,而本省则代之以捐纳本色谷。而仅在前一年,安徽布政使还是另一种声调,他抱怨道:安庆为该省省会,而江西和湖广的船只顺流而下却较少停泊,因而要求加贮仓谷(《文献通考》,卷 37/5203)。不管怎样,皇帝拒绝了 1763 年安徽巡抚的建议,理由是将仓谷留在安徽,可使百姓生活得更宽裕,而"挹彼注此"只会抬高米价(见江南总督尹继善奏,乾隆二十九年四月十一日,《宫中档乾隆朝奏折》)。

⑬ 移民和农业开发在明代已经到达东北南部(以后又到达辽东),但到 1644 年,所有这些地方都已成为废墟,土地被抛荒,30 多年的战争彻底毁坏了这些地区的经济。天海谦三郎(1966,第 729 页及以后)在关于中国清代向东北移民的阶段划分中,把奉天未开垦的平原地区以及"柳条边"以北、以东的大片处女地称为"新的领土(new world)"。至于台湾,中国大陆向台湾移民,及其沿海平原地带的开发,起初是在荷兰人统治时期(1624—1661)开始的,以后在郑成功的领导下(1661—1683)继续发展,但是大规模的人口移居和经济开发是在清朝占领台湾之后(1683)。

⑭ 参见马若孟(1972b)。

⑮ 见王世庆(1958,第 22—26 页)。

⑯ 周藤吉之(1972)。
⑰ 周藤吉之(1972,第450页)。此外,1788年,官府曾设想从天津向奉天运粮,这还是1697年以来的第一次;以后到1813年再次出现这种情况。
⑱ 例如,见天海谦三郎(1966,第743、746页)。
⑲ 例如,见伊懋可(1972,第151页)。
⑳ 全汉昇(1972b,第573页)。迈柱的第一个奏折,日期为雍正十二年四月十六日,见北京中国第一历史档案馆存故宫奏折,"农业屯垦",卷273。
㉑ 见全汉昇和克劳斯(1975,第69—70页);吴承明(1985,特别是第255—259页)。吴承明根据各种资料,尝试着估计了10条主要线路的粮食流通量。他认为,上述1 000万石的总量可能包括了四川的输出,因为四川的粮食大都是通过汉口转运的。
㉒ 安部健夫的数字转引自罗友枝(1972,第104页,注②,第218页);冯桂芬的数字转引自李之勤(1957,第325页);罗森包姆(1975)。

十四　要点和结语

　　尽管我在前一章结尾表示了保留态度,但这一部分头两章中所提出的资料还是有用的,有助于解释《清朝文献通考》、《清朝续文献通考》,以及《大清会典事例》中所详细罗列的救灾活动时间表。乍一看,这些文献所连续罗列的经历了"灾害和救济"的州县数似乎相当可观,一年接着一年,直到19世纪。可是,这些记载常常缺少细节情况,而且,可能从乾隆朝最后一些年开始,有一种日益增强的趋势,即把每一次受灾记录在案,并把请赈作为一项例行公事来做。这样,由于财政资金的减少,以及指挥和组织这类活动的决心日益减弱,官僚制度所应具有的调节功能,就越来越成为空对空的行为。

　　19世纪,特别是从道光朝开始,官僚政府的救荒政策逐渐衰落的另一个标志是,文献中极少有"破例赈济"的提法,后来则几乎完全消失了。这与18世纪形成了鲜明对照,当时的记载频繁地提到比循例救济的规模更大的大规模赈济活动——如不分"极贫"、"次贫"的加赈,对成灾在五分之下的村庄实行救济,无需归还的借贷,这些常常还结合着一些陈述,其中特别说明为什么要采取这些措施,以及这些钱出自何处。所有这些在1744年直隶赈灾中都可以看到。整整八个月赈济的破例做法补充了1742年所制定的有关章程(尽管此前也有这种事例),而且在以后数十年里被广泛应用,有时甚至还更胜一筹。这类报告的频繁出现,以及其中所提供的准确数据,清楚地证明了这一时期救荒政策与管理的高效率,而不是像后来那样,成为空洞无物的虚架子。

实际上,18世纪末19世纪初已经显露的衰落表现出双重的变化过程。在太平天国战争爆发前的数十年里,自然灾害很可能比以往更为频繁,而且也更加严重,特别是洪灾日益加剧。造成这种结果,除了其他原因之外,还由于运河中段水利设施网的坍塌废毁,这一点在前边已经提到。所有容易遭受水灾侵袭的地区,如黄河流域、直隶地区和长江中下游平原,都存在着严重的水灾隐患——水位日益提高,堤防压力增大,河流湖泊逐渐淤塞——而且呈现出加速恶化的长期趋势。在这种情况下,每年洪水泛滥、堤坝决口的次数必然会增加,洪灾的严重程度和持续时间也必然会增强。①

生存危机发生的次数和严重程度也同样在增加或增强,而且由于人口的迅速增长,以及18世纪中期即已开始形成的人口贫困化的总趋势,危机也呈加速增进的趋势。越来越大的洪灾威胁与越来越多的人口肯定不会没有关联。在许多情况下,特别是在那些官府管理和赋税征收都难以达到的控制松弛的地方,由于非法移居者与水争地,其结果是作为灌溉来源和泄洪口的河湖水面日趋缩小;非法开掘堤坝排水,擅自操纵渠闸,这些都严重影响了水利设施功能的正常发挥②;还有我已经提到的某些河流上游流域不加控制的开垦所造成的恶果。随着时间的推移,政府越来越无法阻止人口压力对水利设施的破坏。随着地方控制机制的解体,这种阻止越来越困难,不可遏制的人口增长以及新的移居地区的开发代之起着压倒性作用。而同时,由于工料价格上涨,修治水利设施的费用日益增加,国家财政日益削弱,维护水利设施的行动也越来越难以实施。因而,使官僚政府越来越远离于雍正改革所推动的廉政节俭和恪尽职守的理想境界的,不仅仅是精神道德蜕变的因素(尽管这种谴责绝不是没有理由的);以上这些因素也可以部分解释地方政府管理的日益削弱,这种情况自乾隆末期起就已经开始。

这些变化必然会对荒政产生影响。随着农业歉收风险的加剧,随着人口的增长,以及随着生存危机越来越成为经常性的现象(或者说成为结构性问题),政府对生存危机的反应也越来越为日益加剧的客观困难所牵制。与过去相比,一定程度的灾歉现在所影响的人口数量要多得多。1804 年,阮元曾说道:"夫水旱之事,不能必无。国家休养之恩,百数十年矣。昔之八口食十亩者,今数十口食之矣;今之六分灾,敌昔之十分灾也。"③不管人们怎样看待这些数字,一个明显的事实是,可利用来接济受灾地区的农业剩余(不仅是政府储备)在日趋减少,而同时政府调动资源的财政能力和组织能力却没有任何提高——而且恰恰相反。

由于上述种种理由,我们不能只从字面上理解 1850 年之前(以及之后)官方文献所不断提到的赈灾行为。那么,官僚政府的救灾政策是从什么时候开始,又在多大程度上与现实失去了联系,而成为一种单纯为了记载而记载的形式化的文字?我们需要大量像《赈纪》这样的书籍,这些书籍要有较大的时间跨度和空间分布,才能在一定把握上回答这个问题。详尽无遗地浏览地方志、个人文集,以及各类档案,当然会有助于我们得出一个合理的、切合实际的推断,但正像我一开始就指出的那样,对于本书的研究来说,这一阅读范围是过于宽了。

此外,我还要指出一些情况,从中可以看出规则与现实的日益分离。一个是前边已经提到的,到 19 世纪,赈济方式日益向货币发放转变的趋势。更为显著的是典籍中越来越频繁地提到,政府仅以"施粥"方式进行赈济,而且仅限于城镇范围,这种情况早在 18 世纪末即已开始。到道光年间,中央政府有时还在更为广泛的地区里采用这种方式。这种情况显然标志着一种倒退,18 世纪中叶所发展起来、并付诸实践的一套复杂而又严密的赈灾制度,这时已经不再适用了。官僚政府不得不采取变通方式来对付生存危机,而且不再能够控制局势。

有关救荒的文章中越来越多地提到"弊",这也向我们传达了一个与上述同样的印象。如前边提到的1825年江苏巡抚陶澍的奏疏,但这绝非仅此一例。④ 早在1801年,直隶大水过后,嘉庆皇帝亲自派遣官员对京城和周围地区进行赈济,他认为,外省办赈过程中的各种弊端和过度花费,其原因"不在灾民,而在吏胥";以后,又有一些上奏谈到各地赈灾中的"积弊":如勘灾官吏的借机勒索,擅自克扣藩库赈银,灾民登记不核实户口,设立粥厂不选择合适的位置,煮粥掺和沙灰,银钱兑换时的"扣平短串",等等。⑤ 可以说,损害了救荒政策实施效果的,不仅在于人口增长、自然环境改变这种严峻现实,而且在于官僚控制方面普遍的玩忽职守和懈怠敷衍。这两个方面显然是齐头并进的。

实际情况是,到这个时候,与政府只在其中起劝谕作用的"民间"方式相比,官员们越来越怀疑严格按照章程办赈的效果。例如,阮元(1805)和齐彦槐(1814),前者是浙江巡抚,后者是金匮县令,两个人都谈到了利用乡绅办赈的好处,由后者提供钱物,或具体进行组织,或者是两者都由他们提供。⑥ 当然,不可能所有的人在一夜之间都完全改变态度。还有许多地方官,如1823年王凤生在浙江的赈济活动,1825年陶澍在江苏的赈济活动,都继续遵行着传统的章程制度。但这并没有妨碍王凤生利用某种地方乡绅组织,来增强他的部属的办事力量。这是否应该视为朝着道光末期已经普遍发生,而在19世纪其余时间里占支配地位的状况所迈出的最初步骤呢?

自那时以后,多数抗灾活动都是由"赈局"举办的,"赈局"完全是由地方乡绅管理的。即使州县和省的地方官并不总是持消极态度,一般来说,他们的作用也仅限于召集地方精英们开会,在会上要求他们成立一个赈济组织(如果他们还没有这样做的话),正式签名承诺义务,如果必要的话,则迫使他们这样做。⑦ 前边提到的1849年秀水县令江忠源动员乡绅捐赈的过程,就是一个很好的例子。⑧ 而动员之后,接下来的做法是:江忠源亲自勘查登记饥民的户口人数,然后将登记册交给认捐者,由认捐者自行放赈,不受官府和"赈局"的干涉。同样是1849年,在嘉定县郁方董的例子中,情况也大致相同。所不同的只是,这里几乎没有官方的督促,设立粥厂、担粥、分发"赈票"等事务都由城乡的地主绅衿担当。⑨这只是两个例子,我们还可以列举出无数同样的例子。

实际上,到这个时候,许多人是重新恢复了对精英干预问题的关注和兴趣,这个问题在明末清初时曾是争论的焦点,而到了18世纪则几乎销声匿迹了。然而,同样的问题,在两个不同时代是有区别的,不能完全相提并论。在16世纪和17世纪,主持"民间"救灾的主要是大地主,他们的权力基础在乡村,他们所关照的只是自己的佃户;而在19世纪,这项工作一般是由集体性组织来做的,这些组织与土地的关系已相当微弱。与其说这些管理"赈局"的有功名头衔的人是在履行一个地主或"主人"的职责,不如说他们实际上是半官方雇员,他们是代表地方政府在行动,而且从原则上说,他们的行动是受地方政府控制的。这些"管理者"通常居住在城镇,不一定是土地所有者,甚至并非富人。他们领取一定报酬,但要付出他们的管理才干和社会声望。政府正是通过他们来调动和分配有产者(包括地主和商人)的资源,将这些资源用于与整个社会有关的活动当中。⑩

在这方面,救荒政策的历史演变有助于证实伊懋可(Elvin, Mark)关于明代至19世纪中国乡村权力性质变迁的看法(除了少数年代顺序的调整)。⑪这种看法特别适用于上述两种民间干预方式之间的那个中间阶段。伊懋可的研究显示了,大约从17世纪开始(其实可能比这时还要早),大地主怎样向城镇移居,其土地财产的日益分割和零碎化怎样逐渐割断了他们的乡村控制权,如法治、税收、灌溉系统的管理等,以及这些权力是怎样被政府指派人员所一度接管的。国家在粮食储备和管理,以及组织救灾方面起主要作用的制度设想特别适合于这种乡村控制模式,尽管在时间上略有推迟(前边曾提到,国家明确规定并主要承担这类工作是从雍正时期开始的)。实际上,时间上的滞后是很容易解释的。就荒政的情况来看,与税收或法治不同,政府是否能够肩负起这一责任,应是以掌握一定的物质资源为先决条件的,而这一条件直到18世纪才实现。而一旦允许按照18世纪所制定的章程办事的经济环境消失了,这一任务也就逐渐转移给了由统治阶级所支配的各种分散团体——同时转移的还有其他地方事务,如灌溉管理,以及法治。

官僚政府在制度上的倒退,及其控制能力的削弱,显然意味着地方精英的社会控制力的日益强化;在发生生存危机的情况下,它同时也意味着负担的增加与责任的增强。当国家不再拥有干预救荒的物质手段时,为了维持公共秩序,富户们除了动用自己的粮食储备和钱财外,别无选择。因为即使他们此时利用囤积居奇和投机赢利的机会比以往更好——已经没有了来自国家的粮食输入、平粜等的激烈竞争——他们也同样还面临着比平时更大的威胁,在普遍动荡的社会环境下,他们会成为首要的攻击目标,特别是在秘密社团、盗匪流寇以及流民群以惊人的速度迅速扩大的时期里更是如此。

实际上,在1850—1860年代的大规模农民起义之前,救荒与社会秩序之间的联系已经清晰可见。孔飞力关于19世纪中国社会军事化的研究表明,1840年代,在乡绅与秘密社团为控制那些无力抵御自然灾害的贫困人口的竞争中,是否掌握粮食储备能够在很大程度上决定着输赢。例如,在湖南湘乡(这里是对抗太平天国的乡绅军事组织的诞生地),1849年的米潮几乎造成严重的社会动乱,地方民兵组织在这时的一个重要任务,就是组织和救济灾民,否则这些人就会加入、从而扩大"三合会"的势力。⑫孔飞力在这里就粮食控制与地方权力之间的联系描绘了一幅最清晰的图画,但这绝不是惟一的例子。1840年代中期,由于新宁县(湖南西南部)政府没有能力救济饥民,从而激起民变,而此时,乡绅的民兵组织同样担当起了救灾工作。⑬通读锺祥县(湖北安陆府治)有"义行"的人的传记,我发现了几个事例,表明在太平天国和捻军起义期间,乡绅们常常利用传统的救灾"慈善"事业而把灾民拉入地方民兵组织("团练")。不仅如此,建筑在山里的乡绅的防御堡垒("寨"),不仅是兵民退守的营地和武器库,也是储备粮食的仓库。⑭进一步研究1850年前后的社会军事化问题,我们肯定会发现更多关于粮食控制与政权控制之间的关系的事例。⑮

不过,这样做对我们目前的研究来说,有点离题太远了。关于抵御饥荒的"社会"干预与国家干预之间的关系问题,是一个大题目,需要进行系统研究。尽管我在本书的整个研究中经常涉及两者的相对地位问题,但我主要关注的,还在于一种官僚制度的实际运行问题。在我看来,在清代盛期,这种官僚制度在饥荒控制方面显然起着最主要的、决定性的作用。实际上,这也就是我的结论,我将以此结束本书的研究:尽管地方社会上最富裕的、最有影响的那部分群体具有必要的财力和手段,也愿意致力于救灾活动,但他们绝不可能做到像18世纪的官僚政府所达到的那种程度。18世纪的集权化官僚政府能够集聚和利用如此大量的资源,并能够进行粮食和资金的区际调运,这使其有可能独力承担起大规模的、长时期的救灾活动。

注 释

① 几乎到处都可以看出这一趋势。湖北中部平原特别明显,我曾尽量准确地估测了那里自然灾害的发生频率和严重程度。见魏丕信(1980;1985b)。还可见魏源:《筹河篇上》,《魏源集》第365页。
② 关于运河及与之相通的河流湖泊的情况,见中原晃雄(1965)。
③《皇朝经世文编》,卷42/7b。
④ 例如,见《续文献通考》,卷81/8402—8403,1833—1836年的记载。
⑤ 见《熙朝纪政》,卷1/6b—7a。
⑥《皇朝经世文编》,卷42/7a—8b。
⑦ 例如,见张仲礼(1955,第62页)。
⑧ 见本书第3章,注㉙。

⑨ 《济荒记略》，见书中各处。
⑩ 组织救灾只是这些乡绅作为半职业人士的多种职能之一。详细情况可见张仲礼(1955;1962)。
⑪ 伊懋可(1973，第260页及以后)。
⑫ 张飞力(1970，第137页)。
⑬ 张飞力(1970，第107—110页)。参加这次行动的乡绅之一即江忠源，他正是当地人。
⑭ 《锺祥县志》，卷22，特别是第23b页。
⑮ 应该注意的是，这并不是19世纪独有的现象。明朝后期也发现有一些表明二者之间关系的事例。例如，孔飞力(1970，第33页)提到，当时，浙江绍兴的富户地主将饥民组织起来，给他们提供食物，以换取他们的保护。还可见福格斯(Des Forges, Roger V.)(1979，第9—10页)，其中提到同一时期中国北方的情况。

附录A 粮食发放的地区分布(A.1—A.10),直隶,1743—1744

分配表 A.1　100 000 石

州县	数量	州县	数量
全灾		静海	5 000
河间	6 000	沧州	8 000
献县	7 000	南皮	5 000
阜城	5 000	盐山	4 000
任丘	4 000	庆云	3 000
交河	7 000	**偏灾**	
景州	7 000	肃宁	5 000
吴桥	6 000	宁津	4 000
东光	5 000	故城	4 000
青县	5 000	天津	10 000

资料来源:《赈纪》,卷 3/7a—8a。

分配表 A.2　400 000 石

州县	数量	州县	数量
全灾		庆云	7 000
河间	24 000	武邑	10 000
献县	28 000	武强	10 000
阜城	14 000	**偏灾**	

附录 A 粮食发放的地区分布(A.1—A.10),直隶,1743—1744

(续　表)

州县	数量	州县	数量
任丘	26 000	肃宁	10 000
交河	28 000	宁津	16 000
景州	28 000	故城	6 000
吴桥	15 000	深州	10 000
东光	20 000	饶阳	10 000
青县	20 000	安平	5 000
静海	10 000	天津	10 000
沧州	32 000	**其他**	
南皮	20 000	衡水	5 000
盐山	36 000		

资料来源:《赈纪》,卷 3/9a—10b。

分配表 A.3　79 296 石

目的地	数量
蓟州仓(东陵驻军)	52 520
交河	2 000
东光	3 000
青县	3 000
沧州	2 000
南皮	2 000
盐山	3 000
庆云	3 000
存于通州,后运往武邑	8 776

资料来源:《赈纪》,卷 6/14a—15a。

分配表 A.4　85 363 石

州县	数量	州县	数量
全灾		新城	3 000
河间	10 000	雄县	5 000
献县	10 000	冀州	1 363
阜城	2 000	沙河	1 500
吴桥	3 000	南和	1 500
偏灾		平乡	3 000
肃宁	3 000	广宗	6 500
深州	2 000	巨鹿	4 500
天津	5 000	唐山	1 500
其他		任县	1 500
文安	2 000	清河	5 000
清苑	14 000		

资料来源:《赈纪》,卷 6/16a—16b。

分配表 A.5　70 990 石

州县	数量	州县	数量
全灾		武邑	2 000
河间	3 000	武强	2 000
献县	2 000	**偏灾**	
阜城	5 000	肃宁	2 000
任丘	2 000	宁津	2 000
交河	2 000	故城	2 000
景州	5 000	深州	3 000
吴桥	2 000	饶阳	2 000
东光	2 000	安平	2 000
青县	3 000	天津	5 000

(续 表)

州县	数量	州县	数量
静海	2 000	大城	3 000
沧州	5 000	**其他**	
南皮	2 000	新城	2 000
盐山	3 000	清苑	2 000
庆云	3 990[a]		

资料来源:《赈纪》,卷 6/24b。

a. 这一数字在表 7(正文中)中为 3 000 石,是基于其他报告中的总数计算的。

分配表 A.6　100 000 石

州县	数量	州县	数量
全灾		沧州	10 000
阜城	6 000	南皮	8 000
交河	8 000	盐山	8 000
景州	10 000	庆云	7 000
吴桥	8 000	**偏灾**	
东光	8 000	宁津	6 000
青县	8 000	故城	5 000
静海	8 000		

资料来源:《赈纪》,卷 6/19b—20a。

分配表 A.7　300 000 石

州县	数量	其中截留运河漕粮	随后分配的数量
全灾			
河间	20 000		
献县	16 500		
阜城	10 000		
任丘	15 000		2 500

(续　表)

州县	数量	其中截留运河漕粮	随后分配的数量
交河	15 500		
景州	25 500	10 000	
吴桥	10 000		
东光	22 500	10 000	
青县	16 500	3 000	
静海	11 000	2 000	
沧州	31 000	10 000	
南皮	15 000		
盐山	28 000	9 000	
庆云	13 000	3 000	
武邑	14 000	7 000	3 000
武强	10 000	6 000	3 000
偏灾			
肃宁			2 000
深州			3 000
饶阳			2 000
安平			2 000
大城			2 000
其他			
新城			5 000
雄县			2 000
总数	273 500	60 000	26 500

资料来源:《赈纪》,卷 4/14a—16a,卷 6/25a。

附录A 粮食发放的地区分布(A.1—A.10),直隶,1743—1744

分配表 A.8　70 000 石

州县	数量	州县	数量
河间	5 000	静海	3 000
献县	3 000	沧州	11 500
任丘	12 000	南皮	1 500
交河	3 000	盐山	9 000
景州	8 000	武邑	2 500
东光	7 000	武强	5 500

资料来源:同表7(正文中)。

注:全部在"全灾"州县中分配的。

分配表 A.9　65 152 石

州县	数量	州县	数量
全灾		静海	3 000
河间	4 000	沧州	5 000
阜城	3 800	南皮	3 000
任丘	4 000	**偏灾**	
交河	3 902	宁津	4 852
景州	5 000	故城	4 000
吴桥	5 000	天津	8 000[a]
东光	4 000	大城	3 598
青县	4 000		

资料来源:《赈纪》,卷 6/28a—31a。

a. 其中半数分配给了其他州县。

分配表 A.10　146 915 石

州县	按来源地分析的数量			总数
	大名和广平	归德和南阳	运河附近	
全灾				
河间		4 186		4 186
献县	10 667			10 667
阜城		2 000		2 000
任丘		1 000	1 000	2 000
交河		1 000	1 092	2 092
景州			1 000	1 000
吴桥			1 000	1 000
东光		2 000	1 000	3 000
青县		1 000	1 000	2 000
静海			2 000	2 000
沧州			1 000	1 000
南皮		1 000	2 000	3 000
盐山	10 000			10 000
庆云	20 000	3 272		23 272
武邑	4 000			4 000
武强	1 000			1 000
偏灾				
肃宁	4 000			4 000
故城		2 000		2 000
束鹿			4 000	4 000
深州	1 000			1 000
饶阳	1 000			1 000
安平	1 000			1 000
天津			4 000	4 000
大城		2 000		2 000
其他				

附录 A 粮食发放的地区分布(A.1—A.10),直隶,1743—1744

(续　表)

州县	按来源地分析的数量			总数
	大名和广平	归德和南阳	运河附近	
固安		3 000		3 000
安州			1 000	1 000
冀州	1 000			1 000
衡水	3 850			3 850
南宫	1 000			1 000
新河	1 000			1 000
枣强	1 000			1 000
霸州	2 898			2 898
清苑		1 000	3 000	4 000
满城		2 000		2 000
新安		2 000		2 000
唐县		2 000		2 000
高阳		2 000		2 000
蠡县		3 000		3 000
容城		3 000		3 000
安肃		3 000		3 000
定兴		2 950		2 950
雄县			3 000	3 000
通州			5 000	5 000
文安			2 000	2 000
新城			4 000	4 000
博野			2 000	2 000
保定			1 000	1 000
总数	63 415	43 408	40 092	146 915

资料来源:《赈纪》,卷 6/32a--34b。

附录 B 背景资料

乾隆八年至乾隆九年的中西历对照
(1743.1.26—1745.1.31)

月份	乾隆八年	乾隆九年
一	1743.1.26—2.23	1744.2.13—3.13
二	2.24—3.25	3.14—4.12
三	3.26—4.23	4.13—5.11
四	4.24—5.23	5.12—6.10
四*	5.24—6.21	
五	6.22—7.20	6.11—7.9
六	7.21—8.18	7.10—8.7
七	8.19—9.17	8.8—9.5
八	9.18—10.16	9.6—10.5
九	10.17—11.15	10.6—11.3
十	11.16—12.15	11.4—12.3
十一	12.16—1744.1.14	12.4—1745.1.2
十二	1.15—2.12	1.3—1.31

* 乾隆八年有一个闰四月,在表中以星号表示。

参考书目*

一、中文古籍

赵坦:《保甓斋文录》,2卷,1810序。1827。

《沧州志》,1743。

杨景仁:《筹济编》,33卷,1879。《皇朝经世文编》,卷41/15b—22a节录。

《大清会典》,1899年版。

《大清会典事例》,1899年版。

《大城县志》,1897。

《东光县志》,1888。

《高宗实录》,台北,1963—1964再版。

《广州府志》,1879。

《河间府志》,1760。

《河间县志》,1760。

贺长龄:《皇朝经世文编》,1826。台北,1964。

王凤生:《荒政备览》,2卷,1824。收入王凤生:《越中从政录》。

俞森:《荒政丛书》,12卷,1690(前10卷)。收入《墨海金壶》,嘉庆朝(1796—1820)。

汪志伊:《荒政辑要》,9卷,1805序。

汪志伊:《荒政辑要附论六条》。收入《皇朝经世文编》,卷41/14a—15b。

王心敬:《荒政考》。收入《关中丛书》(1935)中的《丰川杂著》。

---

* 如一部著作有几个日期,则最后一个日期的版本为本书所用版本。

万维翰:《荒政琐言》,1752 序。

李羲文:《荒政摘要》,1 卷,1833 序。

《湖北通志》,1922。

《(钦定)户部则例》,1851 年版。

《嘉定县志》,1881。

褚稼轩:《坚瓠广集》,9 卷,1699 序。1926。

褚稼轩:《坚瓠续集》,4 卷,1699 序。1926。

卞燡、曹尔坊等:《嘉善县纂修启祯条款》,4 卷,1650 序。

郁方董:《济荒记略》,1 卷,1850 序。

《京山县志》,1882。

《景州志》,1745。

黄钧宰:《金壶浪墨》(按语作于 1834—1853 年间),8 卷。收入黄钧宰的《金壶七墨》,1873。

劳潼:《救荒备览》,5 卷,1794 序。《丛书集成》本。

朱橚:《救荒本草》,1406 序。1525 摹本。上海,1959。

《冀州志》,1747。

《军机处上谕档》,北京第一历史档案馆。

鄂尔泰等:《(钦定)康济录》,4 卷,1739。

《栾城县志》,1872。

龙文彬:《明会要》,80 卷。台北,1960。

《明史》,1739。北京,1974。

万维翰:《幕学举要》,1770 序。收入张廷骧编:《入幕须知》,1884 序。1893。

《宁津县志》,1900。

凌濛初:《拍案惊奇》,40 卷。台北,1968。

王又槐:《钱谷备要》,10 卷,1793 序。罗允绥和王又梧,1814 年版(无序)。

陆燿:《切问斋文钞》,1776。1824。

徐珂:《清稗类钞》,1917 序。台北,1966。

《清朝通典》,上海,1936。

《清朝文献通考》,上海,1936。

《清朝续文献通考》,上海,1936。

伍承乔:《清代吏治丛谈》,1936 序。台北,1967。

《清史》,台北,1961。

张应昌:《清诗铎》,1875 序。北京,1960(原题为《国朝诗铎》)。

《庆云县志》,1809。

叶绍袁:《启祯记闻录》,8卷,1638序。收入《痛史》,1911序。台北,1968。

《饶阳县志》,1749。

《任丘县志》,1762。

顾炎武:《日知录》,1670。1695年,32卷,见《日知录集释》,黄汝成,1834。台北,1974。

魏源:《圣武记》,14卷,1842。台北,1970。

《圣祖实录》,台北重印本,1963—1964。

《石渠馀纪》,台北,1967。

《世宗实录》,台北重印本,1963—1964。

《束鹿县志》,1799。

《(钦定)四库全书总目》,1781。台北,1969。

《肃宁县志》,1756。

宋应星:《天工开物》,3卷,1637序。1929。摹本,台北,1955。

《天津府志》,1899。

《天津县志》,1739。

孙原湘:《天真阁集》,54卷,1891年版。

《通州志》,1879。

《魏源集》,北京,1976。

《武强县志》,1831。

《吴桥县志》,1875。

吴荣光:《吾学录初编》,24卷,1832。

《献县志》,1761。

王庆云:《熙朝纪政》,6卷,约1850。许叶芬和陈炳华校订本,1898。

《(钦定)辛酉工赈纪事》,40卷,1802序。

汪辉祖:《学治续说》,1794。

汪辉祖:《学治臆说》,2卷,1793。收入张廷骧编:《入幕须知》,1893。

《续天津县志》,1870。

《盐山县志》,1868。

陈其元:《庸闲斋笔记》,12卷,1873序。1911。

俞森:《郧襄赈济事宜》,1691年后。收入上述《荒政丛书》附1。

张伯行:《正谊堂文集》,12卷。《丛书集成》本。

张伯行:《正谊堂续集》,8卷。《丛书集成》本。

王世荫:《赈纪》,4 册,1617。

方观承:《赈纪》,8 卷,1754 序。1760。

方观承:《赈纪十五条》。收入《皇朝经世文编》,卷 41/10b—14a。

《锺祥县志》,1937。

《朱文端文集》,4 卷,1737。《国朝文录》本。

陈继儒:《煮粥条议》,1 卷 1609。收入《学海类编》,第 38 册。

二、书籍与论文

安部健夫(Abe Takeo):《米谷需给の研究—雍正史の一章としてみた》,载安部健夫:《清代史の研究》,Tokyo,1971a。(原载《东洋史研究》,15.4,1957。)

——:《清代に於ける典当业の趋势》,载安部健夫:《清代史の研究》,Tokyo,1971b。(原载《羽田博士颂寿纪念东洋史论丛》,1950。)

阿第西德(Adshead, S. A. M.):"An Energy Crisis in Early Modern China",《清史问题》,3.2(1974)。

天海谦三郎(Amagai Kenzaburō):《中国土地の文书研究》,Tokyo,1966。

天野元之助(Amano Motonosuke):《清代の农业とその构造》,《亚洲研究》,3.1(1956);3.2(1957)。

安格拉蒂特(Angladette, André):*Le Riz*,Pairs,1967。

阿伊马德(Aymard, Maurice):"Pour une histoire de I' alimentation: quelques remarques de méthode", *Annales: Economies, Sociétés, Civilisations*, 30.2—30.3(1975)。

白乐日(Balazs, Etienne):*La Bureaucratie céleste: recherches sur l' économie et la société de la Chine traditionnelle*, Paris, 1968。

巴格利特(Béguillet[Edme]):*Traité de la connoissance générale des grains, et de la mouture par économie . . .* , 1st part, 2vols. Paris, 1775。

伯格里(Bergère, Marie-Claire):"Une Crise de subsistance en Chine(1920—1922)", *Annales: Economies, Sociétés, Civilisations*, 28.6(1973)。

卜正民(Brook, Timothy):"The Spread of Rice Cultivation and Rice Technology in the Hebei Region in the Ming and Qing", In *Explorations in the History of Science and Technology in China* (Festschrift Needham),上海,1982。

卜凯(Buck, John Lossing):*Land Utilization in China*,南京,1937。

张仲礼(Chang, Chung-li): *The Chinese Gentry: Their Role in Nineteenth Century Chinese Society*, Seattle, 1955。

——: *The Income of the Chinese Gentry*, Seattle, 1962。

张德昌(Chang, Te-ch'ang): "The Economic Role of the Imperial Household in the Ch'ing Dynasty", *Journal of Asian Studies*, 31.2(1972)。

陈张富美和马若孟(Chen, Fu-mei Chang and Ramon H. Myers): "Customary Law and the Economic Growth of China During the Ch'ing Period",《清史问题》,3.5(1976)。

陈昭南:《雍正乾隆年间的银钱比价变动(1723—1795)》,台北,1966。

瞿同祖(Ch'ü, T'ung-tsu): *Local Government in China Under the Ch'ing*, Cambridge, Mass., 1962。

全汉昇和克劳斯(Chuan, Han-sheng and Richard A. Kraus): *Mid-Ch'ing Rice Markets and Trade: An Essay in Price History*, Cambridge, Mass., 1975。

克莱西(Cressey, George B.): *Land of the 500 Million: A Geography of China*, New York, 1955。

库什曼(Cushman, Jennifer W.): "Fields from the Sea: Chinese Junk Trade with Siam During the Late Eighteenth and Early Nineteenth Centuries", Ph. D. diss., Cornell University, 1975。

邓云特:《中国救荒史》,上海,1937。

福格斯(Des Forges, Roger V.): "Rebellion in the Central Plain: Honan in the Ming-Ch'ing Transition", Paper presented at the Workshop on Rebellion and Revolution in North China, late Ming to the present, Harvard University, 1979。

邓海伦(Dunstan, Helen): *An Anthology of Chinese Economic Statecraft, or the Sprouts of Liberalism*,(未刊稿)。

——: "The Late Ming Epidemics: A Preliminary Survey",《清史问题》,3.3(1975)。

杜兰德(Durand, John D.): "The Population Statistics of China, A. D. 2—1953", *Population Studies*, 3.2(1960)。

埃克伯格(Eckeberg, Charles-Gustave): *Précis historique de l'économie rurale des Chinois*, Présenté à l'Académie Royale des Sciences de Suède l'an. 1754, Milan, 1771. (Original Swedish ed., Stockholm, 1757。)

伊懋可(Elvin, Mark): "The High-Level Equilibrium Trap: The Causes of the Decline of Invention in the Traditional Chinese Textile Industry", In W. E. Wilmott, ed., *Economic Organization in Chinese Society*. Stanford,

Calif., 1972。

——: *The Pattern of the Chinese Past*, Stanford, Calif., 1973。

费正清和邓嗣禹(Fairbank, John K. and Teng Ssu-yü): "On the Transmission of Ch'ing Documents", In Fairbank and Teng, *Ch'ing Administration*, *Three Studies*, Cambridge, Mass., 1961,(Originally published in *Harvard Journal of Asiatic Studies*, 4, 1939.)

弗兰克(Franke, Wolfgang): *An Introduction to the Sources of Ming History*, Kuala Lumpur, 1968。

古德门特(Godement, Francois): "Accident climatique et guerre civile en Chine: la crise alimentaire de 1928—1931," Ph. D., Ecole des Hautes Etudes en Sciences Sociales, 1978。

富路特和房兆楹(Goodrich, L. Carrington and Fang Chao-ying, eds.)编: *Dictionary of Ming Biography, 1368—1644*, 2vols. New York, 1976。

戈登(Gordon, C. A.): *An Epitome of the Reports of the Medical Officers to the Chinese Imperial Maritime Customs Service, from 1871 to 1882*, London, 1884。

高如(Gourou, Pierre): *La Terre et l'homme en extrême-orient*, Paris, 1972。

汉德林(Handlin, Joanna F.): "Lü K'un's New Audience: The Influence of Women's Literacy on Sixteenth Century Thought", In Margery Wolf and Roxane Witke, eds., *Women in Chinese Society*, Stanford, Calif., 1975。

何汉威:《光绪初年(1876—1879)华北的大旱灾》,香港, n.d.。

欣顿(Hinton, Harold C.): *The Grain Tribute System of China (1845—1911)*, Cambridge, Mass., 1959。

何炳棣(Ho, Ping-ti): *Studies on the Population of China, 1368—1953*, Cambridge, Mass., 1959。

星斌夫(Hoshi Ayao):《大运河——中国の漕运》,Tokyo, 1971a。

——:《明代の预备仓と社仓》,《东洋史研究》8.2(1958)。

——:《明清时代交通史の研究》,Tokyo, 1971b。

萧公权(Hsiao, Kung-chuan): *Rural China: Imperial Control in the Nineteenth Century*, Seattle, 1960。

黄培(Huang, Pei): *Autocracy at Work: A Study of the Yong-cheng Period, 1723—1735*, Bloomington Ind., 1974。

黄宗智(Huang, Philip C. C.): "County Archives and the Study of Local History: Report of a Year's Research in China", *Modern China*, 8.1(1982)。

恒慕义(Hummel, Arthur W., ed.)编: *Eminent Chinese of the Ch'ing Period (1644—1912)*, 2vols. Washington, D. C., 1943。

今堀诚二(Imabori, Seiji):《清代における小作制度について》,《东洋文化》,42(1967)。

景甦和罗仑(Jing Su and Luo Lun): *Landlord and Labor in Late Imperial China: Case Studies from Shandong*, tr. Endymion Wilkinson. Cambridge, Mass., 1978。

片冈芝子(Kataoka Shibako):《明末清初の华北にちける农家经营》,《社会经济史学》,25.3(1959)。

加藤繁(Katō Shigeshi):《康熙乾隆时代における满洲と支那本土との通商について》,载加藤繁:《支那经济史考证》,Tokyo, 1953a, vol.2。(原载《北亚细亚学报》,2,1943。)

——:《清朝后期の财政について》,载加藤繁:《支那经济史考证》,Tokyo, 1953b, vol.2。(原载《历史教育》,4.2,1939。)

——:《清代福建江苏の船行について》,《史林》,4.4(1929)。

孔飞力(Kuhn, Philip A.): *Rebellion and Its Enemies in Late Imperial China: Militarization and Social Structure, 1796—1864*, Cambridge, Mass., 1970。

李明珠(Li, Lillian M.): *China's Silk Trade: Traditional Industry in the Modern World, 1842—1937*, Cambridge, Mass., 1981。

李文治:《论清代前期的土地占有关系》,《历史研究》,1963年第5期。

李之勤:《论鸦片战争以前清代商业性农业的发展》,中国人民大学中国历史教研室编:《明清社会经济形态的研究》,上海,1957。

刘翠溶:《明清时代南方地区的专业生产》,《大陆杂志》,61.4—61.5(1978)。

陆连清:(音译)(Lu Lien-tching): *Les Greniers publics de prévoyance sous la dynastie des Ts'ing*, Paris, 1932。

罗炳绵:《清代以来典当业的管制及其衰落》,《食货月刊》,7.5(1977)。

曼素恩(Mann, Susan): *Local Merchants and the Chinese Bureaucracy, 1750—1950*, Stanford, Calif., 1987。

墨子刻(Metzger, Thomas A.): *The Internal Organization of Ch'ing Bureaucracy: Legal, Normative, and Communication Aspects*, Cambridge, Mass., 1973。

——:"The State and Commerce in Imperial China," *Asian and African Studies* (Jerusalem), 4(1970)。

森正夫(Mori Masao):《18世纪における荒政と地主佃户关系》,《高智大学教育部研究报告》,1.2(1969a)。

——:《16—18世纪における荒政と地主佃户关系》,《东洋史研究》,27.4(1969b)。

——:《明末の江南における救荒论と地主佃户制》,《高智大学学术研究报告》,17,《人文科学》(1968)。

牟复礼(Mote, F. W.):"China's Past in the Study of China Today—Some Comments on the Recent Work of Richard Solomon", *Journal of Asian Studies*, 32.1(1972)。

村松祐次(Muramatsu Yūji):《清代の义仓》,《一桥大学人文科学研究》,11(1969)。

马若孟(Myers, Ramon H.): *The Chinese Peasant Economy: Agricultural Development in Hopei and Shantung*, 1890—1949, Cambridge, Mass., 1970。

——:"Commercialization, Agricultural Development, and Landlord Behavior in Shantung Province in the Late Ch'ing Period",《清史问题》,2.8(1972a)。

——:"The 'Sprouts of Capitalism' in Agricultural Development During the Mid-Ch'ing Period",《清史问题》,3.6(1976)。

——:"Taiwan Under Ch'ing Imperial Rule, 1684—1895: The Traditional Economy," and "Taiwan Under Ch'ing Imperial Rule, 1684—1895: The Traditional Society", *Journal of the Institute of Chinese Studies of the Chinese University of Hong Kong*, 5.2(1972b)。

中原晃雄(Nakahara Teruo):《清代大运河の侵害现象について》,《东方学》,29,(1965)。

中村治兵卫(Nakamura Jihei):《清代湖广米流通の一面》,《社会经济史学》,18.3(1952)。

南开大学历史系:《清实录经济资料辑要》,北京,1959。

黎安友(Nathan, Andrew J.): *A History of the China International Famine Relief Commission*, Cambridge, Mass., 1965。

李约瑟和鲁桂珍(Needham, Joseph and Lu Gwei-djen):"The Esculentist Movement in Mediaeval Chinese Botany: Studies on Wild(Emergency) Plants", *Archives Internationales d'Histoire des Sciences*, 22.84—22.85。

奥克森伯格(Oksenberg, Michel):"Methods of Communication Within the Chinese Bureaucracy", *China Quarterly*, 57(1974)。

帕克(Parker, Edward H.):"The Military Organization of China Prior to 1842, as Described by Wei Yüan", *Journal of the North China Branch of the Royal Asiatic Society*, 22(1887)。

濮德培(Perdue, Peter C.): *Exhausting the Earth: State and Peasant in Hunan, 1500—1850*, Cambridge, Mass., 1987。

珀金斯(Perkins, Dwight H.): *Agricultural Development in China, 1368—1968*, Edinburgh, 1969。

普莱费尔(Playfair, G. M. H.): "The Grain Transport System of China: Notes and Statistics Taken from the Ta Ch'ing Hui tien", *The China Review*, 3.6 (1875)。

《发展中国家的后收成粮食短缺》(*Postharvest Food Losses in Developing Countries*. National Academy of Sciences.)Washington, D. C., 1978。

全汉昇:《乾隆十三年的米贵问题》,载全汉昇:《中国经济史论丛》,香港,1972a。(原载《庆祝李济先生70岁论文集》,1965。)

——:《清朝中叶苏州的米粮贸易》,载全汉昇:《中国经济史论丛》,香港,1927b。(原载《中央研究院历史语言研究所集刊》,39,1969。)

——:《鸦片战争前江苏的棉纺织业》,载全汉昇:《中国经济史论丛》,香港,1972c。(原载《清华学报》,1.3,1958。)

罗友枝(Rawski, Evelyn Sakakida): *Agricultural Change and the Peasant Economy of South China*, Cambridge, Mass., 1972。

——:"Agricultural Development in the Han River Highlands",《清史问题》3.4 (1975)。

里德(Read, Bernard E.): *Famine Foods Listed in the Chiu Huang Pen Ts'ao: Giving Their Identity, Nutritional Values and Notes on Their Preparation*, 上海,1946。

罗森包姆(Rosenbaum, Arthur L.): "Gentry Power and the Changsha Rice Riot of 1910", *Journal of Asian Studies*, 34.3(1975)。

佐伯富(Saeki Tomi):《清代における坐省の家人》,载佐伯富:《中国史研究》,Kyoto, 1971a, vol. 2。(原载《田村博士颂寿东洋史研究论丛》,1968。)

——:《清代の乡约地保について》,载佐伯富:《中国史研究》,Kyoto, 1971b, vol. 2。(原载《东方学》,28,1964。)

——:《清代の里书》,载佐伯富:《中国史研究》,Kyoto, 1971c, vol. 2。(原载《东洋学报》,46.3 1963。)

斯各特(Sigaut, François): *L'Evolution technique des agricultures européennes*,

Paris，1985。

施坚雅(Skinner, G. William)："Marketing and Social Structure in China", part 1, *Journal of Asian Studies*, 24.1(1964)。

周藤吉之(Sudō Yoshiyuki)：《清代の満洲における粮米の漕运について》，载周藤吉之：《清代东アジア史研究》，Tokyo，1972。（原载《东亚论丛》，3，1939。）

孙任以都(Sun, E-tu Zen.)："The Board of Revenue in Nineteenth Century China", *Harvard Journal of Asiatic Studies*, 24(1962/63)。

——：*Ch'ing Administrative Terms*：*A Translation of the Terminology of the Six Boards With Explanatory Notes*, Cambridge, Mass., 1961。

——："Sericulture and Silk Textile Production in Ch'ing China", In W. E. Willmott, ed., *Economic Organization in Chinese Society*, Stanford, Calif., 1972。

孙任以都和孙绶全(音译)(E-tu Zen Sun and Shiou-chuan Sun)译：*T'ien-kung K'ai-wu*：*Chinese Technology in the Seventeenth Century*, by Sung Ying-hsing.（宋应星：《天工开物》）University Park, pa., 1966。

铃木中正(Suzuki Chūsei)：《清朝中期史研究》，Toyohashi，1952。

东洋文库明代史研究室编：《中国土地契约文书集（金——清）》，Tokyo，1975。

上野康贵(Ueno Yasutaka)：《清代江苏の沙船について》，《铃木俊教授还历记念东洋史论丛》，Tokyo，1964。

魏斐德(Wakeman, Frederic, Jr.)：*The Great Enterprise*：*The Manchu Reconstruction of Imperial Order in Seventeenth Gentury China*, Berkeley, Calif., 1985。

——："Rebellion and Revolution: The Study of Popular Movements in Chinese History", *Journal of Asian Studies*, 36.2(1977)。

王德毅：《宋代灾荒的救济政策》，台北，1970。

王世庆：《清代台湾的米产与外销》，《台湾文献》，9.1(1958)。

王业键(Wang, Yeh-chien)：*Land Taxation in Imperial China, 1750—1911*, Cambridge, Mass., 1973。

——："The Secular Trend of Prices During the Ch'ing Period (1644—1911)", *Journal of the Institute of Chinese Studies of the Chineese University of Hong Kong*, 5.2(1972)。

瓦特(Watt, John R.)：*The District Magistrate In Late Imperial China*, New York, 1972。

魏金玉:《明清时代农业中等级性雇佣劳动向非等级性雇佣劳动的过渡》,载李文治等编:《明清时代的农业资本主义萌芽问题》,北京,1983。

居蜜(Wiens, Mi Chu): "Cotton Textile Production and Rural Social Transformation in Early Modern China", *Journal of the Institute of Chinese Studies of the Chinese University of Hong Kong*, 7.2 (1974)。

——:"The Origins of Modern Chinese Landlordism", Paper presented at the Modern Chinese History Project Colloquium, Institute for Comparative and Foreign Area Studies, University of Washington, 1973。

魏丕信: "Crise politique, crise des encadrements, crise hydraulique et crise démographique: la basse conjoncture dans le bassin central du Yangzi au XVIIe siècle", In Pierre Gourou and Gilbert Etienne, eds., *Des labours de Cluny à la révolution verte: techniques agricoles et population*, Paris, 1985a。

——:"Un, cycle hydraulique en Chine: la province du Hubei du XVIe au XIXe siècle", *Bulletin de l' Ecole Francaise d'Extrême-Orient*, 68(1980)。

——:"The Occurrence of, and Response to, Catastrophes and Economic Change in the Lower and Middle Yangzi,1500—1850", Paper Presented at the Conference on Economic Trends and Cycles in Chinese History, 980—1980, Bellagio, Italy, 1984。

——:"State Intervention in the Administration of a Hydraulic Infrastructure: The Example of Hubei Province in Late Imperial Times", In Stuart Schram, ed., *The Scope of State power in China*, London and Hong Kong, 1985b。

——:"Le Stockage public des grains en Chine à l' époques des Qing (1644—1911): Problèmes de gestion et problèmes de contrôle", *Annales: Economies, Sociétés, Civilisations*, 38.2(1983)。

魏丕信和王国斌:*Nourish the People: Civilian Granaries and Food Redistribution in Qing China, 1650—1850*, Ann Arbor, Mich., 1991。

王国斌和濮德培(R. Bin Wong and Peter C. Perdue): "Famine's Foes in Ch'ing China", *Harvard Journal of Asiatic Studies*, 43.1(1983)。

吴承明:《论清代前期我国国内市场》,载吴承明:《中国资本主义与国内市场》,北京,1985。

吴秀良(Wu, Silas H. L.): *Communication and Imperial Control in China: Evolution of the Palace Memorial System, 1693—1735.*, Cambridge, Mass., 1970。

——:"The Memorial Systems of the Ch'ing Dynasty 1644—1911", *Harvard Journal of Asiatic Studies*, 27(1967)。

许大龄:《清代捐纳制度》,北京,1950。

杨联陞(Yang, Lien-sheng): *Studies in Chinese institutional history*, Cambridge (mass), Harvard University Press, 1961。

叶水云(音译)(Yim, Shui-yuen): "Famine Relief Statistics as a Guide to the Population of Sixteenth Century China: A Case Study of Honan Province",《清史问题》,3.9(1978)。

曾小萍(Zelin, Madeleine): *The Magistrate's Tael: Rationalizing Fiscal Reform in Eighteenth Century Ch'ing China*, Berkeley, Calif., 1984。

张金陔:《北平粥厂之研究》,《社会学界》,7(1933)。

郑昌淦:《明末至清代前期的封建租佃关系》,北京市历史学会第一、第二届年会论文选集(1961—1962年),北京,1964。

《中国历代人口问题论集》,香港,1965。

表格索引

1. 直隶 16 个"全灾"州县的赈济户数及勘灾人员数量，1743—1744（第 111—112 页）
2. 根据村庄成灾分数规定的赈济持续时间（第 126 页）
3. 根据赈济持续时间规定的起赈日期（第 126 页）
4. 浙江省对私人捐赈的奖赏规定（第 134—135 页）
5. 赋税额与赈济量对照表，直隶，1743—1744（第 148 页）
6. 人均每日口粮发放量，直隶，1744 年五月（第 156 页）
7. 直隶 1744 年五月粮食需求的估计量与可供给量，以及 A.8 的粮食分配情况（第 157 页）
8. A.9 和 A.10 的粮食采买情况（第 163 页）
9. 按粮食来源地表示的 A.1—A.10 的粮食分配（第 164 页）
10. 按粮食来源地表示的直隶的粮食总输入量（第 165 页）
11. A.1—A.8 的粮食调运量与赈济发放量（第 168—169 页）
12. 官仓平粜的减价规定（第 182 页）
13. 常平仓贮粮定额（石），1748（第 187—188 页）
14. 官仓与半民间仓储的实际储量（石），1766（第 190—191 页）
15. 直隶部分州县的常平仓储粮数（第 192—193 页）
16. 直隶 27 个受灾州县中的 23 个州县发放的"资送银"，1743—1744（第 231—232 页）
17. 北京流民的陈述与当地政府的反陈述，1743（第 234—235 页）
18. 明清两代的赋税减免率（第 241—242 页）
19. 直隶 16 个"全灾"州县中 14 个州县的再耕资助及土地再耕比例（第 248 页）
20. 部分重要抗灾事例，1742—1823（第 293—294 页）

地图索引

1. 本书所研究的主要地区及主要地名(第22页)
2. 书中所引直隶地名图(第26页)
3. 直隶旱灾区域,1743—1744(第28页)
4. A.8自大运河分拨各地示图(第159页)
5. A.10的分配情况示图(第162页)
6. A.1—A.9中按年月顺序排列的16个"全灾"州县的粮食分配示图(第167页)

"海外中国研究丛书"书目

1. 中国的现代化　[美]吉尔伯特·罗兹曼 主编　国家社会科学基金"比较现代化"课题组 译　沈宗美 校
2. 寻求富强:严复与西方　[美]本杰明·史华兹 著　叶凤美 译
3. 中国现代思想中的唯科学主义(1900—1950)　[美]郭颖颐 著　雷颐 译
4. 台湾:走向工业化社会　[美]吴元黎 著
5. 中国思想传统的现代诠释　余英时 著
6. 胡适与中国的文艺复兴:中国革命中的自由主义,1917—1937　[美]格里德 著　鲁奇 译
7. 德国思想家论中国　[德]夏瑞春 编　陈爱政 等译
8. 摆脱困境:新儒学与中国政治文化的演进　[美]墨子刻 著　颜世安 高华 黄东兰 译
9. 儒家思想新论:创造性转换的自我　[美]杜维明 著　曹幼华 单丁 译　周文彰 等校
10. 洪业:清朝开国史　[美]魏斐德 著　陈苏镇 薄小莹 包伟民 陈晓燕 牛朴 谭天星 译　阎步克 等校
11. 走向21世纪:中国经济的现状、问题和前景　[美]D.H.帕金斯 著　陈志标 编译
12. 中国:传统与变革　[美]费正清 赖肖尔 主编　陈仲丹 潘兴明 庞朝阳 译　吴世民 张子清 洪邮生 校
13. 中华帝国的法律　[美]D.布朗 C.莫里斯 著　朱勇 译　梁治平 校
14. 梁启超与中国思想的过渡(1890—1907)　[美]张灏 著　崔志海 葛夫平 译
15. 儒教与道教　[德]马克斯·韦伯 著　洪天富 译
16. 中国政治　[美]詹姆斯·R.汤森 布兰特利·沃马克 著　顾速 董方 译
17. 文化、权力与国家:1900—1942年的华北农村　[美]杜赞奇 著　王福明 译
18. 义和团运动的起源　[美]周锡瑞 著　张俊义 王栋 译
19. 在传统与现代性之间:王韬与晚清革命　[美]柯文 著　雷颐 罗检秋 译
20. 最后的儒家:梁漱溟与中国现代化的两难　[美]艾恺 著　王宗昱 冀建中 译
21. 蒙元入侵前夜的中国日常生活　[法]谢和耐 著　刘东 译
22. 东亚之锋　[美]小R.霍夫亨兹 K.E.柯德尔 著　黎鸣 译
23. 中国社会史　[法]谢和耐 著　黄建华 黄迅余 译
24. 从理学到朴学:中华帝国晚期思想与社会变化面面观　[美]艾尔曼 著　赵刚 译
25. 孔子哲学思微　[美]郝大维 安乐哲 著　蒋弋为 李志林 译
26. 北美中国古典文学研究名家十年文选　乐黛云 陈珏 编选
27. 东亚文明:五个阶段的对话　[美]狄百瑞 著　何兆武 何冰 译
28. 五四运动:现代中国的思想革命　[美]周策纵 著　周子平 等译
29. 近代中国与新世界:康有为变法与大同思想研究　[美]萧公权 著　汪荣祖 译
30. 功利主义儒家:陈亮对朱熹的挑战　[美]田浩 著　姜长苏 译
31. 莱布尼兹和儒学　[美]孟德卫 著　张学智 译
32. 佛教征服中国:佛教在中国中古早期的传播与适应　[荷兰]许理和 著　李四龙 裴勇 等译
33. 新政革命与日本:中国,1898—1912　[美]任达 著　李仲贤 译
34. 经学、政治和宗族:中华帝国晚期常州今文学派研究　[美]艾尔曼 著　赵刚 译
35. 中国制度史研究　[美]杨联陞 著　彭刚 程钢 译

36. 汉代农业:早期中国农业经济的形成　[美]许倬云 著　程农 张鸣 译　邓正来 校
37. 转变的中国:历史变迁与欧洲经验的局限　[美]王国斌 著　李伯重 连玲玲 译
38. 欧洲中国古典文学研究名家十年文选乐黛云　陈珏 龚刚 编选
39. 中国农民经济:河北和山东的农民发展,1890—1949　[美]马若孟 史建云 译
40. 汉哲学思维的文化探源　[美]郝大维 安乐哲 著　施忠连 译
41. 近代中国之种族观念　[英]冯客 著　杨立华 译
42. 血路:革命中国中的沈定一(玄庐)传奇　[美]萧邦奇 著　周武彪 译
43. 历史三调:作为事件、经历和神话的义和团　[美]柯文 著　杜继东 译
44. 斯文:唐宋思想的转型　[美]包弼德 刘宁 译
45. 宋代江南经济史研究　[日]斯波义信 著　方健 何忠礼 译
46. 一个中国村庄:山东台头　杨懋春 著　张雄 沈炜 秦美珠 译
47. 现实主义的限制:革命时代的中国小说　[美]安敏成 著　姜涛 译
48. 上海罢工:中国工人政治研究　[美]裴宜理 著　刘平 译
49. 中国转向内在:两宋之际的文化转向　[美]刘子健 著　赵冬梅 译
50. 孔子:即凡而圣　[美]赫伯特·芬格莱特 著　彭国翔 张华 译
51. 18世纪中国的官僚制度与荒政　[法]魏丕信 著　徐建青 译
52. 他山的石头记:宇文所安自选集　[美]宇文所安 著　田晓菲 编译
53. 危险的愉悦:20世纪上海的娼妓问题与现代性　[美]贺萧 著　韩敏中 盛宁 译
54. 中国食物　[美]尤金·N.安德森 著　马孆 刘东 译　刘东 审校
55. 大分流:欧洲、中国及现代世界经济的发展　[美]彭慕兰 著　史建云 译
56. 古代中国的思想世界　[美]本杰明·史华兹 著　程钢 译　刘东 校
57. 内闱:宋代的婚姻和妇女生活　[美]伊沛霞 著　胡志宏 译
58. 中国北方村落的社会性别与权力　[加]朱爱岚 著　胡玉坤 译
59. 先贤的民主:杜威、孔子与中国民主之希望　[美]郝大维 安乐哲 著　何刚强 译
60. 向往心灵转化的庄子:内篇分析　[美]爱莲心 著　周炽成 译
61. 中国人的幸福观　[德]鲍吾刚 著　严蓓雯 韩雪临 吴德祖 译
62. 闺塾师:明末清初江南的才女文化　[美]高彦颐 著　李志生 译
63. 缀珍录:十八世纪及其前后的中国妇女　[美]曼素恩 著　定宜庄 颜宜葳 译
64. 革命与历史:中国马克思主义历史学的起源,1919—1937　[美]德里克 著　翁贺凯 译
65. 竞争的话语:明清小说中的正统性、本真性及所生成之意义　[美]艾梅兰 著　罗琳 译
66. 中国妇女与农村发展:云南禄村六十年的变迁　[加]宝森 著　胡玉坤 译
67. 中国近代思维的挫折　[日]岛田虔次 著　甘万萍 译
68. 中国的亚洲内陆边疆　[美]拉铁摩尔 著　唐晓峰 译
69. 为权力祈祷:佛教与晚明中国士绅社会的形成　[加]卜正民 著　张华 译
70. 天潢贵胄:宋代宗室史　[美]贾志扬 著　赵冬梅 译
71. 儒家之道:中国哲学之探讨　[美]倪德卫 著　[美]万白安 编　周炽成 译
72. 都市里的农家女:性别、流动与社会变迁　[澳]杰华 著　吴小英 译
73. 另类的现代性:改革开放时代中国性别化的渴望　[美]罗丽莎 著　黄新 译
74. 近代中国的知识分子与文明　[日]佐藤慎一 著　刘岳兵 译
75. 繁盛之阴:中国医学史中的性(960—1665)　[美]费侠莉 著　甄橙 主译　吴朝霞 主校
76. 中国大众宗教　[美]韦思谛 编 陈仲丹 译
77. 中国诗画语言研究　[法]程抱一 著　涂卫群 译
78. 中国的思维世界　[日]沟口雄三 小岛毅 著　孙歌 等译

79. 德国与中华民国　[美]柯伟林 著　陈谦平 陈红民 武菁 申晓云 译　钱乘旦 校
80. 中国近代经济史研究:清末海关财政与通商口岸市场圈　[日]滨下武志 著　高淑娟 孙彬 译
81. 回应革命与改革:皖北李村的社会变迁与延续　韩敏 著　陆益龙 徐新玉 译
82. 中国现代文学与电影中的城市:空间、时间与性别构形　[美]张英进 著　秦立彦 译
83. 现代的诱惑:书写半殖民地中国的现代主义(1917—1937)　[美]史书美 著　何恬 译
84. 开放的帝国:1600 年前的中国历史　[美]芮乐伟·韩森 著　梁侃 邹劲风 译
85. 改良与革命:辛亥革命在两湖　[美]周锡瑞 著　杨慎之 译
86. 章学诚的生平及其思想　[美]倪德卫 著　杨立华 译
87. 卫生的现代性:中国通商口岸卫生与疾病的含义　[美]罗芙芸 著　向磊 译
88. 道与庶道:宋代以来的道教、民间信仰和神灵模式　[美]韩明士 著　皮庆生 译
89. 间谍王:戴笠与中国特工　[美]魏斐德 著　梁禾 译
90. 中国的女性与性相:1949 年以来的性别话语　[英]艾华 著　施施 译
91. 近代中国的犯罪、惩罚与监狱　[荷]冯客 著　徐有威 等译　潘兴明 校
92. 帝国的隐喻:中国民间宗教　[英]王斯福 著　赵旭东 译
93. 王弼《老子注》研究　[德]瓦格纳 著　杨立华 译
94. 寻求正义:1905—1906 年的抵制美货运动　[美]王冠华 著　刘甜甜 译
95. 传统中国日常生活中的协商:中古契约研究　[美]韩森 著　鲁西奇 译
96. 从民族国家拯救历史:民族主义话语与中国现代史研究　[美]杜赞奇 著　王宪明 高继美 李海燕 李点 译
97. 欧几里得在中国:汉译《几何原本》的源流与影响　[荷]安国风 著　纪志刚 郑诚 郑方磊 译
98. 十八世纪中国社会　[美]韩书瑞 罗友枝 著　陈仲丹 译
99. 中国与达尔文　[美]浦嘉珉 著　钟永强 译
100. 私人领域的变形:唐宋诗词中的园林与玩好　[美]杨晓山 著　文韬 译
101. 理解农民中国:社会科学哲学的案例研究　[美]李丹 著　张天虹 张洪云 张胜波 译
102. 山东叛乱:1774 年的王伦起义　[美]韩书瑞 著　刘平 唐雁超 译
103. 毁灭的种子:战争与革命中的国民党中国(1937—1949)　[美]易劳逸 著　王建朗 王贤知 贾维 译
104. 缠足:"金莲崇拜"盛极而衰的演变　[美]高彦颐 著　苗延威 译
105. 饕餮之欲:当代中国的食与色　[美]冯珠娣 著　郭乙瑶 马磊 江素侠 译
106. 翻译的传说:中国新女性的形成(1898—1918)　胡缨 著　龙瑜宬 彭珊珊 译
107. 中国的经济革命:二十世纪的乡村工业　[日]顾琳 著　王玉茹 张玮 李进霞 译
108. 礼物、关系学与国家:中国人际关系与主体性建构　杨美慧 著　赵旭东 孙珉 译　张跃宏 译校
109. 朱熹的思维世界　[美]田浩 著
110. 皇帝和祖宗:华南的国家与宗族　[英]科大卫 著　卜永坚 译
111. 明清时代东亚海域的文化交流　[日]松浦章 著　郑洁西 等译
112. 中国美学问题　[美]苏源熙 著　卞东波 译　张强强 朱霞欢 校
113. 清代内河水运史研究　[日]松浦章 著　董科 译
114. 大萧条时期的中国:市场、国家与世界经济　[日]城山智子 著　孟凡礼 尚国敏 译　唐磊 校
115. 美国的中国形象(1931—1949)　[美]T.克里斯托弗·杰斯普森 著　姜智芹 译
116. 技术与性别:晚期帝制中国的权力经纬　[英]白馥兰 著　江湄 邓京力 译

117. 中国善书研究 [日]酒井忠夫 著 刘岳兵 何英莺 孙雪梅 译
118. 千年末世之乱:1813年八卦教起义 [美]韩书瑞 著 陈仲丹 译
119. 西学东渐与中国事情 [日]增田涉 著 由其民 周启乾 译
120. 六朝精神史研究 [日]吉川忠夫 著 王启发 译
121. 矢志不渝:明清时期的贞女现象 [美]卢苇菁 著 秦立彦 译
122. 明代乡村纠纷与秩序:以徽州文书为中心 [日]中岛乐章 著 郭万平 高飞 译
123. 中华帝国晚期的欲望与小说叙述 [美]黄卫总 著 张蕴爽 译
124. 虎、米、丝、泥:帝制晚期华南的环境与经济 [美]马立博 著 王玉茹 关永强 译
125. 一江黑水:中国未来的环境挑战 [美]易明 著 姜智芹 译
126. 《诗经》原意研究 [日]家井真 著 陆越 译
127. 施剑翘复仇案:民国时期公众同情的兴起与影响 [美]林郁沁 著 陈湘静 译
128. 华北的暴力和恐慌:义和团运动前夕基督教传播和社会冲突 [德]狄德满 著 崔华杰 译
129. 铁泪图:19世纪中国对于饥馑的文化反应 [美]艾志端 著 曹曦 译
130. 饶家驹安全区:战时上海的难民 [美]阮玛霞 著 白华山 译
131. 危险的边疆:游牧帝国与中国 [美]巴菲尔德 著 袁剑 译
132. 工程国家:民国时期(1927—1937)的淮河治理及国家建设 [美]戴维·艾伦·佩兹 著 姜智芹 译
133. 历史宝筏:过去、西方与中国妇女问题 [美]季家珍 著 杨可 译
134. 姐妹们与陌生人:上海棉纱厂女工,1919—1949 [美]韩起澜 著 韩慈 译
135. 银线:19世纪的世界与中国 林满红 著 詹庆华 林满红 译
136. 寻求中国民主 [澳]冯兆基 著 刘悦斌 徐硙 译
137. 墨梅 [美]毕嘉珍 著 陆敏珍 译
138. 清代上海沙船航运业史研究 [日]松浦章 著 杨蕾 王亦诤 董科 译
139. 男性特质论:中国的社会与性别 [澳]雷金庆 著 [澳]刘婷 译
140. 重读中国女性生命故事 游鉴明 胡缨 季家珍 主编
141. 跨太平洋位移:20世纪美国文学中的民族志、翻译和文本间旅行 黄运特 著 陈倩 译
142. 认知诸形式:反思人类精神的统一性与多样性 [英]G.E.R.劳埃德 著 池志培 译
143. 中国乡村的基督教:1860—1900 江西省的冲突与适应 [美]史维东 著 吴薇 译
144. 假想的"满大人":同情、现代性与中国疼痛 [美]韩瑞 著 袁剑 译
145. 中国的捐纳制度与社会 伍跃 著
146. 文书行政的汉帝国 [日]富谷至 著 刘恒武 孔李波 译
147. 城市里的陌生人:中国流动人口的空间、权力与社会网络的重构 [美]张骊 著 袁长庚 译
148. 性别、政治与民主:近代中国的妇女参政 [澳]李木兰 著 方小平 译
149. 近代日本的中国认识 [日]野村浩一 著 张学锋 译
150. 狮龙共舞:一个英国人笔下的威海卫与中国传统文化 [英]庄士敦 著 刘本森 译 威海市博物馆 郭大松 校
151. 人物、角色与心灵:《牡丹亭》与《桃花扇》中的身份认同 [美]吕立亭 著 白华山 译
152. 中国社会中的宗教与仪式 [美]武雅士 著 彭泽安 邵铁峰 译 郭潇威 校
153. 自贡商人:近代早期中国的企业家 [美]曾小萍 著 董建中 译
154. 大象的退却:一部中国环境史 [英]伊懋可 著 梅雪芹 毛利霞 王玉山 译
155. 明代江南土地制度研究 [日]森正夫 著 伍跃 张学锋 等译 范金民 夏维中 审校
156. 儒学与女性 [美]罗莎莉 著 丁佳伟 曹秀娟 译

157. 行善的艺术:晚明中国的慈善事业　[美]韩德林 著　吴士勇 王桐 史桢豪 译
158. 近代中国的渔业战争和环境变化　[美]穆盛博 著　胡文亮 译
159. 权力关系:宋代中国的家族、地位与国家　[美]柏文莉 著　刘云军 译
160. 权力源自地位:北京大学、知识分子与中国政治文化,1898—1929　[美]魏定熙 著　张蒙 译
161. 工开万物:17世纪中国的知识与技术　[德]薛凤 著　吴秀杰 白岚玲 译
162. 忠贞不贰:辽代的越境之举　[英]史怀梅 著　曹流 译
163. 内藤湖南:政治与汉学(1866—1934)　[美]傅佛果 著　陶德民 何英莺 译
164. 他者中的华人:中国近现代移民史　[美]孔飞力 著　李明欢 译　黄鸣奋 校
165. 古代中国的动物与灵异　[英]胡司德 著　蓝旭 译
166. 两访中国茶乡　[英]罗伯特·福琼 著　敖雪岗 译
167. 缔造选本:《花间集》的文化语境与诗学实践　[美]田安 著　马强才 译
168. 扬州评话探讨　[丹麦]易德波 著　米锋 易德波 译　李今芸 校译
169. 《左传》的书写与解读　李惠仪 著　文韬 许明德 译
170. 以竹为生:一个四川手工造纸村的20世纪社会史　[德]艾约博 著　韩巍 译　吴秀杰 校
171. 东方之旅:1579—1724耶稣会传教团在中国　[美]柏理安 著　毛瑞方 译
172. "地域社会"视野下的明清史研究:以江南和福建为中心　[日]森正夫 著　于志嘉 马一虹 黄东兰 阿风 等译
173. 技术、性别、历史:重新审视帝制中国的大转型　[英]白馥兰 著　吴秀杰 白岚玲 译
174. 中国小说戏曲史　[日]狩野直喜 张真 译
175. 历史上的黑暗一页:英国外交文件与英美海军档案中的南京大屠杀　[美]陆束屏 编著/翻译
176. 罗马与中国:比较视野下的古代世界帝国　[奥]沃尔特·施德尔 主编　李平 译
177. 矛与盾的共存:明清时期江西社会研究　[韩]吴金成 著　崔荣根 译　薛戈 校译
178. 唯一的希望:在中国独生子女政策下成年　[美]冯文 著　常姝 译
179. 国之枭雄:曹操传　[澳]张磊夫 著　方笑天 译
180. 汉帝国的日常生活　[英]鲁惟一 著　刘洁 余霄 译
181. 大分流之外:中国和欧洲经济变迁的政治　[美]王国斌 罗森塔尔 著　周琳 译　王国斌 张萌 审校
182. 中正之笔:颜真卿书法与宋代文人政治　[美]倪雅梅 著　杨简茹 译　祝帅 校译
183. 江南三角洲市镇研究　[日]森正夫 编 丁韵 胡婧 等译　范金民 审校
184. 忍辱负重的使命:美国外交官记载的南京大屠杀与劫后的社会状况　[美]陆束屏 编著/翻译
185. 修仙:古代中国的修行与社会记忆　[美]康儒博 著　顾漩 译
186. 烧钱:中国人生活世界中的物质精神　[美]柏桦 著　袁剑 刘玺鸿 译
187. 话语的长城:文化中国历险记　[美]苏源熙 著　盛珂 译
188. 诸葛武侯　[日]内藤湖南 著　张真 译
189. 盟友背信:一战中的中国　[英]吴芳思 克里斯托弗·阿南德尔 著　张宇扬 译
190. 亚里士多德在中国:语言、范畴和翻译　[英]罗伯特·沃迪 著　韩小强 译
191. 马背上的朝廷:巡幸与清朝统治的建构,1680—1785　[美]张勉治 著　董建中 译
192. 申不害:公元前四世纪中国的政治哲学家　[美]顾立雅 著　马腾 译
193. 晋武帝司马炎　[日]福原启郎 著　陆帅 译
194. 唐人如何吟诗:带你走进汉语音韵学　[日]大岛正二 著　柳悦 译

195. 古代中国的宇宙论 [日]浅野裕一 著 吴昊阳 译
196. 中国思想的道家之论:一种哲学解释 [美]陈汉生 著 周景松 谢尔逊 等译 张丰乾 校译
197. 诗歌之力:袁枚女弟子屈秉筠(1767—1810) [加]孟留喜 著 吴夏平 译
198. 中国逻辑的发现 [德]顾有信 著 陈志伟 译
199. 高丽时代宋商往来研究 [韩]李镇汉 著 李廷青 戴琳剑译 楼正豪 校
200. 中国近世财政史研究 [日]岩井茂树 著 付勇 译 范金民 审校
201. 北京的人力车夫:1920年代的市民与政治 [美]史谦德 著 周书垚 袁剑 译 周育民 校
202. 魏晋政治社会史研究 [日]福原启郎 著 陆帅 刘萃峰 张紫毫 译
203. 宋帝国的危机与维系:信息、领土与人际网络 [比利时]魏希德 著 刘云军 译
204. 行善的艺术:晚明中国的慈善事业(新译本) [美]韩德玲 著 曹晔 译